U0937771

审视与比较

张謇的思想与实践研究

蒋国宏 著

张謇研究中心·张謇研究文集系列

上海书店出版社
SHANGHAI BOOKSTORE PUBLISHING HOUSE

我与张謇研究琐忆(代前言)

我与张謇研究结缘始于上个世纪80年代末。1987年,我从南京大学历史系毕业后分配到今南通大学的前身之一南通工学院(时名南通纺织工学院),从事中国革命史的教学。在适应新环境,完成教学任务的同时,我觉得科研是学校的基本职能,也是一个教师的本职工作之一,教学与科研如车之两轮、鸟之两翼,不仅缺一不可,而且能相互促进,因此有开始做点研究的打算,但选择一个什么样的领域,研究什么,如何研究则成为摆在我面前首先需要解决的一个难题。就在我茫然无措之时,我的领导和同事张廷栖先生,建议我从事张謇研究,并为我提供了一些研究信息和资料。我想,张謇既是中国近代历史上的著名人物,其实业救国、教育救国在中国革命史上有重要影响,是一个"有故事的人",又是学校的创始人,因此,作为在其家乡从事历史研究的教育工作者无疑是一个不错的选择。于是,我欣然接受,从此开始了近30年的学习和研究张謇的历程。尽管,由于天资限制和后天努力不够,成绩不佳,有愧于张老师的厚望,但内心始终充满对他引导指路、扶持奖挹的感激。实际上,张老师以其宽广的胸襟、崇高的人格感染了许多人,许多人与我一样,正是在其宣传、鼓励和帮助之下开始张謇研究的。可以说,今天南通张謇研究队伍的汇聚和成长,张老师功绩极大。

1990年,我在学校校报上分6期连载了介绍张謇的系列文章,从生平、政治、经济、教育、文化、慈善等方面介绍了张謇的思想和实践。今天看来,不免肤浅幼稚,也难免挂一漏万,但在学校内外产生了一定的影响,使学校师生对创校人张謇有了更加全面的了解,也使我得到鼓励。1993 年,出席了在南通举行的纪念张謇 140 周年诞辰学术研讨会,并提交了《张謇伦理思想述评》的论文。1994 年,我在学校学报《教学与研究》(内刊)发表了《张謇若干教育思想简论》。1995 年 11 月,在《教学与研究》公开发表《试析张謇未积极参预戊戌变法的原因》。此后,一发不可收拾,在学术刊物上发表有关张謇的论文 30 余篇。另外,我参加或主持了省、市级社科基金以及软科学项目多项。尽管工作岗位多次调整,教学内容几经变动,但张謇研究始终是我的研究重点之一。

记得有一年高考的作文形式是看图作文,命题人为考生提供了一组漫画,讲一个人不停地挖井,但总在换地方,每一个地方都只挖一点就放弃了,最后没有一个地方出水,寓意做一件事不能见异思迁、浅尝辄止,只有持之以恒才能取得成功,没有坚守和毅力将会一事无成。这一真理在我身上得到验证。研究领域不稳定是我的一大缺陷,这其中既有因工作岗位变动而产生的无奈,也成为我在张謇研究方面层次较浅、造诣不高的一个注脚。

张謇研究使我有幸结识了南通及外地多位研究者,并与其中的许多人成为好友,我从他们身上特别是张謇研究中心的前辈身上学到了许多治学、为人、处事的智慧和美德,从而使我的人生道路更加坚定平实,生活更加丰富充实。而随着对张謇了解的不断深入,张謇的人格魅力也深深地打动了我,吸引了我。他那种为国家、为社会无私奉献的精神,那种愈挫愈奋、执着顽强的毅力,那种脚踏实地、平和稳健的处事风格,那种反对大言欺世、崇尚求真务实的作风,那种开拓创新、争先创优的追求每每感染了我。虽然不敢奢望能走近这一历史人物,走进其内心世界,但张謇的话语时常在我耳边响起,给我以启迪,我时常感受到其存在,仿佛他就在我的身边,对我的人生方向进行指引,在我慵懒懈怠、得过且过、不思进取时鞭策我,在我偶有成绩、稍感自得、心浮气躁时警戒我,在我困惑彷徨、索解为难之时点化我。甚至可以说,张謇研究在一定程度上形塑了我的性格,影响了我的人生。

张謇是一个百科全书式的人物。他在实业、教育、慈善公益、社会活动等方面曾广泛参与,建树颇多。与此同时,社会在不断发展,现实中涌现的许多问题也亟待研究,需要我们从历史中获取智慧。因此,张謇研究是一个富矿,许多领域尚待开掘。但目前在国内,许多人至今仍分不清南通与南充,把张謇与张骞混为一谈,近年受社会浮躁气氛和学术评价体系扭曲的影响,张謇研究更面临困境,没有出现像样的大部头作品,研究论文也难以在高层次刊物上找到踪迹。总之,可以说,南通的张謇研究还处于起步阶段,任重道远。张謇研究要走出低水平重复的泥沼,需要更多的热心张謇研究的专家学者运用新方法,开拓新领域,研究新课题,得出新成果。我愿追随诸位前辈和同仁,在张謇研究的道路上勉力前行,尽自己的绵薄之力,为张謇研究大厦的构筑添砖加瓦。

南通大学　蒋国宏

(此前言原题名为《我与张謇研究结缘》,原刊于张謇研究中心编《我与张謇研究》,苏州大学出版社 2014 年版)

目　录

社会递嬗

政治因革

实业经纬

教育纵横

家国情怀

社会递嬗

南通早期现代化的历史背景与发展轨迹

一、现代化的内涵

根源于科学与技术的现代化运动是人类经历的一次革命性的巨变，也是一个全球性的历史活动。现代化发源于西方社会，但正如著名学者冷纳（Daniel Lerner）所说，“现代化”与西化的同时出现不过是一个“历史的偶合”。因此，现代化并不等于“西化”，也不就是资本主义化。唯其如此，研究现代化才不仅有学理上的价值，且对我国今天的社会主义现代化建设有一定的借鉴意义。

作为一个广义概念，“现代化”旨在于把握、描述和评论从16世纪至今人类社会发生的种种深刻的质变和量变，它力图描绘人类社会的一个过渡时期，人类由此而进入一个取得技艺的现代理性阶段，达到主宰自然的新水平，从而将自己的社会环境建立在富足和合理的基础之上。①

现代化问题，至少在第二次世界大战爆发前即已为人们所关注。在中国，1936年，蒋廷黻于《大公报》上发表了《中国近代化问题》一文，表明国人对现代化已有一定的认识。②受西方的影响，我国港台地区较早从事现代化问题的

① 〔印度〕A.R.德赛著，张景明译：《重新评价“现代化”这个概念》，〔美〕塞缪尔·亨廷顿等著，罗荣渠主编：《现代化：理论与历史经验的再探讨》，上海译文出版社1993年版，第26页。

② 张玉法：《中国现代化的动向》，罗荣渠、牛大勇编：《中国现代化历程的探索》，北京大学出版社1992年版，第70页。

研究。改革开放后，随着党和国家工作中心转移到经济建设上来，明确了社会主义现代化建设的努力方向，加之对外文化和学术交流的扩大，大陆的现代化研究也蓬勃开展起来。

尽管“现代化”是学术界的热门话题，但其涵义却是见仁见智，人言人殊。

柯尔认为现代化是指技术与经济的变迁以及因此种变迁而引发的文化、社会制度和心理等方面的改变。①豪奥(John W.Hall)说：“现代化是有系统的持续不断的、有目标的运用人类的各种能力，合理的控制人类的自然和社会环境，以达到人类的各种目的。”②布莱克(C.E.Black)指出，现代化是指科学革命以来，由于人类控制环境的知识空前增进，在历史中演进的制度不断改变其功能(functions)以求适应的一种过程。③利维则说现代化是指一个社会成员利用“无生命的能量”(指人类与动物能量以外的能量)与“工具”(指物理的设计)以增多其努力之效果。④香港学者金耀基将现代化概括为传统性社会利用科技之知识以宰制自然，解决社会与政治问题的过程。⑤

现代化的类型从其发生的源头来说，则一般有二：一是自我本土的发展或曰内发性的(indigenous)现代化；二是因外力刺激而生或称外发性(exogenous)的现代化。前一种现代化是社会本身经过长期“创新”之发展而形成的，如英、美、法等。这种自我本土发展之现代化是经由社会内部的创新而形成的，它可以由点点滴滴的累积或某种科技的突破而促成。另一种现代化是一个社会与

---

① Allan B.Cole. *Contrasting Modernization in China and Japan*，(香港)《崇基学报》1965年第4卷第2期，第99页。

② John W. Hall, Changing Conceptions of Modernization of Japan, *Marius B. Jansen, ed.*, *Changing Japanese Attitudes Toward Modernization*, Princeton University Press, 1965, pp.23—24.

③ C.E.Black, *The Dynamics of Modernization*, Princeton University Press, 1966, p.7.

④ M.J.Levy, *Modernization and the Structure of the Societies*, Princeton University Press, 1966.

⑤ 金耀基：《现代化与中国现代历史：提供一个理解中国百年来现代化的概念架构》，罗荣渠、牛大勇编：《中国现代化历程的探索》，北京大学出版社1992年版，第3页。

内发性现代化国家接触后,“借取”前者经验而发展者,德、俄、日以及大部分社会都属此种类型。①中国的现代化正是这种受外力的刺激与挑战而从事工业发展及社会、政治变革的一种外发性的现代化。

就现代化的推进梯度而言,现代化的过程可以分为三个层次(dimension)。第一层为“物质层”,包括工商业、交通建设、大建筑及新产品等;第二层为“制度层”,包括行政组织、司法机构、教育制度、银行等;第三层为“思想及行为层”,包括求效率、讲变化、重人权等等。

现代化包括十分丰富的内涵,从内容或广度上分,现代化大致可分为知识的或称为心智的现代化、政治的现代化、经济的现代化、社会的现代化和心理的现代化等。

知识的现代化包括:(1)知识的理性化,研究自然和社会现象,求取理性的解答;(2)科学的实用化,以科学知识改善人类的生活及生活环境;(3)科学知识无限扩张,科学书刊大量印行,公私研究机构或个人积极推进各种研究,发表研究成果。

政治的现代化包括:(1)实行中央集权,即中央政府不需经过封建领主或地方绅士而直接统治人民,甚至包办教育、大众传播、交通、社会治安、工业生产等事业;(2)以法治代替人治;(3)官僚制度的建立;(4)民族主义的普及或民族国家的建立;(5)政府举办社会保险、社会救济等,注意人民的福利;(6)行政事务都由专门机构或专门人员管理;(7)政治文化脱离宗教思想和权力的控制,即达致世俗化;(8)人民对公共事务包括政府的大量参与。

经济的现代化包括:(1)机械化:用机器生产代替手工生产;(2)专业化:出现严密的社会分工;(3)由农业到工业,以及农业的商业化;(4)由轻工业到

① M.J. Levy. Jr, *Modernization and the Structure of the Societies*, Princeton University Press, 1966.

重工业;(5)技术科学化,即不断以科学新知改良工业、商业、农业、交通、运输等技术。

社会的现代化包括:(1)城市人口比重增加;(2)家庭以核心家庭为主;(3)人口的流动性增大,地域的归属感减少,人们的工作地点不固定;(4)社会地位升降空间大,一个人所属的阶层不固定;(5)普遍关注和追求机会均等、教育平等、男女平等,每个人都有接触大众传播工具的机会,个人在社会上的地位由其成就决定;(6)生产和分配相协调,贫富差距减少,最穷的人和最富的人都是少数人,中产阶级阵容强、势力大;(7)生活以个人为中心。

心理的现代化包括:(1)人们的成就欲增强;(2)愿意接受新经验,乐于更新和变迁;(3)容忍与适应性增强;(4)相互间的依赖性增加;(5)生活及工作有计划、有组织;(6)自信心增强,相信能控制环境,而不为环境所控制;(7)赞成并依据贡献的大小来决定报酬的多寡。

二、南通早期现代化之历史背景

正如美国学者罗兹曼所说,现代化是一个社会在科学技术革命作用下全面持续变迁的过程。南通现代化则是指南通地区从传统的自给自足的封建小农经济的农业文明向工业化、城市化的现代文明发展的历史进程。它大体上可分为开拓期、受挫期、缓慢发展期、全面展开期等几个大的阶段。19 世纪 90 年代中后期张謇弃官从商、经办大生纱厂,开始了南通现代化的征程。1895 年至 1922 年为南通现代化的开拓期,即南通的早期现代化阶段,南通从此开始了由传统农业社会向现代工业社会的转变。1922 年至 1949 年为南通现代化的受挫期。1922 年,大生系统企业出现严重危机,各项事业受到沉重的打击。1949 年至 1978 年为南通现代化的缓慢发展期。1949 年中华人民共和国的成立为包括南通在内的中国的现代化开辟了广阔的前景,经济和社会事业得到迅速的发展,但在 1952 年的高等学校院系调整中,本地的教育受到严重的削弱，对南通的现代化构成了长期而深远的十分不利的影响。1957年下半年后，“左”的错误愈演愈烈，经济和社会发展的速度减缓，甚至出现停滞和倒退。1978年中共十一届三中全会召开后为南通现代化的全面展开期。这一阶段南通经济和社会发展高歌猛进，出现了前所未有的喜人形势。

前现代化时期，南通与全国其他地方城市一样，是半殖民地、半封建中国社会之一隅，是一个自给自足的自然经济占绝对地位的农业社会。这里交通比较落后，南面是有天堑之险的长江，它隔断了与素有鱼米之乡之称的殷富的苏南的经济联系；东临黄海，但由于泥沙淤塞，地势低平，海船根本无法靠近；北部尽管连接广阔的苏北大平原，但这里却又是江苏最贫穷的地方。

南通东部滨海地带因为土壤含盐量极高，又常遭海潮侵袭，因此是历史上著名的淮南盐场所在地，从业人员众多，盐民占全部人口的17%，盐也成为近代以前通州最有名的物产。由于地处冲积平原，土质疏松，加之属亚热带湿润性气候，拥有丰富的光、热、水资源，因此成为理想的植棉之地，其他农作物则以麦类、豆类、玉米等最为有名。棉花和土布成为除盐之外本地主要的输出货物。通州的土布主要销往东北，用于制作棉袋，裱糊炕面，裁制船帆等。另外在南京也有销路。尤其是在太平军占领苏州、常州后，由于江南土布生产衰落，通州土布更是从南京转销至当涂、芜湖、浦口、蚌埠以至徐州等地。土布生产的繁荣为后来大生棉纱的销售提供了良好的市场。土布外销又反过来“刺激了通海棉花的生产，而相应地降低了粮食、豆类的种植，结果……更助长了通海土布的外销”①，从而使农产品商品化程度进一步提高。

土地占有很不合理，大部分农民没有土地或仅有少量土地，生活比较贫困。据统计，南通县佃户占农户比例为60%，海门为65%，如皋为59.2%。农民普遍贫穷。1847年在崇明、海门传教的魏道味神父曾在一封信中写道：“当

① 林举百：《近代南通土布史》，张謇与南通研究中心筹备组，1984年，第15页。

你跨进这种赤贫的收容所式的屋子里面，你看不见有桌子、凳子，也没有任何家具或装饰；只有几只用以煮饭的陶罐；继而是一只大木柜，柜上面睡人，柜里面藏着全部家产。差不多这就是他们的一切财产，他们的饮食、衣着。总之，在一切生活必需品上都反映出他们那种极贫穷的生活。"①

与交通不便密切联系的是风气闭塞。虽然农产品商品化程度颇高，但本地人从商意识却相当淡漠。康熙甲寅《州志》说，通州人"性柔脆，不任劳苦。今适百里，非裹三日粮则废然返"；守土重迁，"素纯谨"，"安土乐业而重犯法，急公事"。在海门，"市无倚门之妇，肆无当垆之女。里不朝歌，巷不夜游"，人们"不喜牵车服贾游于四方"。此外，人们封建意识浓厚，思想愚昧落后。直至大生纱厂创办前，这种情况仍然没有多大的改变。"据（20 世纪）六十年代初唐闸镇老人们的回忆，大生纱厂开车前夕，由于当时农村妇女还知道工厂是怎么一回事，同时流传着工厂要用童男童女祭烟囱，女工要被洋鬼子割乳房的谣言。因此，尽管当时农村劳动力过剩，但进厂的童工和女工并不多。纱厂开车时劳动力不足，不得不招了些男工和上海的熟手女工。"②

常宗虎博士将通海地区风气闭塞，人们从商意识淡薄、守土重迁归咎于这里"地广人稀，土地易于谋得，谋生相对容易"，并以海门为例，说海门"厅属地广人稀，东面尤甚。滨海一带不惟人烟散疏，树亦罕见"。嘉庆二十年（1815），通州每平方公里为 109.22 人，在全省 12 个府、州、厅中位居第九，只有密度最大的苏州府 1 073.21 人的约十分之一。笔者认为不妥，原因有三，其一是他没有认识到所谓地广人稀实际上仅限于东部沿海新涨地区。而在成陆较早的海安、如皋等地则人口相当密集，人均土地占有很少，而且海门、启东地区与海安、如皋、通州在自然条件、民俗风情等方面也有很大差异。其二，他混淆了土

---

① 〔法〕史式徽：《江南传教史》（第一卷），上海译文出版社 1983 年版，第 16 页。

② 《大生系统企业史》编写组：《大生系统企业史》，江苏古籍出版社 1990 年版，第 24 页。

地与耕地的区别,在海门、启东地区尽管新涨沙地甚多,但多为豪强地主霸占,并非普通农民可以随心所欲地获得或支配,而且这种土地含盐量很高,短期并不能耕种,要使之成为耕地尚需长期的土壤改良,投入大量的人力和物力。而上引“滨海一带不惟人烟散疏,树亦罕见”,似乎也说明了这里并非耕地,难以耕植。其三,说这里“地广人稀”也与众所周知的此处农村劳动力过剩的事实相悖①,与唐闸镇老人的回忆以及张謇所见大量的海门人、崇明人因无田可种而被迫到上海以拉洋车、卖苦力谋生的论述,及后来许多“沙里人”北上到大丰、阜宁等地盐垦的事实相悖。

三、南通早期现代化之发展轨迹

1. 实业的艰难起步

如果说英国侵略者的鸦片和炮舰是其打开中国大门先后主要采取的工具的话,那么机纱则成为列强对南通进行经济侵略的主要武器。上海在 1850 年以后成为全国最大的商业中心,经上海运来的洋纱(机纱)19 世纪 80 年代开始在通海销售,由于其条干均匀,不易断头,因此在与土纱的竞争中逐渐显露出其优势而越来越受到机户的欢迎,需求日益增加,价格不断上扬。

机纱的畅销一方面导致传统的手工纺织业的衰落,但另一方面,机纱的冲击在客观上也使得人们对新事物的认识有了一定的态度上的转变,使南通地区经商风气日见浓厚,原本“不久客在外”的南通居民不少走上了经商之路。当然,他们大多从事土布贸易及为之服务的融通资金的钱庄业以及木材业、烟业、纸业、洋药业等。商业活动锻炼和造就了一批懂管理、善经营的商人,他们中不少人后来成为南通近代化的襄助者和推动者,其中包括被张謇认为“忠介

① 《大生系统企业史》编写组:《大生系统企业史》,第 24 页。

而勤勉”,并在大生纱厂创业阶段“赞助最力”“最具肝胆”①的沈敬夫(燮均),以及一面助理家事,一面照料经商,而且能“从事商贾,常获效”的张謇之兄张詧等人。

机纱的冲击也是大生纱厂创办的直接外在压力。“总理通海一带商务”受命经办的张謇曾说:“通州之设纱厂,为通州民生计,亦即为中国利源计。通产之棉,力韧丝长,冠绝亚洲,为日厂之所必需。花纱往来,日盛一日,捐我之产以资人,人即用资于我之货以售我,无异沥血肥虎而袒肉以继之。利之不保,我民日贫,国于何赖?”②

1895 年秋,张謇开始筹办纱厂,经过努力,终于在 1899 年投产。此后他又创办了包括棉纺、榨油、面粉、铁冶、发电、交通运输、金融贸易、垦牧、盐业等众多企业,形成了一个庞大的企业集团,在本地乃至全国都占有举足轻重的地位。当时的南通,除大生企业集团外,几乎没有什么有影响的近代企业;1920 年南通的纱锭数仍占全国第三位。

2. 宪政与地方自治

地方自治是立宪的基础,也是南通近代化的表现和概括。地方自治组织是立宪运动的产物,也是张謇集团参与地方管理的重要机构。1908 年,筹备自治公所成立,议事会以张謇为议长,孙宝书为副议长,高清等 28 人为议员。以知州琦珊为会长,张詧为副会长,有着 8 名会员、7 名课员以及沈敬夫等 26 名乡里有较高威望之士为名誉赞助员的董事会也同期成立。接着各市、乡自治议事会、董事会也纷纷组建。民国后,上述机构进行了改组,但张謇集团的权威更加巩固。日人驹井德三在《张謇关系事业调查报告书》曾记述张謇的权

① 张孝若:《南通张季直先生传记》,中华书局 1930 年版,第 471—472 页。

② 张謇研究中心、南通市图书馆编:《张謇全集》(第三卷),江苏古籍出版社 1994 年版,第 17 页。

威:“今江北一带,仿佛以张公为元首之国,他方势力未侵犯,其实力可知矣。故关于重要职务,无有不征(张氏之意见)。即在现今中国政界中,以实力不相降之张作霖、吴佩孚等,皆以张公为上海经济界之重镇,遇事谘问。”

新式社团组织的建立对市民社会的形成是一个有力的推动,对促进社会的民主,反对封建专制具有十分重要的意义。新式民间社团组织在组织形式、构成原则、社会职能等方面都较多地借鉴了西方的经验,具有较浓的民主因素。1904 年,通崇海泰商务总会成立,首任会长张詧,该会与上海、南京、苏州总商会并列为江苏四总会之一。直至 20 年代中期,正副会长始终在张謇、张詧、江导岷、章亮元、徐静仁等大生企事业领导人中遴选,截至 1925 年共有会员数万人,董事 30 余人。商会虽在地位上较同级行政组织为低,但不接受地方行政就工商纠纷方面的任何调处、命令。张謇身兼商会、教育会、农会、预备立宪公会、咨议局、法政讲习会、劝业研究会等各种团体和机构的负责人,这使他能够成为商会和其他新式社团组织间的粘合剂,实现了民间新式社团的组织整合。

另外,张謇等人还通过组建武装来控制地方。1905 年,大生纱厂成立商团。张謇以大生纱厂商团、通海垦牧公司民兵等为主干建立“实业警卫团”,以张詧之子张仁祖为团长。1908 年,张仁祖当上了警察事务所警务长。辛亥革命爆发后,张謇兄弟牢牢控制了南通地方的军警大权,为大生事业的发展创造了稳定的社会环境,防止了南通早期现代化可能会因社会动荡而出现的中辍。

3. 新式教育的创办和对私塾的改造

清代通州儒学学官承明制,设正八品学正 1 人、从八品训导 1 人,掌学校生徒训迪之事,还兼管武学生员(即武秀才)。儒学的目的是“淳乡俗”、“纳民于轨”、网罗人才,培养“忠臣清官”。教育内容主要是儒家经典和宋儒学说,及《资治通鉴》《历代名臣奏议》《文章正宗》及八股文读写等;武生除教骑射外,还教以《四书》《孝经》《武经》《百将传》等。经济来源除官府拨发外,还有学田的收入。

在1895年以前,南通地区的官办学校教育体制完全是以旧式科举为中心的传统教育,如通州设有贡院、试院,还有书院5所,社学7所,义学若干。书院中著名的有清乾隆三十一年(1766)知州沈雯建立的紫琅书院;清同治七年(1868),知州梁悦馨在通州四甲(今属海门)建立的东浙书院,此外清代通州吕四场(今属启东)建有鹤城书院和东瀛书院,余西镇建有精进书院。社学为官办初等教育,光绪年间通州社学在州城有3所,另在石港、金沙、余西、余东各有1所。义学为为孤贫儿童免费设立的初等启蒙教育,光绪初通州有义学7所,另外在西亭和余东各有1所,都属官办性质。

1903年以后,新式学校在南通纷纷涌现。师范教育为办教育的起点和关键。1902年,私立通州师范创设。1906年鉴于"女子教育不可无师""小学师宜女子"而创办了通州女子师范。

幼儿教育方面。1914年2月,张謇创办的私立张徐幼稚园为南通现代幼儿教育之始,园址在唐闸育婴堂,入园幼儿68人。同年,新办张杨金沙幼稚园。1920年,城南马家巷办私立张吴幼稚园。1930年,南通县有3个私立幼稚园和4个公立幼稚园,共7个班,幼儿242人。

小学教育方面。1904年,设模范初等小学于学宫空舍,这是通州城第一所初小。截至辛亥革命爆发,南通县的初等小学已达76所,其中公立64所,私立12所,遍及全县20个市乡;崇明外沙拥有所谓"洋学堂"33所①,如皋有公办小学校95所②。1905年,在紫琅书院旧地上建通州公立第一高小,通州始有高小。1912年,南通全县计有初小135所,高小2所,师范附小2所③。到

① 江苏省启东县志编纂委员会:《启东县志》,中华书局1993年版,第755页。

② 如东县编史修志办公室编:《如东县志》,江苏古籍出版社1985年版,第61页。

③ 南通市地方志编纂委员会编:《南通市志(远古—1987)》,上海社会科学院出版社2000年版,第2057页。

1925年,南通全县有初等小学350多所,高等小学60多所;启东初小185所,高小11所,如皋县公立小学1914年为146所。

中学教育。基本上为私人所包揽。南通县有5所中等教育,其中4所为张氏兄弟所办。宣统元年(1909),通海五属公立中学校开学,是为南通中学教育之始,首任校长孙宝书。民国元年(1912)有学生147人,教职员26人。

高等教育方面。宣统元年(1909)四月创办通州国文专修学校,1912年创办南通医学专门学校、纺织染传习所,1920年农科大学成立。

1895年后,学校教育体系逐步建立。它由民间资力发轫,以官方力量为主,以师范教育为核心。它的初步建立有赖于张謇、沙元炳、孙宝书等地方绅士的奔走呼号。而高等教育、特殊教育及社会教育在南通县则几乎由张氏家族包办,由于办学条件较好,学校经费相对稳定、充裕、规模较大,因此教学质量更有保证。1904年成立的通海五属学务公所和此后次第建立的各县教育会也发挥了重要作用,它们在劝学、培训和考验塾师、吁请学校体制的普及方面作出了不少努力。教育行政机构为教育局和教育会。教育局由局长、视学、委员组成,并在各学区设学务委员,各乡设学董负责。教育会由正副会长、干事和评议员组成,“以研究学校、社会、家庭教育为宗旨”。

南通的教育特别注意基础教育,重视师资培养,并一改传统教育重理论、轻实践的旧习,把教育与生产、教育与实际需要结合起来,较好地解决了在发展中国家和地区教育中普遍存在的教育与实际严重脱节的问题。在教育中既广泛汲取西方现代科学技术和实验方法,又注重本国传统文明的保持和发扬,重视学生道德品行、自主意识、勤劳节俭等中华民族传统美德的培养,做到既不顽固守旧,亦不全盘照搬国外,在一定程度上实现了中西文化的互补,收到了良好的效果。教育的发展为南通的社会和经济发展增添了活力。学生毕业后为地方治安保卫工作,为政治的改良,甚至为革命力量的发展壮大都作出了重要贡献,推动了南通地区的社会改造。但由于缺乏持久有力的经济支持,又使教育发展潜伏着很多危机。在私立学校方面,高额的常年费用使张謇家族不堪重负,造成大生系统企业走入低谷之时,私立学校的全面萎缩。公立学校方面,学校经费主要依赖向农民征收教育费、附加费、棉花税及公产租金等等,使农民负担大大加重,也导致了毁学事件接连不断,同时,拖欠教师薪水、学龄儿童入学率低、辍学率高、新设学校难以巩固等都表明了新式教育超出了地方的经济实力。

对原来私塾的改造是教育近代化中的一个重要内容。在清代,由于社学等官学常因管理不善、经费不足、规模有限,且时办时辍而难以满足儿童入学的要求,因此大量初等启蒙教育仍由私塾承担。由于私塾所需经费比新式学校要少得多,因此在新式学校纷纷建立后仍有一定的市场。清末兴学后,儒学(设于城内沿东)书院(紫琅、东浙等)、社学、小学等相继消失,而私塾则长期存在。私塾当时一般有两种,一种是塾师在自己家中设馆授徒,另一种是富裕人家个人或家族集体鸠资延请塾师前来面授。私塾数量较多,据 20 世纪 20 年代的资料,崇明外沙的私塾达每乡 10 多所。①私塾以四书五经为教学的中心内容,以死记硬背和打骂体罚为主要教学方法,于是从 20 世纪初开始,各县教育局和教育会就通过对塾师培训和考核,提高现有塾师的水平,淘汰不合格教授塾师,强迫他们在教学内容上与正规教育相衔接。私塾教学的改良(课程设置,教材选用教学方法上仿效单级初级小学)增添了生命力。民国三十一年(1942)私塾有 641 所,至民国三十三年还有 150 所,塾童 6 455 人;1950 年为 45 所,学生 1 566 人;1957 年为 15 所,儿童 1 024 人;1958 年最后绝迹。

社会教育方面。清代,每逢朔望,由知州委吏目主持,安排一名老秀才在城隍庙宣讲《圣谕广训》《二十四孝》《息讼文》等,谓之“讲约”。清末增加了劝女子放足等内容。1907 年,通州教育会附设宣讲所,派宣讲员启发群众对新办

① 江苏省启东县志编纂委员会编:《启东县志》,第 752 页。

学校的认识。1912年,南通县教育会设妇女宣讲会,讲解妇女应有的道德知识。在余西、金沙、平潮、城区华庙等地开设夜校,对贫苦子弟、工徒仆役之年长失学者授以普通知识。民国三年(1914)设通俗教育社,民国五年创办通俗教育馆,民国十三年南通城区成立平民教育筹备会,设平民学校4所。

4. 慈善和社会公益事业的兴办

张謇认为慈善是地方自治的重要内容及实业和教育的必要补充,对其高度重视,他既继承了传统文化中对于民生与社会稳定高度重视的思想,又汲取了近代西方实行的社会福利、保障事业的形式与方法,在南通建立了近代慈善和社会公益事业。1904年,建立新育婴堂。1913年,建成养老院一所,收养穷苦孤独老人。南通前后共建3所养老院。1913年,为解决南通墓葬混乱现象,张謇购地160余亩,兴建"义园",即公墓。1914年,南通设立了贫民工场、习艺所,专收贫民子弟,教以各种工艺,1916年,建残废院。

5. 市政建设的初步近代化

新式工业创办之前,南通城区与其他边远小城没有多少差别。濠河环绕全城,面积不大,环城走一圈用不了一个小时。两条主要的街道即东西城门之间的街道及通向南门的街道交汇于城北的州衙前,构成传统的市中心。从1895年到1910年,主要在唐家闸和天生港修建道路和港口。1903年以后,师范学校、图书馆、博物苑、翰墨林印书局等在原本荒凉的城南建成。1913年,建立南通第一公共体育场。1914年前后,狼山被列为主要风景开发区。1914年后,建五公园和濠南别业。1915年,新建500余里的城郊马路。1922年,拆除了南通城墙,建成环城马路。1924年,建新市场。另外还营建了市内最长的大桥——跃龙桥,淮海实业银行、南通俱乐部、总商会大厦、新新大戏院等近代建筑也相继落成。①总

① 孙支厦:《1898—1947年间南通主要新建筑年表》,南通市政协文史委:《南通文史资料选辑(四)》,第172—175页。

之，经过 20 余年的建设，近代南通的城市面貌已初步呈现，并形成了一个与传统行政中心相对立的以张謇活动和居住区为中心的新的市中心。近代的南通以州城为商业、生活、居住区，以距通州城西北六公里的唐家闸为工业区，以通州城西南六公里的天生港为动力、港口区，距通州城东南六公里的狼山为风景名胜游览区，充分考虑了市民生活、工业发展、港口建设和休息游览各个方面，具有一定的科学性。

（原刊于金城主编《张謇研究论稿》，华东理工大学出版社 2003 年版）

张謇与南通早期现代化

现代化是一个社会在科学技术革命作用下全面持续变迁的过程(美国学者罗兹曼语)。中国现代化是中国改变受侵略、遭奴役的屈辱历史,从以人力、动物力为基础的农业社会向以科技为基础的工业社会转变的过程。早期现代化以资本主义现代化为诉求,因此一些学者也将其称为近代化。

南通现代化是指南通地区从传统的农业社会向以工业化、城市化为特征的现代文明发展的历史进程。它肇始于19世纪90年代中后期张謇经办大生纱厂,下迄于今,历经开拓期、受挫期、缓慢发展期和全面展开期等四个阶段。南通早期现代化即南通现代化的开拓期。1895年至1922年间,南通出现了一系列近代经济、教育和社会公益事业,开始实现由传统农业社会向现代社会的转变。

19世纪90年代以前的南通,社会、经济条件和人们的意识形态,距现代化启动所需的条件要求相距甚远。没有张謇怀着满腔的爱国热忱,以其远见卓识、宏大气魄和百折不挠的决心,最大限度地发挥主观能动性并充分利用了各种有利因素,带有“超前”意识地强力推进,南通早期现代化就不可能达到当时的程度与规模。张謇不仅是南通早期现代化的设计者,也是组织者和领导核心,没有张謇就没有当年南通的早期现代化,至少也会推迟若干年。1922年后,南通现代化的受挫有着多方面的原因,但与张謇指导思想上的乌托邦情结和管理上的失误也有一定的关系。

一、张謇是南通早期现代化的总设计师

张謇是南通早期现代化的总设计师,他的地方自治思想是早期南通现代化的理论基础。地方自治是人类进入近代以后自我管理、自我服务、自我完善的地方组织形式,曾被西方资产阶级用作平衡地方与中央的权力、发展地方事业的一种手段。正如有的学者所说,士绅首先是家族与地方利益的捍卫者,其次才是国家意志在地方的代言人。①清末封建统治日渐式微且“暗蔽而不足与谋”,地方利益受外国势力的侵吞蚕食,得不到保护,士绅自然不会坐视。作为南通地区最有名的绅士之一,张謇强调爱国先爱乡,而地方自治则使他找到了既能保护地方利益,又顺应社会发展潮流,既发挥传统士绅在社会稳定、文化延续、经济发展中的职能,又能为政治改革和救亡而出力的结合点。张謇强调指出:“地方自治为立宪之根本”②,“今人民痛苦极矣!求援于政府,政府顽固如此;求援于社会,社会腐败如彼。然则直接解救人民之痛苦,舍自治岂有他哉!”③在全国无法施展其抱负的情况下,张謇不得不退而求其次,把目标缩减到一个地区之范围,希望在“群喙摧撼之中,风气盲塞之地,进行政治、经济、文化全面改革,以建立一个完整、小型的新社会”,作为“新世界的雏型”。因此推进南通地方自治也就成为爱国的起点和缩影,成为其救国济民思想的实践体现。

地方自治思潮在20世纪初的中国得到广泛宣传。地方自治一词系由日本转译而来,而日本则从西文译出,在欧洲有两种表述和含义,英为“自为政治”之意,德为“自为行政”,“英则注重人民,德则注重政府,英宗于下,德系于上。英故艳称地方分权,德乃喜言中央集权”,英美式“一切组织,纯为人民之自定”,德日式“人民之行为是出于被动……非依官府之势力以成之”。④尽管

---

① 朱庆葆:《清末民初安庆城市近代化研究》,安徽教育出版社2001年版,第11页。

② 张謇研究中心、南通市图书馆编:《张謇全集》(第四卷),江苏古籍出版社1994年版(本文所引《张謇全集》各卷皆出自此版,不另注),第376页。

③ 张謇研究中心、南通市图书馆编:《张謇全集》(第四卷),第439页。

④ 丁旭光:《近代中国地方自治研究》,广州出版社1993年版,第42页。

张謇并不反对中央集权，对日本明治维新十分赞赏，但强调“自治者，民之职，官无与也”①，即主要还是依非官府之势力致力于地方分权，因此说张謇所接受的就是德日式的地方自治模式还值得商榷。②当然在对“人民”的理解上，张謇认为主要还是绅士动员，由其担负主要职责，而一般民众只是被动响应，起陪衬作用，这就使其地方自治缺乏民主精神、民众参与和制度保障，过分偏重于具体物质文明建设。

张謇的地方自治思想虽在1908年才明确提出，但1903年东游后已有意识地按照日本地方自治的经验在通海家乡进行实践。地方自治内容十分丰富，范围相当广泛，涉及经济、政治、文化教育、社会民政等许多领域，其中以办实业、教育、慈善公益为主要内容。他说：“窃謇抱村落主义经营地方自治，如实业、教育、水利、交通、慈善、公益诸端，始发生于謇兄弟一二人，后由各朋好之赞助，次第兴办……”③他又说：“走抱村落主义有年矣，目睹世事纷纭，以为乡里士夫，苟欲尺寸以自效者，当以地方自治为务。地方自治条理甚繁，当以实业教育为先。盖犹孔子富而教之之义，使地方无不士不农不工不商之人。走施诸南通近三十年，薄有成效。”④在实业方面，他先后创办了棉纺织、面粉、榨油、酿造、造纸、火柴、制皂、印刷、冶炼、航运、陆运、电力、旅馆、金融、房地产、水利、盐垦等企业，在当时几乎所有的工业门类中都有所建树。在教育方面，他创办了师范、幼稚园、小学、中学（中专）、专科、大学等，既有学前教育、普通教育，又有成人教育、特殊教育，教育内容包含了基础教育、技术教育、职业教育等。在公益方面，他主持修桥铺路，建码头，修水闸，建医院、剧场、体育场、图书馆、博物苑、公园等。在社会救济和扶助方面，建孤儿院、育婴堂、栖流

① 张謇研究中心、南通市图书馆编：《张謇全集》（第四卷），第441页。

② 常宗虎：《南通现代化：1895—1938》，中国社会科学出版社1998年版，第173页。

③ 张謇研究中心、南通市图书馆编：《张謇全集》（第四卷），第457页。

④ 张謇研究中心、南通市图书馆编：《张謇全集》（第四卷），第426页。

所、敬老院、义茔等。只要有社会需求而又力所能及的，张謇都努力去办，体现了他“治国若治国，又若点缀盆供，本石点营，皆有布置”，“治大国若烹小鲜”①的指导思想和初衷。

二、张謇是南通早期现代化的杰出领袖

1. 张謇历史地成为了南通早期现代化的领袖

如果说西方的影响、商品倾销是社会转型的外因，那么政治领导则是转型的关键，其中领导阶层的态度转变则是主要的。作为中央政府在地方的代言人，南通地方官员在深重的民族危机面前，在戊戌变法和清末新政的影响和启发下，虽然已不再顽固守旧，但却缺乏锐意开拓的胆识和魄力、威望和才华，不能如安徽巡抚邓华熙、冯煦在安庆那样自觉地成为变革的领袖，进行广泛的社会动员和扩大政治参与，推动城市政治、经济社会各方面向近代化转型。②因此领导南通早期现代化的重任只能历史地落在开明的地方士绅身上。而以救亡为主的民族主义思潮的兴起，“穷则变，变则通，通则久”的传统哲学和儒家开拓进取、奋发有为思想的传布，以及中央政府的腐败、衰落都为张謇在南通进行政治动员，团结和发动地方精英，历史地成为南通早期现代化的领袖创造了条件。

2. 张謇进行广泛的社会动员，为南通早期现代化的起步创造了有利的条件

张謇利用其个人威望和才能进行社会动员，团结了一批乡里精英，并通过自己的教育实践发现和培养的一些人才，形成推进南通早期现代化的领导核心，同时还争取了地方大员的支持，为南通早期现代化的起步创造了有利的条件。

张謇“以爵然自待之身，捐弃所恃，舍身喂虎”③，抛弃仕宦前途，去从事世

① 张謇研究中心、南通市图书馆编：《张謇全集》（第六卷），第 482 页。

② 朱庆葆：《清末民初安庆城市近代化研究》，第 11 页。

③ 张謇研究中心、南通市图书馆编：《张謇全集》（第三卷），第 115 页。

俗所轻的工商业。这种为救国济民而不怕牺牲的精神易于博取人们的同情和理解;他谨言慎行,谦恭平实,无名士之张狂;行为检点,重操守、讲信用,符合传统道德规范,也使他在传统士人中颇受欢迎,具备了成为领袖的个人魅力。唯才是举、任人唯贤,并不过分关注于家族意识也是张謇能吸引众多人才,有所成就的重要的有利条件。

光绪二十五年(1899),张謇在大生《厂约》中指出,纱厂建成,“是非下走才力智计之所能,盖大府矜谅于上,有司玉成于下,而二三同志君子贤人勖勃而提挈之力多也”①。1905 年,在给农工商部大臣载振的信中说:“纱油诸厂,昔恃一友,今恃一兄;开垦、兴学,此恃一弟子,彼亦一弟子”②,“一友”即为沈燮均,“一兄”自然是张詧,两“弟子”则指江导岷和江谦二人。1923 年,在给张孝若的信中说:“今于友辈中察得真有休戚相关,临难不却之忠者,吴寄尘、张作三、江知源、章静轩数人耳。”③“朴诚”和“忠勇”的沈燮均、“敬礼名士”“刚果坦直”的高清及蒋锡绅、沙元炳、孙宝书、王清穆等地方绅士,江导岷、江谦、章静轩、孙支厦等门人弟子,汤寿潜、罗振玉、许鼎霖等外地好友及兄张詧、侄张仁祖、后辈刘厚生、沈燕谋等人都被吸引、团结在自己的周围,形成一个推进现代化的坚强领导集体。而与地方大员的密切联系又使他获得了必不可少的宝贵的支持。张孝若曾说:“我父先前没有翁公(同龢),成名没有这样大;后来没有刘公(坤一),成事没得这样快。”④如果没有张之洞、刘坤一的支持,大生纱厂的成功降生是难以想象的。

3. 张謇在实业、教育和慈善公益事业中的核心地位

从 1895 年起,张謇等人在通海地区陆续创办了大生一厂和分厂、通海垦

---

① 张謇研究中心、南通市图书馆编:《张謇全集》(第三卷),第 18 页。
② 张謇研究中心、南通市图书馆编:《张謇全集》(第一卷),第 92 页。
③ 张謇研究中心、南通市图书馆编:《张謇全集》(第四卷),第 679 页。
④ 张孝若:《南通张季直先生传记》,中华书局 1930 年版,第 84 页。

牧公司、同仁泰盐业公司、大达内河轮船公司、大达轮步公司、泽生水利(船闸)公司、资生铁冶厂、阜生蚕桑染织公司、广生油厂、大兴面厂、颐生酿造公司、大昌纸厂、大隆皂厂、染织考工所、翰墨林印书局、懋生房地产公司、大聪电话公司、通海实业公司等几十个企业。从投资的数额看,大生一、二两厂占相当的比重,而垦牧、交通运输和重工业企业的建立,都是为了适应棉纺工业发展的需要,染织、印刷、房地产也是直接或间接为大生纱厂服务的。正是由于这样的原因,大生系统的其他企业,不仅在业务上与大生纱厂有着密切的联系,而且在人事上也和大生有着千丝万缕的联系。张謇不仅担任了南通实业最重要的组成部分大生一厂和二厂的领导人,另外一些企业他虽未担任经理,但仍居于实际领导人的位置。参见下表。①

企事业名称	筹办时间	首任经理	实际负责人
大生纱厂	1895	张　謇	张謇、高清、沈敬夫
大生二厂	1904	张　謇	张詧、刘厚生
通海垦牧公司	1900	张　謇	张謇、江导岷
大达内河轮船公司	1903	张　詧	沙元炳、张仁祖
大达轮步公司	1904		张謇、张仁祖、鲍心斋
资生铁厂	1903	张　詧	张詧、张仁祖
同仁泰盐业公司	1903	张　謇	张謇、徐静仁
广生油厂	1901	沙元炳	沙元炳、张詧
颐生酿造公司	1900	张　謇	徐茜宜(张謇之妻)
复新面粉公司	1909	张　詧	徐陶庵
翰墨林印书局	1902	张　詧	张詧、褚宗元

资料来源:常宗虎:《南通现代化:1895—1938》,中国社会科学出版社1998年版。

张謇曾说:“举事必先智,启民智必由教育,而教育非空言所能达,乃先实业;实业、教育既相资有成,乃及慈善,乃及公益。”②“窃以为国家之强,本于自

① 常宗虎:《南通现代化:1895—1938》,第36、67页。

② 张謇研究中心、南通市图书馆编:《张謇全集》(第四卷),第468页。

治，自治之本，在实业、教育，而弥缝其不及者，惟赖慈善。""南通教育慈善之发端皆由实业。"①经济的现代化是现代化的基础和要件，在南通早期现代化中，大生资本集团起着核心作用，是教育、慈善、公益事业的主要经济来源。在此过程中，张謇移用了企业的大量盈利，以改造社会，打造一个新新世界，如大生纱厂仅 1902 年至 1906 年的 5 年中，就先后 7 次提用 78 305 两用于通州师范学校。另外，张謇还担任了多个学校的校长或负责人。

4. 在地方自治中发挥了巨大影响

1908 年，在张謇倡导和领导下，经层层选举，南通成立了地方自治组织：筹备自治公所议事会和董事会。这在当时属江苏第一、全国第二。虽然当时全国各地成立的自治机构不少，但均为遵旨筹办，受清政府监控，对中国的早期现代化没有实质性的推动。而南通地方自治却取得了显著成果，究其原因，是在地方自治具体实施的过程中，张謇个人发挥了巨大而独特的作用。可以说，南通地方自治的推行主要依靠他个人的倡导。当然，张謇在地方上建立的自治公所、咨议机构和商会等组织，并不都担任职务，但他却作为其精神领袖而从各个方面影响它们。②

三、张謇是南通早期现代化的开拓者和组织者

1. 张謇在地理位置、经济基础和人才资源等条件均不甚理想的条件下披荆斩棘，艰辛开拓，领导南通早期现代化艰难起步

南通没有无锡那样优越的地理位置。无锡南滨太湖，大运河流贯其间，使它成为太湖北岸的水运中心和上海的腹地。1908 年，沪宁铁路的通车使位于

① 张謇研究中心、南通市图书馆编：《张謇全集》(第四卷)，第 406 页。

② 钱江、汤可可：《简论张謇南通地方自治模式与中国近代化道路》，张謇研究中心编：《再论张謇——纪念张謇 140 周年诞辰论文集》，上海社会科学院出版社 1995 年版，第 61 页。

其中段的无锡交通运输更为便利。南通也没有无锡那样拥有发达的商品经济基础。无锡为远近闻名的丝市、布市和米市,无锡近代工业的三大支柱缫丝、纺织、面粉与此有着直接的联系。①早期无锡近代工业的创办人大都有在上海活动的经历,比较了解近代工业和资本主义经营方式,近代工厂的投资人也几乎没有一个是从手工业工场或作坊起家的。②南通并未受到大规模西学舆论的冲击影响,也没有大批沐浴过欧风美雨或在香港、上海闯荡过的新式知识分子与实业人的回归。在"传统"经济不甚发达,没有任何工业基础,距自发产生资本主义生产方式尚远的南通,从国外引进移植本地从未有过的近代资本主义生产方式和机器大生产的经营形式是相当困难的,像张謇这样杰出人物的努力往往起着关键作用。③南通虽没有无锡那样优越的地理位置和发达的商品经济基础,但在张謇的领导下,却迅速走上了现代化的道路,成为与无锡相提并论的著名的近代城市。

2. 张謇发挥各方面的积极性,使南通早期现代化呈现出起步早、起点高、发展快的特点

像中国古代多数城市不是因为商业或手工业发展需要,而是因军事或政治需要建立的一样,南通也是因政治、军事需要而建立的,逐步成为苏中东部的经济重镇,当然也仅是地区政治中心和经济重镇,地位远逊于同处苏中的镇江。镇江是江南运河与北运河的连接点,长江流域市场在此与以运河为轴心的运河市场相连接,地理位置得天独厚。但镇江的近代化却比南通逊色得多。作为在籍绅士,张謇与镇江的丁立瀛一起受命经理本地商务。丁在镇江无所作为,而他却克服重重困难,创办了大生纱厂,并使之获得巨大发展,极大地带

① 茅家琦:《横看成岭侧成峰——长江下游城市近代化的轨迹》,江苏人民出版社 1993 年版,第 141—142 页。

② 茅家琦:《横看成岭侧成峰——长江下游城市近代化的轨迹》,第 144 页。

③ 茅家琦:《横看成岭侧成峰——长江下游城市近代化的轨迹》,第 95 页。

动了南通地区工业和地方经济的发展。镇江近代工业的发端是四经缫丝厂的建立,该厂也是响应张謇实业救国而建立的。张謇不仅与镇江绅士许鼎霖共同兴办了开成铅罐厂,而且对镇江早期最重要的企业——大照电灯厂的设立、筹资和运营都作出了巨大的贡献。在教育方面,南通当时也远远超过镇江,据统计,至抗战爆发,镇江只有2所中学,在1929年共有小学36所,其中公立18所,私立18所。1920年,镇江入学儿童为9 066人,失学儿童为31 704人,入学率为22.2%,平均每校为学生252人。这些都比南通差一大截。①镇江最早的职业学校为丹徒县立女子育蚕试验所,直到1920年才创办,也比南通晚了10多年。

南通早期现代化起步早、起点高还可以通过与常州、芜湖的比较而体现。众所周知,在20世纪第二个10年,常州民族资产阶级通过第一次"变商为工"的浪潮,才在现代化的道路上起步,比南通晚了10多年。纺织工业的繁荣是常州早期现代化的主要标志,而这是在国民党南京政权建立后的事情,比南通晚了20多年。②芜湖是长江中游交通发达,商品经济基础较好的著名工商业城市,进入近代以后又成为通商口岸,1897年至1907年为其近代工业的起步时期,工业总投资约90万元左右,与安徽其他城市相比可谓首屈一指,但与南通相比实在不值一提。1907年,张謇在崇明办的大生分厂,资本即达121万元,比整个芜湖总投资还多。③

南通早期现代化的另一个重要特点是发展速度快。1887年宁波就有了近代机器工厂,但到20世纪30年代中期大小厂家也就是100余家,其中稍具规模的则很少,近代工业资本仅275万余元,工人号称20万,但产业工人仅5 000多人,城市人口只有30万。而截至1923年,南通大生系统企业已拥有资产

① 茅家琦:《横看成岭侧成峰——长江下游城市近代化的轨迹》,第334页。

② 茅家琦:《横看成岭侧成峰——长江下游城市近代化的轨迹》,第226页。

③ 茅家琦:《横看成岭侧成峰——长江下游城市近代化的轨迹》,第281页。

2 483万两，较1899年增加358倍。

3. 南通早期现代化的实践发展了社会生产力，改善了人民的生活，提高了南通的知名度，为今天的发展奠定了一定的基础

张謇是南通早期现代化的设计者和组织者。他以舍我其谁的社会责任感，敢为天下先的创新精神，凭着对本地情况的洞察和对工业化突破口的准确把握，以父实业、母教育，辅以慈善的整体发展理念，“白手起家”、艰辛开拓，使南通成为区域现代化的一面旗帜，成为饮誉中外的“模范县”。

张謇顺应社会发展的潮流，明确地把发展工业作为富民强国之本，从而找到了实现现代化的突破口。他在《代鄂督条陈立国自强疏》中指出：“世人皆言外洋人以商务立国，此皮毛之论也。不知外洋富民强国之本实在于工”①，“中国生齿繁而遗利，若仅恃农业一端断难养赡”。他看到了传统农业的衰落和不足，认为如果再不致力于工业化建设，那就不能“养九洲数百万之游民，非此不能收每年数千万之漏卮”②。

南通近代工业的建立，发展了当地的生产力，也改善了群众的生活状况，提高了他们的生活水平。据林刚先生研究，在20世纪20年代，南通农户每家平均拥有土地5.427亩，每亩年产量折合13.97元，即每个农民家庭（按每户5人计）年出产约76元，如果扣除田赋和种田成本，纯收入要少得多，而在大生一厂工作的中等男工年工资收入为120元，女工亦有90元，因此，有一个妇女进大生一厂做工即能获得超过拥有5亩多地的纯农户一家全年的总收入。③为了向工业提供原料，张謇在大生一厂站稳脚跟后着手创办了通海垦牧公司，历经十年努力，终获成功。新式农业的发展不仅提高了沿海农业生产力，还带动淮南出现了废灶兴垦热潮，使“千里斥卤”变成近代中国资本主义棉

① 张謇研究中心、南通市图书馆编：《张謇全集》（第一卷），第37页。

② 张謇研究中心、南通市图书馆编：《张謇全集》（第一卷），第38页。

③ 茅家琦：《横看成岭侧成峰——长江下游城市近代化的轨迹》，第102—103页。

纺工业等的原料基地。

新型社会文化设施是南通早期现代化的重要组成部分,也是为南通博得如潮好评的重要原因。1905 年,中国人自办的最早博物馆:南通博物苑建成。1912 年,南通图书馆建立。1913 年,建南通公共体育场和唐闸公园。1914 年,建成高达 26 米以报时、报警的钟楼。1915 年,五公园落成。1916 年,建军山气象台。1919 年,建"更俗剧场",张謇聘请欧阳予倩前来主持"伶工学社"培养演员,同时以新风貌上演节目,改良了南通的社会风气。在张謇思想的指导和孙支厦等人的规划设计下,南通市政建设取得了巨大的成就,以至于"中外人士之履南通者,无不谓南通市容之佳,为全国之冠"①。

总之,从 19 世纪末到 20 世纪初,张謇用四分之一个世纪的时间,在家乡南通进行全方位的建设,推动了城乡近代化的进程,大大改变了南通的面貌,使南通这个原来的封建小城,一跃成为国内较早地走上近代化道路的城市之一,成为中国的"模范县",被誉为"中国的乐土"②。张謇在南通创造了许多个令人刮目相看的"第一",其中不少不仅雄冠南通,而且名列江苏乃至全国之首。

张謇曾说过:"天之生人也,与草木无异。若遗留一二有用事业,与草木同生,即不与草木同腐。"③其实,他留下的有用事业何止一二!著名学者茅家琦教授说:"我们可以毫不夸张地说,从 1895 年到 1926 年,张謇创办的工业、农业、交通事业,对南通地区生产力的发展作出了重大贡献;他的实业活动再加上他所举办的文化、教育、社会福利事业,对南通地区社会结构、社会面貌的进步也作出了重大贡献。他的业绩为今天南通地区工业、文化、教育事业的兴旺

---

① 陈翰珍:《二十年来之南通》,翰墨林印书局 1930 年版。

② 邝富灼:《现代之胜利者》,南京大学外国学者留学生研修部、江南经济史研究室编:《论张謇——张謇国际学术研讨会论文集》,江苏人民出版社 1993 年版,第 40 页。

③ 张謇研究中心、南通市图书馆编:《张謇全集》(第四卷),第 359 页。

发达奠定了基础。”①章开沅教授也指出:在近代中国,我们很难发现另外一个人在另外一个县办成这么多事业,并且对全国产生这么深刻的影响。②事实上,南通早期现代化无一处不深深地打上了张謇的印迹,洒下其汗水,可以说,没有张謇就不会有南通现代化的早期成功。

四、张謇的空想主义与南通现代化的受挫

1922 年起,大生集团陷入困境。1924 年 10 月,大生一厂的债权人南通的 9 家钱庄联合组成“维持会”对该厂进行了 3 个月竭泽而渔式的经营。1925 年,中国、交通、金城、上海四银行和永丰、永聚钱庄债权人联合成立机构全面接管了大生。从 1923 年至 1938 年,大生纺织企业全部盈余的 70% 被挪用到南通以外。③1937 年日本帝国主义发动了全面的侵华战争,1938 年又占领了南通,控制了大生企业,南通各项事业受到沉重的打击。1945 年抗日战争胜利后,官僚资本对大生企业进行了压制和盘剥。国民党政府管制期间,各厂每年收入的 70% 被其掠夺,1948 年国民党撤退时又将 4 千枚纱锭拆走。④这使南通实业发展历经磨难,备受摧残,现代化事业严重受挫。

1922 年后,南通现代化的受挫有着多方面的客观原因,如第一次世界大战后列强卷土重来,变本加厉地对中国进行商品倾销,南通土布的市场即东北市场被日本占领,自然灾害频仍,军阀混战使大生集团遭受重创,但与张謇指导思想上的乌托邦情结和管理上的失误也有一定的关系。第一,不能严格遵循经济规律,进行积累,不断增强自身的经济实力,相反,超负荷地承担“工厂办社会”的重任。张謇原本是一个民营企业家,可以也应该关心公益回报社会,

---

① 李明勋:《序》,南通市档案馆、张謇研究中心:《张謇所创企事业概览》,2000 年,第 2 页。

② 崔之清主编:《中国早期现代化的前驱——第三届张謇国际学术研讨会论文集》(上册),中华工商联合出版社 2001 年版,第 19 页。

③④ 常宗虎:《南通现代化:1895—1938》,第 67 页。

通过企业的盈余来支持整个南通地区实业的兴办和地方教育、社会福利、公共事业,但却需要准确估计自己的承受能力。可是,他却越位承揽了许多本应由政府办理的事情。1919年后,社会、文化教育方面急速扩展,大大超过了企业的负担能力。第二,1919年后大生进行的远超过自身力量的过度扩张,是经营决策中的一大失误,正如张謇所沉痛指出:"南通实业,三五年来,因急进务广,而致牵搁……此事实也。"①正是这个失误,增加了企业资金周转的困难,直接导致大生在日后危机中无力自救。

(原刊于《南通工学院学报(社会科学版)》2003年第3期)

① 张謇研究中心、南通市图书馆编:《张謇全集》(第三卷),第837页。

政治因革

试析张謇未积极参预戊戌变法的原因

1898年,以康有为、梁启超为首的资产阶级改良派效法日本明治维新,依靠光绪皇帝进行了轰轰烈烈的变法运动即“戊戌变法”。这场运动旨在挽救民族危亡,发展民族经济。这在一定程度上符合全国人民特别是新兴资产阶级的愿望。作为赞成和支持变法的民族资产阶级代表人物,作为著名的政治活动家,张謇理应积极参与、共襄盛举。但他却消极对待,并于变法尚在艰难进行的时候离开变法运动的中心北京。这中间既有主观原因,也有客观因素。笔者认为主要有以下三个方面的原因。

一、不赞成康有为等人的变法策略

维新运动是由改良派、帝党及一些洋务派官僚共同促成的。但随着变法的深入和发展,彼此间分歧也日益明显。洋务派在经过一段时间的观望后倒向“后党”顽固派一边。出身“清流”、与帝党有渊源关系的洋务派官僚张之洞抛出《劝学篇》,肆意攻击维新变法。帝党官僚也对一些变法举措表示不解和不满。

张謇与帝党魁首翁同龢本是江苏同乡。张謇的家乡通州与翁的故里常熟隔江相望。而通州张氏一族又系元末由常熟土竹山迁移而来。这无疑使二人关系更加亲近。翁同龢对张謇青眼有加,对他“大魁天下”也不无帮助。甲午后,张謇在政治舞台上更加活跃,成为帝党中坚,被列为“翁门六子”①之一。张謇对变法的看法颇得翁同龢赏识和赞许,在帝党中也具有代表性。

张謇与康有为在变法的许多问题上有着“共同语言”。如在对变法的必要性和紧迫性方面,他们都认为只有立即变法才能扶大厦于将倾,拯斯民于水火。康有为上书光绪,痛陈所面临的“瓜分豆剖”的严峻形势,并且警告说若不亟行变法,“皇上与诸臣虽欲苟安旦夕、歌舞湖山而不可得”,甚至“求为长安布衣而不可得矣”②。张謇则在《代鄂督条陈立国自强疏》中提出变法自强的八条建议,并表示这些改革措施“非特远虑,实属近忧”,虽然得要巨额经费,但“为中国安身立命之端,万难缓图。若必待筹有巨款。必致一切废沮自亡而已”③。他们都重视培养人才。康有为认为中国饱受列强欺凌的根源在于“风气未开,人才乏绝”,因此思贤若渴,大声疾呼“今变法之道万千,而莫急于得人才”④。张謇也把开民智、育人才置于自强御侮的战略高度,列为变法的重要内容。他指出:“夫立国由于人才,人才出于立学;此古今中外不易之理。不蓄而求岂可幸致?”⑤此外,在文教、经济、财税等领域的改革方面,他们也有相同或相近的看法。这些成了张謇赞成、支持康梁变法的思想基础。1895 年 10 月,张謇列名发起上海强学会分会。这在风气未开,“有闻强学会之名者莫不惊骇,疑有非常之举”⑥,风险很大的情况下是要有勇气的,此举足以表明他支持变法的态度。1898 年 5 月,张謇来到变法运动的中心北京,更是直持投身到如火如荼的变法活动之中。他向维新运动的“导师”翁同龢提出若干革新建

---

① 张孝若:《南通张季直先生传记》,中华书局 1930 年版,第 68 页。

② 汤志钧:《康有为政论集》,中华书局 1981 年版。

③ 张謇研究中心、南通市图书馆编:《张謇全集》(第一卷),江苏古籍出版社 1994 年版(本文所引《张謇全集》各卷皆出自此版,不另注),第 40 页。

④ 汤志钧:《康有为政论集》。

⑤ 张謇研究中心、南通市图书馆编:《张謇全集》(第一卷),第 35 页。

⑥ 《戊戌变法(四)》(中国近代史资料丛刊),神州国光社 1953 年版。

议，为变法出谋划策，其中比较重要的有《农工商标本急策》、代拟《请留各省股款振兴农工商务折》、请求停办间架税和宁属米粮捐，以及代拟《京师大学堂办法》等。

但是，张謇与康有为在一些问题上的分歧也是十分明显的。康有为主张政治改革与经济改革同步进行。张謇则力倡“实业救国”，更加关心经济及文教等领域的改革，对政治体制方面的变革主张谨而慎之、从长计议。在变法的策略上，他们也主张各异。由于当时顽固势力与维新力量是“千一之比”，敌强我弱，力量对比悬殊，因此采取正确的策略尤为必要。康有为主张“全变”“骤变”。这种看法在他的奏议中随处可见。他认为“守旧不可，必当变法；缓变不可，必当速变；小变不可，必当全变”，“方今不变固害，小变仍害，非大变、全变、骤变不能立国也”，主张“尽涤旧制，尽除旧俗，不留毫厘”。①康有为长于著述，也擅宣传，雄心勃勃，但不少主张为书生之见，可行性不高。他对变法的长期性、艰巨性缺乏真正的认识和准备，而想一蹴而就。在他主张设立的制度局（后改懋勤殿）中，又“很多都是为他和维新同伴安排的，为个人的动机十分鲜明”。这样，不仅招惹顽固派的忌恨，也难以得到一般士人的理解和支持，进一步孤立了自己，为变法的失败埋下了伏笔。事实上，当时一些维新志士对康有为的锋芒太露、四面出击也表示忧虑和不安。康有为的弟弟、“戊戌六君子”之一的康广仁在给友人的信中说：“伯兄（指康有为）规模太广、志气太锐、包揽太多、同志太孤、举行太广。当此排者、忌者、挤者、谤者盈衢塞巷，而上又无权，安能有成?”②他的话不幸言中。维新如昙花一现，很快凋谢。其失败也证明了康有为的失策。

张謇服膺中庸思想，强调凡事要把握“度”，认为“天下事贵得其中，若趋

---

① 汤志钧:《康有为政论集》。

② 《戊戌变法（四）》（中国近代史资料丛刊）。

于极端,往往不能成事,即幸而能成,亦不过一瞬而已”①。他提出“法不可不变”,却不能“速变”“全变”,要“在不流血、不纷争的状态范围内循序改进”,即一种平和中正渐变的改进。②他对官场黑暗腐败、宫廷斗争内情了解更多,熟稔社会心理,因此主张先简后繁、由易到难,从阻力小、易见效(而自己也最关心)的经济、文教改革入手,逐步推开,最后进行棘手的体制改革。张謇的逻辑是欲速则不达,正如他后来解释的“意行百里阻于五十,何如日行二三十里者之不至阻而犹可达也”③。因此,张謇的变法主张虽步子不大、收效不快,但毕竟有所收获,比四面出击、铺摊子太大遭到顽固派反对以至于一事无成要好得多。

张謇的主张得到翁同龢的肯定。翁多次称赞他是“奇才”“霸才”。但光绪更愿意采用康有为的更加简单、痛快的变法方略。由于受“后党”忌恨,又失宠于光绪,翁同龢不久便被开缺回籍。张謇的才华无人赏识、才能无法施展、抱负难以实现,自然感到失落、灰心,也就不可能热心参与康、梁的变法了。所以在维新运动渐入高潮、维新派与顽固派短兵相接的紧要关头,他却仿佛与己无关似的闭门著述,考订古经,后来干脆打道回府,离京南下。

张謇曾说自己与康、梁“是群非党”。这与其说是故意与康、梁划清界限,以免遭“后党”迫害的辩白,勿宁说是帝党与维新派关系的真实写照。

二、不满康有为的个人品格

张、康虽同样自幼深受儒家思想的熏陶,但由于生活阅历不同,他们有着不同的思想行为特征,待人处世风格各异。可以说,他们一个是理想主义者,一个是务实主义者。张謇看不惯康有为的某些行为,不愿与之为伍,过于接近。

---

① 张謇研究中心、南通市图书馆编:《张謇全集》(第四卷),第215页。

② 张孝若:《南通张季直先生传记》,第130页。

③ 张謇研究中心、南通市图书馆编:《张謇全集》(第一卷),第48页。

张謇出身农家,早年备尝艰辛,备知稼穑艰难和世态炎凉。他曾有过十年游幕生涯,对官场的种种黑暗了然于心,加之年届不惑之后才得中状元,所以老成踏实,并且有着谦谦君子风范。他淡泊名利、厌倦仕途,曾表示自己“天与野性、本无官情”①,在“大魁天下”后即辞官而去,对奔竞奉迎那套十分鄙视;他崇尚“经世致用”,讲求实学,反对空谈,力倡实干,感到“书生为世所轻久矣,病在空言,在负气”②。他对宋儒“尽是说而不做”很是不满,看不惯那些夸夸其谈、大言欺世、招摇过市、哗众取宠之辈。他注重节操,强调个人的道德践履。“富贵不能淫、贫贱不能移、威武不能屈”的传统美德在他身上得到很好体现,他也因此而赢得人们的敬重。驹井德三与他接触后称赞他“意志坚强,勇决超人,有非达目的不止之气概”,“人格高洁,奉己薄,粗衣粗食,持己甚严”,“有高雅之风范,慷慨助人,生活富有情趣”③。张曾表示自己“自少不喜见贵人,即有声望之要人,见必不为屈下”,做到不卑不亢。在他的眼中,只有那些“于不得意时,不得意而忽得意时,于得意而忽不得意时”都能处之泰然“不失其常”,经受住名利等考验的人才配称“士”。实际上,张謇也以此作为臧否人物的标准和行为处世的依据。1921 年,他建议地方政府嘉奖沈寿,原因是她不仅“孝父母、恭兄弟、笃诚悃宏”而且“不慕虚荣”,在得到慈禧夸奖后也不自矜,“处若平素”。④1884 年,张謇与朱铭盘、张詧写信给袁世凯即《与朱曼君及张詧致袁世凯函》,与这位趾高气扬的纨绔子弟绝交。这件事集中体现了张謇的价值观念和做人原则。张謇曾是袁世凯的老师,对袁的精明干练、遇事“奋厉”颇为赏识,并有拔擢之恩。彼此关系原本不错,但袁世凯忘恩负义,背弃旧

---

① 张謇研究中心、南通市图书馆编:《张謇全集》(第四卷),第 526 页。

② 张謇研究中心、南通市图书馆编:《张謇全集》(第四卷),第 855 页。

③ 〔日〕驹井德三:《南通张氏事业调查报告》,江苏文史资料研究委员会:《江苏文史资料选辑(第十辑)》,江苏人民出版社 1982 年版,第 148 页。

④ 张謇研究中心、南通市图书馆编:《张謇全集》(第一卷),第 455 页。

主吴长庆,投靠李鸿章的行为令张謇不能容忍。在这封长信中,张謇还对袁世凯因地位提高在对自己称呼上由“老师”到“先生”到“某翁”到“某兄”“愈变愈离奇”①的丑恶嘴脸进行了无情揭露和嘲讽。

与此相反,康有为出生于官僚地主家庭,衣食无忧,受业于名儒,少年得志,声名远播,因而有着名士气、官气,高调张扬,喜欢标新立异。而这些恰恰是张謇看不惯的。

1889年,张謇与康有为在北京相识,对他“遍谒当道,见辄久谈,或频诣见”的做法不以为然。康有意深交,但张刻意回避。康有为做了好几首诗送给张謇“表示他的钦迟”,张謇“却都没有回答”。②显然,张对康已有了不好的印象,产生了心理上的隔阂。但由于彼此尚无多少政见分歧,因此为了变法大业,张謇对康有为不是嘲弄、谴责,而是友善地进行“规讽”。后来,张、康通籍,康又没有给张留下好的印象。张謇作礼节性拜访,“见其仆从伺应若老大京官排场,且宾客杂沓,心讶其不必然。又微讽之”③。看得出,张謇对康有为还是关心的,寄予厚望的,因而不怕麻烦,一再进行帮助,可谓用心良苦。但终于无法改变一切,康有为依然故我,与张期望的、作为维新领袖所应具有的威重人格有很大的差距。张謇对康有为的失望是可想而知的。即使没有其他分歧,我们也很难想象张謇会与一个自己看不惯、瞧不起的人如康有为亲密合作,积极参与其领导的变法了。所以,张謇对变法态度的消极是与其对变法领袖人品的不满不无关系的。

三、不忍大生纱厂胎死腹中

张謇于戊戌年闰三月初四(即1898年4月24日)离通赴京销假,十六日

① 张謇研究中心、南通市图书馆编:《张謇全集》(第一卷),第18页。

② 张孝若:《南通张季直先生传记》,第66页。

③ 张謇研究中心、南通市图书馆编:《张謇全集》(第六卷),第858页。

抵达。此时“百日维新”已是呼之欲出了。四月二十三日(6月11日),光绪诏定国是,宣布变法。六月初三(7月21日),即在正式复职的第二天,张謇就以通州纱厂系奏办、经手未完为由,再度向翰林院告假,当天下午即启程返通。有人认为这一理由只是借口。笔者则认为,虽不能排除他在翁同龢被开缺回籍后对变法前途失去信心,担心“后党”迫害而离开政治斗争漩涡的可能,但筹办纱厂绝非遁词,而是他匆匆离京的重要原因。事实上,张謇把办纱厂视为最要紧的工作,他的赴京是被迫的,还带着为纱厂筹款的任务。他本来就没有作在京久留的打算,因此来到北京后,仍心系纱厂,不忘为之奔走,在北京“应卯”后便迫不及待地回到他梦魂牵系的南通,为处于成败之十字路口的纱厂而继续苦斗。张謇不可能有更多的兴趣和精力投入变法运动。

1. 通州纱厂在张謇心中有举足轻重的位置,不亚于北京的变法

首先,救贫塞漏、御侮自强是张謇筹办大生纱厂的直接动因。张謇是一个务实进取的爱国知识分子。在《马关条约》签订后民族危机更加严重的情况下,基于对工业在整个国民经济中重要地位的认识,他从塞漏救贫抵御列强经济侵略的愿望出发,倡言“实业救国”,并勇敢地投身到这一实践之中。筹办大生纱厂是这一实践的开始。张謇在《厂约》中写道:“通州之设纱厂,为通州民生计,亦即为中国利源计。通产之棉……为日厂之所必需,花往纱来,日盛一日,捐我之产以资人,人即用资于我之货以售我,无异沥血肥虎,而袒肉以继之。利之不保,我民日贫,国于何赖?”①他在《大生纱厂章程书后》中也说:“策中国者,首务救贫。救贫之方,首在塞漏。……洋纱故中国漏卮大宗。”②

其次,办实业为办教育以及慈善、自治等事业提供物质保证。要抵御外侮、振兴中华就必须办教育、求学问、培养人才,但如果没有实业就失去了经济

① 张謇研究中心、南通市图书馆编:《张謇全集》(第三卷),第17页。

② 张謇研究中心、南通市图书馆编:《张謇全集》(第三卷),第42页。

来源。张謇后来也多次解释了他首先兴办实业的原因。他说“非人民有知识，必不足以自强；知识之本基于教育”，但办教育需要经费，在朝廷“不暇谋”，地方官府又“不肯顾及”的情况下，“非先兴实业，则教育无所资以措手。故日营心计，从通海最优之棉产始，从事纱厂”。①

再次，办实业是支撑其理想大厦的柱石。儒家“民吾同胞、物吾与也”的信条和经世致用的传统使他具有匡世济民的远大抱负，具有“为天下先”“舍我其谁”的社会责任感和历史使命感。他曾自言十六岁后就无时不处于忧患之中。他关心国家大事，同情人民疾苦。他认为在当时能普利民生，使“没有饭吃的人要他有饭吃，生活困苦的，使他能逐渐提高”的最佳办法便是办实业②，而其责任自然又“须士大夫先之”。所以，他在蟾宫折桂后便辞官不做，“舍身喂虎”③去从事时俗轻视的工商活动。

总之，兴办实业是救亡图存的具体手段；是发展教育、慈善，擘画水利，实行地方自治的必要前提；也是他救世济民、实现自己人生价值的必要条件，创建大生纱厂（后来也成为大生企业集团的核心）则是他兴办实业之始，因而在他心目中占据举足轻重的地位。另外，筹办纱厂与以北京为中心的变法运动相比，虽同样充满荆棘前途难测，但毕竟张謇个人在其中可发挥更大的作用，成功的把握性要大一些。所以张謇也更愿意把精力放到这上面来。纱厂此时正处在可成可败的关键时刻，作为受命具体筹办的负责人，张謇自然放心不下。即使到了京师，张謇也人在心不在。他不时通过信函等渠道及时了解纱厂近况，与翁同龢交谈的话题也“大半是他新开创的事”。

2. 张謇的“北京之行”是很不情愿的

人们往往推测张謇的“北京之行”与帝党支持维新运动有关。诚然，作为

① 张謇研究中心、南通市图书馆编：《张謇全集》（第三卷），第 384 页。
② 刘厚生：《张謇传记》，上海书店 1985 年版，第 250—252 页。
③ 张謇研究中心、南通市图书馆编：《张謇全集》（第三卷），第 115 页。

帝党健将，作为同情和支持变法的新兴资产阶级代表，张謇至少从道义上也应赴京助威，但张謇的“北京之行”是很不情愿的，有“例行公事”的味道。

1896年，张謇开始筹办纱厂，历尽艰辛，不少人中途退却。到光绪二十三年（1897）六月，潘华茂、郭勋退股后，筹办纱厂的担子全部压到他一人身上，他只得加倍努力、昼夜奔波，四处求援，但收效甚微。有时不免“病急乱投医”，他“一再求助于江鄂二督及桂道（指刘坤一、张之洞、桂嵩庆）及凡相识之人，有冀其可助而言之者，有明知其未必有益而姑言之以侥幸者”。他到上海筹集资金，旅费用光，只能去卖字。到了次年（戊戌）正月，动工建厂后“用款日繁月紧，而各路许入之股不至”，桂嵩庆“屡催不应”，盛宣怀则“寂然如桂”。张謇写信给盛，“屡催屡请执约，告急之书几于字字有泪”，甚至请刘坤一出面催促，盛仍“百方腾闪，迄不应”。张謇彻夜难眠，愁肠百结。大生纱厂再次面临生死考验。在这样的情况下，又要去北京，他的不情愿是明显的，也是能够理解的。就在北上前夕（1898年4月17日），为纱厂资金问题，张謇致函刘坤一。信中说：“闰月（指闰三月）初，謇不能不脂车北上。”①资金毫无着落，使他委实放心不下，不忍离去，但三年丁忧的期限早已到了，又不能不到北京销假。“不能不”三字反映出张謇内心的矛盾，流露出他的无奈，也恰恰泄漏了张謇从一开始就不愿离开通州纱厂，不十分热心于北京的维新运动，而是被迫前往的天机。

3. 张謇对“北京之行”是有计划、有安排的，并未作长期逗留的打算

张謇循例到北京销假，但并未作打算长时间离开他正惨淡筹划、前途未卜的通州纱厂，只准备逗留两个月左右。证据之一，张在离通前写给刘坤一的信中说：“闰月初，謇不能不脂车北上，距仲夏两月，非得六七万金足不足以资周转，而固全局。”可以看出，张计划只在京停留两个月，到仲夏（五月）就回南

① 张謇研究中心、南通市图书馆编：《张謇全集》（第三卷），第5页。

通，估计在此期间，有六七万资金就勉强可以应付了。证据之二，张謇在上述这封信中希望徐分司、沈武两道措集的资金“必于闰月汇解到厂，至迟不可逾四月十五日，盖各工价付款之期也”①。因为他三、四两个月不在南通，不能亲自去催促，资金能否到位，实在没有把握，而他所面对的又是些轻诺无信的官场中人，所以他要特别叮嘱、恳请刘坤一去“催令”。证据之三，张謇在年谱中记载：“戊戌五月，旅费竭，卖字二百金即止。”②显然，张謇原计划在北京只待两个月，估计五月就能回来，所以北上时仅带了三、四两个月的川资，但“公牍展转”，到了五月，手续尚未办完，而旅费告罄，所以只得卖字救急，《张謇日记》记载：“……五月初三（此时距张离通即三月初四正好两个月）为人作书，旅资已竭，赖卖字得二百金。”③三天后即五月初六，他又“为人作书”。“二十一日，始知六月初二到任之讯。此一事也，由内阁抄录引见日，上谕用黄本送吏部，由吏部送翰林院，衙门公牍展转，则已一月矣。”得到这一消息后，张謇马上作离京的准备。“五月二十三日，写留别仲韬诗。”六月初二（7 月 20 日），他在翰林院和吏部听旨正式复职。次日（7 月 21 日），如坐针毡、归心似箭的张謇再次辞官，离京回乡了。④

4. 张謇的“北京之行”兼有“筹款”的目的

资金奇缺始终是大生纱厂筹建过程中面临的一个十分棘手的问题，它使纱厂面临胎死腹中的危险。张謇虽呕心沥血、多方奔走，但应者寥寥，所以他“中夜旁皇，忧心如捣”。在北京有他的不少同门、好友、熟人，所以张謇也想去那里碰碰运气，准备趁到北京销假的机会筹集一些。他在写给刘坤一的信中

① 张謇研究中心、南通市图书馆编：《张謇全集》（第三卷），第 5 页。

② 张謇研究中心、南通市图书馆编：《张謇全集》（第六卷），第 858 页。

③ 张謇研究中心、南通市图书馆编：《张謇全集》（第六卷），第 410 页。

④ 张謇研究中心、南通市图书馆编：《张謇全集》（第六卷），第 410—411 页。

透露了他的这一计划,“謇入都亦必多方劝集,期收得寸得尺之效”①,相信虽难保证有很大收获,但多少会筹到一些,不至空手而归。他到北京后也确实没有忘记这一任务,进行过努力。《啬翁自订年谱》记载,这年五月“是时通纱厂股本经恽祖祁助募,共只十八万两耳,尚缺七万。而建筑将成,就京募有二三万可望,乡人某毁阻不谐”②。到北京来筹款的计划归于失败,张謇只得回到南通,继续四处化缘,为纱厂得以呱呱坠地作最后的搏杀。

四、结束语

总之,康有为的变法策略使张謇忧心,其人品令张灰心,而创办大生纱厂及其资金困难又使张分心。在这样的情况下,要张謇全力支持、积极参与康有为领导的维新变法显然是不可能的,也是不切实际的。所以,张謇未积极参预戊戌变法似出意料之外,实在情理之中。

(原刊于南通纺织工学院内刊《教学与研究(教育科学版)》1995年第3—4期合刊)

① 张謇研究中心、南通市图书馆编:《张謇全集》(第三卷),第6页。
② 张謇研究中心、南通市图书馆编:《张謇全集》(第六卷),第858页。

儒者情怀与近代中国温和派知识分子的抉择

——以张謇、黄炎培为个案

鸦片战争后，中国面临“数千年未有之变局”，遭遇了“数千年未有之强敌”，为了挽救民族危亡，发展经济，改善民众的处境，实现国家的现代化，仁人志士“上穷碧落下黄泉”，苦苦寻觅救国救民的良策。复杂的社会环境，众多的改革路径，常使他们面临无法回避的种种挑战，迫使他们予以回应，作出选择。尽管他们也许从未意识到，但传统文化在他们身上早已烙下了深深的印迹，预定了他们的价值标准和行为模式，使他们在抉择时在诸多方面体现出过渡时代儒者的鲜明特色。

张謇(1853—1926)和黄炎培(1878—1965)都是我国近代著名的爱国者，温和派知识分子的杰出代表。他们初识于1905年冬，并在随后的兴办新式教育、推进立宪和地方自治的实践中开始了密切的合作。许纪霖先生认为，“纵观黄炎培的一生轨迹，总是近乎习惯地模仿蔡元培、张謇这两位师辈的人生风格。如果说对于蔡元培，他仅是一种青年崇拜期内先入为主的偶像需求的话，那么对于张謇则已是心理基本定势之后相当自觉的人格认同了”①。笔者认

① 许纪霖:《无穷的困惑——黄炎培、张君劢与现代中国》，上海三联书店1998年版，第36页。

为，在彼此的交往之中，张謇、蔡元培的言行确实给了黄炎培巨大的影响，但还应看到传统文化的熏陶使他们在精神上承继着士大夫的诸多特质，呈现出作为温和派知识分子和近代社会变迁中的儒者的共同特征。

一

1. 游离于入仕与出仕之间：有道则仕，无道则隐

儒家伦理以完善自身、成就理想人格为指归，提倡积极入世，立德、立功、立言被儒家尊为三不朽，是士人殚精竭虑、不懈追求的目标。而“百无一用是书生”，要立功又不能不有所凭藉，依附皇权或其他势力，于是入仕为官成为先决条件。他们一方面按捺不住立功的冲动，希望为君卿、帝师，通过参政议政，来推行自己的政治主张，实现自己的人生价值。但另一方面又对波谲云诡的政治舞台充满畏惧，或对向恶势力妥协心有不甘，不愿与其同流合污，因此总是审慎地选择时机，适时地在入仕与出仕之间变换自己的角色。

适然亭的对联“世间科第与风汉，槛外云山是故人”①是张謇淡泊名利的心理写照。其子张孝若曾说“我父一生绝无功名得失心和政治上的野心”②，而他本人也自言“愿为小民尽稍有识见之心，不愿厕贵人受不值计较之气；愿成一分一毫有用之事，不愿居八命九命可耻之官”③，因此在甲午会试高中状元后毅然辞官返乡，走上实业和教育救国之路。他在1903年东游日本后发现“政因而业果”，日本教育、实业的发展与政府的政策实有至亲至密之关系，中国之所以不能富强，“抉其病根，则有权位而昏聩者当之矣”④。他大声疾呼

---

① 张孝若：《南通张季直先生传记》，中华书局1930年版，第32页。

② 张孝若：《南通张季直先生传记》，第347页。

③ 张謇：《致沈子培函》，张謇研究中心、南通市图书馆编：《张謇全集》（第四卷），江苏古籍出版社1994年版（本文所引《张謇全集》各卷皆出自此版，不另注），第526页。

④ 张謇研究中心、南通市图书馆编：《张謇全集》（第六卷），第505页。

“实业救国”,但“实业之命脉,无不系于政治”①。因此,怀着借机实现自己政治理想的初衷,积极投身立宪活动,后又出任了北洋政府农商总长,结果一再失望。腐败的政府根本无意于民生艰辛现状的改变,对关系到国家前途、民族命运的教育、经济等也兴趣无多,只关心个人或小集团的私利,所以为官并不能借机实现自己经世济民的宏愿,也无法施展自己的才华,而只能徒糜官费,“日在官署画诺纸尾,所从事者簿书期会会之无聊,府吏胥徒所可了,其于国民实业前途,茫无方向”②。所以,后来他彻底断了做官的念头,退屏江海,穷其毕生之力,推行地方自治。因为他认为要解决中国的问题必须标本兼治,“治本为何?即各人抱村落主义,自治其地方之谓也。今人民痛苦极矣,求援于政府,政府顽固如此,求援于社会,社会腐败如彼。然则直接解救人民之痛苦,舍自治岂有它哉”③。1920 年 5 月,他与黄炎培、沈恩孚等一起发起组织“苏社”,希望江苏 61 县能各负其职,大力发展水利、交通、实业和中小学教育,推进全省的地方自治,以便“置苏省于最完全最巩固之地位”④。他不仅自己不愿做官,还劝人不要做官,曾作“逢官便劝休”诗四首,诗云:“逢官便劝休,言下一刀断;若还须转语,溺鬼不上岸。”“说著官已怕,逢官便劝休;但愁休了后,学得老农不?”“如逢禹稷契,薰沐进之位;逢官便劝休,正为悠悠辈。”“前车覆不已,后轸来方遒;安得恒沙舌,逢官便劝休。”⑤

张謇这种淡泊名利,愿以在野的地位“为国家稍尽义务”的风格影响了黄炎培。1912 年 12 月,黄炎培被任命为江苏省教育司司长,主持全省的教育行政工作,“二次革命”失败后,他有意辞职,只因民政长韩国钧的极力劝说而暂时留任,但 1914 年 3 月他便挂冠而去,从此决意仕进。后来北洋政府及国民

---

① 沈家五:《张謇农商总长任期经济资料选编》,南京大学出版社 1987 年版,第 11—12 页。

② 张謇研究中心、南通市图书馆编:《张謇全集》(第一卷),第 311 页。

③④ 张謇研究中心、南通市图书馆编:《张謇全集》(第四卷),第 439 页。

⑤ 张孝若:《南通张季直先生传记》,第 354 页。

党政府以“总长”“部长”等相邀,他也不改初衷。张謇还在自己的能力范围内为黄炎培解围,使他得以不违素志,集中精力做对社会、对国家有益之事。对此,黄炎培十分感激。他在晚年仍满怀深情地写道:“我没有入北洋圈套,我很感谢张謇。”他们的行为令袁世凯恼羞成怒,说:“江苏人最不好搞,就是八个字:‘与官不做,遇事生风。’”①

2. 社会变革方略:不可不变,亦不可全变

儒家历来反对故步自封、因循守旧,主张顺应时代和历史发展的潮流除旧布新,因革损益。孔子提出:“殷因于夏礼,所损益可知也。周因于殷礼,所损益可知也。其或继周者,虽百世可知也。”②但儒学以中庸为理想,强调中正、和谐,认为“随时应变,在中而已”,无过无不及,反对走极端,搞冒进。张謇和黄炎培都饱读诗书,深受儒家文化的熏陶,在实践中总是倾向于折衷调和,形成了求稳怕变的特点。他们既不满黑暗的社会现实,渴望改变山河破碎、民不聊生的社会现状,拯斯民于水火,扶大厦之将倾,但又渴望社会稳定,惧怕动乱,因而对渐进的和平改良情有独钟,对革命有着近乎本能的排斥,从而自觉或不自觉地把自己推入温和派的阵营,成为中产阶层的思想代表。

张謇“日常行事,都取中庸之义,不偏不倚”③,认为“天下事贵得其中,若趋于极端往往不能成事,即幸而能成亦不过一瞬而已”④,强调变法必须“斟酌今日弊政之标本与夫人民之风俗,士大夫之性情”,以“权因革损益,第轻重缓急之序”。他对康、梁的“全变、速变”策略不以为然,觉得与其“意行百里而阻于五十,何如日行二三十里者之不至于阻而犹可达也”⑤,因此虽赞成戊戌维

① 黄炎培:《八十年来》,中国文史出版社 1982 年版,第 71 页。

② 《论语·为政》。

③ 张孝若:《南通张季直先生传记》,第 318 页。

④ 张謇研究中心、南通市图书馆编:《张謇全集》(第四卷),第 215 页。

⑤ 张謇研究中心、南通市图书馆编:《张謇全集》(第一卷),第 48 页。

新，却不肯全身心投入。①儒家文化历来崇尚统一、稳定，而实业发展更离不开对社会秩序的依赖，因此他积极参与"东南互保"，并拥袁"统一"。在袁世凯死去，军阀割据，全国统一河清难俟的情况下不得已退而求局部的安宁，不惜耗费了大量的时间和精力在各派政治势力之间撮合，苦口婆心地劝他们息事宁人，化解恩怨，以维护地方的太平。

黄炎培虽经蔡元培介绍加入了同盟会，但从事的革命活动并不多，且不久即参加了预备立宪公会，与立宪派保持了更加密切的联系，还为其介绍会员，发展组织。如他曾与松毓一起介绍庆山和文耆加入了预备立宪公会。②后来在国共之间的激烈冲突中亦不偏不倚，以调和缓冲为己任，希望国共两党抛弃政见，携手合作，以实现国家的和平和社会的稳定，只是后来在国民党的镇压和中国共产党的感召下才放弃了第三条道路，走上与中国共产党合作，缔造中华人民共和国的道路。

3. 政治性格：张弛有度，外圆内方

儒家的"外王"离不开"内圣"，治国平天下是以士人的道德自律和践履为前提的，所谓"欲治其国者，先齐其家；欲齐其家者，先修其身；欲修其身者，先正其心"。作为儒学传人，他们一方面有着自己的崇高理想，希望保持自己人格的独立，崇尚"富贵不能淫，贫贱不能移，威武不能屈"的大丈夫气概，另一方面在对强权进行抗争时又不能不讲究策略，注重自我保护，在道与势之间寻求某种平衡，把原则性与灵活性有机地结合起来。张謇形成了稳重、务实、不喜张扬、谨言慎行的个性。儒家崇尚气节、讲求操守的思想对他产生了深刻的影响，他为求通过正途入仕而拒绝了吴长庆为其捐官的好意，还"北不投李，南不

① 蒋国宏：《试析张謇未积极参预戊戌变法的原因》，金城主编：《张謇研究论稿》，华东理工大学出版社2003年版，第16—24页。

② 预备立宪公会：《预备立宪公会报》，1908年第18期，第18页。

拜张”,拒绝多方的延揽。他在原则问题上决不迁就或让步,“有虽千万人吾往之气”。“有人扶助要做,有人阻抑也要做”的决心①,表示“凡夫可以鼓新气,荄旧俗,保种类,明圣言之事,无不坚牢矢愿,奋然为之”②。但若遇有益于国家和民族之事,则可作适当变通。如他在新政开始后主动与绝交20年的袁世凯联系,争取他对立宪运动的支持即属这种情况。

1903年,黄炎培在家乡做了著名的“新场演说”。本为破除迷信、改良社会而做的演说因与痞棍冲突而被深文周纳,被诬为“革命党”而险些丧命。这使他从此更加谨慎,也给人们留下了谦谦君子的形象。但在柔弱、随和的外表背后有着倔强的个性和宁折不弯的做人原则,形成了外圆内方的性格特点。任之、韧之是黄炎培的字,其涵义有二,一是对自己应担当的责任毫不推诿,勇于承担,且善始善终;二是对别人的议论、非难等听之任之,自己认准的路就要走到底,有坚忍不拔、不屈不挠的毅力和决心。黄炎培曾把“理必求真,事必求是,言必守信,行必踏实。事闲勿荒,事繁勿慌,有言必信,无欲则刚。和若春风,肃若秋霜。取像于钱,外圆内方”写给儿子黄大能作为座右铭。其实这又何尝不是他本人的做人原则和行为圭臬?

4. 超然与介入的糅合:教育救国

如前所述,近代中国灾难深重,民不聊生。为了改变遭到列强奴役欺凌的现状,实现中华民族的伟大复兴,仁人志士提出了多种救国方案,教育救国便是其中的一种。张謇和黄炎培都是这一思想的服膺和力行者。

张謇认为:“教育者,一切政治、法律、实业、文学之母。”③“人皆知外洋之强由于兵,而不知外洋之强由于学,夫立国由于人才,人才出于立学,此古今中

① 张謇研究中心、南通市图书馆编:《张謇全集》(第四卷),第47页。

② 张謇:《致丁恒斋函》,张謇研究中心、南通市图书馆编:《张謇全集》(第四卷),第528页。

③ 张謇研究中心、南通市图书馆编:《张謇全集》(第四卷),第192页。

外不易之理,不蓄而求,岂可倖致?”①因此,“言商仍向儒”,尽自己作为士人的义务,为教育筹集资金成为其“捐弃所恃,舍身喂虎”的精神慰藉。他在《自订年谱》中回忆自己经激烈思想斗争后慨然经办大生纱厂,从事世俗所轻的工商业这段经历时写道:“余自审寒士,初未敢应,既念书生为世轻久矣,病在空言,在负气,故时轻书生,书生亦轻世。今求国之强,当先教育,先养成能办适当教育之人才。而秉政者既闇蔽不足与谋,拥资者又乖隔不能与合。然固不能与政府隔,不能不与拥资者谋,纳约自牖,责在我辈,屈己下人之谓何,踟躇累日,应焉。”②

黄炎培表示:“今之策国是者,莫不重教育……吾辈宜十分信仰教育救国为唯一方法。”他因此认定今日要救中国,只有办学堂。③他们还身体力行将教育救国的宏愿落实到具体实践之中,为我国教育的近代化作出了重要的贡献。

张謇和黄炎培献身教育不仅与其对教育功能的体认和推崇有关,而且是其介入现实政治的理想方式。他们一方面不愿放弃作为社会良心和国家精英所应肩负的“天下兴亡,匹夫有责”的救亡图存的社会责任,另一方面又不愿或不敢过多涉足腥风血雨、危机四伏的政治舞台,或者奔赴沙场,跃马扬鞭、杀敌报国,因而努力在出世与入世、学术与政治之间寻求平衡。于是,教育救国成了他们这些温和派知识分子的上佳选择,教育事业在某种意义上成了其“躲避政治风暴的安全港湾”④。

5. 解决社会问题的思路:救贫救愚,劳资两利

舒新城提出:“中国近代各种教育思想在实际上之影响,无有出乎职业教育思想之外者。”⑤而张謇和黄炎培正是这一思潮的信奉者和力行者。切实改

---

① 张謇研究中心、南通市图书馆编:《张謇全集》(第四卷),第36页。

② 张謇研究中心、南通市图书馆编:《张謇全集》(第六卷),第855页。

③ 黄炎培:《川沙公立小学校校史最初的一页》,《川沙县县志》,第7页。

④ 许纪霖、倪华强:《黄炎培:方圆人生》,上海教育出版社1999年版,第50页。

⑤ 舒新城:《近代中国教育思想史》,中华书局1929年版,第218页。

善下层民众的生活,保持社会的稳定是他们热心职业教育的主要动因。

中国知识分子历来有着强烈的忧患意识,体恤民艰,关心民瘼,所谓“不忧一家寒,而忧四海饥”①。张謇和黄炎培都信奉儒家“民吾同胞,物吾与也”的信条,具有经世济民的远大抱负。张謇生于一个农民兼小商人家庭,从小参加农业生产,备知稼穑之艰难。黄炎培出生于一个经济拮据的家庭。父亲作幕僚的微薄收入成为家庭的主要经济来源。在13—18岁间,母亲、父亲及外祖父相继病逝,他因此被抛到社会的底层,过早地体会了世态之炎凉和人情之冷暖。他们目睹在列强侵略和封建统治下的农村经济凋敝、民不聊生的黑暗现实,了解农民的疾苦。一次在与刘厚生交谈时,张謇表示:“一切政治及学问最低的期望要使得大多数的百姓,都能得到最低水平线的生活。……换句话说,没有饭吃的人,要他有饭吃;生活困苦的,使他能够逐渐提高。这就是号称儒者应尽的本分……”②

社会稳定为传统文化重要诉求之一。因此,追求社会稳定,缓和社会矛盾,防止出现动乱也是他们思考的问题。这一方面基出大同社会理想对他们的召唤,同时也是对西方社会贫富悬殊严重,阶级矛盾激化教训的汲取。所以在张謇的自治蓝图中既有用以解决贫民的生计的实业,如开办工厂和开垦沿海荒滩,发展新式农业,又有以救助那些鳏寡孤独、穷极无助的慈善公益事业。黄炎培认识到“思夫今兹扰扰,所以酿成此好乱易动之社会,凡坐生计耳,将普养之,毋宁普教之。顾今之教果足以为养否?观夫受教育者之不能自养,而前途危矣”。③授人以鱼不若授人之渔,靠救济只能救燃眉之急,满足一时之需,而无法满足长期的需求,不如教会他们谋生的技能。

① 魏源:《魏源集(下)》,中华书局1976年版,第580页。

② 刘厚生:《张謇传记》,上海书店1985年版,第251—252页。

③ 中华职业教育社:《黄炎培教育文集》(卷一),中国文史出版社1994年版,第26—31页。

要实现这一目标就必须改革传统教育，发展职业教育，使农民脱愚并掌握一定的谋生技能。在科举制度下，多少人为求仕进而口诵手披，朝研夕摩，皓首穷经，多少光阴、聪明被付之东流。张謇不无惋惜地感叹自己"少壮之日月，婉转消磨于有司之试而应其求盖三十有五年，至吾绝仕进，伍齐民，发奋殚力以求有用于世而冀一当，曾不及消磨于前此日月之半"①，他批判传统教育空疏无用，脱离社会现实，脱离学生谋生的需要，指出："经乃徒供弋取科举之资，全无当于生人之用"，"人人骛此，谁与谋生？"②黄炎培也走过学制艺、应科举的道路，先后考中秀才和举人，对传统教育的弊端亦有深刻的认识。他发现职业教育正可以"矫正教育之弊，救济社会之穷"，因此认定"提倡爱国之根本在职业教育！"③

总之，不论是提高下层民众的生活水平，还是实现社会稳定，都必须发展职业教育，使他们有稳定可靠的生活来源。职业教育既有为贫民谋生计的考虑，也可为实业发展培养各种专门技术人员和操作工人，可以说兼顾了劳资双方的利益，满足了两方面的部分要求，有利于"消弭工潮，调和劳资"，维护社会的稳定。

张謇于1902年筹办通海垦牧公司农学堂，1907年在通州师范附设农科，到1920年前后在南通地区创办了20多个职业学校，形成了一个多科性、多层次的职业教育体系。黄炎培则于1916年在江苏教育会主持职业教育研究会。1917年5月正式创立旨在"使无业者有业，有业者乐业"的"中华职业教育社"，作为推行职业教育理论和主张的强有力的组织机构。《中华职业教育社章程》第一条即开宗明义地指出："本社之立，国人鉴于吾国最重要最困难问题，莫过于生计，根本解决，惟有从教育下手，进而谋职业之改善。国人认此为

① 张謇研究中心、南通市图书馆编：《张謇全集》(第五卷)，第602页。

② 张謇研究中心、南通市图书馆编：《张謇全集》(第四卷)，第21—22页。

③ 《中华职业教育社章程》，《教育与职业》1917年第1期。

救国家、救社会唯一方法,矢愿相与始终也。"张謇对黄炎培发展职业教育不仅从精神上予以赞赏和鼓励,欣然充当中华职业教育社的主要发起人之一,而且从经济上予以大力支持。

二

鸦片战争后,国门洞开,中西文化以一种前所未有的规模进行交流。骎骎东来的资本主义文化在与传统文化的争论与冲突中沛然莫御,显示了巨大的优越性。面对现代化的挑战,一些知识分子忍受着巨大的精神压力和感情折磨,努力挣脱恋旧情感的羁绊,对儒家思想进行了重新审视和扬弃,开始实现其价值观、伦理观的转变。张謇和黄炎培也不例外。

"义利之说,乃儒家第一义",在儒家伦理中占据着重要的位置。孔子指出"君子喻于义,小人喻于利"①,而董仲舒的"正其谊不谋其利,明其道不计其功"②更成为读书人必须恪守的教条。千百年来,"谋道不谋食"、贵义贱利的价值观一直左右着中国知识分子。张謇曾经过"铁砚为穿,池水尽墨"的苦练,在书法上颇有造诣,曾得郑孝胥、俞樾(曲园)等赞赏,其小楷尤受社会欢迎,甚至对其高中状元也不无裨益。翁同龢在评阅张謇殿试试卷后的结论就是"文气甚老,字亦雅,非常手也"③。早年为解决经济困难,张謇常鬻字以换川资,如"戊戌五月,旅费竭,卖字二百金即止"④。后来为了地方慈善公益事业,他不顾自己作为士林翘楚的身份,勇敢地向世俗挑战,公开登报鬻字。对张謇的明码标价,公开卖字,一些人颇有微词。黄炎培出于对张謇的关心和爱护,致函希望他不用鬻字私印,以合社会心理。对此,张謇不以为然,并回信阐明自

① 《论语·里仁》。

② 司马迁:《史记·董仲舒传》。

③ 章开沅:《张謇传》,中华工商联合出版社 2000 年版,第 56 页。

④ 张謇研究中心、南通市图书馆编:《张謇全集》(第六卷),第 858 页。

己的原则立场,表示:其一,通过卖字来为地方谋福利与单纯逐利有天壤之别。其二,“人世取与之道最明白正当者,无过以劳力为金钱之交易”,“劳力人不必以受佣为耻,给值人不必以出资为豪”,通过自己的劳动换取别人的金钱是一种平等的劳动交换关系,并不违反“君子爱财,取之有道”的古训,不是一件可耻的事情,更不会因此降低自己的地位和声望①,所以,无需进行任何粉饰和躲闪,也不必感到低人一等。从这一事件可以看出,黄炎培还带有中国传统知识分子的那种耻言货殖、讳言功利的特征,而张謇则冲决了重义轻利思想的樊篱,实现了伦理观念质的飞跃。在作“复黄炎培书”的当日即1917年3月25日,他作“继续鬻字启”,指派上海大生沪账房和南通濠南别业代接业务。②1922年他又作“为慈善公益鬻字启”,表示“自登报日起,鬻字一月,任何人能助吾慈善公益者,皆可以金钱使用吾之精力,不论所得多寡”,“每日捐二小时于字,无一字不纳于鬻”。③1924年夏又决心继续鬻字一年,在写字两月后,还赋诗一首:“大热何尝困老夫,七旬千纸落江湖;墨池径寸蛟龙泽,满眼良亩济得无?”④一个古稀老人拖着羸弱之躯,为地方的慈善公益作书鬻字。这里有开拓者为社会甘为牛马,鞠躬尽瘁、死而后已献身精神的感人至深,但更多的是内心的苦涩和无奈。

辛亥革命后,特别是新文化运动兴起后,西方资产阶级的自由、平等思想如潮水般涌入中国,极大地冲击了传统的伦理道德、纲常名教,也出现了道德失范、世风浇薄的现象,对此,张謇忧心忡忡。在“论新教育致黄任之函”中,张謇系统地阐述了其教育方针。他一方面对废除空疏无用的科举制艺,学习西方的声光化电等科学技术表示赞同,认为德和智两者不可或缺,强调要加强道

① 张謇研究中心、南通市图书馆编:《张謇全集》(第四卷),第557页。
② 张謇研究中心、南通市图书馆编:《张謇全集》(第四卷),第352—353页。
③ 张謇研究中心、南通市图书馆编:《张謇全集》(第四卷),第360页。
④ 张謇研究中心、南通市图书馆编:《张謇全集》(第五卷),第384页。

德教育，适应新时代的要求，培养社会所信重之人。另一方面，他认为女子的职责就是相夫教子，做好家政，男主外、女主内是合理的社会分工，否认中国过去存在男女间和父子间不平等的情况，对提倡男女同学、父子平权、自由平等十分痛恨，认为男女有别是礼教的要求，是人类区别于禽兽的标志，说提倡男女平等、同校学习、自由交往是“庸妄”“龌龊”之人的罪孽，甚至提出中国当时“教育之弱点在职业化学，不在男女自由结交，而蔡孑民之主张男女同校，造出无穷话柄，为教育之玷”①。他批评那些主持教育的“教阀”，为讨好学生而纵容学生，放松对他们的管理，“不尽上课，不限考试，不严记分”实际上是“陷阱学生”，使他们“无父兄，无尊长，无夫妇，无恻隐羞恶辞让是非”，其行为属“积极杀人”，危害甚至不亚于军阀。他还威胁要辞去东南大学、暨南大学的董事，并正告黄炎培等“回虑反省，平情审辨，为亡羊补牢之计”。②可见，男尊女卑的思想在他的头脑中实在根深蒂固。他对男女平等的真正含义不可能了解，要消除作为儒家伦理的重要内容的传统道德中的糟粕对他的影响并非易事。

（原刊于《历史教学问题》2005 年第 3 期）

---

① 杨立强等编：《张謇存稿》，上海人民出版社 1987 年版，第 288 页。

② 张謇研究中心、南通市图书馆编：《张謇全集》（第四卷），第 191—193 页。

实业救国的力行者，政治活动的同路人

——张謇与许鼎霖简论

许鼎霖，字九香，1857年生于赣榆青口镇。1882年，他利用江南省试的机会约集同科举人联名上书两江总督左宗棠，为其父所蒙冤屈申诉。此时，比许鼎霖大四岁的张謇恰好在南京，二人开始交往并成为友好。①在其后的三十年中，他们志同道合，精诚合作，致力于实业救国、运动立宪、导淮赈灾等事业，被当时上海的主流媒体《时报》《申报》等誉为“江北名流”②、“江北实业家”③。考察张謇与许鼎霖的彼此交往，比较其思想异同，对深化张謇研究，正确评价张謇的历史地位无疑有着十分重要的意义。

一

由于自幼受儒家文化熏染，张謇和许鼎霖都曾走过苦读圣贤书，求售帝王家，科举应试的道路，希望“学而优则仕”，通过依附王权去实现自己的理想和

① 张大强：《沈云沛、许鼎霖与连云港近代经济发展》，连云港市政协学习文史资料委员会：《连云港文史资料（第17辑）：连云港近现代人物》，2004年，第69页。

② 沈蕃：《辛亥前后的江北名流》，《文史资料精选》（第2册），中国文史出版社1990年版，第306页。

③ 张大强：《沈云沛、许鼎霖与连云港近代经济发展》，第68页。

抱负。张謇在州试时成绩不够理想,因受塾师宋璞斋“若千人试而额取九百九十九,有一不取者,必若也”的讥讽,于是发愤苦读,“凡塾之窗及帐之顶,并书九百九十九五字为志,骈二短竹于枕,寝一转侧即醒,醒即起读,晨方辨色,夜必尽油二盏。见五字即泣,不觉疲也”①。于是,学业大进,但场屋蹉跎,自1868年始,历经县、州、院、乡、会试20多次,才于1885年32岁时在顺天乡试中中第二名举人(俗称“南元”),41岁时在甲午恩科会试中“大魁天下”。许鼎霖幼年在私塾就读,由增生中式,学习刻苦,即使是在为父申冤、四处奔波的旅途之中仍手不释卷②,并在光绪八年(1882)25岁时中第二名举人。但却从此止步不前,未能在试场再传佳音,只得报捐内阁中书,进入官场。

张謇与许鼎霖都曾有过遭宵小暗算、家道中落的遭遇。1868年,年方十五的张謇为避科场中的“冷籍”所遭歧视而接受塾师宋璞斋的建议,冒张驹之孙,改名张育才,在如皋参加考试,并在院试中考取第26名附学生员,获秀才称号。但却从此落入张驹兄弟的圈套,遭到其戏弄和无休止的敲诈勒索,负债达银千两之多,原本小康的家境几乎破产,个人精神上也备受折磨。张謇无奈之下,愤而向学院递禀,请求革去自己的功名,重回原籍应试。后幸得江苏学政彭久余、通州知州孙云锦相助,始由礼部核准,于同治十二年(1873)回归本籍,结束了长达5年的无妄之灾。许鼎霖之父恩普,字子博,曾任县丞,后加同知衔。他个性耿直,嫉恶如仇,1876年因举报知县特秀与土豪周孙勾结,偷工减料,粗制滥造,侵吞用于维修发生涝灾的玉带河的官帑而受诬陷,被逮下狱。③年方十四的许鼎霖从此走上了奔走呼号的漫长救父之路,“遍诉公府,不得直,乃徒步走京师,揭辞都察院,仍无效。时久讼,家破,母忧悲卧病,诸弟咸小

① 张謇研究中心、南通市图书馆编:《张謇全集》(第六卷),江苏古籍出版社1994年版(本文所引《张謇全集》各卷皆出自此版,不另注),第832页。

②③ 杨东野:《清末民初的一位著名企业家——许鼎霖》,政协江苏省连云港市委员会文史资料研究委员会:《连云港文史资料(第4辑)》,1986年,第85页。

弱”，他“出营救父，归省病母，抚众稚，极生人之艰困，踣道路者数已”①。直到光绪八年（1882），其父之冤方得昭雪。他也因其孝行和坚毅而备受社会的好评，“四方莫不嗟异其孝，而慕其坚苦自达，为非常人也”②。

1888年，35岁的张謇应赣榆知县之邀来到选青书院掌教，兼修县志。在赣榆的五载，张謇与许鼎霖之父恩普往来密切。许恩普热心社会公益，曾先后督建了选青、怀仁、溯沂三书院，并举办养老院、众善堂。张謇与许父“雅相谈洽”，还曾撰书一联：“地临齐鲁大区，愿诸生绍述儒林，广为上都培杞梓；客走江淮男子，笑十载驰驱幕府，又来东海看涛山。”③在赣榆的经历使张謇对海属地区的地形地貌、风物人情、民生经济等有了较为深刻的了解，也与许氏父子结下了深厚的友谊。这为后来参与和支持许鼎霖创办实业奠定了基础。光绪二十九年（1903）三月十日，张謇曾作“许丈恩溥”，对其父子赞誉有加：“与共别十五年，雄节高风，自昔称之，与东方生等辈；有子使二万里，抗忠抱义，企古健者，立西域传功名。”④

二

面对列强侵略、国势危殆、国力衰微的严峻现实，张謇与许鼎霖都主张因地制宜，发展实业，以救亡图存，造福桑梓。

张謇自言16岁后即无时不在忧患之中，丙戌会试报罢后“即谓中国须兴实业，其责须士大夫先之”⑤，并在家乡着手农业改良。《马关条约》签订后，中国民族危机更加严重。基于对工业在整个国民经济中重要地位的认识，张謇

---

①② 陈三立：《清诰授光禄大夫奉天交涉使许君墓志铭》，卞孝萱、唐文权：《辛亥人物碑传集》，团结出版社1991年版，第726页。

③ 张謇研究中心、南通市图书馆编：《张謇全集》（第五卷下），第490页。

④ 张謇研究中心、南通市图书馆编：《张謇全集》（第五卷下），第567页。

⑤ 张謇研究中心、南通市图书馆编：《张謇全集》（第六卷），第864页。

从塞漏救贫、抵御列强经济侵略的愿望出发，倡言“实业救国”，认为欲实现国家富强，“舍实业无由也”①，并勇敢地投身到这一实践之中。张謇在大生纱厂《厂约》中写道：“通州之设纱厂，为通州民生计，亦即为中国利源计。通产之棉，力韧丝长，冠绝亚洲，为日厂之所必需；花往纱来，日盛一日，捐我之产以资人，人即用资于我之货以售我，无异沥血肥虎，而袒肉以继之。利之不保，我民日贫，国于何赖？下走寸心不死，稍有知觉，不忍并蹈于沦胥。”②他在《大生纱厂章程书后》中也说：“策中国者，首务救贫。救贫之方，首在塞漏。……洋纱故中国漏卮大宗。”③所以他利用通海地区盛产之优质棉花进行生产，以抵制洋纱内灌。而纱厂发展后，他又涉足盐垦、渔业、冶金、电力、水利、交通、运输、商业、金融、外贸等有关国计民生的各个行业，创办了同仁泰盐业公司、天生港大达轮步公司、上海大达轮步公司、大达内河轮船股份有限公司、阜新蚕桑染织公司、崇明大生分厂、广生榨油股份有限公司、通州资生冶厂股份有限公司、资生铁厂、罐诘公司、大生纸厂、南通大聪电话公司、通明电气公司、通燧火柴公司、淮海实业银行等 40 多家企业，形成了一个跨地区、跨部门、跨行业的经济联合体，成为清末民初中国最大的民营企业集团。

1893 年 3 月，许鼎霖出任清政府驻秘鲁领事，四年后回国，因竭力报效，而以县知事获安徽候补道衔，后任浙江洋务局总办。受张謇实业救国思想影响，同时自愧“录录从政役，所补微，思自效工贾，为国塞漏卮、兴大利”④。1905 年后，许鼎霖也走上了兴业救国之路。他根据苏北的自然条件，同时接受张謇的建议，因地制宜，发展玻璃制造、面粉、油饼和垦牧事业。其中，耀徐玻璃公司

① 张謇研究中心、南通市图书馆编：《张謇全集》（第二卷），第 305 页。

② 张謇研究中心、南通市图书馆编：《张謇全集》（第三卷），第 17 页。

③ 张謇研究中心、南通市图书馆编：《张謇全集》（第三卷），第 42 页。

④ 陈三立：《清诰授光禄大夫奉天交涉使许君墓志铭》，卞孝萱、唐文权：《辛亥人物碑传集》，第 727 页。

成绩最著。

1904年,许鼎霖至宿迁考察。当地父老拿来本地特产玻璃矿砂,并告知洋人拟出重价相购。许鼎霖将砂样寄往清政府驻比利时使馆,请其委托专家进行化验,知其为上等玻璃原料,即有开办玻璃厂之议。鉴于宿迁地当南北要冲,水陆交通便利,加之此处有煤炭、石灰足供炼制,无业人口众多,工价低廉,在此建厂条件具备,遂与张謇、李经方、袁海观、丁衡甫等人议决在宿迁创办耀徐玻璃公司,由张謇报商部核准立案,而由鼎霖经理主办,先集股本银50万两。次年,张謇与许鼎霖亲至宿迁规划营建,开始在六塘河上井龙头地筹建厂房①,10月,与英商福斯德订立合同,购置机器,聘福斯德为工程师,选购砂地3 200多亩,并把西洋人所购之地191亩收回②。1907年年底,工厂竣工。1908年1月起投产试制。耀徐玻璃公司在筹建初期遭遇了重重困难,其中最突出的就是技术和资金的困难。在工厂试生产后不久,英国工程师福斯德即背约而去。在这种危急的情况下,许鼎霖坚信:"中国贫弱如此,苟不自实业入手,则国必戚,民必日困,安有富强之日?"③因此并未心灰意冷,半途而废,而是与张謇等一起,一方面重金聘请澳洲人维斯罗④来指导,对设备和技术进行改造。另一方面,为解决资金困难,他与张謇等直接筹款垫还银8万两,又由他主办的海丰面粉公司、赣丰油饼公司垫支银20万元,终于使企业渡过了难关。1909年,耀徐玻璃开始大规模生产,公司资本83.9万元,日产玻璃7 000块,有50多个品种。其生产的玻璃经南洋劝业会江苏物品展览会和巴拿马万国博览会审查合格,荣获优等奖章。在开工期间,厂里有艺徒500余人,宿迁当地直

① 南通市档案馆、张謇研究中心:《张謇所创企事业概览》,2000年,第346页。

② 杨东野:《清末民初的一位著名企业家——许鼎霖》,第88页。

③ 杨东野:《清末民初的一位著名企业家——许鼎霖》,第90页。

④ 熊尚厚:《许鼎霖》,《中华民国史资料丛稿·人物传记(第14辑)》,中国社会科学院近代史研究所中华民国史研究室,北京,1982年,第64页。

接或间接赖以维持生计者达5 000多人。公司的开办带动相关行业的发展，使所在地井头镇俨然成了一个小城市。耀徐玻璃厂是我国首家玻璃制造企业，其投资多，规模大，设备先进，员工人数多，涉及面广，无奈生不逢时，生存环境不佳，再加上经营管理不善，不久即陷入困境。1911年秋，耀徐玻璃厂破产歇业。①

张謇不仅参与了耀徐玻璃厂的创办，还对许鼎霖有意兴办实业的行为予以鼓励和指导。他曾为许鼎霖谋划实业发展的方向，在认真考虑各方面的条件后，明确地建议他致力于粮油加工生产，提出"为安妥长久想，已默筹油、面、垦三事"②。

众所周知，苏北清江、宿州、海州一带向以出产豆麦出名，往年由临洪口装运出洋，多至百万石③，一般年景达六七十万石，少亦二三十万石④。1905年，许鼎霖利用家乡盛产小麦、大豆的优势，和张謇、严信厚等集股筹资28万元，在海州开办海丰面粉公司，并自任经理，雇职工200人，使用钢磨15部，日产面粉1 500包。这是徐海地区最早的一家机制面粉企业。1908年，曾获利45 900余两。1909年，海州遭受自然灾害，海丰面粉公司积极参加救济，先是捐献万金，进行急赈，继而捐三千串，开办粥厂，后又捐二千串，办理资遣。此外，还与义赈合办新浦粥厂、板浦大伊山各粥厂，所费亦不下三千余串。⑤1910年4月，当地发生饥荒，面粉厂被饥民捣毁。

1906年，许鼎霖与沈云沛、严信厚等集资42万元，在新浦开办赣丰油饼公司，聘请英国人负责技术，拥有铁榨200台，固定人员100余人，日产油饼1 800

---

① 俞素娥、曹寿田，政协连云港市委员会文史资料委员会、连云港市工商联：《连云港市文史资料（第13辑）——私企旧事》，2000年，第108页。

② 陈三立：《清诰授光禄大夫奉天交涉使许君墓志铭》，卞孝萱、唐文权：《辛亥人物碑传集》，第727页。

③④⑤ 蔡鸿源、孙必有、徐梁伯：《从"海丰血案"看封建势力对民族资本主义工业的摧残》，江苏省社会科学院历史研究所：《史学论文集（第二辑）》，1983年。

片(每片25公斤)。在企业获利甚多的同时也促进了赣榆和附近山东等地油料作物的种植,推动了全县油坊的发展。

海丰面粉公司、赣丰油饼公司的开办带动了连云港新兴城镇的发展。清末以来,由于青口的淤塞以及远离海州城,海州士绅选择新浦镇所在的临洪口开埠。"……自开设海丰面粉公司、赣丰油饼公司以来,居民日众,已成街市。前此货物起卸在海州城内,今已移于新浦矣。"①

1895年夏,张謇奉命经办通海团练,看到濒海有大片荒滩,便产生了加以开发利用的设想,希望借此给国家增辟财源,同时"奠海滨数千户浮惰无业之贫民"②,改善农民的生活,维护社会的稳定。他指出,"通州范公堤之外海滨直到阜宁县境,南北延长六百华里、可垦之荒田至少有一千万亩以上……只要政府仿照范公堤的办法筑成江苏省内黄海之滨一个长堤,沿海人民自有陆续招垦开科的,不到二十年,至少可以增加二三百万亩棉田。如每户农民领田二十亩,可供十万或二十万户之耕种,以每户五口计,可供五十万或一百万人之生活"③。但直到大生纱厂全面发展后,他才有机会将自己兴农的设想付诸实践。1901年,张謇等人集资规银22万两,采取股份公司形式,利用吕四场南部荒滩,创办通海垦牧公司,开近代淮南海滨盐垦事业之先河。凭着顽强的毅力和不屈不挠的精神,张謇领导员工与飓风、暴雨和海潮搏斗,经过十年奋战,终获成功。昔日无一缕炊烟,"垣弥极望,维仰苍天白云,俯有海潮来往而已"的浩浩荒滩变成了"栖人有屋,待客有堂,储物有仓,种蔬有圃,佃有庐舍,商有廛市,行有徐梁"的新世界④。在他的带动和影响下出现了淮南废灶兴垦高潮,在北到陈家港、南至吕四港的沿海600多里土地上建立了70多个垦牧公司,

① 杨志洵:《海州情事》,《商务官报》1909年第4期。

② 张謇研究中心、南通市图书馆编:《张謇全集》(第三卷),第628页。

③ 刘厚生:《张謇传记》,上海书店1985年版,第250—252页。

④ 张謇研究中心、南通市图书馆编:《张謇全集》(第三卷),第385—386页。

面积达2 000多万亩①,促进了苏北沿海荒滩的开发,使"千里斥卤"变成不可多得的原棉基地。

江北的海州、赣榆东滨大海,广袤数百里。由于连年海水日退,滩涂面积不断扩大。自海州北境入赣榆县界五六十里,抵山东日照县境有鸡心滩,面积约2 000余顷;自州治东抵淮安、阜宁县境300多里有燕尾滩,约2 000余顷,可垦可牧。受张謇开发南通滩涂的启发,许鼎霖与沈云沛于1903年联合呈请开发鸡心滩和燕尾滩,希望一方面增加国家赋税,另一方面有助于民生。得到朝廷的批准后,沈、许两人一南一北,分工合作,共筹集资金42万元,先后于1904、1905年相继在海州、赣榆两地创办海赣垦牧公司,发展农牧。经磋商,总公司设在海州,总账房设于上海,以便收股付利,并于云台山、山陬山、响水口、青口设立分所。

海赣垦牧公司的成案和组建都是仿照通海垦牧公司的,许鼎霖、沈云沛曾对通海垦牧公司的建立和经营管理进行了认真研究。公司从成立伊始就得到张謇的鼎力支持,张謇曾来到新浦,与他们探讨滩涂开发的相关事宜,并借给许、沈二人银30万两,还专门派遣了淮北垦务专员代他办理日常事务。张謇还把自己开发沿海滩涂的经验体会毫无保留地介绍给他们,强调要办好垦务,必须选用十分老练的人才,主张要努力物色、擢用"爱国才子",警惕那些"小小殷勤"之人。经过张謇的悉心指导和帮助,公司在围田垦荒、开发荒滩涂、耕种养殖等方面取得了大面积的收获,大大促进了地方经济的发展②,成为近代海州经济史上的不朽丰碑。

此外,许鼎霖还与张謇、严信厚、汤寿潜等人合作经营了镇江开成铅笔罐

① 孙家山:《苏北盐垦史初稿》,农业出版社1984年版,第32页。

② 张文凤:《张謇与清末海州的滩涂开发——兼论清末海州的农垦公司》,《云南财经大学学报》2007年第3期。

厂、上海大达轮船公司、上海同利机器纺织洋线麻袋公司、景德镇江西瓷业公司、北京博利呢革厂等。

许鼎霖一边参加政治活动，一边从事实业经营，由于精力分散，经营不善，欠了不少债务。通海实业公司在耀徐玻璃厂和镇江笔铅厂有投资 3 150 两，合 4 376.39 元无法收回，最后只得以“呆账”而消除。①据说这笔债务当时曾经是许鼎霖晚年的一块心病。1915 年，许鼎霖在江北赈灾，由于疲劳而得疾，就医于沪上。弥留之际，他命其子许廷琛星夜赴通州，拟以股票、房、地契等作为抵押，以了宿债。张謇不仅退回股票、地契等，还当场写下了两家债务两清的字据交其子带回，使病榻上的许鼎霖感动不已。②

三

张謇与许鼎霖对清末的立宪运动都积极支持，而张謇则更能顺应历史发展的潮流，转而支持共和，为中华民国的成立作出了重要的贡献。

1906 年 12 月，清政府发布预备仿行宪政的诏令，张謇与许鼎霖欢欣鼓舞，联络江苏、浙江、福建等省的立宪派，在上海组织预备立宪公会，张謇任副会长，许鼎霖担任本部事务所会董。

1907 年 9 月，清政府宣布将设资政院，随后又通饬各省督抚设咨议局，各县设议事会，许、张等表示拥护。1908 年春，张、许等以预备立宪公会名义致书湖南、湖北宪政公会、广东自治会及豫、皖、直、鲁、川、黔等省立宪派，相约各派代表集合于北京，向都察院递交《呈请速开国会书》。在此推动之下，清政府于 9 月 22 日公布了《宪法大纲》二十三条，并颁布《九年预备立宪逐年推行筹备事宜谕》。1909 年 3 月，清政府颁布《重申实行预备立宪谕》，宣示决心立宪。

① 南通市档案馆、张謇研究中心：《张謇所创企事业概览》，第 347—348 页。

② 张大强：《沈云沛、许鼎霖与连云港近代经济发展》，第 70—71 页。

是年9月,许与张筹办苏省咨议局,许任总会办。10月,该局正式成立,张謇任议长,许任学务特审员和审议会议长。这一年冬,许对张謇在上海所组成的"国会请愿同志会"表示积极支持,热烈参加请愿运动。

张謇和许鼎霖一方面对清政府有意拖延不满,同时又对日益高涨的革命运动忧心忡忡,害怕会使安定的社会秩序受到破坏,从此陷入动荡不安。北京资政院于1910年9月成立,许鼎霖被钦选为议员,负责审查各省咨议局关系事件。此时"国会请愿同志会"及各省商会、海外华侨的代表正举行第三次请愿,向资政院上书提议速开国会,设立责任内阁。11月21日,资政院召开第一次常年会第二十八号会议,在会上有人提出了"军机弹劾案",要求另组内阁。有的议员还表示如果不达目的便要解散资政院。许鼎霖则持不同意见,认为"现在一般人民有立宪国的意气,并无立宪国民的程度,一经解散人民的代表,即是弃绝人民,恐怕革命党、哥老会乘此机会煽惑民心,暴动起来就不得了"①,反映了他害怕革命的立场。

1911年10月10日,武昌起义爆发,各省先后宣告独立,清王朝处于风雨飘摇之中。许鼎霖仍大谈"立宪",说"君主立宪是救世良方",认为"共和政体实毒害了人心"。张謇则对形势的发展有比较清醒的认识,所以力劝许鼎霖顺应时势,赞成共和。1911年11月7日,张謇致函许鼎霖称:"总之,现在时机紧迫,生灵涂炭,非速筹和平解决之计,必至于俱伤。欲和平解决,非共和无善策,此南中万派一致之公论,非下走一人之私言。下走何力,岂能扼扬子之水,使之逆流。"电文还强调指出:"东南各省,皆财赋所自出。以海关税项言之,十之八九,已归民军;以盐斤税厘言之,亦得十之七八。其他丁漕各款,又独重于东南。"②

① 熊尚厚:《许鼎霖》,《中华民国史资料丛稿·人物传记(第14辑)》,中国社会科学院近代史研究所中华民国史研究室,第66页。

② 张謇研究中心、南通市图书馆编:《张謇全集》(第一卷),第188页。

1912年1月1日，南京临时政府成立，张謇被任命为实业总长，但未到任。此时南北议和正在紧锣密鼓地进行。比较而言，许鼎霖对南方的革命党人缺乏了解和信任，而更愿意押宝在袁世凯等官僚身上。作为清政府的代表，许鼎霖随同总代表唐绍仪赴上海议和，他在开议的中途返回北京向袁世凯报告，说起义民军方面枪械不足，可动用武力将革命镇压下去，并说唐绍仪表现妥协，不足胜任北方总代表之任。

2月12日，清帝被迫下诏退位，封建帝制倒台。1913年初，许鼎霖加入国民党，旋即当上了江苏省议会议员。是年2月，省议会开会选举议长，许鼎霖和张謇都是候选人。传说因有国民党议员的支持，许鼎霖得票较多，眼看就将被选为议长，而他为了顾全张謇的面子，就倒填了年月，辞去了省议员职务，于是投给他的票全部作废，张謇因此得以当上省议会议长。①

四

1915年10月15日，许鼎霖因病医治无效在沪上病逝，享年58岁，归葬于赣榆县南第二沟庄祖坟旁。嗣后，由陈三立撰、张謇书《许君鼎霖墓志铭》，铭曰："茹痛以成孝，历艰以翘材。英资妙略，荡荡恢恢，为天所开。令望笼宇宙，其中有县而无薄，或郁而莫施，独留终古抔土，四拥海山之崔巍。"②张謇对许鼎霖的一生进行了总结，对其长处与不足、成就与缺憾给予了实事求是的评价。在挽许鼎霖联中，张謇并不粉饰溢美，坦言许鼎霖虽终生栖栖遑遑，席不暇暖，但无论是在政坛还是在实业方面均未取得理想的成绩，"仕宦未崇，事农商未终，所苦在毕生疲于津梁，奔何无命？才辩得望，好议论得谤，乃复以贞疾

① 杨东野：《清末民初的一位著名企业家——许鼎霖》，第91—94页。

② 陈三立：《清诰授光禄大夫奉天交涉使许君墓志铭》，卞孝萱、唐文权：《辛亥人物碑传集》，第727页。

厄其年寿，是则可哀"①。张謇也剖析了其事业成败的因素，认为自然环境不利，如官僚苛征、劣绅勒索，以及英年早逝是其未能达到预期目标的重要原因。又有说许鼎霖与南通张謇兄弟相比，"智略气力，差与颉颃，困于资地，又未跻老寿，中蹶，不及并驱。即张氏及大江南北人士知君者，辄引以为憾"②。可以说，这是对许鼎霖比较公允的评价。

（原刊于《南通大学学报》2011 年第 3 期）

① 张謇研究中心、南通市图书馆编：《张謇全集》（第五卷下），第 583 页。

② 陈三立：《清诰授光禄大夫奉天交涉使许君墓志铭》，卞孝萱、唐文权：《辛亥人物碑传集》，第 727 页。

立名于当时，可式于后人
——张謇与汤寿潜

张謇与汤寿潜相识于光绪十五年（1889）。此后，他们在“东南互保”、倡导立宪、挽回路权等重大政治活动中并肩战斗，成为东南政治舞台上的重要人物。南京政府北迁后，张謇出任农林和工商总长，在1915年袁世凯复辟阴谋显露后辞官南下，经营乡里，从事地方自治活动。而汤则反袁一以贯之。袁世凯窃据“大总统”后，曾数次拉拢汤，均遭坚拒。此后，汤“唯以优游晦迹，不欲复闻世事”。1917年6月6日，汤寿潜病故，张謇作挽诗两首。9年后，张謇又作《汤君蛰仙先生家传》，说其与汤君获交“垂三十年，粗能详其志事……予与君众各树议立事，国人每并称之日‘张、汤’”，赞其“立名于当时，可式于后人”①。

一、成长经历与个性异同

张謇大汤寿潜3岁，他们生活在同一时代，属同代人，因此他们身上有着众多的相同或相近之处，这也是他们能相交相知、密切合作的重要因素。

一是他们都天资聪慧，曾苦读四书五经之类传统文化典籍，学习成绩优异，但在科举道路上多遭蹉跌。像当时所有的有条件接受教育的青年一样，他

① 政协浙江省萧山市委员会文史工作委员会编：《汤寿潜史料专辑——萧山文史资料选辑（四）》，1993年，第125页。

们都试图通过科举入仕，以改变个人和家族的命运。汤寿潜 6 岁开始入乡塾读书，先后顺利取得了县试、院试的成功，成为秀才，但到 1888 年，33 岁时戊子科乡试始中第六名举人。1890 年汤会试未中，1892 年（光绪十八年）再赴壬辰科会试中榜，赐进士出身，授翰林院庶吉士。张謇自嘲“生平万事居人后”，从 1868 年开始，历经县、州、院、乡、会试 20 多次，终于在 15 岁中秀才，1885 年在顺天乡试中以 32 岁中第二名举人“南元”，1894 年 41 岁时中状元，大魁天下，与沈曾桐、杨锐同榜。

二是都出身于农家，有过幕僚生涯。幕僚是当时读书人在为官或做塾师外的又一比较体面的谋生方式。张謇以协助庆军统帅吴长庆参与朝鲜“壬午之役”并起草《善后六策》而声名鹊起。汤寿潜之父汤沛恩同治年间曾在陕西武功等县充任过幕僚，其余时间大部分在家乡以塾师为业，汤寿潜本人则从 1886 年起，因“家贫求力养”而往济南投奔山东巡抚张曜幕中供职，并辅佐张治理黄河而知名于世。这种经历使他们稳健、务实，形成了“愿意做幕后英雄的行为特征和不放空言、务求实效的思想特点”①。

三是“远于仕进”，“自治淡如”。汤早年就立下志愿，“不恤一身，为拯民，不取其位”，并曾数次辞官。1895 年 3 月被外放安徽为青阳县知县，到任仅三个月即“以亲老不乐就养”而辞官回籍。1904 年，清廷特派汤寿潜出任京师大学堂总教习；清廷还特赏汤寿潜道衔署两淮盐运使，汤均辞而不就。1912 年元旦，中华民国南京临时政府成立，汤寿潜被任为交通总长，但他致书推让。1 月 15 日，汤寿潜交卸了浙江都督之职后来到上海。②2 月 9 日，孙中山改派他赴南洋劝募公债以济民国临时政府财政之急，他便束装离沪出国了。

---

① 邵勇、叶小青：《戊戌维新时期的汤寿潜》，《宁波大学学报》（人文科学版）2007 年第 6 期。

② 政协浙江省萧山市委员会文史工作委员会编：《汤寿潜史料专辑——萧山文史资料选辑（四）》，第 619—620 页。

张謇淡泊名利、厌倦仕途,曾表示自己“天与野性,本无宦情”,在“大魁天下”后即辞官而去。1897年春,曾致函沈曾植云:“愿为小民尽稍有知见之心,不愿厕贵人受不值计较之气;愿成一分一毫有用之事,不愿居八命九命可耻之官,此謇之素志也。”但张謇也并不绝对反对做官,关键是看能否有助救亡图存目标的实现。张曾对汤说:“天下将沦,惟实业、教育有可救亡图存之理。”他认为“舍实业官不为。设至陆沉之日,有相怨吾辈当日不措手,则事已无及”。1903年,张謇在东游期间对日本成功的经验进行了总结,认识到政治既无处不在又与教育和实业的荣枯休戚相关,从此把注意的目光投射到政治层面,甚至在政局平稳之时,出任北洋政府的农林总长和工商总长。

四是正直清廉,崇尚节俭。汤寿潜为人正直清廉,为官两袖清风,担任浙路公司总理期间不取薪金,不支公费。后民国政府以从汤寿潜在主持修建浙江铁路中的突出劳绩而赠给20万银元,此款由其子悉数捐献给浙江省教育会,以发展浙江的文化教育事业,后用于建造浙江图书馆。

张謇曾剖析俭啬与高尚道德间的关系,说:“俭何以是美德?俭之反对曰奢。奢则用不节,用不节则必多求于人,求多于人则人不愿,至于人不愿则信用失而己亦病,妨人而亦妨己,故俭为美德。苟能俭则无多求于世界,并无求于国家,即使适然为官,亦可我行我意,无所贪恋,而高尚之风成矣。”①他认为,节俭“可以立实业之本,可以广教育之施”②,只有节俭才能为实业的进一步发展奠定坚实的基础,也才能在民智未开、财力支绌的条件下实现普及教育的目标。他平时生活十分俭朴。

当然,两人也有各自的特点。比较而言,汤寿潜长于思想宣传和理论阐述,而张謇则更多地付诸实践,注重实干。

---

①② 张謇研究中心、南通市图书馆编:《张謇全集》(第四卷),江苏古籍出版社1994年版,第81—82页。

二、教育改革的力行者

（一）张謇和汤寿潜都认为人才不仅是进行变法成功的重要基础，也是实现国家富强、挽救民族危亡的必要条件。

张謇提出只有发展教育，造就人才，才能使中国摆脱落后挨打的现状，强调“国待人而治，人待学而成，必无人不学，而后有可用之人，必无学不专，而后有可用之学”。汤明确提出教育是强国之本，认为“贫于财之非贫，贫于才之谓贫……人知中国之财所由贫而不知中国之财之贫，枢纽于中国之才之贫也”，“才智之民多，则国强”，“才智之民少，则国弱”。1907 年 4 月，他在对罗振玉的教育计划草案的议复中，再次强调“教育为吾国今日生死问题”，把普及新式教育视为救中国于大难垂死的良药。

（二）他们对传统教育的弊端及改革教育，实现其近代转变的迫切性有着深刻的体认。认为要人才就必须大力发展教育，延续千年的科举制度已是弊端丛生，亟待改革。于是他们都主张要改革科举，废除八股。

张謇虽由科举成名，但对其危害有深刻的认识，对八股制度进行了揭露和批判。他认为改革科举，创办学校是唯一正确的选择，说“罢科举而兴学校，置经义而事士农工商兵各专科之学，为中国今日计，圣人复起，无以易之”。当然，考虑到中国社会的特殊情况，他提出了从实际出发，用十年时间进行平稳的渐进改革方案，主张根据不同的年龄，采取不同的对策，防止出现由于骤停科举而产生的社会震荡。

张謇早年曾投考过李联琇的钟山书院和薛慰农的惜阴书院，还曾拜到江阴风池书院张裕钊门下，对书院的制度和规程比较熟悉。后来他又主持过赣榆选青书院和崇明瀛洲书院，有主持书院的经验。光绪二十一年(1895)十二月二十四日，张謇接到署理两江总督张之洞出长江宁文正书院的邀请，次年二月赴江宁就职。他主张诗赋词章与时务策论并重，大力弘扬经世致用的优良传统，密切联系社会现实，引导学生关注国家和民族的前途与命运，主张顺应历史发展的潮流,学习西方的科学技术和文化知识,并在文正书院开办西学堂,开设汉文、算学、英文、翻译等课程。

汤寿潜年三十即“大悟五百年时文之毒,天下遂成虚病”,认为沉溺于科举不仅虚蹈无用,而且坏人心,病家国,科举制度之弊使天下人才短缺,远远不能适应救亡图存的需要。他主张改革考试内容,“并经义子史古学为一场,时务为一场,洋务为一场……随试官之意为先后场,不预为之限……全材出而庸妄之侥幸者乃绝迹”,从严从难录取,严禁舞弊,停止武试,“仿泰西设一武备院”来培养、选拔武科人才。

1899 年,受刘锦藻之邀,汤寿潜出任湖州南浔浔溪书院山长,主讲经史、策论、时务等课。由于讲求实学,使得书院“由是学风丕变,一洗空疏迂回之陋习”。1904 年,汤寿潜出任上海龙门书院山长,不久就将书院改为师范学堂,为小学培养师资。不仅表现了他对兴教有才的执着追求,更表现了他对师范教育的高度重视。

(三)大胆向西方学习,兴办新式教有。他们认识到对书院进行改革充其量仅是治标之策,向西方学习,创办新式学堂,培养适应社会和时代要求的人才才能治本。

20 世纪初,清政府迫于内外压力,实行了新政。张謇与汤寿潜等趁机力劝地方大员着手兴办新式教育,但受到势力的阻挠,进展缓慢,转而独立自主地进行努力。张謇在致汪康年的信中说:“新政殆无大指望,欲合三数同志从学堂下手,以海滨为基础,我侪所能为者止于如此。”1901 年 12 月,张謇的好友罗振玉(叔韫)奉张之洞、刘坤一之命赴日本考察教育和财政。回国后,与张謇一起到南京诣刘坤一商讨教育改革之事,主张先立师范中小学,但“衙参司道,同词以阻”,张謇受此刺激,愤而自立师范,这就是后来的全国第一所民立师范:通州师范。1904 年,张謇设立通州五属学务处,作为推广新式教育的办事机构,并且在各地兴办一批中学和小学。此外他还陆续创办了吴淞商船学校、铁路学校、河海工程专门学校，并参与筹划兴建南京高师、工科大学、南洋大学，并且协助创办了复旦学院。从而形成了从幼儿教育到高等教育，普通教育与职业教育并重，学校教育与社会教育并行，本地教育与外地教育并举的多维教育体系。

甲午战争的惨败，使中国创巨痛深，汤寿潜进行了深刻的反思，认识到要雪耻就必须培养新式人才，开启民智。他说，“东事粗已，凡有血气，咸思一刷此耻。而欲开民智，必开学堂”；“救时之要端在育才，育才之要端在合科举于学堂”。①1905 年 7 月，他和张謇、严复、陈季同等人在复旦公学募捐公启中再次指出：“以中国处今日时势，有所谓生死问题者，其惟兴学乎？问吾种之何由强立，曰惟兴学；问民生之何以发舒，曰惟兴学；欲地力之任乎？非学其术未由；欲治法之善乎？非学其效莫致。他若进民行、卫民生、言除旧、言布新，皆非不兴学无术者所可幸成。”

汤寿潜还特别重视实业教育，指出“谓欲矫（科举）虚病，求人足自食，非急兴实业不可，非惟治生然，治国亦由之”，明确地提出国家应当大力倡导实业。1909 年，他书学部，赞其“提倡实业教育，至再至三，限两年内每府设中等实业学堂一所，每州、县设初等实业学堂一所”，为“伟画荩谋，海内共仰”。但对学部不事宣传，不为实施实业教育计，造声势，唤起社会重视的做法尤为扼腕痛惜：“举国人民不知大部实业教育之宗旨、之作用”，“其尤足为实业前途痛者”。1906 年 7 月，汤寿潜又和浙江铁路公司协理刘锦藻在杭州创办浙江高等工业学堂（铁路学堂），并自任学堂监督，为浙江培养了一批经世致用的人才。

① 政协浙江省萧山市委员会文史工作委员会编：《汤寿潜史料专辑——萧山文史资料选辑（四）》，第 347 页。

三、政治发展的推动者

总结张、汤政治活动的过程,可以发现,呈现出顺应时代潮流,从赞成维新变法到拥护革命共和的特点。

(一) 同情戊戌变法

张謇和汤寿潜对乙未后逐步高涨的维新变法都寄予希望、乐观其成,但并没有太多地介入。张謇由于种种原因,并未积极参加维新运动,在维新进入高潮之时即回到故里。由于翁同龢、孙家鼐的推荐,光绪帝在"百日维新"期间曾两次传令浙江巡抚廖寿丰,要汤寿潜入京,"由部带领引见",汤适因母病而请求缓行,不久戊戌变法失败,因此也未真正参与。

(二) 参与"东南互保"

1900 年,八国联军入侵京津一带。为了阻止义和团运动在南方蔓延,避免外国军队入侵,当时东南地区的督抚们组织了"东南互保"活动。而这一活动最先的发议人就是张謇和汤寿潜。值得一提的是,"东南互保"也是汤真正参加政治活动之始,他在其中发挥了重要作用。据共襄其事的张謇记,汤寿潜实为首倡者,"及庚子拳乱,召八国之师,国之不亡者,仅君往说两江总督刘坤一、湖广总督张之洞,定东南互保之约,所全者甚大,其谋实发于君"。

(三) 组织和领导立宪运动

张謇和汤寿潜是我国近代著名的立宪派首领,在清末立宪运动中发挥了极其重要的作用。

汤寿潜早在 1890 年出版的《危言》一书中,即主张学习西方,"设议院,集国人之议以为议"。1901 年 9 月,汤寿潜写出了著名的《宪法古议》书,集中论述了他的立宪思想,明确议院是立法机关;法院独立,国民有参政、议政的权利,议会制的实质在于"三权分立",这较其在《危言》中的思想已经又有了很大的进步。

1903 年,张謇从上海东游日本,汤前往码头相送。在日本的实地考察使张謇更加深切地认识到立宪与政党政治的优越性,因此,回国后他"见到官员友人遇到谈论通讯,没有不劝解磋摩各种立宪问题的"。他认识到只有实行立宪才能改国家被奴役的命运。

1904 年五、六月间,张謇、汤寿潜、赵凤昌等人在上海为湖广总督张之洞和两江总督魏光焘草拟《拟请立宪奏稿》,请求仿日本立宪之制,宣布定为宪法帝国,并派大臣出国考察宪法。张謇还写信给袁世凯,争取袁对立宪的支持。汤寿潜则利用师生之谊给军机大臣兼外务部尚书瞿鸿禨写信讨论立宪问题,请他出来倡导立宪,敦促朝廷派使大员出国考察宪政。1905 年 7 月,清政府命载泽、戴鸿慈等人分赴东、西洋各国,进行考察。1906 年 7 月,戴鸿慈、端方从日本、欧美考察宪政回到上海后,汤寿潜与张謇、赵凤昌等多次谒见,极力劝其速奏立宪。

1906 年 9 月 1 日,清政府下诏宣布"预备仿行宪政"。张謇、汤寿潜等江浙闽等地绅商 200 多人,于 12 月 16 日在上海愚园路成立了"预备立宪公会",以"发愤为学、合群进化"为宗旨,推举郑孝胥为会长,张謇、汤寿潜为副会长,张元济、沈同芳、李钟钰、王清穆等 18 人为会董。在预备立宪公会的带动下,立宪党人在各地政团的组织或上折、或电请、或递交签名请愿书等方式数度要求朝廷速开国会,拉开了全国性的请愿运动的序幕。

1908 年 2 月,汤寿潜、张謇等人发动了速开国会的签名请愿活动,声称"政治之所以不良,实由政府不负责任;政府所以不负责任,实由无国会",因此,速开国会,实为今日"根本之要图"。

6 月 30 日,郑孝胥、汤寿潜、张謇等联名又致电宪政编查馆,指出朝廷果然欲召开国会,"则宜然决为之"。7 月 11 日,郑孝胥、汤寿潜等人再次致电宪政编查馆,强调"时不待我,敌不待我"①,表明了他们对速开国会的热切期盼。

7 月 28 日,各地代表聚集杭州开会,会上推举叶景葵、邵义等为赴京请愿

---

① 劳祖德:《郑孝胥日记》(第 2 册),中华书局 1993 年版,第 1149—1150 页。

代表。会上通过了汤寿潜执笔起草的《代拟浙人国会请愿书》,从正反两方面论述了速开国会的极端重要性,签名人数达 8 000 余人,由前礼部侍郎朱祖谋领衔向都察院呈递。

1908 年 8 月,清政府颁布《钦定宪法大纲》和《九年筹备立宪清单》等文件,同意召开国会、颁布宪法,但须以 9 年为期。9 月,张謇发表公开意见书,要求缩短立宪的准备期限,提前于宣统三年(1911)召集国会,成立责任内阁。汤寿潜也上《为国势危迫敬陈存亡大计》奏,呼吁"提前速开国会",指出成立国会,建立责任内阁,使人民与中央直接议事,共担责任,不但可以消弭内乱,且也易应付外交艰危事件。

1909 年年底,江浙等 16 省咨议局代表 33 人在上海组成请愿代表团"咨议局请愿联合会"。在该团出发之前,张謇设宴饯行,作《送十六省议员诣阙上书序》以壮行色,还连夜为他们改订《请速开国会建设责任内阁以图补救意见书》。此次赴京请愿未能取得任何结果,但立宪派毫不气馁,紧接着又发动第二次请愿运动。1910 年 6 月,各省咨议局、商会、教育会等 10 个团体同时向都察院呈递请愿书,入京请愿代表有 150 余人,在请愿书上签名者则号称有 30 余万人。清廷再次拒绝提前召开国会,并严词告诫请愿代表:"惟兹事体大,宜有秩序,宣谕甚明,毋得再行渎请。"但立宪派仍未退缩,公开宣称"决为三次准备,誓死不懈",并预定在宣统三年(1911)年初举行第三次请愿,迫使清廷立即召开国会。迫于立宪派的压力,清廷设置咨议机构资政院。1911 年 5 月 8 日,责任内阁成立,13 名正副臣理、内阁大臣中,竟有 9 人为满族,7 人是皇族,称"皇族内阁"。张謇、汤寿潜等联名致电摄政王,劝其"危途知返",改组"皇族内阁",遭到拒绝。于是立宪派"君主立宪"的希望破灭。

(四)拥护革命和共和

20 世纪初的中国,立宪运动风起云涌,革命派活动此伏彼起,清王朝统治在风雨中飘摇。对张、汤而言,虽然从理性的角度,他们觉得清廷必亡,清政府已经不可救药了，但作为受长期儒家传统忠君思想教育，且曾受朝廷的恩宠，从平民布衣通过朝廷的科举考试成为江浙名流的传统知识分子，在感情上还是难以接受的，不能见死不救。因此，他们还是劝说清政府顺应形势，实现宪政，进“最后之忠告”。

1909年9月27日，汤以新授滇臬名义要求进京陛见。10月19日，朱批同意。汤寿潜苦口婆心地向摄政王阐述革新主张，称：“臣自揆愚贱，学行无以过人，而受知两朝，膺千载一时之遇，深愧不知所报，每念时局濒危，猥欲竭其愚忱，以效坠露朝尘之助，今幸得瞻望阙庭，益用感奋，不能自已，敢披肝胆、冒斧钺为陛下陈之。”其《奏为兴亡大计，决在旦夕，国势忧危，亟应奏救补》“大旨在通上下之志，弭乱于未形，词甚切”。1911年7月12日，张謇在阔别14年以后来到北京，与清廷做“最后的道别”。在受摄政王接见时，张沥陈自己的主张，“以报先帝之知”，但昏庸颟顸的清政府根本听不进去，从而将立宪派推向自己的对立面，成为革命派的同路人。

武昌起义爆发，各地纷纷响应，张謇认识到只有共和才能化解危机，实现国内和平。1911年11月7日，他在致许鼎霖函中称：“总之，现在时机紧迫，生灵涂炭，非速筹和平解决之计，必至于俱伤。欲和平解决，非共和无善策，此南中万派一致之公论，非下走一人之私言。下走何力，岂能扼扬子之水，使之逆流？”因此，推动程德全在江苏宣布独立。浙江革命党人于11月5日在杭州起义，一举光复杭州，几天之内，全省其他地区也很快光复。各界推汤寿潜为都督。11月8日，汤正式就任。汤寿潜还写信要在沪的赵凤昌联络他早年任青阳知县时结识的上海法国天主教主教，请其运动法国政府承认中国的民主共和，认为“法亦民主，能与美同时承认，他国宜不至为梗，庶中国从此不亡”①。

① 政协浙江省萧山市委员会文史工作委员会编：《汤寿潜史料专辑——萧山文史资料选辑（四）》，第11页。

四、保路运动的领导者

1911年前席卷全国的保路运动是辛亥革命的前奏曲和导火线。在各地的保路运动中，苏杭甬铁路的保路运动是关键的一役，而领导苏杭甬铁路保路运动的，江苏是张謇，浙江是汤寿潜。张謇曾对汤氏一生的主要活动进行了高度概括，说其“夙以时务致称，晚以铁路见贤”。如果说撰写《危言》，提出种种改革主张是汤氏对思想理论发展的巨大贡献的话，那么与张謇一道投身于兴建铁路、保卫路权的活动中去则是其一生中的另一个亮点。

早在1898年10月，英国银公司就与清朝铁路公司总办盛宣怀签订了《苏杭甬铁路草约》四款，夺取了这条铁路的修建权，但一直没有行动。1903年9月，商部奏准各地可招商设立路、矿公司。

1904年，英国开始建造沪宁路，引起人民的极大愤慨，张謇以头等顾问官的身份致电商部，推举王清穆、恽祖祁为沪宁路监督，并致电两江总督周馥痛陈铁路丧失的危害，希望苏人自筹路基地价25万元，早日赎回路权，但没有取得结果。1906年，沪宁铁路通车，由于英国工程师有意浪费，成本非常昂贵，张在其日记中记典礼时愤然写道：“沪宁铁路行开车礼，盛杏荪(宣怀)犹觍颜宣颂词也。全球路价之贵，无逾江苏者，即江苏人之受累逾于全球，然则是日之举，独银公司(指借款的英国银公司)受贺耳！江苏人应受吊。”

1905年春，美商培次到上海活动，企图攫取浙赣铁路修建权，汤寿潜等闻讯发动旅沪同乡，抵制英美侵夺苏杭甬铁路修筑权，倡议集股自办全浙铁路。7月，浙江绅商在沪成立“浙江全省铁路公司”，公推汤寿潜为公司总理，刘锦藻为协理，决议向全省人民集款，自办全省铁路。清政府被迫允诺沪杭铁路由商民集款自筑，授汤寿潜为四品京卿，总理全浙铁路事宜，责成盛宣怀与英国银公司交涉收回苏杭甬路权。

当苏杭甬铁路已在施工之际，英国银公司仍不同意废除《苏杭甬铁路草约》,英国驻华使馆向清政府施加压力,要求订立该路的正式合同,以遂其夺取此路之谋。清政府既不敢明目张胆地收回允许江浙人民自造铁路的成命,又不敢拒绝英国的无理要求,乃玩弄花招,声称将借款与筑路“分为两事”,即由它向英方借款,再转借给江浙两省铁路公司,实际上将路权抵押给了英国。1907年10月,浙江铁路公司召开股东大会,一致反对清廷借款卖路,并成立“浙江国民拒款会”,开展斗争。清政府一意孤行。1908年3月,与英国银公司正式订立借款合同,并即相继任命经手卖路的盛宣怀、汪大燮为邮传部侍郎。汤寿潜即以浙路公司的名义多次致电军机处进行抗争。各地掀起了拒洋款、集民股、保路权运动。不仅绅商认股,就连挑夫、车夫、优伶、饼师、学生也节衣缩食,纷纷认股,所认股款大大超过了拟借英款。拒洋款保路运动激发了人民的爱国热情和革命斗志,也加快了铁路进度。到1909年夏,从杭州到枫泾的浙江境内段铁路全线建成,其造价之低、质量之高、工程之速,为当时全国之最。

清政府曾任命汤寿潜为云南按察使、江西提学使,企图将他调离浙江,以败坏江浙的保路斗争,汤寿潜都予以拒绝,坚持留在浙江主持修路和反对卖路斗争。1910年,清廷任命盛宣怀为邮传部右侍郎,汤寿潜向军机处弹劾盛,并进京抗争。清政府恼羞成怒,以其电文“措词诸多荒谬,狂悖已极”为由,下令将他“即行革职,不准干预路事”。汤寿潜在筑路和保路斗争中,顶住清廷和帝国主义的压力,“不受薪金,不支公费,芒鞋徒步,忽杭忽沪”①,奔走呼号,终使该路筑成,并捍卫了铁路主权。1908年2月,《云南》杂志发表《苏杭甬铁路与滇川铁路之比较》一文,称赞浙路风潮中“我国民之激昂慷慨,捐财捐躯,无暴动,无妄为,团结之力大且固,为数千年所未有”,而其所

① 《浙江学会之哀声》,《民呼、民吁、民主报选辑》,河南人民出版社1982年版,第129页。

以能够如此成功,“无他法焉,有汤(寿潜)、刘(锦藻)、张(謇)君等为之代表也”①。这无疑是对张謇和汤寿潜捍卫民族主权,发展交通运输事业的巨大贡献的肯定和承认。

(原刊于《张謇的交往世界》,中国文史出版社2011年版)

① 击椎生:《苏杭甬铁路与滇川铁路之比较》,《云南》1908年第12期。

试论张謇的吏治思想

张謇研究早在其去世前即已开始，迄今已近百年。正如著名历史学家章开沅先生所言，“张謇研究现今虽已取得显著成绩，但从总体来看学术水平仍然不算很高，至少是与已成显学的孙中山研究、陶行知研究相比。我们在做好基础工作的前提下，还必须进一步扩大研究的广度与深度，并且不断更新研究的视角与方法”①。从目前情况看，张謇研究还主要停留在对其实业、教育和慈善方面思想和实践的论述，对其吏治思想的探讨尚付阙如。事实上，张謇不仅有着二十年的幕僚生涯，还曾先后担任中华民国南京临时政府实业总长、北洋政府农商总长和全国水利局总裁。特别是1903年东游日本期间，他对日本维新成功的经验进行了探究，对中国积贫积弱的原因进行了剖析，认识到“政虚而业实，政因而业果”②，政治之优劣既是影响国家兴亡的重要因素，也与实业的盛衰休戚相关，因此改良政治、加强政府管理实为当务之急，而“为政全在得人，徒法不能自立，是又在主持此政策者”③。因此，他反复思考如何加强吏治建设的问题，并在实践中逐步形成了丰富而独特的吏治思想。

一

官员的标准问题历来见仁见智。晚清名臣曾国藩曾指出：“德若水之源，

① 章开沅：《张謇传》，中华工商联合出版社2000年版，第395—396页。

② 张謇研究中心、南通市图书馆编：《张謇全集》（第六卷），江苏古籍出版社1994年版（本文所引《张謇全集》各卷皆出自此版，不另注），第514页。

③ 张謇研究中心、南通市图书馆编：《张謇全集》（第二卷），第132页。

才即其波澜;德若木之根,才即其枝叶。德而无才以辅之则近于愚人,才而无德以主之则近于小人。"①张謇同样认为,一个称职的官员必须德才兼备,但鉴于官员的道德和素养是整个国家能否治理好的关键,与百姓的祸福、政治的兴替和国家的治乱密切相关,因此主张以德为先、体先于用,强调如果没有正确的价值观,才华只能沦为谋取私利的工具,最终势必误国害民。他在回函张之洞谈及用人的指导思想时说:"今日用人,不患无用,而患无体。其人果正,则必有忠君爱国之心;有忠君爱国之心,则勤求事理之必于当。其人苟不正,则必无忠君爱国之心;无忠君爱国之心,则矿务有利也,利不在君国;电报有利也,利不在君国;招商局有利也,利不在君国;甚至海军、陆军。非所以为利也,可以因之为利而害君国。"②

当然,了解实际工作、懂业务和管理不仅是官员的必备素质,更是救亡图存的迫切要求。众所周知,科举制度曾为封建政府选拔过一些有用之才,但降至晚清,八股取士制度已百弊丛生,成为舆论诟病的对象,其最要者莫过于培养了许多只会义理辞章、不谙世事的腐儒,大言欺世、空谈误国的书生。正如严复所言,"夫八股非自能害国也,害在使天下无人才,其使天下无人才奈何?曰有大害三:一曰锢智慧,二曰坏心术,三曰滋游手"③。张謇认为,由于科举抡才的局限,官员大多熟谙诗书画印、义理辞章,却不熟悉政府的实际运作,不了解世俗民情,因此难免为吏胥欺蒙,结果使改革变味走调,使惠民的善举成为扰民的苛政。比如,张謇认为,由于对业务不熟,张之洞就曾为下属欺蒙,导致通海议办认捐活动彻底失败。1885 年至 1894 年间,通海地区 3 个厘金局上缴库款最少之年为钱 15 万千,最多之年为钱 24 万千,揆诸常理,实行包捐,数额自然应取其中间值,以每年 20 万千为准。而藩司总局却按最多的年份确定

① 曾国藩著、陈书凯编译:《曾国藩文集》,中国纺织出版社 2007 年版,第 241 页。

② 张謇研究中心、南通市图书馆编:《张謇全集》(第二卷),第 56 页。

③ 胡伟希:《论世变之亟——严复集》,辽宁人民出版社 1994 年版,第 55 页。

征收数额为26万千，且设置重重障碍，百般刁难：一是不准每年按上下半年四、六分缴，而要求按月缴费。历来在通海所交捐税中，花布占80%，百货仅占20%，花布上市都在下半年，“按月摊缴，则上半年缴数多，而商民不堪赔垫也”。二是强令州厅出具如短勒赔的甘结，州厅自然不愿。三是本来总局定章规定可以银钱并收，而他们却要求厘捐都必须用制钱缴纳，“通海不铸钱，亦无窖藏数百万制钱之家，可供资取……”督抚不了解地方实际，“昏天黑地，瞽说而瞽应之”①。张之洞不明就里，而为属吏玩于股掌之上，于是，“藩司总局窃笑于旁，委员司签益纵于下，而商民之困，乃倍甚于未经议改认捐以前”，“民气之屈而不伸，至此已极”。②至此，官绅商民耗时半年努力促成的包捐改革归于失败。

治国理政需要选拔优秀人才，而知人、识人则为遴选的前提。张謇提出了一套对官员进行甄别的方法：一是在其个人境遇发生重大变化时观察其行为举止，看其能否淡泊名利、宠辱不惊，由此可见其利益观、得失观以及身心素质。他在光绪三年（1877）十月十七日的日记中写道：“观人于不得意时，于不得意而骤得意时，于得意而忽不得意时，能不失其常，则其人之胸襟学问可想，反是则又可想已。”③二是从属下的评价看管理者的品行。张謇在致丁立钧的信中说自己“常以胥吏之喜怒，卜长吏之贤否。胥吏之所怒者，不必皆贤也；而胥吏之所喜者，则未有不断为不肖”④。一个人的素质和能力有时通过常规的测试未必能准确地把握，但却会在日常工作和生活中不经意地流露出来。这无疑为识别和考察官员提供了又一有效途径。

---

① 张謇研究中心、南通市图书馆编：《张謇全集》（第三卷），第758页。
② 张謇研究中心、南通市图书馆编：《张謇全集》（第三卷），第757页。
③ 张謇研究中心、南通市图书馆编：《张謇全集》（第六卷），第142页。
④ 张謇研究中心、南通市图书馆编：《张謇全集》（第四卷），第527页。

二

张謇认为思想是行动的先导,官员的价值观对其行为影响极大,仅有好的政策,而无忠实有效的执行,则其不过是徒具形式的一纸空文。因此,强调要加强官员的思想道德建设,使之树立正确的行政伦理观。

1. 开拓进取、奋发有为的价值观

张謇认为,一个好的官员首先必须有远大的理想和抱负。在1903年东游扶桑期间,他看到日本政府励精图治、开拓进取,而刚刚遭受甲午和庚子两次重创、丧权辱国的清政府仍苟且因循、不思进取,感到十分忧虑和不安。他作诗一首,题为《一人》:"一人有一心,一家有一主。东家暴富贵,西家旧门户。东家负债广田园,西家倾家永歌舞。一家嗃嗃一嘻嘻,一龙而鱼一鼠虎。空中但见白日俄,海水掀天作风雨。"①他获悉来日本考察商务的尚书载振、侍郎那桐"不喜购书""无暇究商务"感到失望,对其在日本将我国福建沿海地区绘入日本版图时无动于衷,以及尚书写错自己的名字、侍郎写不全官衔等丑行更是表现出极大的愤怒和痛心:清政府官员素质如此低下,又怎么能指望其挽救民族危亡、完成富国强兵的历史重任呢?

张謇强调,作为饱读诗书,受"天行健,君子自强不息"儒家思想熏染的知识分子,必须有锐意进取、奋发有为的人生观,有以天下为己任的社会责任感和"天下事皆吾儒分内事,吾儒不任事,谁任事"②的历史使命感。他说"今日之人,当以劳死,不当以逸生"③,"既生为人,当尽人职"④。这个职就是对国家、对社会、对人民的职责,就是要"为众谋利"⑤,做到人尽其才、地尽其利,

① 张謇研究中心、南通市图书馆编:《张謇全集》(第六卷),第504页。

② 张孝若:《南通张季直先生传记》,中华书局1930年版,第318—319页。

③ 张謇研究中心、南通市图书馆编:《张謇全集》(第四卷),第101页。

④ 张謇研究中心、南通市图书馆编:《张謇全集》(第四卷),第565页。

⑤ 张謇研究中心、南通市图书馆编:《张謇全集》(第二卷),第469页。

“人不尽力，地不尽利，是为两失”①。尤其是当国家危亡、民众困穷之时，作为官员，更应首先思考和谋划如何报效国家、服务社会，用他的话来说就是：“大吏者，固受国家之委托而生聚吾民者也，而忍视其不救而不为之所乎？”②

2. 崇尚气节、人格独立的操守观

张謇认为：“国家有事，当以气节为先。若平时无犯颜敢谏之忠，安得有临难死绥之节？”③一个官员首先应当是一个不卑不亢、堂堂正正的人，而不是一个低声下气、奴颜屈膝的官奴。甲午某日，张謇目睹一大批年逾花甲乃至古稀的官员在暴雨中跪迎西太后回宫，任凭风雨肆虐，而西太后毫无恻隐之心的场景，感到这种官不是有志气的人应该做的，因此愤然辞官回籍，显示出其已具有主张人格平等的民主、人权思想的萌芽。1897 年，张謇在致友人的信中说自己“愿为小民尽稍有见识之心，不愿居八命九命可耻之官，此謇之素志也。比常读日知录、明夷待访录，矢愿益坚，植气弥峻”④。他强调读书人不可有傲气，但不能无傲骨。张之洞初为清流健将，后为洋务要员、晚清名臣，颇有时誉，对张謇事业发展的帮助也很大，但张謇并未一味褒扬。他一方面承认张之洞是少有的“能知言，可与言”的好官，另一方面也毫不隐讳地指出他“费而不惠，怨而不劳，贪而不欲，骄而不泰，猛而不威”，有着达官贵人“好谀不近情”的通病，身上有少爷气、美人气、秀才气、大贾气、婢妪气等五气，主张戒除这“五气”。⑤

3. 摈弃党争，以事业为重的进退观

民国初年的政坛云谲波诡，进退去留往往成为划分派系的标尺和政治攻

① 张謇研究中心、南通市图书馆编：《张謇全集》（第四卷），第 427 页。
② 张謇研究中心、南通市图书馆编：《张謇全集》（第二卷），第 41 页。
③ 张謇研究中心、南通市图书馆编：《张謇全集》（第一卷），第 2 页。
④ 张謇研究中心、南通市图书馆编：《张謇全集》（第四卷），第 526 页。
⑤ 张謇研究中心、南通市图书馆编：《张謇全集》（第六卷），第 394 页。

讦的话柄。张謇坚持以事业为重的去留标准,主张以使老百姓得到实惠、实现自己的抱负为为官宗旨,合则留,不合则退,绝不因狭隘的党派之争妨碍事业的发展。民国三年(1914)正月十八日,杨士琦来问阁员与总理熊希龄同进退之事,张謇阐明自己的去留原则,说:“此来不为总理,不为总统,为自己志愿。志愿为何?即欲本平昔所读之书,与向来究讨之事,试效于政事。志愿能达则达,不能达即止,不因人也。”①

三

张謇目睹官场上官僚主义、形式主义、文牍主义盛行的现状,切身感受到崇尚空谈、不务实事、办事拖拉的巨大危害,对自己在北京政府任职期间不能实现自己的抱负耿耿于怀,说自己“日在纸尾画诺而已,所从事者,簿书期会之无聊,府吏胥徒所可了,其于国民实业前途,茫无方向。伐檀素食,时切疚心”②,强调要加强机关作风建设,严格劳动纪律,反对官僚主义。

1. 加强官吏的管理和组织文化建设

他认为,中国人力资源丰富,但缺乏有效的管理,“责任专,薪水重,上有纪纲,下无壅隔”这四者,“中国无一也”③。因此,首先要加强对官吏的管理,使其明确自己的职责,说:“今之官为公仆,古之官为民牧。一谓役于人而非役人,一谓字人而非字于人,词异而义同也。役有役之职,字有字之分。职其职,分其分,仆可,牧亦可,不得其职其分,仆不可,牧不可,即官亦恶乎可?”④其次,政府要“专责成”,就是要对地方官员加强监管、考核,指出“不专责成,则督抚奉行上谕,付之司道,司道付之府厅州县,府厅州县付之绅董胥役,苟且含糊,相

① 张謇研究中心、南通市图书馆编:《张謇全集》(第六卷),第881页。

② 张謇研究中心、南通市图书馆编:《张謇全集》(第一卷),第311页。

③ 张謇研究中心、南通市图书馆编:《张謇全集》(第二卷),第56页。

④ 张謇研究中心、南通市图书馆编:《张謇全集》(第一卷),第571页。

率推诿，及其层递上报，所以塞责，一纸空文而已，无由知其果办否也”①，认为不严格执行考课制度，便难以分清官员素质的高低、政绩的大小，也就不能达到奖优黜劣的目的。1920 年，张謇出任江苏运河工程局督办。他鉴于一些部门纪律松弛，不遵守作息制度的情况，在就职演说中即要求员工务必遵守劳动纪律，反对自由散漫，否则将予以处罚。他说：“本局各员办公时间，须始终按定钟点，不得任意参差，致乱秩序。……如有办事不力、自检有疏者，可据实报告，不能姑息优容，有妨全局。”②

组织文化建设是产生良好绩效的重要原因，也是影响员工心理和行为的重要因素。张謇在江苏运河工程局督办就职演说中提出要努力形成以“诚、忍、慎”为核心的良好的组织文化。他指出，水利事业与百姓福祉息息相关，运河治理任重事繁、困难甚多，必须有坚忍不拔、愈挫愈奋的毅力，对这一利国利民的事业抱有必胜的信念，而不能怕苦畏难，要把困难作为鞭策前行的动力。他说：“天下无不可成之事。事之艰难颠沛，对于个人，乃为磨练，对于事业，则为促进。若因艰难颠沛而不为，成于何望？”他寄予同人要“时时以诚、忍、慎三字为正鹄”③，强调运河工程局之名誉，工程之优劣都以此为始基，并宣誓要身体力行、充当表率，说：“以敷衍表面为办事之手术，应酬人情为避谤之方法，吾恶其不诚而不敢也。事机变幻，作辍无常，非礼动摇，怫然意懈，吾恶其不忍而不敢也。水利工程，含有慈善性质，旷时期，縻公款，顾一隅，戾全局，吾恶其不慎而不敢也。”④

2. 精简机构、裁汰冗员

清末吏治腐败，冗员充斥，不仅造成行政体系混乱，行政效率低下，而且加

① 张謇研究中心、南通市图书馆编：《张謇全集》（第二卷），第 14 页。

②③ 张謇研究中心、南通市图书馆编：《张謇全集》（第二卷），第 457 页。

④ 张謇研究中心、南通市图书馆编：《张謇全集》（第二卷），第 455 页。

重民众的负担，加剧国家的财政困难。张謇认识到政府要提高行政效能必须从精简机构、裁汰冗员入手。早在《变法评议》中，他就主张要"省不急之枝官"，说："今省叠床架屋、监临牵制之官，而益分门别类、专责办事之官，不犹愈乎？"①并主张，在地方，"有督抚专掌外交、海军、陆军，则将军、都统之官可省也；有布政使以下专掌赋税之官，行折漕之法，则漕运总督以下各屯卫官及关监督可省矣；有农商道，则盐运使、织造以下之官可省矣；有工科道，则河督以下之官可省矣"。在中央，就职掌而言，理藩院同于外（交）部，大理寺同于刑部，太常、鸿胪、光禄、銮仪同于礼部，太仆同于兵部，因此，这些机构完全可以撤销或合并。钦天监可归于文部，内务府、太医院可隶于内部②，后来清政府的机构改革正是按照这一思想实施的。

由于机构改革涉及诸多方面，特别是会损害一些人的既得利益，因此要真正实行起来总是阻力甚多、困难重重。19世纪90年代，江宁藩司所属厘捐局在江北的11个州、县共设有捐卡187处，在通州、海门两县即多达57处，几乎占江北捐卡的30%。其中石港、双甸两处每年收捐不及千串，而开支却高达3千串，理应撤除，但总局却声称"裁去不便"，说其"虽入不敷出，然关系他处极重大"，听起来冠冕堂皇，实则是由于此差"可值二三百金"，藩司总局凡换一人，可卖四五千金；如果包捐则"此可卖四五千之差价失矣"③。正是由于地方官员因少了中饱的机会而对改革百般阻挠，使通海包捐这一既利国又利民的改革归于失败。张謇因此感叹，"为民减一几希之累如扛鼎，为国去一骈冗之吏如拔山"④，裁减冗员以减轻百姓负担实在太难了。

1913年9月11日，张謇被任命为北洋政府工商总长兼农林总长。张謇强

①② 张謇研究中心、南通市图书馆编：《张謇全集》（第一卷），第51页。

③ 张謇研究中心、南通市图书馆编：《张謇全集》（第三卷），第758页。

④ 张謇研究中心、南通市图书馆编：《张謇全集》（第二卷），第508页。

调，只可为岗求人，而不应因人设岗，说“国家设官分职，有职然后有官，用人者为事务求人才，非为个人谋位置”①。他克服重重阻力，大刀阔斧地进行改革，将两部并为一部，原农林、工商两部共八司合并为三司一局，留下学有专长或娴熟部务者，将那些无所事事者予以裁汰。经过改革，农商部官员人数从原来的 400 多名减少到 126 名，减少了 2/3 以上。并制定农商部官制，规定各部门的工作职责，规范官员的行为。由于机构精干，又选用了具有真才实学的专门人才，文牍主义、推诿扯皮现象有所减少，工作效率大为提高。这是张謇就任农商总长期间能取得巨大成绩的重要原因，也为第一次世界大战期间我国民族资本主义发展进入“黄金时期”创造了条件。

20 世纪 20 年代初，江苏财政困难，预算赤字达 300 万元。为节流计，张謇请求裁撤运河工程局及吴淞商埠局。他指出，在所有开支中，那些事关教育、实业的“不可因节而废；可节者其惟行政空言之机关”②。他认为，在江苏，无论是淞埠督办负责的商务，还是运河工程督办管理的水利均属于民政的范畴，既然省、县都有职能机关，那就无需再设此机关，何况其存在不仅没有起到积极的作用，相反还产生因人生事、相互阻扼等负面影响，说“既各有官矣，复安用此？比既有局，乃有专员，系属者且有无数之员。事犹事也，冀其易举，而或反得难；而廪食则既耗矣。食少而食之者多，主者即推其食食之，而食者固未能饱，而事仍不尽举，毋亦类于煦煦孑孑之所为”，裁撤这两个机关既可以节省一笔不小的开支，又可以驱使原来那些“素食者”从事生产经营，这对地方发展实在大有裨益。他还表示，过去我们一直批评北京中央政府，但其尚能从大局出发，“不恤一家之哭，而裁冗员以累千计”，我们江苏又怎么能“笑人未工，忘己之拙，犹惜此骈姆枝指之机关，竭劳农劳工之力，以养不农不工之人，令一路哭耶？”③

① 张謇研究中心、南通市图书馆编：《张謇全集》（第一卷），第 286 页。

② 张謇研究中心、南通市图书馆编：《张謇全集》（第二卷），第 616 页。

③ 张謇研究中心、南通市图书馆编：《张謇全集》（第二卷），第 616—617 页。

3. 主动减少自己的薪金，节减行政经费

由于当时军阀连年混战，开支浩繁，而另一方面，各地自然灾害频发，经济发展停滞，开源无方，因此，政府财政十分困难，而缓解财政困难惟有节流较为可行。1920年2月，张謇出任江苏运河工程局督办后即发表演说，主张把有限的经费用到刀刃上，提出此后局内支用经费，“万不能以地方人民之款稍涉浮滥，为酬应人情之举”，并表示从自身做起，削减一半薪俸，将省下的部分作为补助员工之用，“庶于法定范围之内，兼收挹彼注兹之功”，局内职员如有“提款及验工各事发生，临时派委出发，照给旅费，平日不支薪金”。他希望这一建议得到职员的谅解，因为这一切“无非为节经费起见。区区之心，当为诸君共谅”①。

四

张謇不仅廉洁从政，以“清官”名世②，而且在实践中形成了独具特色的廉政勤政思想③。

晚清吏治腐败，政以贿成，“官场积习，通一语须钱也，行一牍须钱也，求一见须钱也”④。进入民国以后，未见好转，甚至更加黑暗，“政流污浊，贿赂公行，内外仿效成风，甚于逊清之季”，如在当时的江苏，“税所厘卡之人员，无不与厅中科员为朋比。其所得差事之肥瘠，视运动费度之高低。得差以后，各荐私人而外，无不月送干薪，数目数十至百不等，期自开始至终无差”⑤。张謇因此主张内外兼修、多管齐下，惩治官场的腐败，实现政治的清明。

---

① 张謇研究中心、南通市图书馆编：《张謇全集》（第二卷），第457页。

② 张仲礼：《中国绅士的收入》，上海社会科学院出版社2001年版，第14页。

③ 张廷栖：《张謇的勤政廉政思想与实践》，《南通大学学报（社会科学版）》2009年第1期。

④ 张謇研究中心、南通市图书馆编：《张謇全集》（第二卷），第53—54页。

⑤ 张謇研究中心、南通市图书馆编：《张謇全集》（第一卷），第375—376页。

1. 加强个人修养,树立正确的权力观

权力是一柄双刃剑,它既可以为民造福,也可能成为谋取个人或小集团私利的工具,因此,如何掌好权、用好权就成为衡量一个官员廉与贪的试金石。张謇说过“官长者,众人之母”①,当官者应体察民情,为人民谋福利,树立正确的权力观,而不能把公共权力当成牟取私利的工具,强调必须始终把为民谋利益作为为官行政的根本宗旨。1898 年,他在致友人汪康年的信中回忆自己当年在通海地区提倡发展蚕桑实业受挫的经历时大发牢骚,说:“夫今日官之贼民,不足奇也;所奇者,不知民为谁何之民,而官以为贼民乃可效忠。”②这既是其对无良官员的失望和愤怒,也是对官员亲民爱民的期盼,是其以民为本、执政为民的权力观的真切表达。

2. 实行官商分途,弥补产生贪腐的机制缺陷

当官图财既是中国封建社会官本位传统的产物,也是吏治腐败的重要根源。由于许多人从政并非为了实现经世济民的远大理想,而只是当成猎取名利的手段,因此,上任后不免走上贪腐之路。张謇对此曾进行过分析,指出之所以科举在停罢之后流毒犹存,“人人歆羡做官”,根源就在于权与钱之间可以通约,“贵乃可富,富乃可以快吾之所欲”。③

张謇 1903 年东游日本期间感触颇深的是日本士大夫“方为官则一意官之事,及为商则一意商之事”,而我国士大夫则“方官而有商略,方商而有官式”④,造成了“中国近日,官皆商也,商可官也,弊在不当通而通。商有事求官,则官利商;官有事求商,则商利官。若官无利商之心,则官尊而苦商;商无

① 张謇研究中心、南通市图书馆编:《张謇全集》(第四卷),第 92 页。

② 张謇研究中心、南通市图书馆编:《张謇全集》(第三卷),第 760 页。

③ 张謇研究中心、南通市图书馆编:《张謇全集》(第四卷),第 81 页。

④ 张謇研究中心、南通市图书馆编:《张謇全集》(第六卷),第 494 页。

利官之心，则商散而雠官。弊在不当隔而隔。欲挽其弊，须自官场决破一切壅隔始”①。张謇从日本的做法中获得启发：既然一些人当官不是为了造福一方、惠及百姓，而是企图通过滥用公共权力，营私舞弊以致富，那么，为他们提供一个不必从政而可以致富的正常渠道无疑可以减少贪腐的发生。于是，他把解决亦官亦商问题作为澄清吏治的法宝，希望官商分途、各司其职、各谋发展。他建议在全社会要加强宣传和教育，形成“作商得财，人皆仰之；作官得财，人皆鄙之”②的文化氛围。另一方面，他猛烈抨击官本位思想，强调商的重要地位，努力为商人正名，主张改变“抑商苛商”的政策，切实减轻企业经营的负担，为实业发展创造条件。1913年，已年过花甲的张謇只身赴京任农林工商总长，出台了一系列法规和政策，客观上为民族资本主义的发展作出了重要贡献。

3. 大力提倡节俭，构筑反腐防腐的道德防线

节俭看似无关宏旨，其实大谬不然。它不仅是一种生活方式，有助于持家兴业、富国裕民，更是一种关乎人生目的和人伦关系的美德。③既然无穷物欲的满足是人格扭曲、行为失范的根源，那么提倡节俭无疑有助于抵制和克服各种腐败现象。张謇十分重视节俭，提出：“吾人之享用，不可较最普通之今人增一毫；吾人之志趋，不可较最高等之古人减一毫也。”④他认为“天下之美德，以勤俭为基”⑤，“唯俭也，故嗜欲简”，“俭可以养高尚之节”，又说：“苟能俭，则无多求于世界，并无求于国家，即使适然做官，亦可我行我意，无所贪恋，而高

---

① 张謇研究中心、南通市图书馆编：《张謇全集》（第二卷），第53—54页。

② 郑观应著、辛俊玲评注：《盛世危言》，华夏出版社2002年版，第288页。

③ 蒋国宏：《墨子廉政思想探析》，《理论学刊》2011年第4期。

④ 张謇研究中心、南通市图书馆编：《张謇全集》（第四卷），第114页。

⑤ 张謇研究中心、南通市图书馆编：《张謇全集》（第四卷），第672页。

尚之风成矣。”①也就是说,倘能节俭,则能对财富无所贪恋,一旦大权在握才不会以权谋私,走上贪赃枉法的道路,才可能做到秉公执法,清正廉洁。

4. 健全法律法规,使反腐防腐有据可依

张謇认为,一个国家必须有法律,“必有法律而后有准绳”②。只有法律法规健全了,官员才能有章可循,有法可依,才能有效地预防和惩治腐败。他在任农商总长期间曾发布文告要严惩贪腐行为。他发现有的地方官员乘公司注册之机进行敲诈勒索,便于1915年2月27日发表了“关于制止各级政府对商人注册刁难勒索致各省区咨文”,明确规定了注册的程序和应该缴纳的费用标准,堵塞了借机敲诈勒索的渠道,并严令对于病商扰民,“故意耽延,不遵照法定日期详转”,“或在投禀领照时,于法定应缴册费之外勒索者”“一经查实,尽法惩办,藉警官邪,而维商政”。③

5. 推进政务公开,为社会监督提供便利条件

公开透明是反腐、防腐的利器。只有推进政务公开,接受社会的广泛监督,才能保证公共权力在阳光下运行。张謇认为,克己奉公、廉洁从政是对每个从政者的基本要求,经费使用必须公开透明,便于社会监督,防止以权谋私、贪污腐化。1920年2月,张謇在江苏运河工程局督办就职演说中就强调经费使用要透明,说自己“对于工程之布置,款项之收支,无事不可以告人”④。他在给江苏督军齐燮元的信中对其提出的用款情况应该对外公开的主张十分赞同,进而提出,担任国家或地方行政职务者,经费的任何用途,“俱应如是,宁独淮款为然?”⑤

---

① 张謇研究中心、南通市图书馆编:《张謇全集》(第四卷),第81—82页。

② 沈家五:《张謇农商总长任期经济资料选编》,南京大学出版社1987年版,第407页。

③ 沈家五:《张謇农商总长任期经济资料选编》,第74页。

④ 张謇研究中心、南通市图书馆编:《张謇全集》(第二卷),第457页。

⑤ 张謇研究中心、南通市图书馆编:《张謇全集》(第二卷),第619页。

五

政府官员是行政管理的主体。传统中国社会是人情社会,统治方式以人治为主,任用得人则社会治,任用非人则社会乱。因此,能否得贤,怎样用人,如何加强对官吏的管理就成了政府管理的重点和难点所在。张謇是我国近代著名的管理思想家,他一方面继承了中国古代吏治思想的精华,另一方面汲取了西方现代的新鲜元素,特别是在对中日两国进行比较的基础上逐步形成了丰富而独特的吏治思想。对其爬梳整理,无疑可以丰富对张謇以及对中国传统行政管理思想的研究。与此同时,尽管张謇的吏治思想并不系统和全面,但其主张选拔优秀人才进入政府机关,加强官员的思想道德建设,推进机关作风建设以及廉政勤政建设等思想对我们今天加强干部队伍建设仍然有着一定的借鉴作用。

(原刊于《理论学刊》2014 年第 1 期)

试论张謇的节俭及其现实意义

张謇在甲午会试“大魁天下”后毅然辞官，在家乡营实业、兴教育、广慈善、擘画水利、经营地方自治，成为我国近代化的杰出开拓者之一。胡适称赞他“独立开辟了无数新路，做了三十年的开路先锋”，“造福于一方而影响及于全国”。①毛泽东在五十年代接见黄炎培时也表示，谈到近代中国的轻工业不能忘记张謇。②张謇一生崇尚并厉行节俭，其俭约给人们留下了深刻的印象，也赢得了人们的普遍特誉。笔者拟就张謇的节俭以及我们今天继承和发扬这种节俭精神的意义谈一点粗浅的认识。

一、张謇的节俭及其特点

1. 大处着眼，小处着手

近代儒学的一代宗师曾国藩曾提出：“天下事当于大处着眼，小处下手。”③张謇对此十分赞同并变成自己的自觉行动。无怪乎黄炎培在挽联中说他“远处着眼，近处着手”。④在一些人看来，节俭仅是生活小事，关乎微藐，简

① 胡适：《南通张季直先生传记序》，张孝若编：《南通张季直先生传记》，张謇研究中心重印，2014年，第3页。

② 唐文起：《略论张謇的实业活动及其实业家精神》，南京大学外国学者留学生研修部、江南经济史研究室编：《论张謇——张謇国际学术研讨会论文集》，江苏人民出版社1993年版，第255页。

③ 曾国藩：《致吴竹如》，《曾文正公全集·书札》卷九。

④ 张怡祖：《张季子九录·荣哀录》（卷九上），文海出版公司1965年版，第53页。

直不值一提。但有着丰富的朴素辩证法思想并初步掌握事物的普遍联系和发展观的张謇却不这么看。他认为,节俭看似无关宏旨,其实大谬不然,它是养成高尚道德品质的必由之路,是建功立业、实现人生价值的必要条件和基础性工程。这使其在对节俭的认识上带有科学性和民族性。

张謇自幼受民族传统文化熏染,其中儒家伦理对他影响最大并成为其伦理观的主体。①儒家伦理以完善自身、成就理想人格为指归,提倡积极入世,以"立德""立功""立言"。"立德"是儒家人生观中"三不朽"之道。但是"九层之台,起于累土;合抱之木,生于毫末",高尚的道德品质既不能与生俱来,也不可骤然幸致,而必须经过长期磨炼和点滴积累。节俭本身是一种美德,同时又是道德修养的一个十分重要的方面,对能否养成高尚的人格关系极大。张謇曾剖析俭啬与高尚道德间的关系,说:"俭何以是美德?俭之反对曰奢。奢则用不节,用不节则必多求于人,求多于人则人不愿,至于人不愿则信用失而己亦病,妨人而亦妨己,故俭为美德。苟能俭则无多求于世界,并无求于国家,即使适然为官,亦可我行我意,无所贪恋,而高尚之风成矣。"②在张謇看来,俭就是节用,对个人来说,它能克服过多的物欲,从而不为物所役,保持高尚的操守。所以,要"立德",就必须节俭,"勤俭之广义,虽圣人之成德亦由之"③。他意识到质的飞跃来自量的积累,强调"功不必期其速,事不可遗其小",要求学生不要好高骛远、眼高手低而节俭等实实在在的身边琐事做起,切实加强个人修养,即"不以功德为口号,而基础从能俭做起。"④

张謇宗尚节俭不仅出于"立德"的考虑,而更主要是为了"立功"。儒家的

---

① 蒋国宏:《张謇伦理思想述评》,张謇研究中心编:《再论张謇——纪念张謇140周年诞辰论文集》,上海社会科学院出版社1995年版,第44—54页。

② 张謇研究中心、南通市图书馆编:《张謇全集》(第四卷),江苏古籍出版社1994年版(本文所引《张謇全集》各卷皆出自此版,不另注),第81—82页。

③ 张謇研究中心、南通市图书馆编:《张謇全集》(第四卷),第138页。

④ 张謇研究中心、南通市图书馆编:《张謇全集》(第四卷),第82页。

“立功”原来多指出将入相、治国安邦，出则驰骋疆场，保家卫国，入则辅佐明君，施行仁政。而张謇则将其升华。他顺应了发展生产力的社会要求，紧扣救亡图存的时代主题，赋予传统儒家人生观以新的内涵，把“立功”具体为为了立国自强而学习西方资本主义先进文化，兴实业、办教育、广慈善的实践活动，使“立功”带有鲜明的时代特色。张謇有着拳拳爱国之心以及强烈的社会责任感和历史使命感，同时又不满宋儒的“尽是说而不做”，决心要“力矫其弊，为书生争气”①，做出一番有益于国家和社会的事业。他认为“立国出于人才，人才出于立学”②，“欲富强吾国，舍实业无由也”③，兴办实业和教育是救国的最重要手段。而节俭则是这些事业成功的必要条件和重要保证。首先，节俭可使人养成高尚之节，而高尚的人格、良好的形象无疑可增强自己的凝聚力、号召力，赢得人们的信任与爱戴，这样在兴办事业时就能登高一呼，应者云集。反之，“用不节”就会失去信用，就无法取得社会的理解和支持。其次，不节俭就难以维持和发展事业。在实践中，张謇目睹了一些企业家由于不注意节约，生活奢侈而“倏尔即败”的现实，加深了对节俭重要性和必要性的认识，深感“勤勉节俭任劳耐苦诸美德为成功之不二法门”。④他认为，节俭“可以立实业之本，可以广教育之施”，只有节俭才能为实业的进一步发展奠定坚实的基础，也才能在民智未开、财力支绌的条件下实现普及教育的目标。⑤再次，节俭也是抵御外来侵略的客观要求。列强经济侵略的重要方式之一就是商品倾销，凭借其商品低廉的价格来挤垮中国的民族企业，占领中国市场。因此，通过节约可降低产品成本，从而改变民族资本企业在“商战”中的不利地位。他曾明确

① 刘厚生：《张謇传记》，上海书店 1985 年版，第 252 页。

② 张謇研究中心、南通市图书馆编：《张謇全集》（第一卷），第 35 页。

③ 张謇研究中心、南通市图书馆编：《张謇全集》（第二卷），第 305 页。

④ 张謇研究中心、南通市图书馆编：《张謇全集》（第四卷），第 112 页。

⑤ 张謇研究中心、南通市图书馆编：《张謇全集》（第四卷），第 81 页。

表示:“各工厂制造之货,非减轻成本,不足敌外国进口之货。”①

2. 大力提倡,从严要求

张謇不仅自己崇尚节俭“独善其身”,而且还多渠道、全方位地大力提高。节俭被他列入家训、校训及企业的规章制度之中,成为他对学生、对家人和职员的重要要求。他还把节俭具体到饮食、服饰、家庭支出等方面。这使张謇的节俭具有了要求上的严肃性和具体性。

张謇把节俭列入许多学校的校训,如盲哑学校为“勤俭”,女子师范学校为“学习家政,勤俭温和”,南通大学农科为“勤苦俭朴”,商业中学为“忠信持之以诚,勤俭行之以恕”。②通州师范是我国第一家民立师范,也是张謇创办新式教育之肇始,他对师范学校的学生要求尤为严格。他认为师范为教育之母,师范生作为未来的教育者自应养成节俭的习惯,否则将来就不能言传身教,去感染和要求学生。他建议学生降低伙食标准,省出钱来赈济灾民,以实际行动奉献爱心,体现“民吾同胞”的儒家信条。他说:“多得钱一千,即多救一命”,“念彼道,何独非人?仁义何常,践者君子。诸君倘有民吾同胞之真意乎?”③他在《家书》中则叮嘱其夫人:“在家加意管理,加意节省,每日一腥一素已不为薄……衣服不必多做裁缝即可省……”强调“须一切谨慎、勤俭”,做到“能少奢一分好一分”。张謇四十五岁才得一子,自然视若掌上明珠。但他对这棵独苗也没有忘记进行节俭教育。他在给张孝若的信中一再嘱咐他注意节约,“除书籍外勿浪用”,还让他在由海门返回南通的路上自带点心,到茶馆买开水就食。这对身为总长之子的张孝若几乎有些苛刻了。他还让孝若转告其母亲晚上早些就寝,因为这样“可省灯火”。④

---

① 张謇研究中心、南通市图书馆编:《张謇全集》(第三卷),第774页。

② 张謇研究中心、南通市图书馆编:《张謇全集》(第四卷),第270页。

③ 张謇研究中心、南通市图书馆编:《张謇全集》(第四卷),第82—83页。

④ 张謇研究中心、南通市图书馆编:《张謇全集》(第四卷),第626—629页。

过去,人们的节俭多局限于个人消费方面,而张謇则把它扩大到生产经营领域,强调要强化管理,努力节能降耗,杜绝和减少浪费。在订立大生纱厂《厂约》时,他贯彻了勤俭办厂的原则,对一些开支作了明确的规定,使节约制度化。如他将职员的伙食标准分为平常、休息日和年节(或客至)三种,要求职员严格遵守,不得逾越。在《大生纱厂章程》中,他要求工人清扫飞花洞及车底,捡拾地面花衣、油花,甄别归类,上色留用,次色仍交花栈,以防浪费。①

3. 厉行节俭,公私皆然

张謇崇尚节俭不仅宣之于口,著之于文,而且施之于行,公私活动莫不如此,从不因为不是自己个人的而放松节俭的要求,这使其节俭具有了普遍性。在实业、教育和社会活动中,他总是精打细算,厉行节约、反对浪费。对图纸设计、工程概算等,他总是亲自审定、严格把关,力争少花钱、多办事,把有限的资金用到刀刃上,使之产生最大的经济效益和社会效益。晚年巡视河工,作为水利局总裁且已年过花甲,他完全可以坐轿子,但他却有时乘牛车,有时步行,甚至一天步行一百多里。

身教重于言教,榜样的力量是无穷的。张謇特别注意以自己的行动影响身边的人,帮助他们养成节俭的习惯,这使其节俭又具有示范性。他注意从自己做起,要求别人做到的自己首先做到,较好地发挥了表率作用,收到了良好的效果,也因此赢得了人们的称道。日本人驹井德三就说他“人格高洁,奉己薄,粗衣粗食,持己甚严”②。他建议学生降低伙食标准以救济灾区,自己便与学校的管理人员及年方十岁的儿子与师范学校学生吃同样的饭菜。他平时生活十分俭朴。张孝若说其父“穿的衣衫有几件差不多穿了三四十年之久,平常穿的大概都有十年八年,如果袄子、袜子破了总是加补丁,要补得无可再补,方

① 张謇研究中心、南通市图书馆编:《张謇全集》(第三卷),第20页。

② 〔日〕驹井德三:《南通张氏事业调查报告》,《江苏文史资料选辑》(第十辑),第148页。

才换一件新的。每天饭菜不过一荤一素一汤，没有特客，向来不杀鸡鸭。写信用的信封都是拿人家来信翻了过来，再将平日人家寄来的红纸请贴裁了下来，加贴一条在中浊。日常都用这翻过来的信封。有时候包药的纸或者废纸拿起来起稿子或者写便条用。拿了口利沙的空酒瓶做了一个塞子，寒天当汤婆子，自动告诉人家适用得很。有时候饭后吃一支小雪茄烟，漏气就粘一纸条再吃，决不丢去。平常走路，看见一个钉、一块板都捡起来，聚在一起，等到相当的时候应用他"①。其俭朴不仅令那些挥金如土的豪门巨室为之汗颜，也让普通百姓耸然动容。

4. 一以贯之，理直气壮

孔子曾赞扬子路具有"衣敝温袍，与衣狐貉者立而不耻"的气度。与子路相比，张謇也毫不逊色。他贵为状元、总长（甲午状元，历任南京临时政府的实业总长和北洋政府的农林工商总长等要职），富为拥有巨额资本（1921 年驹井德三估计达 3 400 万元）在全国屈指可数的大生企业集团的掌门人，张謇自不似那些贩夫走卒、升斗小民非节衣缩食就不能度日，他既有条件又有理由过奢侈的生活。因此，他的节俭就格外引人注目，然而，他的节俭既非沽名钓誉、哗众取宠之举，也不是一时的心血来潮，而是他汲取传统文化中的精华、结合自己深刻的人生体验和丰富的创业实践进行理性思考的结果。节俭成为他一以贯之、终身不改的自觉行为。他对清苦的生活甘之如饴，对自己这一生活方式的选择自信自得、无怨无悔，从而在坚持节俭时表现出难能可贵的一贯性和坚定性。值得一提的是，他力行节俭，做到我行我素，不在乎别人的道短论长，绝无丝毫的自卑和怯懦。相反，他理直气壮地把自己的观点明白地昭示于天下。在争豪斗富、奢靡成风的年代，他无视世俗的偏见，特立独行，崇尚并力行节俭，并堂而皇之地以"啬庵""啬翁"为号，其非凡的胆识鲜有出其右者。从某

① 张孝若编：《南通张季直先生传记》，张謇研究中心重印，2014 年，第 344 页。

种意义上说,这也是对上流社会纸醉金迷、一掷千金行为的鄙视和嘲弄。

5. 先义后利,回报社会

张謇总是把“勤”和“俭”相提并论,密切结合。事实上,他的节俭是与不断开拓进取紧密地联系在一起的,都从属于造福社会这一终极目标;这使张謇的节俭带有目的的崇高性和公利性。

张謇不是那种只进不出的土财主和守财奴,更耻于做金钱的奴隶。他一方面恪守“君子爱财,取之有道”的信条,宁愿光明磊落地失败,也不愿靠不正当手段去取得成功;另一方面又继承了传统文化中刚建有为、社会本位、先义后利等宝贵遗产,提倡奉献精神,强调社会义务。他认为,衡量个人人生价值的标准不在于其拥有物质财富的多少,而在于其为社会作贡献的大小。因此,不必过多地追求物质享受,去过奢侈豪华的生活,而应树立远大的理想,为天地立志,为生民立道。他曾表示:“吾人之享用,不可较最普通之个人增一毫;吾人之志趋,不可较最高等之古人减一毫也。”①他在生产经营中精打细算,在日常生活中节衣缩食当然可以聚财,但其目的不是为了个人发家致富,而是为了强国富民。他“排除了那种只为资本家个人谋利,把追求利润作为生产最终目的的资本主义的丑恶内核,代之以极其可贵的伦理目标:救国救民,以天下为己任。”②张謇曾经说过“人单单寻钱聚财不算本事,要会用散财”,又说“应该用的,为人用的,一千一万都得不眨眼顺手就用;白手的、消耗的,连一个钱都得想想,都得节省”③。他较好地协调了俭啬与慷慨之间的关系,达到了聚财与散财的完美结合。他对自己要求严格,节衣缩食,而对有益于国家和民族、能促进社会稳定和发展的文教、慈善等公益事业都出手大方,毫不吝啬。

---

① 张謇研究中心、南通市图书馆编:《张謇全集》(第四卷),第 114 页。

② 林刚:《试论张謇的传统伦理与创新实践》,《论张謇——张謇国际学术研讨会论文集》,第 271 页。

③ 张孝若编:《南通张季直先生传记》,第 307 页。

刘厚生说张謇“每年收入之数,大半用之于不能生产之公共事业”①。张孝若则说其父“一生的家产都为利人利地方而一齐用完,他把几乎自己所有的财产都用于地方建设上去了”②。自1902年创立通州师范到1925年,张謇捐献了自1895年秋创办大生纱厂起的全部工资、红利共150万元,用于地方事业。此外还欠下8.90万元的债务。③他还将自己原有的及别人赠与的古董器物等无偿送给南通博物馆,又拿出家藏图书中的三分之二送给南通图书馆,作为其进一步发展的基础,这一切有力地促进了南通地区文教和社会事业的发展。

二、张謇的节俭与当前的两个文明建设

节俭是“人们对物质财富、物质欲望和物质生活的一种态度,而不是客观上物质生活水平的高低”,它意味着“节用有度”,即“合理地、有节制地使用、消费物质资料,包括大自然为我们提供的各种资源、人类劳动创造的物质财富,以及作为创造财富的物质力量的劳动本身”。作为其对立面,奢侈则是一种不合理的消费支出和行为,它具有炫耀性、浪费性、高价性和贵重性以及利己性和贪婪性,“是通过消费行为表现出来的一种人生态度,同拜金主义、极端利己主义有着不可分割的联系”④。节俭历来为我国古代贤哲所推崇。老子把俭啬列为道德修养的三宝之一,提出了“治人事天莫若啬”的命题。⑤三国时蜀相诸葛亮则告诫其子“静以修身,俭以养德。非淡泊无以明志,非宁静无以致远”。⑥宋代名臣司马光认为:“夫俭则寡欲,君子寡欲则不役于物,可以直道

---

① 刘厚生:《张謇传记》,第284页。

② 张孝若编:《南通张季直先生传记》,第303页。

③ 张謇研究中心、南通市图书馆编:《张謇全集》(第三卷),第35页。

④ 赵修义:《试论节俭之德及其现代意义》,《毛泽东、邓小平理论研究》1996年第4期。

⑤ 《老子》第六十七章。

⑥ 诸葛亮:《诫子书》。

而行，小人寡欲则能谨身节用，远罪丰家。故曰：俭，德之共也。侈则多欲。君子多欲则贪慕富贵，枉道速祸；小人多欲则多求妄用，败家丧身，是以居官必贿，居乡必盗。故曰：侈，恶之大也。”①节俭有益成为人们的共识。崇俭抑奢也因此成为中华民族的传统美德和宝贵的精神财富。

艰苦奋斗、勤俭节约也是我们党的光荣传统，对我们克服物质困难、加强自身建设、夺取民主革命的胜利曾起过十分积极的作用。中华人民共和国成立后，毛泽东等老一辈无产阶级革命家多次提醒我们要勤俭建国、反对浪费。毛泽东强调“艰苦奋斗是我们的政治本色”。他告诫全党要坚决反对大吃大喝，注意节约，指出“我们要进行大规模的建设，但是我们还是一个很穷的国家，这是一个矛盾，全面地持久地厉行节约就是解决这个矛盾的一个方法……要使我国富裕起来，需要几十年艰苦奋斗的时间，其中包括执行厉行节约、反对浪费这样一个勤俭建国的方针”②。毛泽东、周恩来等老一辈无产阶级革命家自己就是节俭的典范。邓小平曾经指出：“中国搞四个现代化要老老实实地艰苦创业。我们穷，底子薄，教育、科学、文化都落后，这就决定了我们要有一个艰苦奋斗的过程。”③

中华人民共和国成立以来，特别是党的十一届三中全会以来，我国经济取得了令世人瞩目的巨大成就。随着经济的发展，逐步改善人民的生活是应该的。如果仍要求人们像困难时期那样过多地积累，抑制正常的个人消费显然是不合情理的、不必要的，也不利于经济的持续、健康发展。但是消费水平不能高于经济发展水平，个人消费也应量入为出。遗憾的是，一段时期以来，有些人夸大我国的经济实力，鼓吹高消费、超前消费，散布艰苦奋斗过时论，对节俭大加挞伐，造成了严重的后果：资源浪费严重、道德滑坡、社会治安恶化等

① 罗宏曾：《从政史鉴》，天津社会科学院出版社1989年版，第37页。

② 《毛泽东选集》（第五卷），人民出版社1977年版，第329、400页。

③ 《邓小平文选》（第二卷），人民出版社1993年版，第257页。

等。应该看到,伴随奢侈的生活方式而来的享乐主义、浪费主义导致了西方的文化、道德和社会危机,早已引起人们的忧虑和悔悟;而罗马俱乐部的警告则使人们重新意识到节俭的必要,难怪在欧洲、日本、美国等西方发达资本主义国家,奢侈的生活方式也已经过时。①何况我国还是一个人口多、底子薄,人均资源相对匮乏的发展中国家,有六千万人尚未脱贫,目前又面临着实现现代化、尽快赶上西方发达资本主义国家的艰巨任务,因此高消费尚不适合我国的国情。只有节俭才能积累社会财富,才能进行扩大再生产,更好地实现社会主义的生产目的。因此,我们应当弘扬节俭的传统美德,继承党的艰苦奋斗的优良作风,提倡勤俭节约,反对浪费,形成节约光荣、浪费可耻的社会风尚。

作为状元实业家,我国近代儒商的楷模、民族资产阶级的代表人物之一,张謇身上不可避免地打上了时代的和阶级的烙印,存在这样或那样的缺点。但他崇尚和力行节俭兼顾了经济的发展与社会的进步两个方面,对我们今天正在进行的两个文明建设也有着十分重要的现实意义。笔者认为至少有以下几个方面:

1. 有利于保持社会稳定、维护安定团结的政治局面

张謇的崇俭包含有希望人们适当节制物欲,满足于清贫的现状的成分。这对于当时处在社会下层的广大劳动人民来说就意味着要他们安于现状,不要为改变自己的政治和经济地位而斗争,从而导致社会的混乱,危及统治阶级的利益。这是其消极的方面,应予否定。如果说在剥削阶级社会里,稳定并不完全有利于劳动人民的话,那么在人民群众当家做主的今天则完全符合他们的利益,反映了他们的愿望和要求。没有社会的稳定就没有经济的发展和人民的幸福,社会主义物质文明和精神文明建设就不能顺利进行。因此,邓小平指出,稳定是压倒一切的大局。前些年,由于高消费、超前消费观念甚嚣尘上,

① 《奢侈的生活方式在西方已经过时》,《新民晚报》1996 年 7 月 1 日。

加之一些大众传媒推波助澜，有意无意地对“大款”奢侈生活方式的渲染、褒扬，社会上不少人特别是青少年深受其害，陷入了拜金主义、享乐主义和极端个人主义的泥潭，忽视个人修养，私欲恶性膨胀，为达目的而不择手段。这增加了家庭矛盾和邻里冲突，对社会稳定构成了现实的或潜在的威胁，使社会治安状况恶化、居民缺乏安全感。事实证明，不少人就是由于不顾自身经济能力，贪图物质享受，追求过奢侈挥霍的生活而走上违法违纪的邪路的。因此提倡节俭无疑有利于保持社会稳定，从而为有中国特色的社会主义建设提供一个良好的社会环境。

2. 有利于实现增长方式的转变，促进经济的持续健康发展

党的十四届五中全会提出要实现经济增长方式从粗放型向集约型转变，“形成节约资源，降低消耗，增加效益的企业经营机制”，在经济工作中“坚持资源开发与节约并举，把节约放在首位，生产、建设、流通、消费等各领域都必节水、节地、节能、节林、节粮，千方百计地减少资源的占有和消耗，各行各业都要制定节约和综合利用资源的目标和措施，大幅度提高能源、原材料的利用效率”。这一决策是十分英明的、正确的。效益与速度孰重孰轻、孰先孰后是长期以来困扰经济学家和经济工作者的一个悬而未决的难题。实际上，它们是经济增长中的一对矛盾统一体，速度是其量的方面，而效益则其质的方面，二者缺一不可，既相互依存又相互制约。没有效益的速度是没有意义的，也是不能持久的。中华人民共和国成立后，由于各种原因我们总体上走了一条粗放型发展道路，经济获得了高速发展，综合国力大为增强，但比较经济效益较低，物质消耗高。据统计，我国单位产值能耗远远高于发达国家的水平，是日本的 6 倍、美国的 3 倍、韩国的 4.5 倍，资源利用率仅为 30% 左右，钢材利用率也仅有 70%。这其中固然有技术水平制约的原因，但也与节约思想式微、管理滞后有关。因此，发扬艰苦奋斗、勤俭节约的光荣传统就显得尤为重要。

张謇的节俭不同于前人的一个重要之处就是他不仅在个人消费中注意节俭,而且还把它延伸到生产经营之中,注意精打细算、努力节能降耗、减少浪费,以较少的投入争取较多的产出,提高资源和资金的利用率,使其发挥最大的经济效益。这实际上正是经济规律的客观要求,也是与我们以提高经济效益为中心,实现经济增长由粗放型向集约型转变的要求相一致的。因此,继承和学习张謇的节俭精神无疑也是有积极意义的。

3. 有利于国有企业走出困境,重振雄风

当前,我国一些地区的部分国有企业面临了程度不同的困难。造成各企业困难局面的原因不尽相同,但大多存在着非生产性开支过大、浪费严重、管理不善等问题,因此提倡艰苦奋斗、勤俭节约是企业走出困境的有效举措之一。现在不少地方和企业,勤俭节约的思想被一些人视为过时而弃如敝履,导致生产中物化劳动消耗过高,企业高产值、低效益。另外,讲排场、摆阔气的现象相当严重,造成了非生产性开支居高不下,加剧了生产发展资金紧张,妨碍了企业的技术更新改造和扩大再生产。还有一种貌似有理、实则有害的观念,认为单位如不摆阔气就显示不出雄厚实力,难以赢得社会的信任和好感。于是乎一些单位未富先奢,厂长、经理更是衣则国际名牌、食则山珍海味、住则高级宾馆、行则豪华轿车。这种认识上的偏差既造成了社会财富的巨大浪费和企业经济效益的滑坡,又为少数心术不正的企业领导人假公济私提供了借口。显然,张謇注意完善规章制度,强化内部管理,杜绝或减少浪费,要求管理人员精打细算并率先垂范等做法,仍然是值得我们今天的企业主管学习和借鉴的。

4. 有利于推进反腐败和廉政建设,进一步净化社会风气

以马克思主义为指导的社会主义精神文明是社会主义的重要特征,也是社会主义优越性的重要表现。它与社会主义物质文明建设互为条件、互为目的。它关系到把一个什么样的中国带入 21 世纪。因此,在建设有中国特色社

会主义过程中,我们要把物质文明建设和精神文明建设作为统一的目标,始终不渝地坚持两手抓、两手都要硬。前些年,我们曾一度忽视精神文明建设,没有注意对国民特别是党员干部进行艰苦奋斗的思想教育,造成了严重的后果。极少数党员、干部由于受剥削阶级腐朽生活方式的影响,放松了个人修养,没有保持劳动人民的本色,严重地脱离群众,甚至以权谋私,违法乱纪,既给国家和人民造成了巨大的损失,又极大地损害了党的形象,降低了党和政府在人们心目中的威信,污染了社会风气。这不能不说是一个十分深刻的教训,也引起了党中央的高度重视和社会的普遍关注。1989 年 3 月 23 日,邓小平在会见乌干达总统穆塞韦尼时指出,十年改革"最大的失误在教育方面",主要是我们"在经济得到可喜发展、人民生活水平得到改善的情况下,没有告诉人民包括共产党员在内,应该保持艰苦奋斗的传统。坚持这个传统,才能抗住腐败现象,所以要加强对人民进行思想政治工作,提倡艰苦奋斗"①。

中国共产党是我们事业的核心力量,建设社会主义精神文明同发展社会主义市场经济一样都始终离不开党的领导,因此,加强党自身精神文明建设是全社会精神文明建设跃上一个新台阶的保证。在现阶段,一个十分重要的课题就是要进一步反腐倡廉、端正党风,以带动整个社会风气的好转。这就要求切实加强对党政干部、国家工作人员的教育,发扬艰苦奋斗、勤俭节约的光荣传统,自觉抵御剥削阶级思想和腐朽生活方式的影响,消除滋生腐败的思想根源,并带动群众形成节俭的社会风气。张謇的节俭本身就是进行节俭思想教育的很好教材,同时他能做到从小事做起,从自己做起的行动也值得我们的各级领导干部学习。

5. 有利于进行爱国主义、集体主义教育,培养"四有"新人

当前,我们正在努力实现经济体制由传统的计划经济向社会主义市场经

① 《邓小平文选》(第三卷),人民出版社 1993 年版,第 290 页。

济的根本性转变。社会的转型与主体利益的多元导致了人们价值取向的多元和思想上的混乱。由于我们实行的是社会主义市场经济，所以占统治地位的意识形态只能是马列主义、毛泽东思想和邓小平建设有中国特色社会主义思想，必须坚持价值导向的一元化，用爱国主义、集体主义和社会主义思想来教育和武装国民。由于阶级本性及所处政治经济地位的制约，张謇是反对社会主义的。我们对此应予明察，加以批判。但也应该看到，他崇尚和力行节俭的原动力是强烈的社会责任感和满腔的爱国热忱，目的是要回报国家和社会、救亡图存和振兴中华，体现了其高尚的道德情操和传统文化的现代价值。尽管其具体做法不必简单模仿，但其社会本位的思想和爱国奉献的精神仍是值得肯定和提倡的。现在有些人尤其是私营工商业者经济上富了，但精神贫乏、心态失衡，如行尸走肉，热衷于灯红酒绿、纸醉金迷，缺乏正义感和社会责任感，国家和民族的观念在他们中间淡薄了。如果他们能学习张謇适当节俭，将省下来的钱用于扶贫或支持希望工程和"光彩事业"等社会公益事业，不是很有意义吗？

精神文明建设的根本任务是提高全民族的基本素质，培养有理想、有道德、有文化、有纪律的社会主义新人。目前，艰苦奋斗的思想在年轻一代身上淡薄了，加强对他们的国情教育和艰苦奋斗传统教育十分必要而且刻不容缓，节俭是对自发的物质欲望的适当节制，可以帮助人们培养理性自制能力，为实现道德自律奠定基础并养成高尚的节操，可以防微杜渐，抵制剥削阶级生活方式的腐蚀，经受清贫生活的考验，磨炼人的意志以胜任未来社会的挑战。反之，如果迷恋奢侈的生活就会玩物丧志，失去高尚的理想信念和人格追求，导致私欲恶性膨胀，甚至藐视法律、践踏道德；就会将科学技术变成其满足私欲、危害别人和社会的工具，并丧失把身心集中于事业、攀登科学技术高峰所需的意志和毅力；奢侈是个人主义的孪生兄弟，是与集体主义、社会主义格格不入的；私欲膨胀，没有集体观念的人是不可能遵守纪律的。可见，奢侈是与培养

“四有”新人不相容的。这也从反面说明了继承和学习张謇的节俭精神、弘扬中华民族的这一传统美德和我党光荣传统对我们今天的社会主义精神文明建设有着十分重要的意义。

（本文前一部分曾以“张謇的崇俭思想和作风”为题发表于《史学月刊》1998年第1期）

张謇伦理思想述评

众所周知，伦理道德是一种特殊的社会意识形态，是人们认识和掌握世界的方式之一，也是调节人与人之间、个人与社会之间关系，指导人们行动的规范和准则。研究张謇的伦理思想，挖掘其内在根源，对认识他的人生轨迹，分析其政治立场和态度无疑有着十分重要的作用。本文拟就其伦理思想的形成、内容及其影响等问题发表一些粗浅的看法。

一

在我国漫长的封建社会中，儒家伦理道德在意识形态领域长期处于统治地位。这套伦理道德源远流长，且随时代的变迁而不断发展，其核心就是三纲五常。三纲讲的是尊卑主从的人伦关系，五常则是五项不变的道德准则。由于儒家伦理道德具有维护宗法制度和专制统治的功能而备受历代封建统治者的青睐。这套伦理观念通过各种途径，潜移默化地渗透到政治、经济、文化等各个领域，融进人们的思想感情和行为之中，成为根深蒂固的传统，可以说近自畿辅，远到边陲，上及天子，下至庶民，莫不受其影响。张謇自幼置身于这样的国度，儒家伦理道德不能不对他产生影响。

张謇从小接受的是传统教育。四岁时，就开始学“千字文”，十岁时他已读了《三字经》《百家姓》《孝经》《大学》《中庸》《论语》《孟子》，十三岁他又读完《尚书》《易经》《礼记》等书。这些书中包含的儒家道德思想未必能为年轻的张謇完全理解和接受，却无疑在他稚嫩的心灵上先入为主地留下终身难以抹去的痕迹。而在对世界观、道德观形成起决定作用的青年时代，张謇初则置身于偏僻闭塞的乡村，继而热衷于科举，周旋于官场，几乎无缘或无暇顾及东渐的西学，近代资产阶级思想当时未能对他产生多少影响，更谈不上动摇儒家伦理在他意识形态中已占据的统治地位。相反，在“朝为田舍郎，暮登天子堂”这一“几百年来‘空前伟大的’烟幕弹”（瞿秋白语）的诱惑下，他屡败屡战，多次参加科举考试，作为考试内容的四书五经，像乾隆时人徐大椿所说的那样，如“甘蔗渣儿嚼了又嚼”。其中的伦理思想、道德传统被有意无意地重复着、强调着，注入他的血液，进一步巩固其已有的统治地位。另外，张謇终身处于宗法道德观的文化氛围之中，虽曾在 1903 年东游日本，但儒家思想在那里也备受推崇，与在国内几无二致。洋务派官僚张之洞等与之来往颇多，其“中学为体、西学为用”的思想也影响了他，所以张謇在向西方学习方面特别强调要适合中国国情，认为中国传统伦理总的说并不比西方伦理思想逊色，说“中学为立身始基”，扬西抑中实际上就是弃本逐末。这样，以儒家伦理为主的传统伦理成为张謇伦理思想中的基本内容也就顺理成章了。

但闭关锁国的时代毕竟已经一去不复返了，西方资产阶级思想在古老帝国大门被列强炮舰轰开后如潮水般涌入中国，张謇也呼吸到了一些“新鲜空气”。甲午后严重的民族危机、强烈的爱国愿望及外国资本主义的飞速发展，使开始将“实业救国”“教育救国”的理想付诸实际行动的张謇重新检讨原有的价值观，摒弃了某些陈腐观念，对儒家伦理道德有了新的理解，认同了西方资产阶级的一些价值观，从而更多地带有资产阶级伦理思想的色彩。

二

张謇的伦理思想是十分丰富的。他对儒家伦理高度肯定，曾专门请沈友卿为其子“授《论》《孟》之大义，《诗》《书》之大凡，《春秋》之大事，俾知世自有所以为世,国自有所以为国,而人自有所以为人"①。他对《论语》《孟子》尤为偏爱,多次在信中要他的儿子于学习英文之余"温理论孟"。他对封建伦理思想在近代的重要代表"一代儒宗"和"典范"曾国藩十分推崇,曾表示自己"远崇田子泰、顾亭林,近敬湘诸先哲之志业"②。显然曾国藩是"湘诸先哲"中的一个。他在给儿子的信中要他读曾氏家书,因其颇有益于"做人之道"。他主张在"小学校即宜加授四书,俾儿童时代即知崇仰孔道"。1918 年,他在南通发起组织了"尊孔会",目的是为了"昌明孔学",使"人人知人道之所在,而为有理性之人类"。③他赞同三纲说,尽管他对程朱的诠释并不满意,而更愿意接受孔孟较为开明的论述,他比较了"孔孟之教"和杨墨之学,说孔孟之教"主五伦","有伦,故有君臣、父子",杨氏之学提倡人人"自了",凡事不靠人管,虽有可取的一面,但人人自了的后果必然是不要别人来统治、管束,因此,"充其说可至无君"。而墨家提倡兼爱,主张人人平等,不能说没有道理,但若在家庭中实施,必然会子"视得父亦路人,可至无父",所以他认为孔孟之教"有杨墨之偏好,而无其弊",对其颇为推崇。④在他的心目中,君、父的尊崇地位是天赋的,不能改变的,平等、自由的实行必须以维护社会的稳定和君、父的统治地位为前提。他对当时一些人曲解自由、平等非常反感,认为不适合中国的国情,他责问:"若如浮嚣之士所喜谈者,推之一家之中父母、兄弟、夫妇、子女人人如此说之自由、平等,能一日相安乎? 能自安乎?"因此他告诫学子:"愿诸生对己则思尽秩序之义为自由,对大众则思能普及教育为平等,毋沿口口相传之谬说。"⑤对妇

① 张謇:《通州张氏家塾经史国文补习班答问序》,张怡祖:《张季子九录·教育录》,文海出版公司 1965 年版。

② 张怡祖:《张季子九录·政闻录》,文海出版公司 1965 年版。

③ 张謇:《尊孔会第一次演说》,张怡祖:《张季子九录·教育录》。

④ 张謇:《家书》,杨立强等编:《张謇存稿》,上海人民出版社 1987 年版。

⑤ 张謇:《告六校营教练诸生》《南通中等以上学校联合会演说》《师范学校年假演说》,张怡祖:《张季子九录·教育录》。

女,他反对表彰"节妇""烈女"那种扼杀人性、残害妇女的做法,认识到"世苟文明,学不可遗女子",有必要对妇女进行文化教育,并由其夫人出面创办了女子师范等学校,但在教育内容上注重的是"家政",且对男女同学、男女自由交往持强烈的批评态度,认为男女有别是礼教的要求,是人类区别于禽兽的标志,说提倡男女平等、同校学习、自由交往是"庸妄""龌龊"之人的罪孽,其后果必然是"人非人,国不国"。①觉得中国当时"教育之弱点在职业化学,不在男女自由结交,而蔡孑民之主张男女同校,造出无穷话柄,为教育之玷"②。显然要消除作为儒家伦理的重要内容和传统道德中糟粕的三纲对他的影响并非易事。

张謇笃信包括"五常"在内的儒家道德准则,而这些基本上是传统伦理中的精华,也是民族文化的宝贵遗产。在"五常"中,他最重"礼",这与李靓的"礼含诸德"是比较接近的,而与官方认可的程朱主张的"仁包五常"并不吻合。他常常引用孔孟等的言论来告诫自己的学生要遵守儒家的"礼",说"礼者,人之大防,人有礼则安,无礼则危,盖一人无礼则身危,千万人无礼则国危","上无礼,下无学,贼民兴,丧无日矣"。还引用管子的话:"礼义廉耻,国之四维,四维不张,国乃灭亡。"他甚至把"礼"视为人与禽兽的分界,因为"禽兽犹有仁者,礼则止于人",因此是人就得恪守"礼"。那么"礼"到底是什么涵义呢?张謇引用孔子对子贡的话,"礼所以制中","礼固不暴不残,中而止也"。而"礼"要求人们在实际行动中"不逞意气,好小勇","处竞争之地,而于己能自见,与人能自克",另外"弟子之于师,子之于父,军之于将帅,国民之于国君,能服从"。③一句话,就是要人们自觉自愿地养成"君子人格",淡泊名利,

① 张謇:《论新教育致黄任之函》,张怡祖:《张季子九录·教育录》。

② 张謇:《复梁启超函》(1921.3),杨立强等编:《张謇存稿》。

③ 张謇:《告六校营教练诸生》《南通中等以上学校联合会演说》《师范学校年假演说》,张怡祖:《张季子九录·教育录》。

不意气用事，注意自我约束，这在客观上有利于维护封建统治、宗法制度和上下尊卑关系。张謇对诸如恭、诚、慎、和、信等道德范畴尤为看重，既是他臧否人物的标准，个人进退的依据，也是他立身处世的信条及对家人和学生的期望。1921 年，他建议地方政府嘉奖沈寿，因为她“孝父母，恭兄弟，笃诚悃款”，且不慕虚荣，得到慈禧夸奖后也不自矜，“处若平素”。①在他看来，孔子所以被尊为圣人，是因其具有“温良恭俭让”的美德，实际上古今中外受人敬重的都是“明公理、修公德之人”“有礼法不苟简之人”。②他多次表示个人的进退“自当权之义理”，说自己平生“不为浮浪轻薄之言”，“一生止是不说谎、不蹈空”，“与人坦怀而处，审己而行”，“不事机诈”。③他要其子时刻“记定泛爱众而亲仁一语，尤须记谨而信”，要他“慎语、爱身、重名”，“起居眠食须慎”，对教师要“诚敬”，对同学“须谦虚”，“居家做人总宜和厚俭慎”；对家人，他则希望他们“处乡里尤宜和厚”，“与乡邻和睦相处”④；他要师范学校的学生“不逞意气”，“办事待人处处务以仁、礼、忠三字为的”，“以忠信笃敬为训”。他把“忠实不欺，艰苦自立”和“勤苦俭朴”分别定为师范和农校的校训。⑤

张謇非常信服中庸思想。他说过“天下事贵得其中，若趋于极端，往往不能成事，即幸而能成亦不过一瞬而已”⑥，很快便会烟消云散。他觉得：“世变未知所届，唯守正而处中者，可以不随不激”，“世道日趋于乱，人心亦趋于恶，君子处之，唯有中正澹退”。⑦实业的成功并未使他忘乎所以，改变这种看法。他在大生企业集团发展到顶点的 1920 年，还说过“盈速者亏亦速，盈甚者

---

① 张謇：《拟为沈寿请褒扬呈》，杨立强等编：《张謇存稿》。

② 张謇：《师范学校年假演说》，张怡祖：《张季子九录·教育录》。

③④⑦ 张謇：《家书》，杨立强等编：《张謇存稿》。

⑤ 张謇：《本县农校欢迎暨南学校参观团演说》《师范学校开学演说》《农校开学定说》，张怡祖：《张季子九录·教育录》。

⑥ 张謇：《暑期讲习会第二次演说》，张謇研究中心、南通市图书馆编：《张謇全集》（第四卷），江苏古籍出版社 1994 年版，第 215 页。

亏亦甚,人人求盈,事事求盈,则争之本,争而不已则覆之本”。这样富有哲理的话①,反映了他强调凡事要把握“度”、不走极端的思想。这种思想使他在社交中常留有余地,老成持重。他曾表白自己从无“希慕荣进之心”,也要求师范学校学生无论对别人、对社会“均不宜多求”。②这实际上是希望人们正视现实,不提过高要求,严于律己,不要过分追名逐利。这种中庸的思想决定了他在政治上总是那么温和,有时不免有些保守。他主张变法,强调“法不可不变”,又不能“速变”“全变”,以期“上破满汉之界,下释新旧之争”。正如其子孝若所说,他的变法是“参以人家君主立宪国可以取法的地方,主张在不流血不纷争的状态范围内循序改进——严和中正”③。他幻想温和、诚恳的请愿能打动顽固地坚持专制统治的清廷转而实行宪政。

张謇充分认识到道德的社会作用,甚至夸大到可以决定国家的兴亡。他认为国家衰亡来自两个危险:一是生计困穷,另一个就是“道德堕落”,说“无人伦道德之国未有不覆者”④,相反,“未有修明礼义成风之国而倾覆于人者”。梁启超父丧请求解职仅备顾问,北洋政府慰留,张謇致函段祺瑞,说如不让梁回去守孝,“强迫夺情,是教人以无父,恐道德荡然,乱将不已”⑤。他把政局多变、社会动荡也归根于道德败坏,“今政局之万急而循环更迭以为难者,莫不知军政、财政,固已。下走以为此非本也,本在道德”⑥。法律和道德都是调节人与人之间、个人与社会之间关系的行为规范,道德则更具广泛性、深刻性、渐进性和灵活性,因此,张謇更重道德,认为“政治良否在法律,法律之良否则在道德”⑦。

---

① 张謇:《致徐世昌段祺瑞电》(1920.2.21),杨立强等编:《张謇存稿》。
② 张謇:《师范学校第十届本科毕业演说》,张怡祖:《张季子九录·教育录》。
③ 张孝若:《南通张季直先生传记》,文海出版公司1965年版。
④ 张謇:《家书》,杨立强等编:《张謇存稿》。
⑤ 张謇:《正告南通自立非自立各学校学生及教职员》,张怡祖:《张季子九录·教育录》。
⑥ 张謇:《复段祺瑞函》(1916.6),杨立强等编:《张謇存稿》。
⑦ 张謇:《致岑春煊函》(1916.6),杨立强等编:《张謇存稿》。

随着西方资产阶级思想的广泛传播,旧的伦理道德受到很大冲击,特别是辛亥革命之后,随着封建帝制寿终正寝,儒家伦理更是江河日下,一些传统美德被有的人抛到脑后,肆意践踏。对此他极为愤慨,说"自国体改革后道德凌夷,纲纪废坠,士大夫寡廉鲜耻,惟以利禄膺心"①,"年来政流污浊,贿赂公行,内外仿效成风,甚于逊清之季"②,"今国人道德之堕落破坏极矣。蔑礼教,弃信义,习为欺诈,变幻百出,宁有人理可说?"③当然,他未能认识到在一些传统美德遭践踏的同时,传统伦理中的部分糟粕也被荡涤,没有看到道德堕落的社会经济根源,也不了解道德堕落是一切剥削阶级没落时的共同特征,而就道德谈道德就必然会陷入唯心主义道德观的泥潭。

由于道德堕落,社会动荡,张謇认为当务之急是重树道德,途径不外有二:从社会方面讲,要加强道德教育;从个人讲,则要加强自我修养。他看到道德堕落"根在教育",因而把兴办教育作为一种重要的救国手段,而传统伦理则是教育的重要内容,说"教育非明道德亦不可当教育"。他认为当时教育的缺陷概括起来有两类:"其于心理者曰私心","于生理者曰惰力",补救的方法是提倡国家主义教育和军国民教育,即"尚公"和"尚武",而"能实行尚公、尚武二者以救精神之病者,则所谓尊君、尊孔、尚实三者"④。要对学生进行道德教育,言传身教,充当表率的教师首先须有较高的道德水准,"周礼司徒所施十二教",所谓教敬、让、亲、和、安、中、恤、节等"皆言教育者所当知"⑤,要求教师应具"顺良、信、爱、威重"⑥的个人品质。他主张从小就对国民进行儒家伦理思想教育,小学即"加授四书",尽管以他们当时的知识水平未必能懂得多少,却

① 张謇:《尊孔会第一次演说》,张怡祖:《张季子九录·教育录》。

②④ 张謇:《中央教育会之演说》(1911.7),杨立强等编:《张謇存稿》。

③ 张謇:《复段祺瑞函》(1916.6),杨立强等编:《张謇存稿》。

⑤ 张謇:《南通教育年鉴序》(1925),张怡祖:《张季子九录·教育录》。

⑥ 张謇:《通海师范学校议》,张怡祖:《张季子九录·教育录》。

可养成“崇孔道”的习惯，相信“收效之宏，定可预卜。”这样，在经过从小学到大学系统和不间断的儒家道德教育后，毕业的学生就能“士成士、农成农、工商成工商，进而为持廉耻之议士官吏，推而为有勇、知方之海陆军人”，做到“秉礼以自处，明义以处人”①。在自我道德修养方面，张謇强调自重、自律、自我反省，日积月累，最后达到高尚的境界。道德修养是思想意识和道德品质方面的自我锻炼、自我教育和改造，能否养成高尚的人格，关键在于自己的努力，任何外在强制措施都是次要的。他写信给在外地读书的儿子，希望他自觉，“校规即不严，但得自己律身严，则焉往而不可?”“做人须自做”，不能“专恃校规管束，教师督促”。他很欣赏慎独、自我反省那种个人修养方法，要求学生能经常自我反省，象孟子所说的那样，“自反于仁与不仁，自反于有礼无礼，自反于忠与不忠”，如果符合这套规范，那么“有人扶助要做，有人阻抑也要做”，碰到“外来横逆”能不逞意气，相反作为对自己的锻炼，这样通过长期磨炼，即能“积成君子之资格”。②他甚至现身说法，说自己从年方弱冠以来的三十多年中，“受人轻侮之事何止千百”，但自己却“未尝一动色发声，以修报复”，因为他自感进退据之义理，所以不愿与腐败顽劣之人争闲气，“受人轻侮一次，则努力自克一次”③，权作鞭策自己发愤前进的动力，这使他养成宽容憨厚的性格，具有勇于进取的精神和坚韧不拔的毅力。

张謇认为人性是有善恶的，善就是有“恻隐之心、辞让之心、羞恶之心、是非之心”，恶就是“寇贼、鸱义、夺攘、矫虔”。但他认为人最初的“性”与动物的“性”是没有多少差别的，“犬之性，犹人之性也”④。他基本上赞同告子的自然人性论，即所谓性之本体“无善无不善”，认为善恶均非天赋，而由后天养成，尤

① 张謇:《正告南通自立非自立各学校学生及教职员》，张怡祖:《张季子九录·教育录》。

② 张謇:《师范学校暑假散学演说》(1905)，杨立强等编:《张謇存稿》。

③ 张謇:《师范学校年假演说》，张怡祖:《张季子九录·教育录》。

④ 张謇:《表扬如皋苴镇义犬演说》，张怡祖:《张季子九录·教育录》。

其是通过教育和自我修养积累而成。他在阜宁视察垦牧公司时了解到当地一些百姓因生活无着落而被迫铤而走险变成"匪"时,认为原因在"教养之无人","非由民性之皆恶也",这也是对统治者"逼民为匪"婉转的批评。人性并非生来注定,也非一成不变,经过教育可以养成"君子"之人格,这正是张謇重视教育,主张"教育救国"的基础,也是对天赋道德论的批驳。他重视后天的道德教育和个人修养,在伦理学上无疑是有积极意义的。

在利义关系方面,张謇承认逐利乃人之常情,甚至有时因利"骨肉皆可仇雠","党伙亦将离畔"①。对嗜利之人不能一概苛责,因为即使君子也不是不食人间烟火,不考虑物质利益的,所以不能把是否逐利作为区别"君子"与"小人"的标准,兼顾利、义的不失为君子,只有那些"唯利是视""无所不用其极"的人才是小人。②他在筹办大生纱厂时就提出"以大利广招徕",在招股章程中预计了十多项收支,计算出每股(银100两)可得余利22两,目的是以高额利润吸引有钱人投资入股。1910年,他在《对于救国储金之感言》一文中坦言,仅靠"救国"的空名是不能筹足5000万储金的,"厚利"才更具吸引力,因而他公开宣传说:参加救国储金的人,既能获爱国救国之美名,又能得到众人皆知之厚利,岂不名利双收、两全其美?③ 儒家传统价值观是重道义而轻功利,纲常名分远远高于经济效益的,尽管他多次表示办实业是为了"救国"、为了筹集办教育所需经费,但若没有对重义轻利观念的否定,我们很难想象他会"以嚼然自待之身,溷秽浊不伦之俗","捐弃所恃,舍身喂虎",与商人为伍,从事世俗所轻的工商活动。事实上张謇在甲午战争后的一个重要变化就是更加务实,不图虚名,常用资产阶级的价值观来考察、分析国内外形势,并据此形成自己的政见。

---

① 张謇:《正告江常聚丰公司仇视及分辩之人》(1918),张怡祖:《张季子九录·教育录》。
② 张謇:《致段祺瑞函》(1920.7),张怡祖:《张季子九录·教育录》。
③ 张謇:《对于救国储金之感言》,张怡祖:《张季子九录·政闻录》(卷三)。

三

传统伦理道德对张謇的一生产生了很大的影响。忧国忧民、富于社会责任感、经世致用、自强不息等传统美德使他毅然走上“实业救国”“教育救国”的道路，并推动了他所创办事业的发展。如果说他是个失败了的实业家，那么“君子有所为，有所不为”，注重气节的传统美德又使他“失败得光明”，成为“失败了的英雄”。他把儒家提倡的道德准则作为知人论世的标准，并身体力行，恭、孝、忠、俭等优秀品格在他身上得到充分体现，他也曾因此得到士人群体的认同和赏识，提高了自己的社会地位和声誉。早在遇“冒籍”风波而陷于困境时，通州知府孙云锦召见了他，孙因他事中途离去，把他一个人留在客厅，张謇毕恭毕敬，“未尝徙倚，足未尝移易尺寸”①，因而得到孙的赏识。也正由于孙云锦等地方官鼎力相助，才得以经礼部核准“改籍归宗”，使他摆脱了那场噩梦。1892 年会试落榜后，他向父亲表示“试事愿四十为断”，但年逾古稀的父亲希望儿子金榜题名、光宗耀祖，1894 年又求他再考一次。②张謇是个孝子，为“慰亲之望”再一次进京，借来考试用具再次拼搏。而他的孝子美誉对他“大魁天下”也不无益处，在公布殿试名次时，翁同龢就特别介绍说：“张謇，江南名士，且孝子也。”1884 年，张謇与朱铭盘、张詧联名写信痛责袁世凯，并与这位趾高气扬的纨绔子弟绝交，主要原因就是袁背弃旧主吴长庆、投靠新主李鸿章的行为令他不能容忍。

但一个人的伦理思想并非一成不变，张謇由封建知识分子逐步成长为民族资产阶级上层在政治上的代言人、立宪派的重要代表人物。甲午战争后，他的思想发生了很大的变化，他对儒家提倡的一些道德品质开始有了自己的理解，赋予了新的内容。他从爱国救国的愿望出发，投身和倡导立宪运动。为了

---

① 张謇：《〈南通县图志〉杂纪》，杨立强等编：《张謇存稿》。

② 张謇：《中宪府君哀启》，张怡祖：《张季子九录 · 文录》。

推进立宪运动,他以更务实的态度处理了与袁世凯的关系,埋下了1911年张袁洹上会晤及以后合作的伏笔。他认为"忠"就是"尽己",即尽自己的能力去做,这当然也可从孔子"以道事君,不可则止"那里找到依据。他曾希望清政府开国会、设内阁、施行宪政以挽危局,但清廷一再敷衍,后竟组织"皇族内阁",张謇仍进"最后之忠告",苦苦劝说清廷顺应民意,也算尽了做臣子的一片忠心,但清廷自绝于人民,所以辛亥革命后,他便感到问心无愧了。①他把当时仍常被混为一谈的"忠君"与"爱国"区别开来,对民族前途的关注超过了对一人一姓的忠诚,自然他也不愿以自己的事业作为赌注去为"爱新觉罗争万世一系之皇统",而是顺应历史的潮流,转而赞成共和,并在南北和谈中奔走撮合,促成了清帝退位。1911年12月14日(农历十月二十四日),他剪掉了作为大清臣民标志的辫子,踏上了新的人生征途。他也因此遭到保守势力的攻击,被认为是晚节不终。胡思敬在为陈三立六十大寿写的贺诗中有"前朝物望推元礼,故国朋交失郑虔"两句,并特地注明"郑虔"指的就是张謇、汤寿潜、熊希龄诸人。②张謇十分重视节俭,即使对孝若这根独苗也不例外。南通地区当时虽不发达,但大小酒店应不在少数,但他却在信中让儿子过春节后由海门到南通的路上自带点心到新双桥茶馆买开水而食,还让儿子转告其母亲嘱她晚上早些休息,一个重要的原因就是"可省灯火"。他强调平时就应注意节俭,视之"为自立之图、非常之备"③,认为"俭可以养高尚之节","虽圣人之成德亦由之",反之,倘不节俭,"则必多求于人,求多于人则人必不愿,至于人不愿则信用失,而己亦病",因此"妨人而亦妨己"。强调节俭除为养成高尚道德外,更重要的则是出于现实中净化社会风气、办实业和教育的考虑。因为"信用失民勿从",

① 章开沅:《开拓者的足迹——张謇传稿》,中华书局1986年版,第35页。

② 章开沅:《开拓者的足迹——张謇传稿》,第287页。

③ 张謇:《农校开学演说》、《师范学校开学演说》(1907)、《北京商业学校演说》,张怡祖:《张季子九录·教育录》。

不节俭,失去了信用,缺乏号召力就会一事无成。只有重视节俭,不追求奢侈腐化的生活,才不至于贪污受贿,行动可不受他人掣肘,能按自己的原则办事,相反,不注意节俭,办实业就会亏本,也难以在资金不足的情况下实现普及教育的目标。教师是学生的楷模。“苟不自俭,何能教人?”故更应从严要求,所以张謇说节俭是事业成功的“不二法门”①。

张謇的伦理思想正处在从封建伦理向近代资产阶级伦理过渡的阶段,但终身也未全部完成这一转变。由于时代和阶级的局限,他的伦理思想与其经济思想及教育思想相比并不那么出色和引人注目,且从本质上说是为剥削阶级服务的,属于唯心主义道德观的范畴。他没有一本伦理方面的专著,其思想没有形成完整体系,仅零散地见诸关于政治、实业、教育等活动的记载以及家书和诗文之中。从内容上看则丰富而庞杂,既有传统的儒家伦理观念,又有资产阶级伦理思想的一些成分,且其中封建痕迹颇深,有时显得滞后于历史的脚步。但是他的伦理思想中虽有糟粕,却也有中华民族崇尚恕、俭、和、勤等传统美德及重视思想品德教育和个人修养的精华。今天对其进行一分为二的评价,科学地扬弃,对维护社会的稳定,推动两个文明建设,把我国建设成高度文明民主的社会主义现代化强国有着十分重要的现实意义。

(原刊于《再论张謇——纪念张謇140周年诞辰论文集》,上海社会科学院出版社1995年版)

① 张謇:《家书》,杨立强等编:《张謇存稿》。

张謇在自由平等、妇女解放和尊孔读经诸问题上的认识探析

过去,人们在评价张謇辛亥后政治、伦理思想时往往简单地用保守甚至反动来定性,主要证据之一就是说他反对自由平等、妇女解放,提倡尊孔读经。对这些问题探讨,有助于全面地了解和公正地评价张謇及其伦理思想。

一、张謇并不反对自由平等,他反对的只是极端个人主义行为

张謇主张在学习西方科学技术、政治制度的同时,学习借鉴西方的伦理思想。他感到儒家伦理道德并非尽善尽美,并对儒家经书脱离现实、空谈心性、忽视社会生产和人民生活,沦为猎取功名的敲门砖感到不满,发出"经乃徒供弋取科举之资,全无当于生人之用"①的感慨。在他所创办的学校里,基本的教学内容有算术、理化、测绘、外语、文法等,并未把经学传授放在首要位置。他的这种"叛逆"行为确是一个大胆的举动。他还说中国虽然是个"道德大国",但西方人"爱秩序""讲文明礼貌"的良好习惯和人道主义精神都是值得国人学习的。他反对简单照搬西方的伦理思想,强调在向西方学习时要充分考虑到中国的国情。他对自由、平等、个性解放等范畴有着自己的理解。

① 张怡祖:《张季子九录·教育录》,文海出版公司1965年版,卷1第16页。

1. 自由就是遵守秩序,而不是"自便放任"

自由、平等是西方资产阶级反对封建专制的重要武器,是其伦理道德范畴的基石,也是中国资产阶级知识分子宣传和介绍的重点内容。但自由有真自由和伪自由之分。正确的自由,正如法国启蒙思想家卢梭所说,"不是无限制的、本能的、为所欲为的权利,而是认识到了自己对整个社会和对自己本身应尽义务的公民的完全理智而善良的行为",是民主与集中、权利与义务的统一。"唯有道德的自由才使人类真正成为自己的主人,因为仅有嗜欲的冲动便是奴隶状态,而唯有服从人们自己为自己所规定的法律,才是自由。"①但当时一些青年却不了解自由的真正内涵。陈天华就发现"近来青年误解自由,以不服从规则、违抗尊长为能,以爱国自饰"。②一些学生因受无政府主义思想毒害,不能处理好追求个人自由与遵守纪律之间的关系,曲解自由的含义,追求绝对自由。有鉴于此,张謇引用西方学者对自由的论述来对学生进行教育,以帮助他们树立正确的自由观。他说"加尔来言'不服从规则不能自由',士遮夫言'真自由,以法律整理',博尔克言'成自由,在秩序',毕达哥来斯言'不能制已,不能自由'语皆精粹"③,对他们的观点极为赞赏。他对一些学生不遵校纪、拒绝校试,行为放荡感到痛心,强调要健全制度、加强管理、从严治校、反对学生放任自流,做到"校各有规、出必有假、旅行有率、参观有证"。制度建立后还应保持其权威性、严肃性,使之得到很好地遵守,"一些不通知、不请假之学生仅持一校片横行,即自命神圣之护符,然则有章程,有公布之校规,独可任人破坏乎?"④张謇的这种观点在当时颇为普遍。孙中山的看法与之就十分相近。他认为,什么是自由呢?"简而言之,在一个团体中能够活动、来往自如,便是自由",自由宜加限制,"如果自由不加限制,学校没有校

① 〔法〕卢梭:《社会契约论》,商务印书馆 1963 年版,第 30 页。

② 张岂之、陈国庆:《近代伦理思想的变迁》,中华书局 2000 年版,第 296 页。

③④ 张怡祖:《张季子九录 · 教育录》,卷 1 第 18 页。

规,军队没有军纪,人人过于自由就成了无政府状态”。①可见,他们对自由有着比较科学的认识。

2. 享受自由必须以遵守法律为前提

个人是社会的细胞,每个人都不能脱离社会而独立存在,没有社会、群体的自由,也就没有个人的自由。所以每个人都不能无视群体利益而片面强调个人利益、为所欲为。倘使“人纵其私,荡然无纪,自由将为天下毒,而群且立涣而见隶于他群”②。那么怎样才能处理好个人与集体的关系,把握享受个人自由的“度”呢?张謇认为个人的自由应以不违反法律、妨碍他人自由为界限,不管是学生还是军人、官吏“均不得有法律外之自由”③。他反对那种为追求个人利益而损害他人或社会利益的行为。

3. 个人自由服从于国家自由

张謇认识到“国者,民之积,民之中各有一身在焉,国弱望亏,其害之究竟,直中于人人之一身”④,而青年是国家的未来,是振兴中华的重要力量,因此,希望学生能认识到自己身上的社会责任,珍惜来之不易的学习机会和宝贵光阴,专心学习,为将来报效祖国打下坚实的基础。军人为了将来能抵御外侮也须克服散漫习气,严肃军纪。所以他认为当时一些学生对自由的理解走上了歧途。他说:“今之学潮乃误解自由,是须学生专心学术,预备为国任事,军队服从命令,为国御侮,若不守校规,成何学校,不讲军纪,成何军队,国家自由安能恢复。”⑤张謇终身服膺“教育救国”,认为“非人民有知识,必不足以自强,知识之本基于教育”⑥。因而倾注大量的人力、财力兴办教育事业。他对学生

① 张岂之、陈国庆:《近代伦理思想的变迁》,第 343 页。

② 张岂之、陈国庆:《近代伦理思想的变迁》,第 296 页。

③⑤ 张怡祖:《张季子九录·政闻录》,文海出版公司 1965 年版,卷 6 第 26 页。

④ 张怡祖:《张季子九录·教育录》,卷 1 第 16 页。

⑥ 张怡祖:《张季子九录·实业录》,文海出版公司 1965 年版,卷 4 第 30 页。

寄予厚望，表示“国家无穷之希望兆于学生”①，所以他对一些学生放松学业极感痛心和忧虑，认为：“学生入学校，以求知识为目的，如入校数年，于知识上一无所得，其个人将来之知能何以发展，社会将来之幸福何从创造？”②他反对学生运动的一个重要的原因就是怕影响他们的学业。

4. “普及教育为平等”

平等是指人们在法律面前和伦理关系上具有同等的地位。张謇更注重法律上的平等，认为平等就是公民在权利和义务上公平。这种平等在民国宪法中已得到体现。说民国宪法是“吾民权利义务公平之轨道”。宪法颁布后，国民的平等已有了法律保障，余下的就是按法律办事了。他因而要求学生对己则“思尽秩序之义为自由，对大众则思能普及教育为平等，毋沿口口相传之谬说”③。过去，受教育成为少数人的特权，这使得人们不能在同一起点进行公平竞争，这是造成他们政治、经济地位不平等的重要原因之一，因此，普及教育无疑是争取实现公平竞争，进而达到平等的一个重要步骤。张謇把“忠实不欺，坚苦自立”确定为通师的校训，勉励通师学生苦干实干，为普及教育作出自己的贡献。

5. 家庭是自由、平等的“禁区”

张謇担心自由、平等的实施会导致家庭成员之间关系无法处理，从而陷入混乱。他表示：“若如浮嚣之士所喜谈者，推之一家之中，父母、兄弟、夫妇、子女人人如所说之自由、平等能一日相安乎？能自安乎？”④

张謇在自由、平等等问题上最重要的着眼点就是国家的独立自由和社会的稳定，从中我们可以看出传统伦理对他的深厚影响。传统伦理倡导社会本位，注重群体利益，为了集体利益可以不惜牺牲个人利益。这种思想使他具有

① 张怡祖：《张季子九录·教育录》，卷6第6—7页。
② 张怡祖：《张季子九录·教育录》，卷5第7页。
③ 张怡祖：《张季子九录·教育录》，卷1第18页。
④ 张謇研究中心、南通市图书馆编：《张謇全集》（第四卷），江苏古籍出版社1994年版，第26页。

强烈的忧患意识，“为天下先”“舍我其谁”的社会责任感和历史使命感。他自言在十六岁后，便“无时不在忧患之中”①。他经常以“亭林匹夫兴亡有责”和“梨洲援民水火之义”来鞭策自己。他对社会下层群众的悲惨处境和黯淡前途深表同情和忧虑。而要改变这种状况，把人民从水深火热中解救出来，作为社会精英的知识分子自然责无旁贷。张謇认定在当时能使“没有饭吃的人，要他有饭吃；生活困苦的使他能够逐渐提高”②的最佳办法便是兴办实业，兴办实业自然又“须士大夫先之”③。因此，为了社会的整体利益，他不惜牺牲个人利益，“舍身喂虎”去从事时俗所轻而又充满艰辛的工商活动。他曾表示自己只“为中国大计而贬，不为个人私利而贬”④，可以说，为社会作贡献、个人利益服从社会利益的价值观念正是张謇在创办实业时披荆斩棘，遇挫弥坚的精神动力和力量源泉。在企业获利后，他又不惜“杀鸡取卵”似的抽出大量资金投诸教育等社会公益事业。在他的心目中，救亡图存是首要任务，任何个人的利益都是第二位的，因而他主张把“国家思想”作为对学生进行思想教育的核心内容。⑤他感到个人的自由、平等等民主权利固然不能忽视，但有时必须割爱。这种思想在民族饱受列强欺凌的半殖民地半封建社会是有其合理性和进步意义的，体现出鲜明的民族特色和时代特征，符合救亡图存、振兴中华的主旋律。当然，他把国家的独立自由与个人的自由完全对立起来，而没有看到个人获得自由、平等等民主权利可能对社会发展、对救亡图存产生积极作用。另外，传统道德重视社会稳定，这也在张謇的思想上留下了明显的印迹。他担心自由平等的实行会导致家庭不睦、社会动荡，也害怕因此危及自己既得的巨大利

---

① 张謇研究中心、南通市图书馆编：《张謇全集》（第四卷），第216页。

② 刘厚生：《张謇传记》，上海书店1985年版，第251—252页。

③ 张怡祖：《张季子九录·专录》，文海出版公司1965年版，卷7第11页。

④ 张怡祖：《张季子九录·实业录》，卷8第34页。

⑤ 张怡祖：《张季子九录·教育录》，卷1第13页。

益，妨碍自己推行地方自治、改良社会。应该说，维护社会稳定，保持良好的社会秩序是经济发展、人民能够享受充分民主权利（包括自由、平等在内）的先决条件，即使在今天也是非常重要的。但在当时的中国，广大人民群众深受帝国主义、封建主义和资本主义剥削、压迫，处于水深火热之中。不打碎旧的国家机器，破坏原有的剥削阶级统治秩序，就没有劳动人民真正享有自由的一天。这一点他未能看到。

张謇主张普及教育，把它作为实现平等的一个重要举措，无疑有其进步意义，而且对当时教育事业的发展也起了积极的作用。但是在那个年代，普及教育只是一个良好的愿望。我们不能设想贫苦群众的子女能在衣不蔽体、食不果腹的情况下有条件去接受教育，而且即使在受教育方面实现了平等，也难以改变在政治、经济地位上的不平等。

二、参加妇女解放运动，并为之作出重要贡献

妇女解放，获得与男子平等的地位是衡量社会民主和文明程度的重要标志，也是传统社会向现代社会转变的必要条件。千百年来，中国妇女被套上沉重枷锁，压在社会的最底层，备受凌辱。妇女解放既是广大妇女的强烈呼声，也是推动社会进步的重要任务。在近代中国争取妇女的教育权和婚姻自主权成为早期妇女解放运动的第一目标。

在妇女解放问题上，张謇的思想是复杂的。他虽曾歌颂过“节妇”、有过反对“男女平权”的言论，但总的说他是主张男女平等、妇女解放的。其子孝若，就说他“对于男女，认为应平等，不应轻重左右其间。女子能守节也好，不守节也不必去提倡奖励，更不应去轻视侮辱，至于‘望门守寡’‘抱牌位做亲’等恶俗，万万做不得，法律上一定要规定行不通”①。作为一个主张“少大言，多成

① 张孝若：《南通张季直先生传记》，中华书局 1930 年版，第 329 页。

事”的务实主义者，张謇以自己的行动表明他是妇女解放运动的参加者和支持者，奠定了他在近代中国妇女解放运动史中的重要地位。

在人才的使用上，张謇并未歧视妇女，而是能够平等看待。这在风气未开、保守势力十分强大的当时是难能可贵的。其子张孝若曾回忆说，在人才的使用上“只要这个人有才学、品行好，不问贫贱、不问年龄、不问所操何业、不问男女，他是一样的爱重、提拔、信用”①。他重用沈寿即是人们广为传诵的佳话。沈寿，原名云芝，晚号雪，苏州人，秉承家学渊源，十四五岁就成了精通绣艺的高手。后来又吸收了西洋美术与国外刺绣艺术之长，把传统刺绣推向了一个新的阶段。她的绣品在国内外屡获大奖。张謇与之尚未谋面即以重金相聘，委以所长重任。张謇惜才爱才，对沈寿在生活上予以照顾，“借以宅俾以养病”，工作上大胆使用，为之提供良好的教学与科研环境，使其艺术才华得到充分施展，赢得人们的肯定和赞誉。所以，盛竞存在挽联中称颂他“教育放女界光明，推本穷源，独有先生领袖”②。

张謇大力兴办女子教育事业，实实在在地为妇女解放作出了自己的贡献。千百年来绝大多数妇女被剥夺受教育的权利，即使少数富人家的女子有幸能够读书，也只是识几个字不做睁眼瞎，或作为消遣而已。张謇摒弃了“女子无才便是德”的陈腐观点，重视妇女的文化教育。他在为其子孝若择婚时的标准之一就是受过教育，而且还有新知识者。他认为“女子无才便是德”的“华俗”导致了中国“学之不明”，文化科技发展受到严重的制约，妇女更是深受其害，千百年来“独罹其黑暗矣”，因此“欲救其弊，唯有兴学”。③张謇还把包括女子教育在内的教育状况看成是衡量国家综合实力的重要尺度和社会文明程度的显著标志。他感到妇女被排斥在受教育的行列之外是礼义之邦的耻辱，是与

① 张孝若：《南通张季直先生传记》，第 374 页。

② 张怡祖：《张季子九录·荣哀录》，文海出版公司 1965 年版，卷 9 第 18 页。

③ 张怡祖：《张季子九录·教育录》，卷 2 第 20 页。

社会发展和文明进步不相适应的。广大妇女缺乏文化,导致其思想闭塞落后,谋生困难,不得不依赖男子。这正是妇女长期不能独立解放,取得与男子平等地位的重要根源。张謇提倡创办女子教育,应该说选准了实现妇女解放的较为理想的突破口。但是,在争取妇女能受教育的道路上充满了荆棘、坎坷。当时一些顽固势力强烈反对把兴办女子教育放到议事日程上来,担心"再办女学则将来办理不善,更是滋生流弊",主张"女学一途必俟国人遍受教育,始可再议兴办之"。甚至"一闻现在女学生出外入学堂读书,他们耳中就大大的听不进了"。①张謇顶住顽固势力的非议和指责,毅然开办了一些女子学校。他在创办南通师范后不久,鉴于"欧美男女平权之义"萌生了兴办女子师范学校的念头。经过充分准备,于光绪三十一年(1905)创立了全国第一所女子师范学校——通州公立女子师范学校(1958 年与南通师范合并)。当时开办费及日常经费大半由他私人捐资。后来女师改为县立,每年的"经常费"达到三万至五万元左右。张謇及夫人捐良田五千余亩作为该校基金,这部分收入成为女师经常费的主要来源。张謇对女师倾注了大量心血,除捐资外还亲自为该校设计了"颇有逸趣"的校园。20 世纪 20 年代末,该校学生达四百余人,来自全省三分之一以上的县。除了江苏本省外,还辐射华东地区。安徽、江西、浙江等省都有学生前来就读。校内社团众多,成立了文艺、数理、家事等学术研究团体及剧团和音乐、舞蹈、书画等业余文化生活团体。由于该校教学质量好、学生素质高,"其历届毕业诸生,俱为社会所欢迎",成为用人单位争相延聘的对象。②1907 年,张謇创办了女师附属小学。1911 年,他又根据夫人徐氏生前愿望设立了张徐私立女子小学。

在妇女教育方面,张謇既重视文化知识的普及,同时又注重职业培训,努

① 张岂之、陈国庆:《近代伦理思想的变迁》,第 314 页。

② 南通县自治会编:《二十年来之南通》,翰墨林印书局 1930 年版,第 64—67 页。

力使妇女能学到一些技能，增强谋生能力。他曾先后创办了不少妇女职业教育机构，使一些妇女学会刺绣、编结发网、制造火柴、栽桑、养蚕等本领，为她们走上社会自谋生计创造了条件。

张謇对妇女教育可谓高度重视、至死不渝，甚至在1926年他最后病倒之前，他还出席了南通女师二十周年纪念活动，并发表了热情洋溢的演说，另外还撰写了《女子师范小学校记》。

但是，张謇在妇女解放方面是不彻底的。他仍未完全摆脱男子治外、女子治内、男尊女卑、男女授受不亲等封建思想的束缚，反对婚姻自主。他对男女同校学习和自由交往持批评态度。他说："圣人设为男女有别之礼教，盖尊人而使成为人，以异禽兽，必男女有别，而后人禽有别也。"①他认为解决男女同校学习并不是当务之急，说："中国教育之弱点在职业化学，不在男女自由结交，而蔡孑民之主张男女同校，造出无穷话柄，为教育之玷。岂蔡之胸中只知此事为古今中外之最大之事乎？或同化于孙中山之公妻说？"②

三、张謇的"尊孔读经"旨在继承民族传统美德，促进社会道德建设

孔子是儒家伦理思想的奠基者，四书五经是儒家伦理思想的集中体现。由于儒家思想被封建统治者利用成为他们维护专制统治的工具，因此对孔子及儒家经书的态度既是一个伦理思想问题，同时又带有明显的政治色彩，成为辛亥革命后革命派与不革命派或反革命派论争的焦点。过去人们在对待孔子及儒家经书的态度上过于简单化、绝对化，即提倡尊孔读经的就是不革命的或反革命的，反之就是革命的。这种评价体系缺乏理性的思考和科学的态度，因

① 张怡祖：《张季子九录·教育录》，卷5第22页。

② 杨立强等编：《张謇存稿》，上海人民出版社1987年版，第288页。

而是不足取的。

在如何对待儒家经书的问题上,张謇的态度前后不尽相同。早年,张謇曾反对过读经。这在当时几乎被视为"叛逆",有着一定的进步意义,但在辛亥革命后,他从净化社会风气、推进道德建设出发,认识到儒家伦理道德的巨大作用,不满少数人的全盘抛弃态度,提出了"尊孔读经"的主张。1918 年,他在南通发起成立了"尊孔会",主张在"小学校即宜加授四书,俾儿童时代即知崇仰孔道","使人人知人道之所在,而为有理性之人类"。①1921 年,他主持重修了南通孔庙。但这并不能说明张謇完全走到了自己的对立面,政治上反动了。

1. 张謇反对一概抛弃儒家道德

张謇充分肯定道德的作用,有时甚至将其夸大到影响国家兴亡的高度,他认为"祸始于人心不良","无人伦道德之国未有不覆者"②,相反"未有修明礼义成风之国而倾覆于人者"③。辛亥革命失败后,"政流污浊,贿赂公行,内外仿效成风,甚于逊清之季"④。张謇置身官场,因而对当时政治黑暗、道德沦丧的丑恶现实了解得更为真切。作为一个正直的政治家,他对此感到极为愤慨,并进行了深刻的揭露和抨击,"今国人道德之堕落破坏极矣。蔑礼教,弃信义,习为欺诈,变幻百出,宁有人理可说?"⑤但激愤之余,他没能认识到道德堕落的社会经济根源,也不了解道德堕落是一切剥削阶级没落时的共同特征,当然也不可能由此看到资产阶级旧民主主义革命让位于新民主主义革命的历史必然性,而是把它简单地归咎于对传统伦理道德的否定。他认为:"自国体改革后,道德凌夷,纲纪废坠。士大夫寡廉鲜耻,惟以利禄膺心。一切经书不复寓

① 张怡祖:《张季子九录·教育录》,卷 4 第 11 页。

② 杨立强等编:《张謇存稿》,第 651 页。

③ 张怡祖:《张季子九录·教育录》,卷 6 第 6—7 页。

④ 杨立强等编:《张謇存稿》,第 207 页。

⑤ 杨立强等编:《张謇存稿》,第 155 页。

目,而诈伪诡谲之恶习因是充塞于宇宙。"①张謇自幼深受儒家伦理思想的熏陶,熟知儒家伦理对端风俗、正人心所具有的积极作用,因而在这种情况下,他就自然而然地求助于儒家思想。以孔孟思想为主体的儒家思想是中国传统文化的重要组成部分,其中既有浊流如封建礼教等,又有清流如重视个人道德修养、先义后利。对儒家思想正确的态度也应是取其精华、去其糟粕。完全株守或全盘否定显然都失之偏颇。张謇一贯反对走极端,力求以理性主义的眼光去看待儒家道德,反对不加区分地全盘抛弃。这应该是无可指责的。

2. 张謇主张"尊孔",但反对把它定为"国教"

辛亥革命后,以康有为为首的封建余孽为复辟帝制摇旗呐喊,在思想文化领域掀起复古尊孔的逆流。1912 年,康有为等人在上海成立孔教会,出版《孔教会杂志》,要求把孔教定为"国教"。不少报刊也推波助澜。《时报》1913 年 12 月 22 日发表了题为"孔教问题"的文章,认为:"孔教之于吾国,不特为数千年教育之宗,而政治、道德、人心、习俗,实无一不于孔教是赖。非定为国教,使之如日中天,则道德之败坏、人心之牿亡、政治之堕落、风俗之偷窳,将有不堪设想者。"②袁世凯在登上大总统宝座后便发布命令,恢复了在中小学修身或国文课程中读经讲经的旧制度。张謇的"尊孔读经"与康有为等出于政治目的把"尊孔读经"作为阻止资产阶级民主共和思想深入传播和复辟帝制的手段和突破口有着本质的区别。他是在复辟与反复辟斗争烟消云散后,从道德建设的角度提出尊孔读经主张的。张謇反对复辟帝制旗帜鲜明,人所皆知。张謇虽崇孔重儒,但认为孔子设教全为人的教化,是哲学的导源,并没有宗教的性质,视之为宗教就是对其亵渎,因此他反对把它作为宗教,也反对把孔教定为

---

① 张怡祖:《张季子九录·教育录》,卷 4 第 11 页。

② 《孔教问题》,《时报》1913 年 12 月 22 日。

国教,作为一切行动的准则和不变的教条。他在"尊孔会第一次演说"中首先就明确表示了这一态度。他强调指出"第一须知孔道并非国教"①。他认为"孔子之道"与道家思想及佛教、基督教等都具有道德教化的作用,主张把它放到与各种学说平等的地位而不是凌驾于其他思想流派之上的独尊地位。

3. 张謇主张正本清源,还"孔子之教"以本来面目

张謇自幼受儒家思想熏陶,对儒家思想怀有着深厚的依恋之情,并时常以"儒者"自居。他认为孔子的思想"明伦察物,有用于人治之事"②,只是后来被"世主"和"曲儒"加以歪曲篡改,成为达到他们目的的工具。张謇在《重修南通孔庙记》中剖析了孔子的思想受到指责、批判的缘由。他认为"自世主假其一端之义以为符,而孔子之道晦",也就是说由于历代封建帝王为维护自己的统治对孔子思想进行阉割和篡改,使孔子思想变得面目全非,进入歧途。这种观点与激进的资产阶级知识分子关于历代帝王以孔子思想为护符压迫人民的论述一致。张謇认为另一个原因就是一些"曲儒"为了功名利禄扼杀了儒家思想的生机,把它变成了僵死的教条,变得脱离现实,不近人情。用他的话来说就是"自曲儒假经义为科举利禄之途,缘之而孔子道益晦"③。所以,张謇的"尊孔"实际上要解除宋儒对儒家思想的束缚,推翻强加在孔子思想中的不实之词,恢复孔子思想的本来面目,重树它在公众中的良好形象和崇高地位。怎样才能复兴孔学呢?张謇提出了"昌明孔学"的一些具体措施,即"从子、臣、弟、友、忠、信、笃、敬八字做起","子为孝亲,臣为卫国,弟为敬长,友为爱人","忠则不贰,信则不欺,笃则不妄,敬则不偷"。④孝敬父母、尊敬长者、团结互助、爱国诚实是中华民族的传统美德,因此张謇的"昌明孔学"旨在发扬民族传

①④ 张怡祖:《张季子九录·教育录》,卷4第11页。

② 张謇:《重修南通孔庙记(1921)》,李明勋、尤世玮主编:《张謇全集》⑥,上海辞书出版社2012年版,第468页。

③ 张謇:《重修南通孔庙记(1921)》,李明勋、尤世玮主编:《张謇全集》⑥,第467页。

统美德,应予肯定。

在对待孔子及儒家经书的问题上,张謇前后的立足点有所不同。前期,他鉴于宋明理学空谈心性,“尽是说而不做”①,因而从“实业救国”“教育救国”的目的出发反对读经。后期,他从道德建设出发,提倡读经。但也有一些方面是前后一致的。一是目的相同,都是为了救亡图存、振兴中华;二是都推重孔子及其思想,即使在反对读经的时候也曾表示轻视“中学”“扬西抑中”“未免舍本逐末”②;三是始终反对宋明理学,前期揭露它“假孔子一端主义为护符”,后期则把理学家斥为“曲儒”。他试图把传统美德与封建礼教,把孔子思想与后来的儒家思想区别开来也是有进步意义的。

(原刊于严学熙主编《近代改革家张謇——第二届张謇国际学术研讨会论文集》,江苏古籍出版社1996年版)

---

① 刘厚生:《张謇传记》,第251—252页。

② 张怡祖:《张季子九录·教育录》,卷1第3页。

张謇癸卯东游日本及其影响研究

光绪二十九年癸卯(1903),张謇东渡扶桑,对日本进行了考察。此行是他一生中唯一的一次出国考察,对其此后思想的嬗变、人生道路的抉择有着巨大的影响,因此,对张謇的癸卯东游进行研究无疑有着十分重要的意义。

一、东游的目的与愿望的实现

黄炎培曾经把在国内考察称作“寻病源”,将到海外学习考察喻为“读方书”,并且强调方书“不可不读”。①事实上,张謇非常重视到国外考察。1895年,他在《代鄂督条陈立国自强疏》中就主张向海外“多派游历人员”,强调“外洋各国开疆拓土、行教通商皆以游历为先导”,绝不能因为过去出国游历者中混有“庸陋”之辈便因噎废食、停止派员游历,而且风气由上而开“视在下者事半功倍”,所以特别希望选派亲贵大臣及满汉世家子弟中的“贤者”出国游历考察。②

张謇生于一个普通农民兼小商人家庭。儒学的长期陶冶使他具有满腔的忧患意识、炽热的爱国思想、经世致用的良好作风,以及天下兴亡、匹夫有责的社会责任感和舍我其谁的历史使命感。他自言16岁后即无时不在忧患之中,丙戌会试报罢后“即谓中国须兴实业,其责须士大夫先之”③,并在家乡着手农

---

① 黄炎培:《黄炎培教育考察日记(第一集)》,商务印书馆1914年版。

② 张謇研究中心、南通市图书馆编:《张謇全集》(第一卷),江苏古籍出版社1994年版(本文所引《张謇全集》各卷皆出自此版,不另注),第38页。

③ 张謇研究中心、南通市图书馆编:《张謇全集》(第六卷),第864页。

业改良。甲午战争的惨败和《马关条约》的签订使他受到极大的刺激，产生了实业与教育并进迭用的思想，他毅然“弃官经商”，筹办大生纱厂，在纱厂建成后为解决原料问题，他又创办了通海垦牧公司。同时，他对科举制度的危害了然于心，在主持旧式书院的过程中大胆地进行教育改革的尝试并着手创办新式教育，1902 年他创办了通州师范学校。大生纱厂和通州师范的创办为他赢得了声誉，也奠定了后来事业发展的坚实基础。

在师夷制夷思想的指导下，张謇主张向日本学习。他在《条陈立国自强疏》中明确提出要学习日本向海外派遣留学生，回国后大胆任用，以满足国内建设对人才的需求；发展工商业、精制土货、在通商都会遍设劝工场，政府则“行护商之法”①。他对日本变法速度快、效果好大加赞赏，在致吴长庆之子吴彦复的信中说：“五洲变法之速无逾日本者。”②1898 年春，康有为、梁启超领导的维新运动渐入高潮，张謇入都销假，予以支持，但“百日维新”很快夭折，张謇为之扼腕长叹。为什么日本明治维新取得胜利，而戊戌变法却遭到失败？张謇陷入了沉思。他渴望亲赴日本实地考察。另外，在创业的实践中，他深深地感到，要将实业和教育事业推向前进，要救亡图存就必须向日本学习，所以早在 1899 年前后就产生了东游日本的愿望。他在《自订年谱》中写道：“甲午后益决实业教育并进迭用。规营纱厂，又五年而成。比欲东游，以资考镜，不胜谗谤之众。”③但戊戌变法失败后，顽固势力气焰嚣张，维新派和帝党遭到打击和迫害，全国笼罩在白色恐怖之下。张謇在《日记》中写道：“搜索株连，至今未已；手滑之后，何所不至。读书识字之子皆自危矣，祸至真无日哉。”④他只好暂时打消了赴日考察的念头，以免遗人以口实。

① 张謇研究中心、南通市图书馆编：《张謇全集》（第一卷），第 37 页。
② 张謇研究中心、南通市图书馆编：《张謇全集》（第一卷），第 43—44 页。
③ 张謇研究中心、南通市图书馆编：《张謇全集》（第六卷），第 864 页。
④ 张謇研究中心、南通市图书馆编：《张謇全集》（第六卷），第 433 页。

八国联军侵华战争和《辛丑条约》的签订使中国“创巨痛深,实与亡国无异”①,清政府被迫改弦更张,实行新政。另外,在列强的压力下,一些守旧的王公大臣、贵族和官僚被杀被抓,顽固势力遭到严重打击。政治环境大为宽松,这一切无疑为张謇的东游提供了良好的客观条件。

民族危机的加深促进了广大知识分子的觉醒,国内许多开明官绅纷纷出国考察游历,寻觅救国之良方。因为路途近、费用低、文化风俗接近、变法效果明显等,日本理所当然地成为首选地点,于是出现了一个东游日本的高潮。1901 年 12 月,张謇的好友罗振玉(叔韫)奉张之洞、刘坤一之命赴日本考察教育和财政。罗振玉回国后,与张謇一起到南京诣刘坤一商讨教育改革之事,主张先立师范中小学,但“衙参司道,同词以阻”,他们扬言“中国他事不如人,何至读书亦向人求法?此张季直过信罗叔韫,叔韫过信东人之过也”②。结果可想而知。张謇和罗振玉受此刺激,愤而自立师范,这就是后来的全国第一所民立师范:通州师范。张謇“相信眼睛甚于相信耳朵”③,日本的情况到底如何,罗振玉的介绍是否全面、准确,他很想自己去看个究竟。1902 年 6 月,京师大学堂总教习吴汝纶对日本进行了 6 个月的考察。张謇得知其回到上海后马上乘船赴沪。“十八日,晤挚老(吴汝纶)、叔韫”,“十九日,观挚老《东游丛录》”。④就在同一年,缪荃孙、徐乃昌等也对日本进行了考察。百闻不如一见,在罗振玉、吴汝纶、缪荃孙等好友的劝说、推动下,张謇终于决定择日东游,了却多年的心愿。

光绪二十九年癸卯(1903)正月,曾随缪荃孙一起考察日本的三江师范教习南陵徐乃昌寄来了日本驻南京领事天野恭太郎赴日本参观大阪博览会的邀

① 刘坤一:《刘坤一遗集》(第 5 册),中华书局 1959 年版,第 2289 页。
② 张謇研究中心、南通市图书馆编:《张謇全集》(第六卷),第 466 页。
③ 章开沅:《开拓者的足迹——张謇传稿》,中华书局 1986 年版,第 153 页。
④ 张謇研究中心、南通市图书馆编:《张謇全集》(第六卷),第 474 页。

请书,这直接促成了张謇的东游。对博览会的重要性,张謇早有认识。他在《变法平议》中肯定博览会"尤有益于工",认为各种商品汇聚一堂、争奇斗艳,一方面可使人们在观摩中得到启发,从而开发出更好的产品;另一方面可激发和培养厂家的争先意识。"良楛并陈生竞心,新奇多见生巧思",苏、杭、川、粤等地之所以产品较他省精制,一个重要的原因就在于他们见多识广。他主张在博览会上陈列"洋货畅销品",以方便国人学习仿制,最终达到抵制洋货塞漏卮、挽利权的目的,并希望政府"鼓舞商人于各业公会款内量集专款,设博览所,以为劝工之助"①。因此,张謇在大阪博览会期间东游不是偶然的。

二、东游的性质和内容

1. 张謇东游的性质

张謇甲午中元被授翰林院修撰后不久即辞官南下,以在籍士绅的身份从事实业、教育活动,并无实际官职,东游后第二年(1904年)才被授商部头等顾问官,因此,他是以非官方的身份自费访日的。启程前相送的是其兄张詧、好友汤寿潜、沈子培、郑孝胥等,到日本后,接触到的是旅日华侨、日本工商和文教界人士。这种非官方学习考察的性质使他可以根据自己的兴趣、爱好,及对在经济和社会发展中重要性的认识、可借鉴程度等自主地选择参观单位,但也给其联系参观带来一些不便。

张謇首先来到长崎,同行回成城学校留学的章静轩带他进行了参观,后来经神户来到大阪,本拟"籍府知事介绍以观农工场也",但没有成功。于是他来到大阪朝日新闻社,寻访西村时彦(号天囚),后在其家中得见。西村为其故人,在《喜见西村君于大阪》一诗中,张謇写道:"握手重言笑,霜花鬓已催。艰

① 张謇研究中心、南通市图书馆编:《张謇全集》(第一卷),第72页。

难五年别,辛苦百忧来。”①光绪二十六年(1900)五月二十六日,张謇有“赠日本西村子隽(时彦)”诗一首:“旧知进一与冈千,子复新诗手自编。游学远征唐史传,观云来识禹山川。”②可见张謇与西村那时即已相识。他此次来大阪,即想通过故人为之联系以便顺利地进行参观。他因西村的介绍认识小池信美,又通过他们的介绍认识了有“汉学老儒”之称的藤泽南岳、其子士亨元造及小山健三、冈田祯三、宇佐美敬之等人。经华商孙实甫等的介绍结识了日本人岛津源吉,另外,张謇巧遇20年前在朝鲜时的对手和相识、当时的日本驻朝公使竹添进一及其婿嘉纳。在前引“赠日本西村子隽”诗中的进一即指竹添进一,冈千指冈千仞。他们都曾在中国工作或游历。嘉纳曾于前一年(1902年)因考察中国学务来到南京。张謇的好友、与之并称“通州三生”的著名诗人范当世曾作诗相赠,“日本嘉纳治五郎以考察中国学务来江宁。余方营通州小学校,故于俞观察席上多所请质,而感君来意,甚悲甚惭,即席为二诗赠行,并因挚父先生(即吴汝纶)游彼国未归,附声问之”。诗云:“吾曹所学真安用,泪眼乾坤见此儒。不信愚心生作梗,虚烦热血走相输。”“青山一角方联社,碧海千层欲化涂。指点扶桑问君处,倘缘风便一相呼。”③竹添、嘉纳等也为张謇的游日提供了很大的帮助。显然,张謇的东游是通过私人关系辗转相托,在日本民间友人的热心帮助下达致的,故其东游既是一次学习考察,又是一次成功的民间外交活动。它加深了两国人民的了解,增进了彼此友谊。

2. 考察的内容与侧重

张謇在日本期间除了顺便为金、徐二生寻找留学学校,为通师聘请保姆、教习及购买农业机械外,主要考察了“农工及町村小学校”。张謇坚持从本国

---

① 张謇研究中心、南通市图书馆编:《张謇全集》(第五卷下),第127页。

② 张謇研究中心、南通市图书馆编:《张謇全集》(第五卷下),第115—116页。

③ 引自姜光斗:《近代杰出诗人范当世》,《南通文史资料(第九辑)》,第145—146页。

本地的实际出发,以我们能接受为原则去选择考察对象。他在向嘉纳介绍东来调查宗旨时说:“学校形式不请观大者,请观小者;教科书不请观新者,请观旧者;学风不请询都城者,请询市町村者;经验不请询已完全时者,请询未完全时者;经济不请询政府及地方官优给补助者,请询地方人民拮据自立者。”①因为中日国情有着巨大的差异,处于不同的发展水平和发展阶段,所以日本现时的做法对中国尚不适用,倒是明治初年经济和社会发展刚刚起步时的做法更具借鉴意义。另外,清政府只会苛商扰民,民办实业根本别指望得到它的扶持、奖掖。

他在日本期间,在工业方面,考察了花多隆太郎铁工所、岛田玻璃厂、织物株式会社、北海道制麻株式会社、筑地活版制造所、《大阪朝日新闻》社印刷所、水力发电场等。在商贸方面,着重参观了大阪博览会,先后共八次参观了机械馆、工业馆、通运馆、动物馆、水产馆等。在金融方面,参观了大阪三十四银行及日本造币局等。张謇对农业也很重视,视之为立国之本和实业的重要内容,当时又正致力于实现传统农业向近代农业的转变,因此参观了不少农业单位,如札幌垦植、真驹内种育场、前田牧牛场、北海农校之农事试验场等。张謇不仅是一个“实业救国”论者,也是一个“教育救国”论者。他非常重视教育的作用。在日本,张謇参观的教育单位主要有:私立鹤鸣女子学校、伊良林寻常小学校、大阪市小学校、爱日小学校、爱珠幼稚园、东区第一高等小学校、桃山女子师范学校、中之岛高等工业学校、医学校、东成郡鹤桥村农学校、大阪府立师范学校、单级小学校、京都染织学校、大学院、名古屋商业学校、静冈商校、弘文学院、成城学校、函馆官立商业学校、私立寻常小学校、北海道农学校、真驹内公立单级小学校、石狩川寻常小学校、高等师范学校、高等工业学校。另外,他还参观了西京的盲哑慈善机构和《大阪朝日新闻》、北海道泰

① 张謇研究中心、南通市图书馆编:《张謇全集》(第六卷),第502页。

晤士新闻社等新闻机构。日本医学发达,但他因“兹事繁重,非绵力所能办,故绝未注意”①。

三、东游中的态度及东游的影响

1. 东游中表现出来的对清政府和对日本的态度

张謇在考察中对清政府的腐败无能有了进一步的认识,并无情地揭露了清政府在展品的选择与组织协调方面的不足:国内参展的六省“彼此不相侔,若六国然”,一些足以“与五洲名产争衡”的名优产品“皆不与焉”②。他对清政府官员素质低劣也予以抨击,揭露到日本考察商务的尚书载振、侍郎那桐的“不喜购书”,“无暇究商务”,对其在日本将福建沿海地区绘入日本版图竟无动于衷,以及尚书写错自己的名字、侍郎写不全官衔等丑行表现出极大的愤怒。清政府官员素质如此低下,又怎么能推进近代化事业,完成富国强兵、救亡图存的历史重任呢?他对清政府不注意发现人才、推行苛商扰民政策也进行了抨击。张謇在日本期间与旅日华侨进行了广泛的接触。函馆华商董事潘获洲说华商在日本“犹得与欧美人权势平均,若回华甚涩缩矣”,张謇闻之心寒。日本邮船会社自开办以来,政府一直予以扶持,他劝华商合力创办汽船公司从事中日之间的运输,他们却因对清政府的阻挠破坏、敲诈勒索心有余悸,担心清政府不会同意,即使同意了也不会加以保护而“逡巡逊谢”。张謇由华商的谈虎色变联想到自己“遵朝旨兴扬内河小轮,犹有阻挠者”③的遭遇,在日华商的恐惧担忧又算得了什么呢?

张謇一贯主张发展两国人民的友谊,反对日本军国主义的侵略,他早就听说日本人用五种颜色在中国地图上画界,企图与西方列强瓜分中国,并扬言十

---

① 张謇研究中心、南通市图书馆编:《张謇全集》(第六卷),第514页。

② 张謇研究中心、南通市图书馆编:《张謇全集》(第六卷),第483页。

③ 张謇研究中心、南通市图书馆编:《张謇全集》(第六卷),第503页。

年实现。如果说这些仅是道听途说的话，那么他在参观博览会时却真的发现："台湾模型极精审，可异者，乃并我福建诸海口绘入，其志于黄色，亦与台湾同。"①日本侵略者贪得无厌、得陇望蜀，强占了台湾，又企图染指福建，实在令他义愤填膺！马关春帆楼是当年《马关条约》签订之地。他触景生情，吟诗一首："是谁亟续贵和篇，遗恨长留乙未年；第一游人须记取，春帆楼上马关前。"②告诫国人勿忘国耻，发愤图强，以免历史的悲剧重演，表现出可贵的爱国热情。

2. 在东游中表现出不怕困难、虔诚求教的精神和一丝不苟、认真踏实的学习态度

张謇此次东游日程安排紧凑，常常一天要参观多处，日本旖旎风光没有使他流连，私费东游的性质更使他珍惜这来之不易的学习机会。有人要为他开恳亲会，他以"邃行"为由谢绝。他舟车劳顿，不遑寝处，为参观克服了诸多困难。他乘汽车作长途旅行，车上无食堂寝台，只好沿途买饼充饥。为赶时间，他常乘夜间车船，在车上过夜。在吉原，他投宿鲷屋旅馆，晚上蚊虫肆虐，无法入眠，苦不堪言。没有不怕艰难险阻求取真经的坚强决心和毅力是难以做到的。

正如日本方面所说的那样，作为"知识精英兼实行之勇士观光者"，张謇的东游"与以视察为名而一般泛泛走马观花者大相迥异"。③他所到之处，细看勤问，详细记录，甚至是一些琐碎的数据和专业性较强的技术工艺也不遗漏。如张謇参观西京水利发电场时记录了水的落差、单位流量、用电企业数量、发电量等；在大阪桃山女子师范学校，张謇除重点了解其教学管理外，对其建筑物、

---

① 张謇研究中心、南通市图书馆编：《张謇全集》（第六卷），第491页。

② 张謇研究中心、南通市图书馆编：《张謇全集》（第五卷下），第129页。

③ 《大阪朝日新闻》（明治36年5月31日），严学熙主编：《近代改革家张謇——第二届张謇国际学术研讨会论文集》，江苏古籍出版社1996年版，第912页。

课业内容无不详细考察,甚至仔细测量了教室内椅子之大小尺寸。

3. 东游对张謇教育思想的影响

张謇在结束考察后认为日本"教育第一,工第二,兵第三,农第四,商最下"①。教育是日本最成功的方面,也是张謇考察的重点。大阪市小学校创立30周年纪念会上,4万名学生齐集,虽风雨交加仍能行列不乱。张謇受到强烈的震撼,断定这是日本教育"三十年之成效也",从而对教育的效能有了更直观的认识和亲身的体验。而枢密顾问官田中不二"教育为开亿万人普遍之识,非储少数人非常之才"及"立国之强不在兵而在教育"的主张引起了他思想上强烈的共鸣,视之为"言教育者不易之大纲"。②对教育重要性、必要性的认识,成为他披肝沥胆大办教育的精神动力,而教育以普及教育为主,造就有知识国民的思想则成为其教育思想的重要特色。

日本教育从幼稚园到小学、中学、大学形成了一个完整的体系,而当时中国对幼儿教育则知之甚少、重视不够。张謇在日本参观桃山女子师范及附属幼稚园时表示:"返国后将创办师范学校附属幼稚园。"他后来在南通办起了一系列学校,形成了从幼稚园到大学,从普通教育到实业教育,从学校教育到社会教育的完整体系,与其东游有着一定的关系。

东游对张謇教育思想方面影响的第三个方面是对德育的重视。日本商人不讲信义、商德最下引起了他的深思。他认为商校教谕斋藤清之丞在学校教育中"兢兢于私德"实在是对症之良药,并强调中国也应高度重视,始终把德育放在首位。在德育的内容方面,对日本的考察也为他提供了生动的素材。商业学校培养学生面向世界开拓进取的精神,师范学校学生"浣濯皆自为之,亦习庖事",鹤桥村农校"使学生知为学、不求饱而敏于所事,不可使饱食而无所

① 张謇研究中心、南通市图书馆编:《张謇全集》(第六卷),第514页。

② 张謇研究中心、南通市图书馆编:《张謇全集》(第六卷),第511页。

用心”的做法,令他大加赞赏,觉得日本的做法用心良苦,值得学习。1923年,他在《女师范校毕业演说》中还回忆说:“二十年前,余参观日本实业教育,其学生勤俭之风,实令人钦敬。”①他把勤俭写入许多学校的校训,如盲哑学校为“勤俭”,女子师范学校为“学习家政、勤俭温和”,商校为“忠信持之以诚,勤俭行之以恕”。②他希望学生养成艰苦奋斗的习惯,为将来克服各种困难、在事业上有所成就奠定良好的基础。他教育学生不要贪图物质享受,应树立远大的理想和追求,在报效国家、服务社会的实践中体现自己的价值,获得人生的幸福。

东游对张謇教育思想影响的第四个方面是使他对自由、平等更加反感。张謇是由封建士大夫成长而来的资产阶级代表人物,对民主、自由、平等等西方资产阶级理念本就缺乏准确理解和价值认同,在参观中看到日本学校规特别着重于“信用服从”“日人不尚男女平权之说”更坚定了原来的立场。所以,张謇后来反对学生追求自由、平等,反对蔡元培主张的男女同校是有因可循的。

4. 对日本成功经验的总结和中国实现富强道路的探索

日本实业发展具有良好的外部环境,而这又是与日本政府采取的鼓励和扶持实业发展的政策分不开的。张謇认为日本实业和教育突飞猛进、一日千里,其命脉在“政府有知识能定趣向,士大夫能担任赞成,故上下同心以有今日”③。在参观中,张謇感触最深的一是日本政府励精图治、开拓进取。他赞扬日本政府:“勤矣哉!孔子曰,禹无间然,卑宫室而尽力乎沟洫。禹之明德,宁非吾中国所当取法者乎?”④又说:“与世界竞文明,不进则退,更无中立,日

① 张謇研究中心、南通市图书馆编:《张謇全集》(第四卷),第1197页。
② 张謇研究中心、南通市图书馆编:《张謇全集》(第四卷),第270页。
③④ 张謇研究中心、南通市图书馆编:《张謇全集》(第六卷),第491页。

人知之矣。”①与之形成鲜明对比和强烈反差的是腐败的清政府仍歌舞升平，苟且因循，不思进取，在国际竞争中处境更加危险。他为此作诗一首，题为《一人》：“一人有一心，一家有一主。东家暴富贵，西家旧门户。东家负债广田园，西家倾家永歌舞。一家嗃嗃一嘻嘻，一龙而鱼一鼠虎。空中但见白日俄，海水掀天作风雨。”②二是日本政府精心规划，全面安排，进行宏观指导，他们“治国若治圃，又若点缀盆供，寸石点苔，皆有布置”，深谙老子所谓的“治大国若烹小鲜”之道。③三是日本政府奖掖实业不遗余力。张謇在对伊达邦成、黑田清隆开发北海道的成绩充分肯定的同时，也流露出不甘服输的自信，因为他们的成功很大程度上得益于政府的支持，“国家以全力图之，何施不可”，伊达和黑田不过“竭其经营之理想，劳其攘剔之精神而已”。④四是日本政府重视人才。山东日照农民许士泰在故乡被政府视若草芥，后赴北海道垦荒。他十几年如一日，辛勤劳作，受到日本政府的嘉奖。张謇感慨万千：“今中国人中若许士泰者何限十百，千万倍于许士泰者亦何限。其视政府若九天九渊之隔绝，当其一詈一嘲，十百千万倍于许士泰者。许士泰又宁足论其幸不幸哉。”⑤这是对封建政府不注意发现和使用人才的强烈控诉！许士泰在中日两国的不同遭遇是清政府腐朽昏庸的真实写照。许士泰在日本受重视或许是他个人的幸运，但却是清政府的悲哀和人民的不幸！

张謇在东游期间对日本成功的经验进行了总结，对中国实现富强的方案进行了探索，并在东游后根据自己的结论大胆地进行实践。他认识到政治既无处不在，又与教育和实业的荣枯休戚相关，所谓“政因而业果”⑥，“实业之命

① 张謇研究中心、南通市图书馆编：《张謇全集》（第六卷），第 493 页。

②⑤ 张謇研究中心、南通市图书馆编：《张謇全集》（第六卷），第 504 页。

③ 张謇研究中心、南通市图书馆编：《张謇全集》（第六卷），第 482 页。

④ 张謇研究中心、南通市图书馆编：《张謇全集》（第六卷），第 484 页。

⑥ 张謇研究中心、南通市图书馆编：《张謇全集》（第六卷），第 514 页。

脉,无不系于政治"①,因此,又不禁把注意的目光投射到政治层面,进而提出以日为师、改革政制、实行立宪的政治主张。他买来日本政治书籍进行研究,并且回国后在兴实业、广教育的同时积极投身政治运动,成为立宪派的主要代表人物之一。其子张孝若说他自日本回国后"见到官员友人遇到谈论通讯,没有不劝解磋摩各种立宪问题"②的。他组织译印了《宪法义解》《日本宪法》《日本议会史》等,并分赠各方人士,甚至还托人将日本宪法送到内宫。另外鉴于"地方自治为立宪之根本"③,所以他自日本回国后"益致力于地方自治事业"。

(原刊于《河南师范大学学报》2000 年第 3 期)

① 沈家五:《张謇农商总长任期经济资料选编》,南京大学出版社 1987 年版,第 11—12 页。

② 张孝若:《南通张季直先生传记》,中华书局 1930 年版,第 136 页。

③ 张謇研究中心、南通市图书馆编:《张謇全集》(第四卷),第 376 页。

南张北周东游扶桑之比较

19世纪末20世纪初,民族危机空前严重,具有爱国主义光荣传统的中国知识分子不甘沉沦,积极探求救国之路。他们主张通过出国考察、翻译国外书籍等途径"采泰西文明之利器,开我富源以与之竞"①。光绪二十九年(1903),日本第五次国内劝业博览会在大阪举行。后来成为民国初年实业界南北巨擘的张謇和周学熙趁此机会东渡扶桑,寻经取宝。四月二十五日,张謇决定附日本邮船会社"博爱丸"号东行,次日登舟,六月六日乘"弘济丸"回沪。前后历时70天,实际在日本63天。周学熙则于同年三月七日离津赴日,五月九日回津,前后共63天,在日本46天。东游体现了他们当时的认识水准,反映了其真实的思想状况,并且也预示了他们各自后来的成就方向,对南张北周影响甚大。

一、东游的背景与东游愿望的实现

1. 东游前的社会经历与知识背景

张謇比周学熙大13岁,生于一个普通农民兼小商人家庭。低微的出身、坎坷的经历和长期的游幕生涯使他对国情有着深入的了解,对清政府的腐败和社会的严重危机有着较多的认识。传统文化中精华的长期陶冶使他具有满腔的忧患意识、炽热的爱国情怀,具有天下兴亡、匹夫有责的社会责任感和舍

---

① 严修:《严修东游日记》,天津人民出版社1995年版,第8页。

我其谁的历史使命感以及经世致用的良好作风。他自言 16 岁后即无时不在忧患之中,丙戌会试报罢后“即谓中国须兴实业,其责须士大夫先之”①,并在家乡着手农业改良。甲午战争的惨败和《马关条约》的签订使他受到极大的刺激,产生了实业与教育并进迭用的思想,他毅然“弃官经商”,筹办大生纱厂。纱厂建成后为解决原料问题,他又创办了通海垦牧公司。他对科举制度的危害了然于心,在主持旧式书院的实践中大胆地进行教育改革,作为创办新式教育的先导。②1902 年,他创办了全国第一所民立师范学校:通州师范。大生纱厂和通州师范的创办为他赢得了声誉,也奠定了后来事业发展的坚实基础。

张謇在东游前对日本已有一定的认识,并有过与日本人打交道的亲身经历。1882 年,朝鲜发生“壬午兵变”,日本乘机干涉。张謇随吴长庆率兵入朝,与日本人进行了有理有节的斗争,挫败了其侵略的阴谋。他还起草了《朝鲜善后六策》,主张采取措施杜绝日本染指朝鲜的野心。1885 年,他又应盛昱之请代拟《条陈朝鲜事宜疏》,指出:“今日本野心日张,无理日甚,彼方以中国为其演试军事之地。”希望朝廷能“时时存必战之心,事事图能战之实”,以便使“窥伺者无从乘隙,图强者有所秉承”。③甲午战争爆发后,他力主抗战,谴责日本帝国主义的侵略和李鸿章的妥协投降政策。另一方面,张謇也主张向日本学习。他在《条陈立国自强疏》中明确提出要学习日本向海外派遣留学生,回国后大胆任用,以满足国内建设对人才的需求;发展工商业,精制土货,在通商都会遍设劝工场,政府“行护商之法”④。他对日本变法速度快、效果好大加赞赏,在致吴长庆之子吴彦复的信中说:“五洲变法之速无逾日本者。”⑤在后来

① 张謇研究中心、南通市图书馆编:《张謇全集》(第六卷),江苏古籍出版社 1994 年版(本文所引《张謇全集》各卷皆出自此版,不另注),第 864 页。

② 蒋国宏:《张謇长江宁文正书院始末述论》,《南京社会科学》1999 年第 12 期。

③ 张謇研究中心、南通市图书馆编:《张謇全集》(第一卷),第 25 页。

④ 张謇研究中心、南通市图书馆编:《张謇全集》(第一卷),第 30—37 页。

⑤ 张謇研究中心、南通市图书馆编:《张謇全集》(第一卷),第 43 页。

撰写的《变法平议》中,他也提出了学习日本的许多具体主张。

周学熙比张謇小13岁,有着令人羡慕的家庭背景和社会关系。其父周馥为朝廷要员,后任山东巡抚和两江总督,与李鸿章等淮系大员相交极深,又与袁世凯关系密切。与张謇一样,他自幼受儒家刚健有为思想的影响,“以恃余荫、享安逸、无益与世为可耻。故自束发读书即淡于名利而惟究心于教人养人之事”①,决心珍惜宝贵的光阴,做出一番事业,以益于国家和社会。他曾言:“人生世上,不过数十寒暑,若不能自立,作有益于人之事,虽活百年,究与禽兽何异?”②16岁时他应试入泮,后随兄执贽李慈铭门下。1886年以候补郎中分工部都水司主稿上行走,1893年应顺天乡试中举,次年参加会试“既中以额满见遗”,1895年会试又“荐卷未中”。③1897年,因已分家析产,自己育有六女一子,家累渐重,加之有人预言他“当以异路功名发达”④,意即不能蟾宫折桂、光耀门庭,这使他对科举失去信心。他通过其七弟学渊之岳丈、时任开平矿务局总办张翼(燕谋)的关系获任开平董事、上海分局监察,开始从事新式工业。次年八月,在直隶捐道员。由于其才能和有利的社会关系,他很快就被任命为会办,十月又升为总办。1900年,因反对中英合办开平而辞职。1901年,山东巡抚袁世凯委其总办山东大学堂,后又到直隶任银元局总办。其时正值兵灾之后,私钱遍布,物价升腾,民生凋敝,他受命设场铸钱,仅用70日就成功开铸,袁世凯“讶其神速”,“推为当世奇才”。铜元铸出后,市面赖以接济,物价趋平,人心安定。与此同时,他仿照日本的做法,在局内设立半工半读性质的“图算学堂”,作为造就人才、振兴工业的根本。⑤这年七月,又受

① 周小鹃:《周学熙传记汇编》,甘肃文化出版社1997年版,第3页。

② 周小鹃:《周学熙传记汇编》,第9页。

③ 周小鹃:《周学熙传记汇编》,第17页。

④ 周小鹃:《周学熙传记汇编》,第18页。

⑤ 周小鹃:《周学熙传记汇编》,第21页。

命会办淮军银钱所。他在实业活动中积累了一定的经验，显示了经营管理、组织领导的卓越才能。他对日本也有一定的了解，并且主张学习日本先进的技术和工艺。

2. 东游愿望的实现

张謇在创业的实践中深深地感到，要将实业和教育事业推向前进，要维新变法、救亡图存就必须向日本学习，所以早在1899年前后就产生了东游日本的愿望。但戊戌变法失败后，顽固势力气焰嚣张，维新派和帝党遭到打击和迫害，全国笼罩在白色恐怖之下。张謇在《日记》中写道："搜索株连，至今未已；手滑之后，何所不至。读书识字之子皆自危矣，祸至真无日哉。"①他只好暂时打消了赴日考察的念头，以免遗人以口实。

八国联军侵华战争和《辛丑条约》的签订使中国"创巨痛深，实与亡国无异"②，清政府被迫改弦更张，实行新政。另外，在列强的压力下，一些守旧的王公大臣、贵族和官僚被杀被抓，顽固势力遭到严重打击，政治环境大为宽松。这一切无疑为张謇的东游提供了良好的客观条件。

1902年初，结束对日考察后回国的好友罗振玉（叔韫）与他一起劝说刘坤一进行教育改革，主张先立师范中小学，但"衙参司道同词以阻"，他们扬言"中国他事不如人，何至读书亦向人求法？此张季直过信罗叔韫，叔韫过信东人之过也"③。张謇和罗振玉受此刺激，愤而自立师范（通州师范）。张謇"相信眼睛甚于相信耳朵"④，日本的情况到底如何，罗振玉的介绍是否全面、准确，张謇很想自己去看个究竟。而罗振玉、吴汝纶、缪荃孙等到过日本考察的好友也都劝说他亲自前往实地考察。这样，在衙参司道的刺激以及众多师友

① 张謇研究中心、南通市图书馆编：《张謇全集》（第六卷），第433页。
② 刘坤一：《刘坤一遗集》（第5册），中华书局1959年版，第2289页。
③ 张謇研究中心、南通市图书馆编：《张謇全集》（第六卷），第466页。
④ 章开沅：《开拓者的足迹——张謇传稿》，中华书局1986年版，第153页。

的推动下，张终于决定择日东游，以了却多年的心愿。光绪癸卯(1903)正月，南陵徐乃昌①寄来了日本驻南京领事天野恭太郎赴日本参观大阪博览会的邀请书(凭此可享受邮船费打折的优惠)，这直接促成了张謇的东游。

相比而言，周学熙埋头于官僚企业的经营，较少介入政治，又与淮系和北洋集团关系密切，因而没有受到政坛变幻的冲击。他渴望到工商业迅速发展的日本去参观学习，而袁世凯命他前去考察，可谓正中下怀。

二、东游的性质、内容及其侧重点

1. 张謇和周学熙的东游具有不同的性质

张謇甲午会试中元被授翰林院修撰后不久即辞官南下，以在籍士绅的身份从事实业和教育活动，并无实际官职。东游后第二年(1904年)才被授商部头等顾问官，因此，他是以非官方的身份自费访日的。启程前相送的是其兄张詧、好友汤寿潜、沈子培、郑孝胥等，到日本后，接触的是旅日华侨、日本工商和文教界人士。这种非官方学习考察的性质使他可以根据自己的兴趣、爱好，及对在经济和社会发展中重要性的认识、可借鉴程度等自主地选择参观单位，但也给其联系参观带来一些不便。

张謇首先来到长崎，同行回成城学校学习的章静轩带他进行了参观，后来他经神户来到大阪，本拟"籍府知事介绍以观农工场"②，但没有成功。于是他来到大阪朝日新闻社，寻访西村时彦(号天囚)，后在其家中得见。西村为其故人，在《喜见西村君于大阪》一诗中，他写道："握手重言笑，霜花鬓已催。艰难五年别，辛苦百忧来。"③光绪二十六年(1900)五月二十六日，张謇有"赠日本西村子隽(时彦)"诗一首云："旧知进一与冈千，子复新诗手自编。游学远征

① 徐乃昌，字积余，曾于1902年与柳诒徵等随缪荃孙赴日考察教育。

② 张謇研究中心、南通市图书馆编：《张謇全集》(第六卷)，第483页。

③ 张謇研究中心、南通市图书馆编：《张謇全集》(第五卷下)，第127页。

唐史传,观云来识禹山川。”①可见张謇与西村那时即已相识。张謇此次来大阪,即想通过故人为之联系以便顺利地进行参观。他因西村的介绍认识小池信美,又通过他们的介绍认识了有“汉学老儒”之称的藤泽南岳、其子士亨元造及小山健三、冈田祯三、宇佐美敬之等人。经华商孙实甫等的介绍结识了岛津源吉。另外,张謇巧遇20年前在朝鲜时的对手和相识、当时的日本驻朝公使竹添进一及其婿嘉纳。在前引“赠日本西村子隽”诗中的进一即指竹添进一,冈千指冈千仞,他们都是日本有名的汉学家。嘉纳为日本国立东京高等师范学校校长,曾于前一年(1902年)因考察中国学务来到南京。张謇的好友、与之并称“通州三生”的著名诗人范当世曾向其请教有关教育问题,并“即席为二诗赠行,并因挚父先生(即吴汝纶)游彼国未归,附声问之”。诗云:“吾曹所学真安用,泪眼乾坤见此儒。不信愚心生作梗,虚烦热血走相输。”“青山一角方联社,碧海千层欲化涂。指点扶桑问君处,倘缘风便一相呼。”②竹添、嘉纳等也为张謇的游日提供了很大的帮助。显然,张謇的东游是通过私人关系辗转相托,在日本民间友人的热心帮助下达致的,故其东游既是一次学习考察,又是一次成功的民间外交活动。它加深了两国人民的了解,增进了彼此友谊。

与之不同的是,周学熙则是受袁世凯公派考察。由于他系清政府中的地方实力派直隶总督袁世凯所派,因而日本各级政府高度重视,为其考察进行了周密的布置和安排,提供了极大的便利,他也因此少了像张謇那样因为参观单位未联系好而在寓所内静待的尴尬,不过却也由于繁琐的迎来送往而占用了宝贵而有限的考察时间。他的随行人员有书记委员刘荫理、机器委员李祥光、匠目杨秀吉等。启程前,关道唐绍仪、天津府太守凌福彭(属其代为购物)、官银钱局总办张馨庵及日本领事伊集院彦吉、翻译白须直均等到车站送行。途

① 张謇研究中心、南通市图书馆编:《张謇全集》(第五卷下),第115—116页。

② 引自姜光斗:《近代杰出诗人范当世》,《南通文史资料(第九辑)》,第145—146页。

中所到之处都与当地中日官方机构负责人及在日本考察的官员接洽联系。在日本，他与日本政要有较多的接触，他曾先后会见了日本众议院议员铃置仓太郎、安宅弥吉、水上广昌，大藏省前大臣松方正义、现任大臣曾弥荒助、总务长阪谷芳郎等。日本方面对周学熙的参观予以妥善的和高规格的接待，所到之处，多由单位领导迎候并陪同参观。此类记载，在其《东游日记》中俯拾皆是。如他到东京新桥停车场，大仓行东大仓喜八郎嘱参事小村安之助、主任福田九六、译人橘之郎备马车在那里迎候；到印刷局，“局长得能通昌导观”，在东京府立师范学校，“校长泷泽菊太郎导观”①，到制绒会社，社长宫部久常役（即常务董事）取缔役（即董事）田林正宽及夥加藤斌导观。所以周学熙的东游不仅是一次学习考察活动，也是一次政府外交活动，具有浓厚的官方色彩。

2. 考察的内容与侧重

张謇在日本期间全面地考察了农工商各个方面，表现出有意整体推进和全面发展实业的思想，而周学熙则强调发展工商业，旨在重点突破。在工商业方面，张謇考察了钢铁、玻璃、造纸、纺织、印刷、电力及商贸、金融等行业。他对农业也很重视，视之为立国之本和实业的重要内容，当时又正致力于实现传统农业向近代农业的转变，因此参观了不少农业单位，如札幌垦植、真驹内种育场、前田牧牛场、北海农校之农事试验场等。张謇不仅是一个“实业救国”论者，也是一个“教育救国”论者。他非常重视教育的作用。在日本，张謇参观了许多教育机构，另外还参观了西京的盲哑慈善机构和《大阪朝日新闻》、北海道泰晤士新闻社等新闻机构。日本医学发达，他考虑到“兹事繁重，非绵力所能办，故绝未注意”②。

周学熙对农业没多大兴趣，此行的目的是考察工商币制。他参观了钢铁、

---

① 周小鹃：《周学熙传记汇编》，第 99 页。

② 张謇研究中心、南通市图书馆编：《张謇全集》（第六卷），第 514 页。

造船、玻璃、制革、酿酒、纺织、印刷、制砖、矿冶、商贸、金融等行业，在途经朝鲜期间他还顺便参观了俄国建造的车站以及电机厂、典银局等。周学熙也认识到教育的巨大作用，予以高度重视。在教育方面，他参观了一些学校以及《大阪朝日新闻》社和《每日新闻》社等新闻机构。他还参观了不少风景名胜。①

周学熙和张謇都参观了钢铁企业，但周学熙对重工业较感兴趣，加之因系官派，所以考察对象规模和影响一般较大。他去了大阪铁工厂、东京制刚会社，而张謇去的是花多隆太郎的铁工所。他们都对纺织十分重视，参观了日本的纺织企业。周学熙去的是渊钟纺织厂，该厂人数多，规模大，产品质量好，"为日本纺织家第一"②。而张謇参观的是织物株式会社、北海道制麻株式会社等。显然，官派的性质为周学熙东游提供了不少便利。在商贸方面，张謇去的地方较少，但前后八次参观大阪博览会，而周学熙除去了大阪博览会之外，还去了神户、京都、东京等地的商品陈列所。他们都参观了金融机构。张謇参观了大阪会社三十四银行（他此时已认识到金融对实业发展具有的重要作用，并着手筹建实业银行）。周学熙较多地从事财金工作，且"以考察钱币、钞票诸制赴日本"③，所以除了参观了日本国家银行之外，还参观了横滨正金、三井、大金等银行。值得注意的是，他们都去了学校，但均未去法政军警学校（周考察成城学校是为了看望北洋学生，了解其情况；张则是为了送章静轩回校）。这说明他们思想成熟，认识到只有经济发展了，政治才会清明，军事才能强大，

---

① 唐少君在《"开启民智"在开拓北洋实业中的先导作用》一文中说周学熙在整个参观考察的日程中只安排了两天时间游览名胜古迹（《安徽史学》1994 年第 2 期），与事实不符。周学熙《东游日记》记载：三月二十日观能福寺，游川崎氏园林；四月初二日参观奈良春日神社、二月堂、东大寺各名胜；初三观大佛寺及西京知恩院、平安神社；初六日往上野芝公园，观德川氏园寝；初七日游上野公园，观帝室博物馆；十四日游公园；二十日"探日光西境"；二十一日到日光本境，游东照宫、轮王寺、想轮塔等。

② 周小鹃：《周学熙传记汇编》，第 88 页。

③ 周小鹃：《周学熙传记汇编》，第 83 页。

方可救国救民。张謇对教育高度重视,所以去了更多的学校及其他教育机构。另外,张謇去得较多的是幼稚园、小学、师范学校、农学校等,反映了他强调基础教育以开启民智、注重农工实业发展的一贯思想。

造成张、周考察单位及其侧重不同的原因,除了他们的兴趣和阅历不同、所处的地位不同,以及对各行业在实现富国强兵目标中所能起到的作用的认识不同外,还有一个重要的原因就是张謇坚持从本国本地的实际出发,以我们能接受为原则去选择考察对象。他在向嘉纳介绍自己东来调查宗旨时说:“学校形式不请观大者,请观小者;教科书不请观新者,请观旧者;学风不请询都城者,请询市町村者;经验不请询已完全时者,请询未完全时者;经济不请询政府及地方官优给补助者,请询地方人民拮据自立者。”①因为中日国情有着巨大的差异,处于不同的发展水平和发展阶段,所以日本现时的做法对中国尚不适用,倒是明治初年经济和社会发展刚刚起步时的做法更具借鉴意义。另外,清政府只会苛商扰民,民办实业根本别指望得到它的扶持、奖掖。

三、东游中所持的态度、结论及影响

1. 东游中表现出来的对清政府和对日本的不同态度

由于张謇、周学熙与清廷关系亲疏不同,加之一个在野,一个在朝,所以在东游过程中表现出不同的态度。在参观大阪博览会工业馆时,周学熙看到参考馆内陈列着各国参展品,“中国占地甚少,出品难制胜”②,而张謇则进一步指出清政府在展品的选择与组织协调方面的不足:国内参展的六省画地为牢、各自为政,一些足以“与五洲名产争衡”的名优产品均未送展。他对清政府官员素质之低劣也不留情面地予以批评,如他揭露了到日本考察商务的尚书载

① 张謇研究中心、南通市图书馆编:《张謇全集》(第六卷),第502页。

② 周小鹃:《周学熙传记汇编》,第92页。

振、侍郎那桐"不喜购书","无暇究商务",他们对日本将我国福建沿海地区绘入其版图竟无动于衷,以及尚书写错自己的名字、侍郎写不全官衔等丑行,表现出对清政府官员腐败昏庸的愤怒。他还对清政府不注意发现人才、推行苛商扰民政策也进行了抨击。当然此时张謇虽对清政府有所不满,但并未完全失望,而是出于对其爱护,希望巩固其统治的初衷才进行批评的。周学熙从没有指责和批评清政府的腐败。这其中固然不能排除他所说的"不敢妄谈国是"的因素,但实际上与他属于得势的当权集团,不愿得罪权贵以影响仕途,以及没有或较少尝到民营企业创业时受到的来自官府刁难阻挠、苛捐杂税的盘剥、敲诈勒索有很大的关系。

甲午战争后,日本政府为军方势力控制,不断强化军国主义教育,赞美战争、歌颂军国主义和武士道精神,并以此刺激经济发展。在参观过程中,张謇始终不忘日本既是我们学习的对象,也是侵略中国的凶恶敌人,而周学熙则显得不那么敏感。四月七日,周学熙游上野公园动物园,"甲午中东之役阵亡之某将所乘之马及辽东所获橐驼、驴、马等悉置此,标其事实始末,以示不忘,良足使人兴起。日本凡工商事业,所以鼓舞人心者,多用此法"①。甲午之役,清政府丧师失地,人民生灵涂炭,这是中华民族的莫大耻辱。日本帝国主义借此大发横财,并进行军国主义教育,刺激其军工企业及工商业的发展,周学熙对此无片语揭露和抨击。三月二十二日,他在筑港参观敷岛战斗舰。此舰为日本海军的五大主力舰之一,"船量一万五千吨,长四十余丈,速率二十三英里,舱面至底四层,上二层设炮位,下二层藏子药,共炮位二十余尊,首尾两炮台各巨炮二尊,转旋极灵,击远攻坚为最,想见海上冲锋陷阵之概。中国甲午之役所失平远、镇远皆泊港内,相形利钝,不待战而决"②,则更是过分强调武器装

① 周小鹃:《周学熙传记汇编》,第94页。

② 周小鹃:《周学熙传记汇编》,第89页。

备对决定战争胜负的作用,没有看到清政府的妥协投降政策和军队的腐败无能对这场基本上势均力敌的战争的失败的巨大危害,有为淮系和清政府开脱的味道。比较而言,张謇在反对日本侵略方面感情强烈,态度鲜明。马关春帆楼是《马关条约》签字之处,是令华夏儿女倍感耻辱的地方。1900 年 2 月 13 日,文廷式这位自言"不在位不谋政""不敢谈时事"的落难知识分子东游至此,因"不愿经此辱地损人神智,遂不登岸"①。与文廷式相比,张謇的爱国之情不遑多让。他触景生情,赋诗一首:"是谁亟续贵和篇,遗恨长留乙未年。第一游人须记取,春帆楼上马关前。"②抒发了自己谴责日本帝国主义侵略和清政府的卖国投降政策,以及不忘国耻、发愤图强的强烈感情。

2. 在东游中都表现出不怕困难、虔诚求教的精神和一丝不苟、认真踏实的学习态度

张謇和周学熙舟车劳顿,不遑寝处,为参观克服了诸多困难。周学熙晚上宿米屋旅馆,"入夜风狂,楼屋为撼,衾冷如铁,竟不成眠"③。张謇乘汽车作长途旅行,"车无食堂寝台",只好沿途买饼充饥。为赶时间,他常乘夜间车船,在车上过夜。在吉原,他投宿鲷屋旅馆,晚上蚊虫肆虐,无法入眠,苦不堪言。没有不怕艰难险阻求取真经的坚强决心和毅力是难以做到的。

他们日程安排紧凑,往往一天要参观一个乃至多个单位,私费东游的张謇更是珍惜这来之不易的学习机会。他们所到之处,细看勤问,详细记录,甚至是一些琐碎的数据和专业性较强的技术工艺也不遗漏。如张謇参观西京水利发电场时记录了水的落差、单位流量、用电企业数、发电量等;在大阪桃山女子师范学校,张謇除重点了解其教学管理外,对其建筑物、课业内容无不详细考察,甚至仔细测量了教室内椅子之大小尺寸。周学熙参观八幡制铁所,则记录

① 文廷式:《东游日记》,汪叔子:《文廷式集》,中华书局 1993 年版,第 1175、1161 页。

② 张謇研究中心、南通市图书馆编:《张謇全集》(第五卷下),第 129 页。

③ 周小鹃:《周学熙传记汇编》,第 104 页。

其历史、经费数目、运作情况等,在参观川崎造船所时记录了其资本来源、占地面积、船坞的有关数据。

3. 对日本在实业经营和教育发展方面有益经验的总结与品评

在考察过程中,张謇和周学熙努力探索日本各方面的成败得失,并从中汲取有益的养分。不过在《东游日记》中,丝毫未见周学熙对日本的做法有否定之处,而张謇则一分为二地对其加以分析。张謇不认为日本所有做法都值得效法,相反感到其有些做法不尽人意,因此我们应予以重视,尽可能努力防范和解决。比如他看到有些地方的农业不良,不及中国,有的学校教室内通风和采光条件不好,均不宜照抄照搬;日本不重视环境保护,“江户城壕河水不流,色黑而臭”,不仅有碍观瞻,也“甚不宜于卫生”,他认为这是“文明之累”。①另外,他认为日本商人缺乏商德,中国也应引以为戒。日本有的做法虽然先进,但中国目前缺乏采用条件和可能,也不能盲目效仿。这一切反映了张謇观察的细致和思考的深入。

东游给周学熙以深刻印象,他认为日本值得我们学习借鉴之处,第一是开办 6 个月到 1 年的师范学校简易科,设置修身、教育、国语、算术、历史、地理、理科、体操等课程以求“速成师范”,学校管理中“清洁方法及教室采光、换气诸法多可取”。②第二是企业办学校,培养技工。他看到三菱造船厂内设立学校,开设理、数等课程,学生两年毕业后入厂工作后,赞叹“诚良法也”。第三是重视财政工作,想方设法增加财政收入。他拜访了日本维新时财政名家,前大藏大臣松方正义。后者认为:“中国能理财政,为世界第一强国。”这使他信心大增。他又了解到日本实行烟草、阿片、樟脑的国家专卖,给国家带来大宗财政收入,认为值得中国参考。③第四是约束驾驭工匠的方法。如采用全家一同

① 张謇研究中心、南通市图书馆编:《张謇全集》(第六卷),第 500 页。
② 周小鹃:《周学熙传记汇编》,第 99 页。
③ 周小鹃:《周学熙传记汇编》,第 93 页。

雇用,执事者长期任职等方法。另外还有限制男女交往、严明界限、防微杜渐等维护封建礼教的做法。第五是提倡工艺的方法。如设立商品陈列所,收集样品和资料,加强对市场的调查和产品的研究,仿制国外先进产品等。他特别推崇设立商品陈列所,认为“事简而效速,询莫此若”,“今日本通国无一人不需洋货,而无一洋货非本国仿造者。此所以区区小国能自立于列强商战之世也”。①

张謇看到日本蹴上至京都小川头的舟溜,马上想到“江浦朱家山口若然采用,岂不大利”②。日本单级小学校四个年级合为一班,轮流上课,认为“此于中国最宜”③。看到鹤桥农校学生毕业后“各治其产”,校方听其从业或深造后,感到“此我通州最宜法者”。④他对博览会的作用也予以高度评价,后来努力促成了 1910 年南洋劝业博览会的举办。

4. 对日本成功经验的总结和对中国实现富强道路的探索

张謇和周学熙在东游期间对日本成功的经验进行了认真的总结,对中国实现富强的方案进行了积极的探索,并在东游后根据自己的结论大胆地进行实践。

周学熙归国后兴奋地对为其日记作序的傅增湘说,“日本之兴,其在工商乎”,“商业之不讲,工艺之不兴,利权失,漏卮巨,地产坐弃,游闲滋多,甚求富强而适得贫弱也固宜”。所以他决心“以得诸海外者次第敷设,为吾国之先导”⑤。周学熙总结日本明治维新的经验,认为重点是做了练兵、兴学和制造三事,而兴学、制造又必须首先开通风气。他主张通过发展交通和通讯事业(铁路、轮船、得律风)使人们“习乎交通洞达之物,智慧日增而不自觉”⑥,在潜

① 周小鹃:《周学熙传记汇编》,第 108 页。
② 张謇研究中心、南通市图书馆编:《张謇全集》(第六卷),第 497 页。
③ 张謇研究中心、南通市图书馆编:《张謇全集》(第六卷),第 491 页。
④ 张謇研究中心、南通市图书馆编:《张謇全集》(第六卷),第 492 页。
⑤ 周小鹃:《周学熙传记汇编》,第 83 页。
⑥ 周小鹃:《周学熙传记汇编》,第 111 页。

移默化中开启民智,可见,他着眼于硬件建设,努力改善基础设施。这一认识并非首创,先期访日的罗振玉即有此结论。罗振玉在《扶桑两月记》中写道:"日本文明之机关最显著者有三,曰铁路也,邮政也,电线电话也。此三事为交通最大机关,而文明由是启焉,故开民智以便交通为第一义。"①回国后,周学熙向袁世凯建议,创立了直隶工艺总局,成为开启民智、振兴工商的领导机构,发布了《劝兴工艺示文》,并派人下乡,言传身教;开办官厂,作为民间学习的榜样;开办劝工展览会,以开通官智。这些都起到了一定的效果,使直隶成为新政的模范区。

张謇东游后也将每日所记汇辑为《东游日记》出版,并分赠师友。翁同龢阅后赞扬:"凡所谘度,步步踏实。所记皆综其大端而切要。可仿者其凿井、牧牛二事乎?"②松禅老人因畏祸而不便明言,其实日本值得中国学习的又何止凿井、牧牛二事?张謇曾对日本各方面进行点评,结论是"教育第一,工第二,兵第三,农第四,商最下"③。教育和工是他最为欣赏的,也是最值得中国学习的方面。与周学熙主张发展交通通讯事业不同,张謇认为开启民智主要应通过发展教育,实行学校教育与社会教育相结合,因此后来创办了一系列教育事业,并成为近代著名的教育家。他目睹在大阪府立小学校30周年纪念会上4万学生于风雨交加之中阵列不乱后,感慨万千,认为这是长期教育的结果,从而对教育的重要性有了更加深刻的体认。而日本枢密顾问官田中不二"国之强不在兵而在教育","教育为开亿万人普通之识,非为储三数人非常之才"④也引起了他思想上的强烈共鸣,这成为他热心教育尤其是普及教育事业的精

① 罗振玉:《扶桑二月记》,《雪堂自述》,江苏人民出版社1998年版,第61—63页。

② 翁同龢:《翁同龢致张謇函》,杨立强等编:《张謇存稿》,上海人民出版社1987年版,第625页。

③ 张謇研究中心、南通市图书馆编:《张謇全集》(第六卷),第514页。

④ 张謇研究中心、南通市图书馆编:《张謇全集》(第六卷),第511页。

神支柱和力量源泉。另外,日本幼儿教育寓教于乐,在游戏中培养学生思维能力的教学方法,注重学生独立生活能力的培养,以及单级小学运作方法等也对他有着巨大的影响。重视对学生的思想教育,加强学生热爱劳动、艰苦朴素、遵纪守法、开拓进取等思想教育构成其品德教育的重要特色。

如果说周学熙仅致力于学习日本发展实业的一些具体方法的话,那么张謇则同时主张进行政体改革。在参观中,日本政府的励精图治、开拓进取给他留下了深刻的印象。他感叹:"宁非吾中国所当取法者乎?"又说:"与世界竞文明,不进则退,更无中立,日人知之矣。"①与此形成强烈对比的是清政府的歌舞升平、苟且因循。他作诗一首,题为《一人》:"一人有一心,一家有一主。东家暴富贵,西家旧门户。东家负债广田园,西家倾家永歌舞。一家嗃嗃一嘻嘻,一龙而鱼一鼠虎。空中但见白日俄,海水掀天作风雨。"②日本政府统筹规划,全面安排,"治国若治圃,又若点缀盆供,寸石点苔,皆有布置","深谙老子所谓治大国若烹小鲜之道"③以及不遗余力地奖掖实业等令他羡慕不已。张謇在对伊达邦成、黑田清隆开发北海道的成绩充分肯定的同时,流露出不甘服输的自信,认为他们的成功很大程度上得益于政府的支持;"国家以全力图之,何施不可",伊达和黑田不过"竭其经营之理想,劳其攘剔之精神而已"④。相反,清政府对实业发展从不保护和支持。张謇劝在日华商合力创办汽船公司,从事中日之间的运输。但他们对清政府的阻挠破坏、敲诈勒索心有余悸,担心清政府不会同意,认为即使同意也不会加以保护,因而不敢答应。

张謇是以"知识精英兼实行之勇士观光者"⑤、民间事业家的身份赴日考

① 张謇研究中心、南通市图书馆编:《张謇全集》(第六卷),第 493 页。

② 张謇研究中心、南通市图书馆编:《张謇全集》(第六卷),第 504 页。

③ 张謇研究中心、南通市图书馆编:《张謇全集》(第六卷),第 482 页。

④ 张謇研究中心、南通市图书馆编:《张謇全集》(第六卷),第 484 页。

⑤ 《大阪朝日新闻》(明治 36 年 5 月 31 日),引自严学熙主编:《近代改革家张謇——第二届张謇国际学术研讨会论文集》,江苏古籍出版社 1996 年版,第 912 页。

察的，秉不在其位不谋其政的古训，本不愿议论政治，但他对日本明治维新心仪已久，通过对日本实业迅速发展原因的探究，又认识到实业的发展离不开良好的政治，所谓“政因而业果”，“实业之命脉，无不系于政治”①，因而对日本立宪政体更加向往。他买来日本政治书籍进行研究，并且回国后在兴实业、广教育的同时积极投身政治运动，成为清末立宪派的主要代表人物之一，而不像周学熙那样仅仅致力于实业建设。张孝若说其父自日本回国后“见到官员友人遇到谈论通讯，没有不劝解磋摩各种立宪问题”②的。他组织译印了《宪法义解》《日本宪法》《日本议会史》等，并分赠各方人士，甚至还托人将日本宪法送到内宫。另外鉴于“地方自治为立宪之根本”③，所以自日本回国后“益致力于地方自治事业”④。

（原刊于崔之清主编《中国早期现代化的前驱——第三届张謇国际学术研讨会论文集》，中华工商联合出版社 2001 年版。书中题目被误写为《论述南张北周东游日本》。）

---

① 张謇研究中心、南通市图书馆编：《张謇全集》（第六卷），第 514 页。

②④ 张孝若：《南通张季直先生传记》，中华书局 1930 年版，第 136 页。

③ 张謇研究中心、南通市图书馆编：《张謇全集》（第四卷），第 376 页。

实业经纬

张謇实业思想的重商主义特性再考量

在曹从坡、章开沅、茅家琦、祁龙威等老一辈学者的推动下，从20世纪60年代真正开始的张謇研究在经历了20年的沉寂后重新焕发出生机，迄今，仅张謇国际学术研讨会就举行过三届，其他形式的学术活动亦不下十余次。学者们从不同的角度切入，对张謇的实业、教育、慈善等方面的思想和实践进行了广泛的研究，取得了丰硕的成果，但许多问题仍见仁见智，张謇的实业思想即是如此。有学者提出在张謇实业思想中具有很强的重商主义特性，并胪列其具体表现和内容①，那么实际情况果真如此吗？笔者拟作探讨，以丰富这方面的研究。

一

要判断张謇是否具有重商主义性自然不能不从西欧重商主义说起。

重商主义一词最早由米拉波（Mirabeau）于1763年提出②，但使用这一术语最有影响的莫过于亚当·斯密。1776年，他发表了《国民财富的创造和原因的分析》一文，对重商主义进行了猛烈的抨击。作为文艺复兴运动和新航路

---

① 邢建国、张静：《张謇实业思想的重商主义性》，《晋阳学刊》2005年第5期。

② 〔美〕小罗伯特·B.埃克伦德、罗伯特·F.赫伯特著，杨玉生、张凤林等译：《经济理论和方法史》（第四版），中国人民大学出版社2001年版，第34页。

开辟后的第一个资产阶级经济学说,重商主义对经济学理论乃至整个世界经济的发展都产生了巨大而深远的影响,难怪有人称之为“经济思想史上迄今为止影响最深广和长远的国家政策理论”①。一般说来,重商主义具有以下内涵和特征:

首先,重视货币,把拥有货币的多少作为衡量经济实力的主要标志。重商主义者把货币看成财富的唯一形态,以拥有金银的多寡作为评判一国富裕程度的主要标尺,认为金银愈多,国家便愈富强,主张尽可能多地增加货币。法国的柯尔培尔即是其典型代表。

其次,重视商业,尤其是对外贸易,视其为增加本国财富的重要源泉,主张积极发展对外贸易,千方百计去获取贸易顺差。重商主义者认为增加财富的途径除开采金银矿藏外,就是商业贸易,希望由流通领域获得货币增值,因此十分重视商业的作用,主张国家应该保护商人的利益,提高他们的地位,大力发展商品经济。不过,他们虽然承认商业贸易是获得财富的主要来源,但认为国内贸易仅能增加个人财富,而要增加国家财富则必须发展对外贸易,因此,国际贸易才是一国财富最主要的来源。如托马斯·孟就认为对外贸易的好坏才是检验一国贫富程度的标准。塞拉提出,国家要增加货币,在对外贸易中就必须保持出超,使货币尽量多地流入国内而不是流向国外;而要实现出超,就必须多卖少买,多收少支。托马斯·孟在《英国得自对外贸易的财富》中就希望“在价值上,每年卖给外国人的货物,必须比我们消费他们的为多”。②

再次,强调为了实现国家富强,政府应实行贸易保护政策,奖励生产,鼓励出口,限制进口,保护国内市场。他们认为国家干预经济不仅是保障财富增长的主要手段,也是国家致富的可靠保证。国家积极干预经济生活是重商主义

① 何新:《新国家主义的经济观》,时事出版社 2001 年版,第 217 页。

② 〔英〕托马斯·孟:《英国得自对外贸易的财富》,商务印书馆 1959 年版,第 10 页。

的核心思想,也是受自由主义经济学家诟病的根源之所在。亚当·斯密曾一针见血地指出“这种学说,就其性质与实质说,就是一种限制与管理的学说”①。高夫也认为:“重商主义就是由国家直接对经济进行调节,其目的首先是扩大生产——农业的、矿业的、工商业的,而且生产必须大于消费……出口必须大于进口,这样国家就可以聚积起越来越多的金银通货,这就是重商主义的最终目的。……具体做法是:国家对新的行业提供补助以及其他支持,国家对一些行业的产品质量进行控制以提高其在国际上的竞争力,国家给予少数大公司在某行业中的垄断地位,国家设立高关税以保护一些国内企业免遭外国进口产品的竞争。”②他们甚至鼓吹整军经武,以侵略为对外贸易开道。

二

鸦片战争后,国门洞开,虎狼擅入,中国面临“千古未有之变局”,遭遇了“数千年来未有之强敌”③。先进知识分子目睹列强商品大量倾销,造成我国国民经济凋敝,民族危机深重的客观现实,在认真总结英、日等国走上富强道路经验的基础上,接受了西欧重商主义的基本思想,大声疾呼要改变重农抑商的政策,发展商业,与列强进行“商战”,由此揭开晚清重商思潮的序幕。其代表人物有王韬、马建忠、薛福成、郑观应等。其主要观点如次:

第一,金银是财富的体现,除开采矿藏外,外贸是致富的捷径,入超是贫穷的根源。如马建忠认为,“煤铁所以致富,而非所以为富;所以为富者,莫金银矿若”,“中国不讲求西法则已,中国而讲求西法以求富,则莫若自开金矿始”④。

---

① 〔英〕亚当·斯密:《国富论》(下卷),商务印书馆 1974 年版,第 229 页。

② Richard D.Goff, *A Survey of Western Civilization*(*Combined Edition*), West Publishing Company, 1987, pp.384—385.

③ 李鸿章:《筹议海防折》,《李鸿章全集》(第 2 册),时代文艺出版社 1998 年版,第 1063 页。

④ 马建忠:《适可斋记言》,中华书局 1960 年版,第 5—6 页。

王韬提出英国之所以能富裕,是由于商人“远至数万里外,以贱征贵,取利于异邦”,并得出“英之国计民生全恃乎商,而其利悉出自航海”①的结论。陈炽提出:“频年海溢川流,岁出金钱万万。遂使廿一行省无一富商,内外穷民之失业无依者,犹如恒河之沙,不可计算。”②

第二,充分肯定商业在产业结构、经济发展和国家富强中的重要地位,视其为立国之本。徐勤强调:“商者,农工之枢纽,而操天下相通之权者也。”③王韬认为:“通商之益有三,工匠之娴于艺术者得以自食其力,游手好闲之徒得其所归,商富即国富。”④因此“泰西诸国以通商为国本”⑤,英国国计民生“全恃乎商”,甚至“国富兵强,率由乎此”⑥。薛福成指出我国“日趋于贫之故,大端有二:一则商务不盛,利输于外,犹水之渐泄而人不知也;一则矿政未修,货弃于地犹水之渐涸而人不知也”⑦,“有商则士可行其所学而学益精,农可通其所植而植益盛,工可售其所作而作益勤。是握四民之纲者,商也”⑧。郑观应则从反面论述商的极端重要性,认为“士无商则格致之学不宏,农无商则种植之类不广,工无商则制造之物不能销,是商贾具生财之大道,而握四民之纲领也”⑨。

第三,他们认识到列强经济侵略的极端隐秘性和巨大危害性,呼吁大力发展经济,与列强进行“商战”,并提出了许多具体措施。康有为指出:“古之灭国以兵,人皆知之;今之灭国以商,人皆忽之。以兵灭人,国亡而民犹存;以商

---

① 王韬:《韬园文录外编》,上海书店出版社2002年版,第91页。

② 赵树贵、曾丽雅:《陈炽集》,中华书局1997年版,第232页。

③ 麦仲华:《皇朝经世文新编》(卷十下),大同译书局1898年版,第17页。

④ 王韬:《韬园文录外编》,第248页。

⑤ 王韬:《韬园文录外编》,第46页。

⑥ 王韬:《韬园文录外编》,第91—92页。

⑦ 丁凤麟、王欣之:《薛福成选集》,上海人民出版社1987年版,第545页。

⑧ 丁凤麟、王欣之:《薛福成选集》,第297页。

⑨ 郑观应著,辛俊玲评注:《盛世危言》,华夏出版社2002年版,第307页。

灭人,民亡而国随之。"①谭嗣同指出:"西人虽以商战为国,然所以为战者,即所以为商。以商为战,足以灭人之国于无形,其计至巧而至毒。"②他们主张为了捍卫民族独立,必须与列强进行"商战",并提出了许多具体对策。郑观应强调要标本兼治,使有形之战与无形之战即兵战与商战互相配合,一方面根据我国商人"愚者多而智者寡,虚者多而实者寡,分者多而合者寡,因者多而创者寡,欺诈者多而信义者寡,贪小利者多而顾全大局者寡。此疆彼界,畛域攸分,厚己薄人,忮求无定。心不齐力不足,故合股分而股本亏,集公司而公司倒"的现状③,发展实业教育,提高商人的文化知识和道德水准。另一方面则要求政府设立商部,加强对经济的调节和干预,提高商人的社会地位,采取有效措施,实行保商、护商政策,为实业发展创造条件,调动他们兴办工商业的积极性,鼓励商人进行市场调查,查明进口洋货之大宗,设厂自制;对外应取消片面最惠国待遇,收回海关主权,修改税则,"减内地出口货税以畅其源,加外来入口货税以遏其流,用官权以助商力所不逮"④。

三

根据中外重商主义的内涵和特点,笔者认为很难说张謇的实业思想"具有很强的重商主义性"。

第一,张謇明确地反对以商为立国之本,甚至从中国国情出发,把农业放到更加重视的位置。

"重商",顾名思义,即对商业和流通领域的重视。事实上,大多研究者也

---

① 康有为:《上清帝第二书》,中国史学会:《戊戌变法》(第2册),神州国光社1953年版,第145页。

② 蔡尚思、方行:《谭嗣同全集》,中华书局1981年版,第224页。

③ 郑观应著,辛俊玲评注:《盛世危言》,第314页。

④ 郑观应著,辛俊玲评注:《盛世危言》,第342页。

首先是把重商理解为重视商业之意。尽管张謇也反对重农抑商,认为商业必不可少,急需发展,“无工商则农困塞”①,“不商则农无输产之功”②,甚至按照“治水从下游始”的逻辑提出“大本在农,而入手在商”③,主张发展商业,搞活流通,繁荣市场,以促进整个国民经济的发展。但他并不特别重视商业,明确反对以商为立国之本,甚至从中国国情出发,把农业放到更加重视的位置。他不仅在给其子张孝若的家书中要求他“宜自勉于学,将来仍当致力于农”,对“农事须常常留意”④,而且在北京时也“日日劝人归田”⑤。他把农业视为立国之本,曾明确表示“天下之大本在农”⑥,“实业以农为本”⑦,说“立国之本不在兵也,立国之本不在商也,在乎工与农,而农为尤要”⑧。在他看来,其一,中国工业不发达,只有发展农业才能解决广大民众的衣食问题,改变农村的贫困面貌和农民的悲惨处境。他本人还亲自创办通海垦牧公司,开垦荒地,以此改善农民的生活,尽自己作为“儒者”之本分,体现“民吾同胞,物吾与也”的信条。⑨其二,农业为工业提供生产所需的原料,因为“工商之本在农,农困则工商之本先拔”⑩。其三,农业也是对劳动对象进行加工的第一道程序,是商品生产和流通过程的起点,“农不生则工无所作,工不作则商无所鬻”⑪。也正是从这一角度,张謇对农本商末说表示赞同:“民生之业农为本,殖生货也;工次之,资生以成熟也;商为之馆毂,而以人之利为利,末也。汉人重农谓之本富,商末富,亮哉。”⑫

---

① 张謇研究中心、南通市图书馆编:《张謇全集》(第五卷上),江苏古籍出版社 1994 年版(本文所引《张謇全集》各卷皆出自此版,不另注),第 151 页。

②⑥ 张謇研究中心、南通市图书馆编:《张謇全集》(第二卷),第 11 页。

③⑧⑪ 张謇研究中心、南通市图书馆编:《张謇全集》(第二卷),第 13 页。

④ 张謇研究中心、南通市图书馆编:《张謇全集》(第四卷),第 662—663 页。

⑤ 张謇研究中心、南通市图书馆编:《张謇全集》(第四卷),第 659 页。

⑦ 张謇研究中心、南通市图书馆编:《张謇全集》(第二卷),第 374 页。

⑨ 刘厚生:《张謇传记》,上海书店 1985 年版,第 250—252 页。

⑩ 张謇研究中心、南通市图书馆编:《张謇全集》(第一卷),第 116 页。

⑫ 张謇研究中心、南通市图书馆编:《张謇全集》(第三卷),第 801 页。

第二，无论是在张謇的经济思想中，还是在其实业救国的实践中，商业从来没有处于重要位置。

张謇主张实业救国，而在实业中又最重棉、铁，认为要减少漏卮、救亡图存，最好的办法就是实行“棉铁主义”。棉包括植棉以及下游产业纺纱和织布，铁则是指采矿和冶炼。他曾表示：“欲富吾国，舍实业无由也。就各项实业而言，最为吾所主张者为棉铁二项。”①“实业亦必有的……无的则备多而力分，无的则地广而势涣，无的则趋不一，无的则智不及……的何在？在棉铁。”②之所以选择这两者既是鉴于纺织和钢铁“可以操经济界之全权”③的极端重要性，又是出于抵制外国经济侵略的考虑。他披览海关贸易册，发现“进口货之多，估较价格，棉织物曾达二万万以外，次则钢铁，他货无能及者”④。因此，我国实业“当从至柔至刚之两物质，为应共同注意发挥之事”，并且坚信“至柔惟棉，至刚惟铁，神明用之，外交内治裕如”。⑤

有人把张謇誉为近代儒商“最典型的代表”，儒商经世济民理想“最杰出的奉行者”⑥。但我们认为这主要是对其具有良好的道德品质和服务社会精神的肯定，实际上，在其大生企业集团中，商业贸易所占比重极为有限。

从 1895 年始，张謇与友人艰苦创业，终于形成了其实业帝国。但在大生资本集团中，居于核心地位的是分别以大生纱厂和通海垦牧公司为龙头的纺织业和垦植业。涉及金融的仅有淮海实业银行、南通交易所，从事贸易的有经营机器进口的大生公司、新通贸易公司，以及从事特种产品出口的南通绣品公司。其中淮海实业银行于 1920 年成立，总行设在南通，由张孝若任总经理，陈

① 张謇研究中心、南通市图书馆编：《张謇全集》（第二卷），第 305 页。
② 张謇研究中心、南通市图书馆编：《张謇全集》（第一卷），第 154—155 页。
③ 张謇研究中心、南通市图书馆编：《张謇全集》（第三卷），第 793 页。
④ 张謇研究中心、南通市图书馆编：《张謇全集》（第二卷），第 276 页。
⑤ 张謇研究中心、南通市图书馆编：《张謇全集》（第三卷），第 784—785 页。
⑥ 唐凯麟、罗能生：《契合与升华》，湖南人民出版社 1998 年版，第 116 页。

端为协理,徐赓起为行长,但从1923年起,该行的业务已经到了应付债户的阶段。①南通交易所自1921年9月21日开业到1922年2月停业,营业时间仅有4个多月。1910年在大生上海事务所内成立的主要为大生系统各厂向国外订购机器的大生公司到1923年即因业务清淡而停歇。新通贸易公司1921年于上海成立,主要负责进口电机。南通绣品公司1920年在上海成立,并在美国纽约第五街设立分公司,主要经销南通绣织局以及上海和苏州等地的绣品,但经营困难,并无盈余,1922年即告结束。以上这些公司不仅立足于为大生系统企业服务,资金多系大生纱厂融通,且规模小,运营时间短,在大生资本集团中实在无足轻重。以1923年为例,在全部2 483万两规元的总资本中,金融业78.7万,占3.2%;含计划流产、未能成立起来的中国比利时航业公司等在内的贸易业计198.6万两规元,占8.0%,而农垦业资本1 223.7万两,占49.3%,棉纺工业708.4万两,比重达28.5%。②

第三,商贸教育在教育机构中也微不足道。

张謇不仅是实业救国的倡导者,也是教育救国的践行者。他主张以教育改良实业,以实业挹注教育,两者相互孳乳、迭相为用。从1902年创办全国第一所民立师范——通州民立师范学校起,张謇在20多年中亲自创建和参与创建的各类大学、中学、小学、职业学校等共300多所。其中高等教育方面著名的除在南通的纺织专门学校、医学专门学校、农校外,还在南京参与创建了三江师范学堂(今南京大学等校的前身),亲自筹办了南京河海工程专门学校(今河海大学前身),在上海支持创办了震旦学校和复旦公学(今复旦大学的前身)、中国公学、上海吴淞商船学校、水产学校,在苏州有苏州铁路学校等。在各类学校中也有培养商贸人才的学校,但为培养商贸人才而设立的学校不

① 《大生系统企业史》编写组:《大生系统企业史》,江苏古籍出版社1990年版,第188页。
② 虞和平:《张謇——中国早期现代化的前驱》,吉林文史出版社2004年版,第155页。

仅规模不大，层次不高，影响也远不如纺织专门学校、医学专门学校、农校。这也从一个侧面反映和体现出商业在张謇心目中的位置。

第四，张謇在心灵深处始终存在着轻商的情结。

早在中国步入近代以前，一些知识分子业已认识到商业流通不可或缺，并对其促进生产的重要作用予以肯定，但传统的轻商观念在人们的头脑中仍然根深蒂固，对抑商政策予以褒扬者也代有其人。即使在鸦片战争后，许多人仍未改变轻商的思想，“就是商人对自己仍有某种心理上的虚弱感，说得明确一点，还有一定的不可摆脱的重儒轻商心理”①。

张謇曾把自己的下海“经商”看成“捐弃所恃，舍身喂虎”，声称是“为中国大计而贬，不为个人私利而贬”②，并在弃儒“从商”后反复为自己的弃官“经商”辩解，这说明在张謇的内心长期存在着一种“失身”、自贬之感，总有点理不直、气不壮，反映出在其内心始终存在着一种以商为耻的下意识，并试图平衡为商以后的某种精神失落。

第五，在政企、官民关系方面，张謇始终反对政府对企业进行过多的干预，也反对官办企业或“官督商办”。

众所周知，重商主义是力主政府干预经济活动的，正因为如此，有人视其为国家干预主义的前驱。伯恩斯就指出：“重商主义可以说是政府所采取的干涉制度，目的在于促进国家繁荣和增强国家力量。……它有时又被称作中央集权下的经济统治。”③勒纳说重商主义理论强调用国家干预、管理经济的方式，来提高国家的整体财富。④

---

① 唐凯麟、罗能生：《契合与升华》，第 152 页。

② 张謇研究中心、南通市图书馆编：《张謇全集》（第三卷），第 115 页。

③ 〔美〕爱德华·麦克诺尔·伯恩斯、菲利普·李·拉尔夫：《世界文明史》（第二卷），商务印书馆 1987 年版，第 233 页。

④ Robert E.lerner, Standish Meacham, Edward Mcnall Burns, *Western Civilizations*(*Edition*) Vol.1, W.W.Norton & Company, INC. 1988, p.555.

在企业经营模式上，张謇期望实行民办官助，主张政府为资本主义企业的发展扫除障碍，创造良好的外部环境，而具体的经营则应放手让百姓自办，形成官与民各司其职，相互支持的格局，反对官府对企业的干涉和压制。他曾对官办实业的弊端进行了无情的揭露，指出其"排调恢张，员司充斥，视为大众利薮，全无专勤负责之人。卒之糜费不赀，考成不及，于财政上有徒然增预计溢出之嫌，于实业上不能收商贾同等之利；名为提倡，实为沮之"。因此在出任北京政府农商总长后，即明确提出"自今而始，凡属本部之官业，概行停罢，或予招商顶办，惟择一二大宗实业，如丝、茶改良制造之类，为一私人或一公司所不能举办，而又确有关于社会农商业之进退者，酌量财力，规划经营，以引起人民之兴趣，余悉听之民办"①。

在企业的创建和经营实践中，张謇也始终坚持这一立场。1895 年农历八九月间，张謇开始筹办大生纱厂，初定为"商办"，但由于"通州本地风气未开，见闻固陋，入股者仅畸零小数。上海各厂因连年花贵折阅坐是，凡迭次劝成之股，一经采听他厂情形，即相率缩首而去。甚者以鄂厂之商本无着，苏厂之股息难收为例，一闻劝入厂股，掩耳不欲闻"②。张謇在万般无奈之下，只得说服董事，同意将当年为建立湖北纺织官局购买的，长期放在上海杨树浦码头的芦席棚中已部分锈坏的 4.08 万锭纺纱机作价 50 万两入股大生纱厂，另筹商股 50 万，将经营方式调整为"官商合办"。但大生纱厂"名虽为官商合办，一切厂务官中并未参与"③，官方没有派代表直接介入企业的运营，官股也仅取固定的红利而已。

四

总之，张謇并不特别重视商业，明确反对以商为立国之本，反对政府直接

---

① 张謇研究中心、南通市图书馆编：《张謇全集》（第一卷），第 275 页。

② 张謇研究中心、南通市图书馆编：《张謇全集》（第三卷），第 14 页。

③ 《通州兴办实业之历史》，翰墨林印书局 1910 年版，第 37 页。

介入经济活动，官办企业和干预企业的运营，而且在其实业救国和教育救国的实践中，商业也不占重要地位。因此，根据中外重商主义的一般内涵和典型特征，我们认为张謇并不具有很强的重商主义特性。

当然，在近代中国，商在不同的场合有着不同的内涵。正如马敏先生所说，清末民初，我国近代工业发展尚处于起步阶段，产业资本尚未从商业资本中最后分离出来，工商不分是当时的普遍状况。①与此相适应，商有时指狭义的商业，但又常常成为整个实业或实业经营者尤其是工商业及工商业者的代名词。事实上，在张謇的词汇里，商除具体论述产业结构时指与农业、工业相对应的狭义的商业外，也时常等同于实业，即“大工”“大农”和“大商”，尤其是民族工业，所以他说自己“言商仍向儒”，并以“兼官商之任、通官商之情”为职志，批评政府“但有征商之政，而少护商之法”。②另外，张謇希望改变过去的轻商的认识和苛商、抑商政策，要求政府采取保育主义，设立管理机构，施行保护政策，完善经济立法，设立银行，整顿税制、货币制度、度量衡制度，培养实业人才，发展交通运输业，为包括商业在内的整个实业发展扫除障碍，创造条件，最终实现国家的富强。因此从这个角度，我们也不能不说张謇具有重商主义的一些特征。

（原刊于《理论学刊》2007 年第 3 期）

---

① 马敏：《官商之间》，天津人民出版社 1995 年版，第 148 页。

② 张謇研究中心、南通市图书馆编：《张謇全集》（第一卷），第 37 页。

张謇农业经济的思想和实践研究综述

关于张謇的农业经济思想和实践的研究早在张謇先生健在之时即已开始，南通翰墨林印书局曾先后出版了《通州兴办实业之历史》(1910)、《通海垦牧公司十年之历史》(1911)等兼具原始资料和学术研究性质的著作。20世纪20年代，供职于日本外务省的驹井德三对张謇和大生集团进行了调查，撰写了《张謇关系事业调查报告书》。1922年后，大生集团由盛转衰，淮南盐垦各公司濒临解体。于是，一些学者就淮南盐垦事业陷入困境的原因、经营方式、土地利用和发展前途等进行了调查，出版了胡焕庸的《两淮盐垦实录》(1935)和王慕翰的《江苏盐垦区土地利用问题之研究》(列入台湾《中国地政研究所丛刊》)等专著。

20世纪五六十年代开始，人们对张謇的兴农实践，尤其是对淮南盐垦公司性质作了更加深入的探讨。孙家山1962年写成《苏北盐垦史初稿》(后由农业出版社于1984年出版)，重点介绍了盐垦公司概况、经营方式、租佃关系、剥削制度以及土壤改良的历史经验，认为盐垦公司失败的原因中“人谋不臧”“债务过钜”只是表面原因，最主要的是社会条件和经济关系。当时中国正处于半殖民地半封建社会的后期，农民要受到地主、官僚、买办和资本主义的剥削。封建地主、军阀政客以及资本家不仅征收高额地租，而且控制市场，经营高利贷，榨取垦民，农民过着牛马不如的生活，“试问垦务如何发展？公司业务以垦务为主，又安能不失败？”“第一次世界大战告息，帝国主义者不仅把工业品大量地输入我国市场，农产品也随之在我国倾销。……洋棉入口，迅速增长。”由于时代的局限，论断不免带有“左”的色彩，如他提出“所谓盐垦公司实质上是封建的”，“公司不过是若干地主的联合租栈”。①也有人认为盐垦公司是“形式上的资本主义公司组织，实际上成为资本家集体对农民实行封建剥削的机构”，“不是资本主义的农场，而是变相的大庄园对农奴的统治”。②还有人认为张謇投入垦业的资金远超过其所投入工业的资金，所以，在他的经济领域中，垦业实占主要地位，可见他是一个封建大地主。在国外，1965年，哥伦比亚大学出版社出版了美籍华裔学者朱昌凌先生的《近代中国改革家张謇》；1976年，日本亚洲政经学会发表了学者中井英基的《中国近代企业史研究——张謇和通海垦牧公司》。

改革开放后，思想领域的许多禁区逐渐被突破，学术研究呈现了空前活跃的局面。张謇研究在经历了20年的沉寂后重新焕发出生机。1986年，中华书局出版了章开沅20世纪60年代开始撰写的《张謇评传》一书，并改称为《开拓者的足迹——张謇传稿》。20世纪60年代，在许涤新、徐新吾等学者推动和帮助下，南通学者编写的《大生资本集团史》在延搁30多年后终于在1990年以《大生集团企业史》为名在江苏古籍出版社出版。不过，相对于对张謇的实业、教育、慈善等方面研究的丰硕成果而言，对张謇的农业经济方面的研究则显得比较单薄，迄今尚无专著问世。笔者现据掌握的资料，主要对20世纪80年代以来张謇农业经济方面的研究试作梳理。

一、关于张謇对农业地位的认识

学者们普遍认为张謇把农业放到一个与工商业同等重要，甚至更高的地

① 孙家山：《苏北盐垦史初稿》，农业出版社1984年版，第74—75页。

② 黄逸峰：《论张謇企业活动》，《学术月刊》1962年第3期。

位，视为实业的重要组成部分，主张农业与工商业协调发展。曹志君认为张謇办盐垦不只是为了给大生纱厂提供原料，那种说张謇办垦牧公司的直接动因是为大生纱厂提供棉花原料的说法未免失之偏颇。为了应对日本与大生争夺南通地区优质棉花原料，在劣势地位与外纱洋布竞争，掌握原棉市场，从1911年起，通海垦牧公司才由牧垦、盐垦转向棉垦，成为大工业生产的原料基地。可以说，张謇的盐垦事业是从政治目的出发，最后以经济目的结束。他从“农本”“养民富国”的思想出发，到为近代化民族棉纺工业谋求原料，并把它的生产纳入近代资本主义大工业的轨道，这是张謇经济思想的一个飞跃。①蒋国宏认为张謇重视农业，把它视为立国之本，并不只是近代工业的附属物。在张謇看来，首先，农业是人类生活资料的主要来源，发展农业是人类社会存在和发展的基础。其次，作为国民经济的支柱产业农业如不发展，国家就不能抵御外侮、救亡图存，实现独立和富强。再次，农业为工业提供生产所需的原料，农业是对劳动对象进行加工的第一道程序，是商品生产和流通过程的起点，为此他在农作物中特别重视与发展民族工业、塞漏救贫密切相关的经济作物的种植，把它作为发展农业的侧重点。最后，通过发展农业和农村经济以改变农村的贫困面貌和农民的悲惨处境，维护社会的稳定。②倪友春、张林华提出，张謇从来就不是就农业而论农业的，而是把它作为实业这个有机体中的重要组成部分来看待的，他强调农本商末，但农本思想已经没有了传统的“食重于货，本重于末”的说教。他的大农思想深深地浸透着爱国忧民的情愫。张謇成立公司，在种植、经营管理和分配方面行西国农学所推行之法，采东西洋各国种植畜牧之法，垦牧植棉进行商品生产，通过亦工亦农、工耕结合的途径进行农业人口

---

① 曹志君：《论张謇盐垦思想的动因》，南京大学外国学者留学生研修部、江南经济史研究室编：《论张謇——张謇国际学术研讨会论文集》，江苏人民出版社1993年版，第441页。

② 蒋国宏：《试论张謇的农业发展观》，《中国农史》2001年第3期，第71页。

的转化。①章开沅、田彤认为农业是中国社会的经济主体和基础产业:农业是一种可持续发展的产业,是国家“救贫”的手段,是地方和中央财政的保障。除了经济因素外,张謇之所以强调“重农”,还有内在的“救世”和传统“农本”意识的社会心理根源,一是以“农本位”抗衡“官本位”,由重农引发“重实业”,二是通过垦地戍边以御敌自卫,三是对传统耕读生活的怀念和憧憬。②虞和平认为“张謇改造传统农业的目的有二,一是增加国家财政收入。二是为工商业的发展提供充足而优质的原材料,他把改造传统农业与工业现代化建设紧密结合在一起。”③

二、关于张謇农业思想的内涵、来源及意义

学者们认识到张謇的农业是包括农、林、牧、渔在内的广义上的农业,而不仅是种植业,是采用西方经营方式和现代科技的“大农”。林刚认为:“张謇的农本观具有经济和社会两方面的内涵,经济方面,农业是国民经济的基础,社会方面,农民问题即农民的土地、就业和生存问题是中国社会的根本问题。”④王敦琴也提出,在张謇看来,“农不仅指农业、农作物,而且包括土地、农民和农村”⑤。陈葳、池子华认为,张謇的“三农”思想包括减轻农民负担的“悯农论”、产业链条中的现代农业观,以及乡村城镇化的选择——农村问题,其“三

① 倪友春、张林华:《张謇——中国农业近代化之父》,崔之清主编:《中国早期现代化的前驱——第三届张謇国际学术研讨会论文集》,中华工商联合出版社 2001 年版,第 251—253 页。

② 章开沅、田彤:《张謇与近代社会》,华中师范大学出版社 2002 年版,第 100—101 页。

③ 虞和平:《张謇与民国初年的农业现代化》,《扬州大学学报》(人文社会科学版)2003 年第 6 期,第 3 页。

④ 林刚:《张謇与中国特色的早期现代化道路——对淮南盐垦事业的再分析》,严学熙主编:《近代改革家张謇——第二届张謇国际学术研讨会论文集》,江苏古籍出版社 1996 年版,第 622—623 页。

⑤ 王敦琴:《传统与前瞻——张謇经济思想研究》,人民出版社 2005 年版,第 83 页。

农”思想对近代中国应如何结合国情走上现代化之途具有重要意义和价值。然而,张謇对早期现代化事业的杰出贡献更在于他的实践活动,在于他将自己的思想付诸实际的重大创新实践。①

20世纪90年代后,过去被人们忽视的渔业和林业等开始进入学者的研究视野,出现了一些新的研究成果。如裘志坚、郭振民在其论文《张謇的渔业思想》中指出:“张謇是我国近代放眼蓝色国土,首创海洋开发第一人。他以海洋渔业开发为突破口,大胆探索海洋开发,振兴海洋渔业的新路子,并在实践中形成了自己的渔业思想。其渔业思想的核心内容是渔业和航政的范围到哪里,国家的领海主权就到哪里。外争主权,内保民利是张謇渔业思想的根本宗旨和核心。”②韩兴勇、于洋的《张謇与近代海洋渔业》指出,张謇创办江浙渔业公司,发展海洋渔业,以实业为切入点,以渔政管理为基础,维护国家海洋主权,同时适应现代渔业发展的要求,有益于改善民生。③金艳发表了论文《张謇与中国林业》,指出:“张謇一生与树结下不解之缘,他力主通过植树以固水利,美化环境,发展经济,贴补教育费用。他还颁布法律奖励造林及试验育苗。”④

曹志君认为,儒家“农本”思想和理学大师朱熹“民吾同胞,物吾同兴”的“养民”思想的熏陶和影响形成了张謇经济思想中的一个重要分支——“养民富国”“本盛业昌”的立农思想。⑤倪友春、张林华认为其农本思想植根于“家世

① 陈葳、池子华:《张謇的三农思想与实践》,第五届张謇国际学术研讨会组委会:《第五届张謇国际学术研讨会论文汇编》,江苏海门,2009年,第481—486页。

② 裘志坚、郭振民:《张謇的渔业思想》,严学熙主编:《近代改革家张謇——第二届张謇国际学术研讨会论文集》,第701—705页。

③ 韩兴勇、于洋:《张謇与近代海洋渔业》,《第五届张謇国际学术研讨会论文汇编》,第386—390页。

④ 金艳:《张謇与中国林业》,崔之清主编:《中国早期现代化的前驱——第三届张謇国际学术研讨会论文集》,第436—448页。

⑤ 曹志君:《论张謇盐垦思想的动因》,南京大学外国学者留学生研修部、江南经济史研究室编:《论张謇——张謇国际学术研讨会论文集》,第437页。

务农”,“稍长略涉农书”的个人经历,不仅有承前启后的特点,而且他的涉农言论能据史而言之确凿,在农业实践中因此躬亲视察,权衡分析,又保证了提出的设想措施切实可行。①蒋国宏认为这也与张謇对本国对外贸易出现巨额入超及对工农业之间密切关系的认识有关。②叶骏、宁波、韩兴勇等认为:“张謇重视水产教育,主张发展水产教育,思想根源于其一贯的农本主张,亦源于其实业救国、教育救国思想。他主张产学互惠,契合当时实业与教育规模化发展的需要,在当时十分先进;他还提出渔防两用,以渔业主张海权的思想,其水产教育理念不仅大大突破了时代局限,而且至今仍有诸多启示意义。”③

三、关于张謇发展农业的举措和实践

马万明、王思明、李群指出,张謇以科学的措施、配套的政策积极筹措奖励基金来大力发展农业(棉业),因此取得了举世瞩目的业绩。④蒋国宏认为,张謇主张学习西方先进的经营方式和管理经验,集股成立公司,用机器耕种,实现农业经营由分散型向集约型的转变。重视农业科研及其成果的推广运用,实现农业由经验型向科学型的转变。加强科技对农业发展的贡献力,促进传统农业向近代农业的转变。发展教育事业,培养农业技术人员,提高农民的文化素质。张謇还强调政府应实行“保育主义”,发挥管理和调控的职能,一方面施行保护、提倡、奖励的政策。重视经济立法,发挥诱掖指导、纠正制裁的作用;设立农业银行,实行对外开放,通过工业反哺农业以解决农业发展所需的

① 倪友春、张林华:《张謇——中国农业近代化之父》,崔之清主编:《中国早期现代化的前驱——第三届张謇国际学术研讨会论文集》,第244页。

② 蒋国宏:《试论张謇的农业发展观》,《中国农史》2001年第3期,第72页。

③ 叶骏、宁波、韩兴勇等:《论张謇水产教育理念的思想本源》,《高等农业教育》2005年第9期。

④ 马万明、王思明、李群:《论张謇科教兴农及倡导“棉铁主义”的实践》,崔之清主编:《中国早期现代化的前驱——第三届张謇国际学术研讨会论文集》,第507—514页。

资金和技术。①章开沅、田彤认为张謇“发展农业的举措,主要是垦荒、治水,确定植棉为农业开发的生长点和突破口。以及设立农会加强对农业生产的研究、管理和指导等”。②马万明、王思明、陈少华认为,张謇主张学习西方先进的科学技术和经营方式与管理经验,加强科学技术对农业的贡献力,促使传统农业向近代农业的转变,集股成立公司,用机器耕种,实现农业经营由分散型向集约型转变便成为持大农业观的张謇所追求的理想。他兴办学校,以学促农;提倡科学,研究农事。③陈炅指出,张謇立足南通,首创我国垦牧区的大教育,为近代化大农业培养懂理论、能实践的应用型人才,以提高农业第一线操作人员的素质,使教育产业促进农业生产发展的效益。④

四、关于淮南盐垦公司的性质和地位

1. 淮南盐垦公司的性质

如前所言,过去人们多认为盐垦公司的性质是封建主义的,是“形式上的资本主义公司组织,实际上成为资本家集体对农民实行封建剥削的机构”等。1984年,严学熙率先发表《淮南盐垦区各公司经营方式初探》⑤一文,通过对各公司经营方式的研究否定了上述看法。此后,许多学者对此进行了研究。大多数学者均认为淮南盐垦公司具有一定的资本主义因素,但到底比重有多少,人们看法不尽一致,有的认为是资本主义萌芽,如郭士龙认为:“通海垦牧公司

---

① 蒋国宏:《试论张謇的农业发展观》,《中国农史》2001年第3期,第74页。

② 章开沅、田彤:《张謇与近代社会》,第103页。

③ 马万明、王思明、陈少华:《张謇科教兴农成就辉煌》,《张謇教育思想研讨会论文集》,南通,2002年,第34—40页。

④ 陈炅:《张謇——我国垦牧教育的先行者》,崔之清主编:《中国早期现代化的前驱——第三届张謇国际学术研讨会论文集》,第632—644页。

⑤ 严学熙:《淮南盐垦区各公司经营方式初探》,江苏省中国经济史研究会:《中华民国史论文集》,1984年。

是在根深蒂固的具有中国特色的封建土地制度(包括经济形态和意识形态)以及贫穷落后、动乱飘摇的社会土壤中移来了一棵弱小的资本主义萌芽。它一方面向西方学习,组织股份公司,引用新科学新技术,进行超个体的有远见的规划,走农业集约化之路;另一方面它又适应了中国的经济、文化、意识、道德等种种因素,采用了中国传统的土地租佃制度。这是一种土洋结合的农业经济体制。"①有的说其属于资本主义经济的范畴,带有浓厚的前资本主义色彩,如倪友春提出通海垦牧公司盐垦公司"是半殖民地半封建社会的产物,带有浓厚的前资本主义色彩"。盐垦公司的经营方式至少是封建主义向资本主义经营过渡的性质,从本质上讲,属于资本主义经济的范畴。②而姚恩荣、邹迎曦则认为其为资本主义性质。他们认为:"盐垦公司的土地关系、人际关系、租佃关系和经营方式上是超越了封建农业范畴的。生产关系和经营方式都具有资本主义属性。""盐垦公司的本质是资本主义的,其经济属于资本主义范畴,也是和中国民族资本的命运休戚相关的。""盐垦公司的这种资本主义的性质,是优越于地主经济的本质所在。"③张士杰认为,公司的商品生产既不是封建生产关系下的商品生产,有和典型意义上的资本主义商品生产有着某些区别,它是带有若干封建主义因素的资本主义低级阶段的商品生产;盐垦公司以商品棉生产为主,使公司与资本主义市场密不可分;公司采用了资本主义股份公司的经营形式,资本在生产过程中起着关键的作用;公司对土地投入了大量劳动和资本进行技术改造以改善农业生产条件,说明公司的经营已开始具备集约化的性质;公司采用了雇工经营形式,租佃关系不再是一种身份关系,佃农与公

① 郭士龙:《张謇是个农业改革家》,江苏省中国经济史研究会:《经济史论衡》,南京大学出版社 1987 年版,第 34—35 页。

② 倪友春:《张謇盐垦事业述评》,南京大学外国学者留学生研修部、江南经济史研究室编:《论张謇——张謇国际学术研讨会论文集》,第 428—435 页。

③ 姚恩荣、邹迎曦:《试论张謇盐垦公司的资本主义性质》,南京大学外国学者留学生研修部、江南经济史研究室编:《论张謇——张謇国际学术研讨会论文集》,第 411—427 页。

司的关系较为平等,虽然采用实物地租的形式,但这完全是为了交换,公司股东以利息的形式参与利润的分配。但同时公司的分地和祟划制下的佃农雇佣形式的存在,都说明了还带有浓厚的封建性。①章开沅、田彤提出,盐垦公司是资本主义因素与封建因素相杂糅的混合体,或称为正脱离封建母体而向资本主义蜕变的过渡形态;股份制与股东监督下的经理负责制,盐垦公司与大生纱厂相互依存,雇佣农工直接经营农业生产,实质是资本主义集约化生产;劝佃以鼓励垦殖是生产的制度化。而顶首制等则带有浓厚的封建性。②

2. 通海垦牧公司的地位

殷定泉在《论通海垦牧公司的历史功绩》一文中认为,通海垦牧公司带动和示范了一大批垦盐公司相继建立,加强基础设施建设,注重农田水利建设,使河网化和条田化同时完成,调整传统单一的盐业产业生产结构,形成农林牧副综合发展的大农产业结构,改进煎盐技术,提高盐产质量,推动淮南盐区经济社会事业的整体发展。③袁蕴豪、黄志良指出,张謇运用资本主义经营理念,首建现代意义的通海垦牧公司,树立农业劳模,倡导复种耕作制度,组织数十万移民,建立优质棉花基地,实施地方自治,走农工商系列发展道路,揭开了中国早期现代化大农业的序幕,建设了"新新世界"的新农村雏形样板。④

五、关于张謇在中国农业史上的地位

1. 对改造传统农业,实现农业近代化的贡献

学者们对张謇在提出科学的农业思想,推动农业的近代化方面的贡献给

---

① 张士杰:《论淮南盐垦公司的商品生产》,南京大学外国学者留学生研修部、江南经济史研究室编:《论张謇——张謇国际学术研讨会论文集》,第444—453页。

② 章开沅、田彤:《张謇与近代社会》,第146—147页。

③ 殷定泉:《论通海垦牧公司的历史功绩》,《第五届张謇国际学术研讨会论文汇编》,第422—428页。

④ 袁蕴豪、黄志良:《张謇是领军中国近代垦牧的模范》,《第五届张謇国际学术研讨会论文汇编》,第319—332页。

予高度评价。郭士龙认为，张謇的后半生主要精力用于农业改革，他是个农本主义者，是中国近代史上全面从事大规模农业改革并取得相当成功的第一人，誉之为“农业改革家”并不言过其实。①严学熙认为，张謇是推动中国农业近代化发展的先驱，1901年通海垦牧公司的诞生为中国农业经营方式由封建小农经营向资本主义大农业经营过渡树立了一块跨越社会形态的里程碑；通海垦牧公司和淮南农垦事业被其视为建设近代中国社会的理想模式。②华恕从忧国忧民，兴农劝农；兴修水利，垦荒植棉；总长农商，革新农政；兴办学校，普及科学；提倡科学，筹组农（学）会等方面，对张謇重农思想和实践进行了梳理和论述，认为他对辛亥革命后的共和未能解除人民的痛苦大失所望，只得独立自主地“凭良心去做”，而其所做之事虽条理万端，数量惊人，但主导思想可以归纳为兴农和劝农；他晚年倡导村落主义，实际上就是以发展农业教育为轴心的农村建设，并赞扬张謇在中国近代农业史上应属开拓启蒙之第一人，他是一个伟大的英雄人物，“特别是从农业的角度来看，比他后来执掌全国农业行政的官员更令人感到可敬”。③倪友春、张林华表示，张謇的盐垦事业开发不仅无出其右，其对中国农业近代化的贡献更是前无古人的。他对中国农业近代化无论是在理论上还是实践上所具有的开拓性、远瞻性和可操作性等等，都给后人留下了丰富的光彩夺目的遗产，堪称“中国农业现代化之父”。④苑书义还对张謇与孙中山的农业近代化模式进行了比较。⑤郭振民提出，张謇敢于冲破旧的

---

① 郭士龙：《张謇是个农业改革家》，江苏省中国经济史研究会：《经济史论衡》，第33页。

② 姚谦：《〈张謇农垦事业调查〉序》，严学熙：《张謇与中国农业近代化》，江苏人民出版社2000年版，第1—19页。

③ 华恕：《张謇》，《中国科学技术专家传略·农业编·农业综合卷Ⅰ》，中国农业科技出版社1996年版，第3—19页。

④ 倪友春、张林华：《张謇——中国农业近代化之父》，崔之清主编：《中国早期现代化的前驱——第三届张謇国际学术研讨会论文集》，第260页。

⑤ 苑书义：《孙中山与张謇的农业近代化模式述论》，《学术研究》1996年第10期。

藩篱，顺应时代潮流，引进国外先进的渔捞工具和科学技术，改革旧式渔业，开创了我国海洋渔业机械化之先河。他创办政商合一的江浙渔业公司，开发了以嵊泗列岛为中心的东海渔场，大力开发外海渔场，使我国海洋开发得以迈出创业步伐。他开发海洋，内求发展，外争主权，为建立我国新型渔业进行了不懈的探索，取得了丰硕成果，为我们今天的海洋开发事业提供了有益借鉴。①

2. 张謇在盐垦事业中的地位与作用

姚恩荣、邹迎曦认为："张謇是中国农业近代化的倡导者，淮南农业近代化组织者和领导者。"②马万明强调，张謇完全采用西方近代化大农业企业经营模式，首创股份制筹集原始资本，采用崇划制并有所创新，实现了农牧林结合，张謇的盐垦事业具有示范和开社会风气的作用；在历史刚进入 20 世纪之时，张謇初步具有农业生产良性生态循环和综合开发的观念，借以向土地提前索取投资报酬，加速滩涂开发利用，是难能可贵的。③杜涉指出，张謇在射阳兴垦开发事业中的历史作用主要表现在四个方面：开创兴垦开发事业，促进了滩涂农业的兴起；兴办水利建设事业，促进了滩涂开发和农田基本建设；致力农工商一体化，促进了工商农牧渔林各业全面发展；重视科技教育事业，促进了农业和社会事业的发展。④庄安正表示，张謇是淮南垦殖的开拓者，垦殖大潮中的主流派，垦殖模式的设计师以及移民大潮的发起人。淮南垦殖具有改造自然与改造社会的两重性是张謇将西方大农经济即农业近代化引入垦殖产生的

---

① 郭振民：《张謇——我国近代海洋渔业开发的先驱者》，严学熙主编：《近代改革家张謇——第二届张謇国际学术研讨会论文集》，第 706—717 页。

② 姚恩荣、邹迎曦：《淮南农业近代化中几个历史现象的剖析——张謇在淮南盐垦事业中的历史地位和作用》，严学熙主编：《近代改革家张謇——第二届张謇国际学术研讨会论文集》，第 649—658 页。

③ 马万明：《张謇对中国农垦近代化的贡献》，严学熙主编：《近代改革家张謇——第二届张謇国际学术研讨会论文集》，第 683—692 页。

④ 杜涉：《试论张謇在射阳兴垦开发事业中的历史作用和现实影响》，严学熙主编：《近代改革家张謇——第二届张謇国际学术研讨会论文集》，第 693—700 页。

结果,既是淮南垦殖成为中国农业近代化发展史丰碑的根本原因,也是张謇对淮南垦殖的最大贡献。①倪友春认为:“垦区政治经济教育的三位一体,实质就是张謇的地方自治蓝图。”②他在《张謇近代滩涂垦牧思想与实践的解析》中认为,爱国主义和棉铁主义是张謇经营垦牧的出发点,其终极目标着眼于大农,着眼于为农谋利,他沿着棉铁主义的设计一步一步地走向滩涂开发。在滩涂垦牧实践中,他遭遇了雨涝、盐碱、风潮、地权四大困难。张謇滩涂垦牧业绩昭著,可称为中国农业近代化之父。③

3. 促进工农业协调发展,实现现代大工业与传统小农经济的结合

林刚认为,张謇对我国经济现代化的重要贡献正在于他发扬了“知其不可为而为之”的大无畏精神和自我牺牲风骨,以过人的眼光和魄力,在解决好中国小农经济与大机器工业之间的相互关系上进行了不懈努力,形成农(资金、先进技术、产品市场和人才)工(基本原料、资金、产品市场)相互支持、相互促进、共同发展的新格局,为后人开辟了一条极有教益的道路。④杨启秀指出,“张謇制订了农工商一体化的策略并付诸实施,既为开发性农业提供了大量资金,也为纺织工业提供了大量原料,而工厂生产适销对路的产品开拓农村商品市场又带动了农村手工纺织业的发展”;“垦牧公司的建立在中国大地上开创了全新的农业经营方式。它的生产规模、集资方式、资金投向以及生产管理都有大农业商品性生产的特征,在中国是前所未有的”。⑤

---

① 庄安正:《论张謇在淮南垦殖中的历史贡献》,崔之清主编:《中国早期现代化的前驱——第三届张謇国际学术研讨会论文集》,第360—370页。

② 倪友春:《张謇盐垦事业述评》,南京大学外国学者留学生研修部、江南经济史研究室编:《论张謇——张謇国际学术研讨会论文集》,第428—435页。

③ 倪友春:《张謇近代滩涂垦牧思想与实践的解析》,《第五届张謇国际学术研讨会论文汇编》,第310—318页。

④ 林刚:《张謇与中国特色的早期现代化道路——对淮南盐垦事业的再分析》,严学熙主编:《近代改革家张謇——第二届张謇国际学术研讨会论文集》,第621页。

⑤ 杨启秀:《论张謇农业改革的思想和实践》,《社会科学》1996年第2期,第68—69页。

4. 对农业科技改良的贡献

马万明对近代以来我国引进美棉的历程进行了回顾,对张謇在美棉引种方面的贡献给予了高度评价。①杨启秀认为:"张謇重视科学,尊重人才并合理使用人才,把科学技术推广到他所兴办的实业之中,在兴办水利、引进良种和改良盐土三方面成绩突出,推动了农业科技近代化。"②徐纪嘉、何林池把张謇对我国近代棉种改良的贡献概括为两个方面:"一是兴垦植棉,引进陆地棉品种,以南通为中心向全国发放,开我国近代植棉业之先河;二是教育科研同步启动,南通农大改良鸡脚棉,新品种选育成绩斐然。"③曹云泉认为:"张謇是近代化农业之父。他为了改变农村贫穷落后的面貌,大胆吸收国外先进农业科学技术,总结提高国内传统农业生产经验,首创农业科学技术系列教育体系,按需设定农业科教改革方案和实施办法,培养社会需求的合格农艺科技人才,进行大农垦牧教育等都符合近代我国农业特点的农业现代化先进文化的发展水平和发展态势。"④赵鹏在《劝农利用佳时节——张謇与棉作展览会》中认为,与孙中山相比,张謇不仅重视农学、农政,而且还重视农业和农民,他创办的农业学校,不仅为培养农业科学知识的人才,而且还承担着沟通政、学、业三者的使命。开办展览会,通过实物成果,以最有效、最直接的形式来对广大农民进行新的农业科技的传播。展览会在向政界宣传和沟通官员与农民,在地方推广植棉方面发挥了积极的作用。通过展览会以宣传科学知识,破除迷信、推广技术的做法在全国是比较早的,可能也对其他地方产生了示范影响。⑤

---

① 马万明:《张謇引种美棉的贡献》,《中国农史》1993 年第 4 期。

② 杨启秀:《论张謇农业改革的思想和实践》,《社会科学》1996 年第 2 期,第 71 页。

③ 徐纪嘉、何林池:《张謇与我国近代棉种改良》,崔之清主编:《中国早期现代化的前驱——第三届张謇国际学术研讨会论文集》,第 425—435 页。

④ 曹云泉:《张謇与我国农业科技教育》,《张謇教育思想研讨会论文集》,南通,2002 年,第 102—108 页。

⑤ 赵鹏:《劝农利用佳时节——张謇与棉作展览会》,《第五届张謇国际学术研讨会论文汇编》,第 342—347 页。

5. 对清末民初农业改革的贡献

徐静玉提出，张謇不仅在理论上奠定了清末农业改革的思想基础，提出了农业改革的实施方案，而且在实践中身体力行参与了多项农业改革措施的推行，成效卓著；在清末无官无职，以普通士绅身份而能在这两个方面均做出重要贡献者，在全国除张謇外罕有其人。①虞和平②、崔巍③等学者指出，张謇在出任民国北京政府农商总长时期，十分重视对传统农业的现代化改造，开创了近代中国改造传统农业的新阶段。在实施过程中采取了奖励发展工业原材料农业，提高农产品商品化程度；用科学方法改良和引进优良品种，提高农业生产率；以现代的方式促进农垦事业，发展经营性农业等有力的措施，并通过制定有关法规使这些措施经济化和法制化。张謇以科学技术改造传统农业的各项措施，虽然因其农商总长任期所限，加之政府支持乏力，使许多构想未及实行，但所提出的改造传统农业的主张、政策和法规条例为此后的社会各界和政府改造传统农业事业所继承发展，从而使民国时期农业现代化出现新的气象。他还指明了民国时期农业现代化的发展方向——发展以经济作物为主体的多种经营，提高农产品商品化程度；采用以培育良种和机械耕作为主体的科学耕作技术，提高农业生产率；移民垦荒扩充耕地，发展经营性农业。民国时期的农业现代化，基本上是沿着张謇所指出的这一方向推进的。

六、余　论

在推动张謇农业经济研究方面，几次学术研讨会的召开发挥了不可替代

① 徐静玉：《张謇与清末农业改革》，《湖南农业大学学报》2003 年第 1 期，第 39—42 页。

② 虞和平：《张謇与民国初年的农业现代化》，《扬州大学学报》（人文社会科学版）2003 年第 6 期，第 8 页。

③ 崔巍：《张謇与民国初年的中国农业改革》，《第五届张謇国际学术研讨会论文汇编》，第 372—377 页。

的作用,它们不仅扩大了影响,凝聚了队伍,交流了心得,而且成为集中展示最新研究成果的窗口和推动张謇研究走向深入的加速器,许多论文即是在研讨会上或之后问世的。2009 年 4 月,在张謇故里——江苏海门召开了第五届张謇国际学术研讨会,《论文汇编》收录了参会论文 110 多篇,涉及张謇农业经济思想和实践的即近 10 篇,其中值得注意的有倪友春的《张謇近代滩涂垦牧思想与实践的解析》,赵鹏的《劝农利用佳时节——张謇与棉作展览会》,韩兴勇、于洋的《张謇与近代海洋渔业》,陈葳、池子华的《张謇的三农思想与实践》等。不过,在纪念史学流风的影响下,张謇研究也存在着应景、急就之作多,经常性、持久性研究少;内容重复多,争鸣少;简单叙述多,深入分析少,理论性不强等问题。我们认为应打破学科壁垒,借助其他学科的知识和方法,特别是新的史学理论,自然科学和社会科学的方法来对张謇的农业思想和实践进行重新解读,我们也期待着张謇研究取得新的突破。

(原刊于《学术探索》2010 年第 1 期)

试论张謇的农业发展观

张謇不仅热心于发展轻纺工业，而且始终关心和高度重视农业，为我国的农业近代化作出了重要的贡献，并形成了比较科学的农业发展观。学界同仁迄今论述尚少。有鉴于此，笔者试作探讨，以丰富这方面的研究。

一、救国济民是张謇农业发展观的宗旨

张謇自幼饱读诗书，传统文化中刚健有为、奋发进取的开拓精神，天下兴亡、匹夫有责的社会责任感，少大言、多成事的实干作风，及关心民众疾苦等思想在他的身上留下了深深的烙印。由于列强疯狂的侵略，沉重的封建剥削以及自然灾害的肆虐，传统农业急剧衰落，农村经济残破，人民苦不堪言。张謇生于农家，熟悉农村情况，了解农民之疾苦，因此决心发展农业和农村经济，以改变农村的贫困面貌和农民的悲惨处境。他曾经说过："一切政治及学问最低的期望要使得大多数百姓，都能得到最低水平线的生活。……换句话说，没有饭吃的人，要他有饭吃；生活困苦的，使他能够逐渐提高。这就是号称儒者应尽的本分。""上海拉洋车及推小车的人，百分之九十是海门或崇明人……他们生活都很困苦，他们所以到上海谋生的原因，即是无田可种，迫而出此也……盐城、阜宁、淮安等县的乡民，多半在上海充当轮船码头装卸货物之杠棒苦力……生活更比洋车夫为恶劣，通州范公堤之外海滨，直到阜宁县境，南北延长六百华里，可垦之荒田至少有一千万亩以上……只要政府仿照范公堤的办法筑成江苏省内黄海之滨一个长堤，沿海人民，自有陆续招垦开科的人。不到

二十年,至少可以增加二三百万亩棉田",如"每户农民领田二十亩,可供给十万或二十万户之耕种。以每户五口计,可供五十万或一百万人之生活。"①显然,张謇主张开垦荒地,正是为了改善农民的生活,尽自己作为"儒者"之本分,体现"民吾同胞,物吾与也"的信条。

张謇主张发展农业的目的除"济民"外,更有抵御外侮、救亡图存的宏愿。当时,中国国穷民弱,列强得以在神州大地胡作非为,中华民族面临亡国灭种的危险。张謇曾说过,"国非富不强,富非实业不张"②,"利之不保,我民日困,国于何赖?下走寸心不死,稍有知觉,不忍并蹈于沦胥"③。正是拳拳报国之心及以天下为己任的社会责任感和历史使命感使他走上了实业救国的道路。1886年,他会试报罢就提出:"中国须办实业,其责任须士大夫先之,因先事农桑。"④他帮助其父购买湖州桑苗,向乡民发送《农桑辑要》,劝导他们栽桑养蚕。甲午后又作《论农会议》《农工商标本急策》《请兴农会奏》等,阐发其发展农业的思想。1901年后,他创办了一些农业公司,将自己兴农的设想付诸实践。1913—1915年,在担任北洋政府农商总长期间,他制订政策、颁布法令扶持和奖励农业发展,抵御外国的经济侵略,收到了一定的效果。

为了强国富民以抵御外侮,张謇在农作物中特别重视与发展民族工业、塞漏救贫密切相关的经济作物的种植,把它作为发展农业的侧重点。他在大生纱厂《厂约》中写道:"通州之设纱厂,为通州民生计,亦即为中国利源计。通产之棉力韧丝长,冠绝亚洲,为日厂之所必需,花往纱来,日盛一日,捐我之产以资人,人即用资于我之货以售我,无异沥血肥虎,而袒肉以继之。"⑤所以,他

---

① 刘厚生:《张謇传记》,上海书店1985年版,第250—252页。

② 张謇研究中心、南通市图书馆编:《张謇全集》(第三卷),江苏古籍出版社1994年版(本文所引《张謇全集》各卷皆出自此版,不另注),第761页。

③⑤ 张謇研究中心、南通市图书馆编:《张謇全集》(第三卷),第17页。

④ 张謇研究中心、南通市图书馆编:《张謇全集》(第六卷),第846页。

利用通海地区盛产之优质棉花进行生产以抵制洋纱内灌。而纱厂发展后，对原料的需求大增，他反过来兴垦植棉、发展农业。这样，他把发展农业与发展近代工业紧密地结合起来，从而走上了工农业相互促进的良性循环轨道。

张謇认识到“欲求外国输入额之减少，先求本国制造额之加多。欲求制造额之加多，必先扩张其原料之数量，并改良其品质”。他披览海关账册后发现外国对华“输入品之最巨者莫如棉织物”①，所以十分重视棉花的种植。他在1901年创办的通海垦牧公司新辟耕地90 650亩，增加了农业最基本的生产资料，培育了农业发展的新的增长点。在他的带动和影响下出现的淮南废灶兴垦高潮，促进了苏北沿海荒滩的开发，使之成为全国重要的棉区和商品棉基地。他对种植甘蔗、甜菜等也很重视。他目睹“中国糖业日就衰落，洋糖入口岁值几三千万两，漏卮之巨，深感浩叹”，认为“亟宜振兴糖业以图抵制”。因此，在司职农商部期间，他设立专项基金来保证扩充制糖原料所需耕地，还对栽种甘蔗、甜菜者给以奖励，此外还要求将原种鸦片之地改种甜菜、甘蔗，并选用优良品种，如“甜菜种采之德国，甘蔗种采之瓜哇”②。张謇对其他一些经济作物的种植也很重视，如他鼓励南方各省扩大种茶面积、改良茶种、革新制茶工艺，鼓励北方推广种植大豆。植棉、种茶、栽蔗等商品性农业连生产、加工、销售为一体，预示着我国未来农业发展的方向。

张謇重视经济作物的种植，但也没有忽视种粮。如他曾颁布《国有荒地承垦条例》《边荒承垦条例》等，允许国人开垦荒地以“种谷或畜牧或种树”③。他还命令各地征集稻、麦种子送交农商部，“为检验优劣，颁示全国，一面遴选良种，酌发各省农事试验场，重加选种，为传播良种之准备”④。张謇提倡种植

---

① 沈家五：《张謇农工商总长任期经济资料选编》，南京大学出版社1987年版，第357页。

② 沈家五：《张謇农工商总长任期经济资料选编》，第356页。

③ 沈家五：《张謇农工商总长任期经济资料选编》，第328页。

④ 沈家五：《张謇农工商总长任期经济资料选编》，第304页。

经济作物并不以减少粮食种植为代价。植棉之地原来多为荒滩,并非粮田,种植甘蔗、甜菜的土地原来是用来种鸦片的,所以经济作物的种植既为工业提供了原料,又未妨碍粮食生产,而且还可给当地的农民带来更多的经济收入,更好地解决其粮食问题。淮南盐垦地区社会发展水平及人民的生活水平均高于老区这一事实说明了这一点。①张謇主张因地制宜,发挥优势,在苏北沿海地区发展商品性农业是合适的,也符合经济效益最大化的原则。

二、以农为本是张謇农业发展观的基石

重视农业,把它视为立国之本,这是张謇农业发展观的基石。他曾明确表示“天下之大本在农”②,“立国之本不在兵也,立国之本不在商也,在乎工与农,而农为尤要”③。他之所以如此重视农业,主要基于以下几个方面的认识。第一,农业是人类生活资料的主要来源,发展农业是人类社会存在和发展的基础,“必稼穑兴而后衣食足”,就连“住所需亦农之类事而及于工,所需则取于给人衣食之值可以赅之”④。第二,农业为工业提供生产所需的原料,农业不发展,“农产品不有增殖之,则工商业之发展永无可望”。因此“工商之本在农,农困则工商之本先拔”⑤。第三,农业是对劳动对象进行加工的第一道程序,是商品生产和流通过程的起点,“农不生则工无所作,工不作则商无所鬻”⑥。也正是从这一角度,张謇才赞同农本商末说:“民生之业农为本,殖生货也;工次之,资生以成熟也;商为之馆毂,而以人之利为利,末也。”⑦“汉人重农谓之本富,商末富,亮哉。”第四,农业作为国民经济的支柱产业,如不发展,

---

① 《大生企业系统史》编写组:《大生企业系统史》,江苏古籍出版社1990年版,第60页。
② 张謇研究中心、南通市图书馆编:《张謇全集》(第二卷),第11页。
③⑥ 张謇研究中心、南通市图书馆编:《张謇全集》(第二卷),第13页。
④ 张謇研究中心、南通市图书馆编:《张謇全集》(第二卷),第202页。
⑤ 张謇研究中心、南通市图书馆编:《张謇全集》(第一卷),第116页。
⑦ 张謇研究中心、南通市图书馆编:《张謇全集》(第三卷),第801页。

国家就不能独立和富强。“今以抚有四万万人口之中国而衣食所资事事仰给外人,虽欲不贫,乌可得已?”①第五,发展农业也可以改善农民的生活,维护社会的稳定。他在《布告通泰灶丁荡户》中就明确废灶兴垦的目的既是为了给国家增辟财源,也是为了“奠海滨数千户浮惰无业之贫民”②。张謇没有认识到农民无田可种的根源在于封建土地所有制,也无意改变这种不合理的土地占有关系,但通过垦荒来增加耕地数量毕竟可以在一定程度上缓和人多地少的矛盾,为农村剩余劳动力提供一条谋生之路,使他们获得最基本的生活来源,从而缓和社会矛盾,维护社会的稳定,而这对张謇经营工商业也是大有裨益的。

需要指出的是,张謇“重农”但并不抑商。相反,他认识到“无工商则农困塞”③,“不商则农无输产之功”④。发展工商业在救亡图存成为时代的主旋律,向工业社会转变成为世界潮流的情况下就显得尤为重要。就工业而论,它是商品生产和流通过程中的重要的一环,是国民经济中不可低估的一个产业。张謇指出,工“转换生熟之货,沟通农商之邮,未有不致力于工而能国者”⑤,通过工业对农产品等进行加工,可提高其附加值,发展经济,因此“外洋富民强国之本实在于工”。而且发展工业也可弥补农业落后之不足,“中国生齿繁而遗利,若仅恃农业一端,断能养赡。以后日困日蹙,仍何所底止”,如再不发展工业就“不能养九洲数百万之游民”,“不能收每年数千万之漏厄”⑥。张謇对商业也很重视。因为商不仅有输产之功,而且还是发展农业的突破口。他按照治水从下游始的逻辑提出“大本在农,而入手在商”⑦,主张发展商业搞活流通、繁荣市场,以促进农业乃至整个国民经济的发展。张謇还认识到商务在反

① 张謇研究中心、南通市图书馆编:《张謇全集》(第三卷),第789页。
② 张謇研究中心、南通市图书馆编:《张謇全集》(第三卷),第628页。
③ 张謇研究中心、南通市图书馆编:《张謇全集》(第五卷上),第151页。
④⑦ 张謇研究中心、南通市图书馆编:《张謇全集》(第二卷),第11页。
⑤ 张謇研究中心、南通市图书馆编:《张謇全集》(第四卷),第52页。
⑥ 张謇研究中心、南通市图书馆编:《张謇全集》(第一卷),第37—38页。

对外国侵略中的重要作用,所谓“商务胜利,交涉得手,国势自振”①。

总之,张謇外顺世界潮流,内审国内情势,一方面从我国农业比较落后而务农人口占总人口绝大多数的基本国情出发,高度重视农业,主张大力发展农业;另一方面也清醒地认识到传统的重农抑商政策的巨大危害,汲取了当时盛行的重商主义思想中的合理成分,纠崇本抑末与商务立国二论之偏颇,协调了农工商三者之间的关系,建构了比较科学的产业关系体系。他提出农是立国自强之本,工是富民强国之本,商是当务之急,都非常重要,各有不可替代之功能。“本对末而言,犹言原委,义有先后而无轻重。”②要抵御外国侵略,仅靠传统农业不行,必须有新式工商业,而后者的发展又要求传统农业向现代农业转变,要求农业对工业化作出贡献。因此,农工商三者密切相联、相互制约,只有彼此配合和支持才能共同发展,一起为国家的独立富强作出贡献。

三、科教兴农,实现其近代化是张謇农业发展观的核心

农业是立国之本,需要大力发展。我国农业资源丰富,起点较低,因而又有巨大的发展潜力。张謇估计“以中国今日所有之土田,行西国农学所得之新法,岁增入款可达六十九万一千二百两白银”③。因此,他主张学习西方先进的科学技术、经营方式和管理经验,加强科技对农业发展的贡献力,促进传统农业向近代农业的转变。

1. 集股成立公司,用机器耕种,实现农业经营由分散型向集约型的转变

传统农业的一个重要特征就是家庭经营,由于人、财、物方面的局限,无法采用新的耕作技术,改良土壤和品种,也不能进行大规模的农田基本建设以增

① 张謇研究中心、南通市图书馆编:《张謇全集》(第一卷),第36页。
② 张謇研究中心、南通市图书馆编:《张謇全集》(第五卷上),第151页。
③ 张謇研究中心、南通市图书馆编:《张謇全集》(第二卷),第14页。

强抵御自然灾害的能力,保障农业的持续、稳步发展。因此,早在戊戌年间,张謇就主张"集成公司,用机器垦种"①。1901 年,他将这一设想付诸实践,创立了股份制农业公司——通海垦牧公司,开学习西方先进组织之先河。公司发行股票以筹集资金,完成了资本积聚。劳动者从公司获得工资,土地所有者凭股票向公司支取利润,实现了土地所有权与经营权的分离。公司的大政方针由董事会决定,具体事务则由总经理负责。考虑到改良不久的盐碱地不宜机器耕作及解决资金奇缺的问题,通海垦牧公司从实际出发,采取了"公司加农户"式的生产经营体制。后来建立的淮南盐垦公司中有一些也曾采用农业机械,如泰和公司使用过拖拉机耕作,裕华公司建立了扬水厂以蓄淡洗盐。

2. 重视农业科研及其成果的推广运用,实现农业由经验型向科学型的转变

当时,我国农业基本上还是手工劳动,科技含量低,农民凭经验种田,靠天气吃饭,农业科研亟需加强。张謇一方面认真研读我国古代农学典籍,如《齐民要术》《农桑辑要》《农政全书》等,从中汲取有益的养分;另一方面清醒地看到原有农书多是"士大夫之农","张其利而不能执其事,状其器而不能襮其功,执书与田父则格格不能入"②,所以必须学习国外先进文化,加强农学研究。他很早就建议在各地设立农会,办报刊以研究农事、宣传农业科技。他对上海设立农会,"译西洋农报农书"的做法大加赞赏,认为这是"中国农政大兴之兆"③。1910 年,他发起成立全国农业联合会。1917 年,中华农学会成立,他被推为名誉会长。他在任农商总长期间颁布了不少文告、命令,提倡开展农业科研。如在湖北等省设立观测所,以"周知全国雨量、风向、温度升降、气压

① 张謇研究中心、南通市图书馆编:《张謇全集》(第二卷),第 13 页。

② 张謇研究中心、南通市图书馆编:《张謇全集》(第五卷上),第 242 页。

③ 张謇研究中心、南通市图书馆编:《张謇全集》(第二卷),第 14 页。

变迁以定农事改良、灾害预防之标准”①;设立农事试验场以研究改良和推广种植业、林业、畜牧业等方面的良种,使试验场成为进行“种子革命”的“参谋部”;他还鉴于“病菌流传,种祸洪大,农产损失岁计万千”,而过去“向少研究”的实际情况,在农商部农事试验场设立病虫害科,以便“采用欧美成法实地研究”②。此外,张謇还重视先进科技成果的推广运用,使潜在的生产力能够转变为现实的生产力。通海垦牧公司规定“于每一排之中公推一人为条长,每排至多三十人中选一。公司凡有对于佃之农事改良及一切措施,先知照条长,接受意旨,转告各佃,依法遵行,庶令朝出而夕遍知”,公司还派人督促农户改进生产技术。③

3. 发展教育事业,培养农业技术人员,提高农民的文化素质

张謇把实业和教育看成是彼此孳乳的关系,十分重视教育的作用,指出“举事必先启智,启民智必由教育”④,“有实业而无教育,则业不昌”⑤。当时,我国农业科技人才奇缺。从19世纪70年代起,清政府曾多次派人留学欧美,但几乎没有一个是学农的。洋务运动中开办了一些专门的学校,却也未设立新式农业学校以培养农学人才。张謇强调:“夫立国由于人才,人才出于立学。此古今中外不易之理,不蓄而求岂可幸致?”⑥所以他在聘请外国专家来华指导的同时,更重视选派有志青年出国留学,及在国内设立农业学校以培养本国的农业人才。通海垦牧公司兴工筑堤之初,他就择地千亩开办农学堂。他在通州师范附设农科,农科后来独立为农校,还一度改为农科大学。另一方面,

---

① 沈家五:《张謇农工商总长任期经济资料选编》,第302页。
② 沈家五:《张謇农工商总长任期经济资料选编》,第310页。
③ 严学熙主编:《近代改革家张謇——第二届张謇国际学术研讨会论文集》,江苏古籍出版社1996年版,第628页。
④ 张謇研究中心、南通市图书馆编:《张謇全集》(第四卷),第468页。
⑤ 张謇研究中心、南通市图书馆编:《张謇全集》(第一卷),第92页。
⑥ 张謇研究中心、南通市图书馆编:《张謇全集》(第四卷),第35—36页。

张謇看到农民文化水平低，绝大多数是文盲，他们“不知农之有学，其于辨土性、兴水利、除害虫、制肥料等事懵然不知”①，根本无法掌握先进的农业科技知识和生产技能，适应农业近代化的要求。因此倡言“教育救国”，并致力于在农村（首先是通海地区）普及教育，以提高农村人口的文化素质，培养有一定知识水平的农业生产者。他在《通海垦牧公司招佃章程》中计划在一堤内设立一小学校，“各佃子弟年七八岁至十一二岁，概宜上学四年，习浅近普通学”，希望通过“各佃普受教育”来“开通知识，发达农业”②。

四、多方支持是张謇农业发展观的精髓

农业是国民经济的基础，需要大力发展，但其自身又具有弱质性。它的自然风险和市场风险、管理难度和储运难度都比较大，这就为农业的长足发展设置了障碍。因此，社会各界应多方面保护和支持农业，解决其发展中的困难，为其发展创造有利的环境。除了通过发展教育来提高农民文化水平、培养农业人才外，张謇还强调应有政治上和财力上的支持。

张謇认为“政虚而业实，政因而业果”③，后来又提出“实业之命脉，无不系于政治”④。所以渴望有一个稳定的社会秩序和宽松的政治环境，希望政府能保护和扶持经济的发展。1903 年，他东游扶桑，对日本政府奖励扶持农工商业发展的做法十分赞赏，对清廷对民族工商业敲诈勒索、横征暴敛非常不满。1913 年，他已年逾花甲，却只身赴京任农林工商总长，目的就是要借机施展实业救国的抱负。他主张农工商业应“听民自便，官为维护”，除极少数因私人或公司无力举办而关系国计民生的由政府根据财力酌办外，其余应“悉

① 李文治：《中国近代农业史资料》（第 1 辑），三联出版社 1958 年版，第 580 页。

② 张謇研究中心、南通市图书馆编：《张謇全集》（第三卷），第 224—225 页。

③ 张謇研究中心、南通市图书馆编：《张謇全集》（第六卷），第 514 页。

④ 沈家五：《张謇农工商总长任期经济资料选编》，第 11—12 页。

听之民办”,但政府对实业应实行“保育主义”,发挥管理和调控的职能,一方面施行保护、提倡、奖励的政策“以生其利”,另一方面则加以“监督限制,以防其害”。①

他重视发挥法律的作用,认为“法律作用以积极言则有诱掖指导之功,以消极言则有纠正制裁之功”,甚至说“二十年来所见诸企业之失败……无法律之导之故也”,所以他上任伊始就提出“第一计划即在立法”,并计划制定耕地整理法、森林保护工场法、公司法、破产法等法律。②

资金缺乏,投入不足一直是制约农业发展的重要障碍。个体农民十分贫困,民营公司也势单力薄,均无力大修水利,增强抵御自然灾害的能力,无力采用先进的农业科技,因此张謇主张从三个方面着手解决。一是设立农业银行,“仿行日本年赋偿还之法,许人民以不动产作抵押品,定低廉之利息,贷以现金,并准其按年分还,则农地得改良之资本,人民得依赖此种银行,作其保障,资其周转”,如是“则关于水利之兴造,即无官吏之督促,亦必百废俱举矣”。张謇还立足本国国情,并借鉴俄、日、德、奥之经验,主张农业银行“当采德奥公私兼营之制”③。二是实行对外开放,努力引进外资。他认为只要条约正当、权限分明,不损害国家主权,那么利用外资并不可怕,绝不能因噎废食。他提出了用代办的方法来利用外资,即由我国的“地主”委托外国农业资本家代垦,双方签订合同,在合同期内收益分成,“满年后器具田亩,概归地主”,从而使资本家与地主“分任垦荒,互享利益”。④他对蒋汝藻、郑润昌与美国东益公司签约十年,雇其用大农法代垦黑龙江荒地的做法颇为欣赏,认为中国人有地无资力,外国人有资金、有技术却不能购买中国土地,通过合作可以优势互补,共享

---

① 沈家五:《张謇农工商总长任期经济资料选编》,第 8—9 页。

② 沈家五:《张謇农工商总长任期经济资料选编》,第 11—12 页。

③ 张謇研究中心、南通市图书馆编:《张謇全集》(第二卷),第 159—160 页。

④ 沈家五:《张謇农工商总长任期经济资料选编》,第 140—141 页。

农业开发之成果。这既可收“化荒成熟之效”,发展农业,又因“有大农以招徕移民,则国家不费经济而边境自臻充实”。①三是工业反哺农业。当时我国银行尚处在幼年,其作用远未充分发挥,而在半殖民地半封建社会,既要引进国外的资金和技术,又要不损害我国的主权和利益实在不易,因此工业反哺是唯一可靠的解决农业资金奇缺这一困难的有效途径。没有农业的发展,工业就没有所需的生活资料、生产资料和农村市场等,就无法持续、快速、健康发展,国家就不可能富强。因此,工业与农业休戚相关,工业在有了一定的发展后,即使为自己的生产原料着想,也应反过来支援农业。张謇主张以工补农、以农促工,实现农工商一体化的思想在当时自然难为普通人理解和接受,成为工业企业的共识和自觉行动,但在其影响所及的苏北地区却得到了一定程度的贯彻实施。大生纺织企业从 1901 年到 1924 年向通海垦牧、大有晋等盐垦公司累计投资达 2 119 万元。1924 年,大生资本集团陷入困境。由债权人组成的银团来南通查账,他们发现其实“大生纺织公司本身亏累并不算多,而各盐垦公司挪用大生之款竟在 500 万元以上”②。这实际上也正好说明了大生纺织企业对农业发展的巨大支持和贡献。在 1901 年至 1910 年间,大生纱厂、大生沪账房曾给予通海垦牧公司资金援助,而到 1911 年以后,通海垦牧公司就一直盈利,并转而支援大生纱厂和分厂,有些年份达到 10 多万元。③通海垦牧公司走过的历程说明兴办盐垦、发展农业本身并非无利可图。恰恰相反,只要经营得法、管理有力,农业是大有可为的,也能反过来支持工业发展。

五、结束语

清末民初,内忧外患接踵而至,经济凋敝,民不聊生。具有爱国主义思想

① 张謇研究中心、南通市图书馆编:《张謇全集》(第二卷),第 239 页。

② 刘厚生:《张謇传记》,第 259 页。

③ 《大生企业系统史》编写组:《大生企业系统史》,第 59 页。

和经世致用传统的先进知识分子纷纷探求国家的出路,开列救世济民之良方。一时间,与列强进行兵战、商战之议蜂起。就在许多人把中国的贫弱归咎于以农立国的传统因而冷落和轻视农业,视之为不急之务的时候,张謇慧眼独具,从我国的历史和现实国情出发,大声疾呼要发展农业,并且会通中西、博采众长,在创业实践中形成了比较科学的农业发展观,大大丰富了我国农业思想的宝库。尽管由于阶级和认识的局限,他的农业发展观不可避免地存在这样那样的缺陷,但他主张学习国外先进的文化以振兴农业、实行科教兴农、立法规范、对外开放、多方支持等思想至今仍闪耀着智慧的光芒,对我国当前农业和农村经济的发展也具有重要的借鉴作用。

(原刊于《中国农史》2001 年第 3 期)

张謇财政思想初探

张謇是我国近代著名的实业家、教育家,一个崛起于东西方之间、处于过渡时代的历史人物。胡适称之为“伟大的失败的英雄”,说他“独立开辟了无数新路,做了三十年的开路先锋,养活了几百万人,造福于一方,而影响及于全国”。①他曾先后担任南京临时政府实业总长和北洋政府农林、工商总长和全国水利局总裁等职。他关注社会现实,心系百姓疾苦,矢志拯救民族危亡,进而实现国家富强。他了解世情、国情和民情,勤于思索和探究,在融汇古今财政理论的基础上,对清末民初我国的财政问题进行了深入的研讨,阐发了自己对财政问题的主张,形成了富有特色的财政思想。对此学术界尚无人论及,笔者拟从其论著入手爬梳整理,就其关于财政的地位和原则、关于开源和节流的思路和方略等方面的思想进行阐述,以求教于方家。

一

财务为庶政之母。任何公共管理活动都离不开财政的支持。张謇对财政的重要性有着特别清醒的认识,把它比喻为人的血液,说“财者,譬之人身,犹精血也。精血枯竭,命且随之”②,强调它是开展行政管理活动的前提,“国无

① 胡适:《〈南通张季直先生传记〉序》,张孝若:《南通张季直先生传记》,中华书局 1930 年版,第 3 页。

② 张謇研究中心、南通市图书馆编:《张謇全集》(第一卷),江苏古籍出版社 1994 年版(本文所引《张謇全集》各卷皆出自此版,不另注),第 1 页。

政不理,政非财不举”①。

1900 年八国联军侵华战争和 1901 年《辛丑条约》的签订使中国“创巨痛深,实与亡国无异”②,清政府认识到不能在老路上继续走下去了,被迫改弦更张,施行新政。张謇认为,财政是兴办一切事业的先导,对于实行新政、加强国防、发展教育、推进政治民主、实现国家的现代化显得尤为迫切,说:“要政待举者无穷,尤要者尤宜亟举;言其表则海军尤要,言其里则地方自治教育费为尤要。然非有财政之预备,则一切且无从而举,何有于兼筹表里也?”③

1912 年中华民国南京临时政府成立后,财政问题成为困扰革命党人的难题之一,也是左右民初政局的一个关键要素。一方面,新兴资产阶级对前途充满期待,以为大力发展民族资本主义的时机即将到来,百废待兴;另一方面,内忧外患尚未消除,经济凋敝,而传统财政来源或被民国政府免除,或被地方各省截留,关税、盐厘等重要财政收入又把持在帝国主义手中。中央财政匮乏已极,军政费用极端困难。当时南京十余万军队军费没有着落,嗷嗷待哺,伙食从干饭改为稀粥,之后连稀粥也难维持,以致军队面临哗变的危险。辛亥革命后,建立临时政府迫在眉睫,各方均希望张謇能出任财政总长,张謇以“实不敢以全无把握之事滥竽充数”推辞④(后被推为实业总长)。张謇认为,当时的中国国家不统一,而外患日亟,“中国第一急务,不外整理财政。苟得整理财政,增加收入,中国前途不必忧矣”⑤。显然,开辟财源、重振财政实为当务之急。

二

张謇认为,做好财政工作必须贯彻以下重要原则:

---

① 张謇研究中心、南通市图书馆编:《张謇全集》(第一卷),第 117 页。

② 刘坤一:《刘坤一遗集》(第 5 册),中华书局 1959 年版,第 2289 页。

③ 张謇研究中心、南通市图书馆编:《张謇全集》(第一卷),第 116 页。

④ 张謇研究中心、南通市图书馆编:《张謇全集》(第一卷),第 234 页。

⑤ 张謇研究中心、南通市图书馆编:《张謇全集》(第一卷),第 226 页。

一是必须一切从实际出发，反对照搬照抄别国的经验或做法。他说："财政之要，须审度国家政治历史、人民生活程度以为衡。若强援欧美强国取民之制，以组织不完全之法，施之观念不同、救死不赡之人民而责以担负，削足适履，所伤实多，未见其有济也。"①也就是说，在中国税种的选择、税率的高低都要考虑到具体国情，而不能简单照搬别国的做法。

二是在财政工作中应实行仁政，轻徭薄赋，省事安民，与民休息，反对横征暴敛、苛政扰民。他赞赏汉初黄老清静无为的思想。这是因为，一方面，无为而治的思想是一种极为高明的统治思想，曾使社会安定，经济有了很大发展，如汉初的"清静无为"催生了著名的"文景之治"。另一方面，清末政府乱作为的结果不仅不能促进经济发展，相反产生了极大的负面影响。一些官员借机敲诈勒索，大大加重了企业的负担。企业对此深恶痛绝。1903 年，张謇东游日本进行了考察。考察给张謇留下深刻印象的是日本政府深谙老子"治大国若烹小鲜"之道②，给予企业比较宽松、自由发展的环境，不对其进行过多的干预。他借用"土烦则草木不生，水烦则鱼鳖不长"的古训，认为苛政以惠民始，以害民终，绝非仁者所当为，"是以扰而烦之者祸之矣，于何云福？夫以国利民，福为名始，而以国害民，祸为实终，仁者不为也"③。而且如果一味征敛，则"民必不堪命"，势必导致政局的动荡。

三是政府应让利于民，而不能与民争利。辛亥（1911 年）五月，张謇入京。摄政王载泽召其与盛宣怀一同商讨四川铁路收归国有的方法。盛以铁路工款中有三百余万为川绅所亏欠，政府不应承担为由，主张仅以实际所用的部分还给四川股民。张謇则主张全额补偿股民，提出川路资金"输出者川之人民，亏挪者川之绅士"，不能混为一谈，要把亏欠挪用路款的绅士与普通股民区别开

① 张謇研究中心、南通市图书馆编：《张謇全集》（第一卷），第 117 页。
② 张謇研究中心、南通市图书馆编：《张謇全集》（第六卷），第 483 页。
③ 张謇研究中心、南通市图书馆编：《张謇全集》（第一卷），第 281 页。

来，主张“一面查追绅士，一面允给川人”，并认为政府与百姓之间绝非普通的商品交易关系，倘若是甲商与乙商之间的关系，适用处理经济纠纷的方法并无不可，但政府与民众的关系具有特殊性，政府“不当与人民屑屑计利”，而且川人争路款，并无反政府的意图，因此尤须审慎。载泽无言以对。①后来，正是由于清政府对张謇的建议未予采纳，处置失当，才使四川的保路运动愈演愈烈，并直接导致了辛亥革命的总爆发。

三

财政的主要功能在于为实现国家的职能而筹集和安排财政资金。一般而言，财政涉及收与支两方面。在开源方面，张謇认为，在一定的条件下可以借用外债，改革盐政也很有必要，但最重要的还是发展农工商实业。

1. 借用外债

张謇认识到“借债政策，关系国家存亡大计，一日无确当的解决，即国家大计日陷于杌陧之危境”②，因此必须高度重视。

张謇对借外债有着理性客观的认识，一方面，由于中国当时“贫窘达于极点”，借款用以救济“诚属万不得已之举”。③同时，借用外债是解决国内资金短缺、发展实业的客观要求，说“中国物产丰饶，事业繁多；苦于人才缺乏，母财滞涩，卒至持笥而号寒，倚困而啼饥”。另一方面，外资“利之所在，害亦因之”④，所以认为，凡事都是一分为二的，对待外债也应当辩证地看，关键是要趋利避害。他批驳了那种因噎废食，对借用外债一概否定的看法，认为问题的关键不在于是否借，而在于以什么条件借，如何使用。民国十二年(1923)，他在《论导

① 张謇研究中心、南通市图书馆编：《张謇全集》(第六卷)，第874页。
② 张謇研究中心、南通市图书馆编：《张謇全集》(第一卷)，第165页。
③ 张謇研究中心、南通市图书馆编：《张謇全集》(第一卷)，第166页。
④ 张謇研究中心、南通市图书馆编：《张謇全集》(第二卷)，第169页。

淮致齐督军函》中说:“今之社会,动曰借债亡国。走宁不知借款之有弊。但如富家败子,饮食男女,任意挥霍,不足则仰给于人,而子母本息,循环相生,不数年而祖先遗产,不复为己有。又如崛起后进,欲谋生业,苦于徒手,暂贷诸人;他日业成而永久,收入之数,支抵有期限之债务外,其所得且倍蓰,则振兴之机,宁不赖外资之过渡?故世界各国之兴大利,除大害,无一不借外债。亡不亡,视用债与还债之属于生利抑消耗,而不在借不借也。”①他强调借款必须有一定的限制,必须签订合同,不能附带任何政治条件,而且应用于有益于国家和民族的生利之事,用之于生产建设,而不能用于耗费。如果借债用于消费,“以有穷之借款,供无穷之挥霍,将何术以弭之?现时中国外债已达十万万两以上,罄全国十年之岁入,毫不用于他途,犹不足为偿还夙逋之用”②。借债必须建立在有偿还能力的基础上,否则就好比“饮鸩自毙,势必不救”③。另外,借外债还必须考虑之后可能产生的后果,并早为之谋划。因为“大宗外债骤输入于内地,银价之涨落,物值之低昂,贸易正负之差异,皆将增而生绝大之变动,久困涸辙之社会,亦或以骤增消费,生蒸蒸蕃庶之幻象”④。

2. 整理盐政

张謇对盐政有着长期的研究,对整理盐政在财政工作中的地位有着高度的认识,指出“整理财政,第一步即在整理税政,企图增收。现时中国税收,特以盐政最关重要”⑤。早在青年时代,张謇就曾研读了大量的中国盐政古籍,了解中国盐政制度嬗变的历史。1894 年参加殿试时,他曾明确指出清代盐商借官行私的弊端,并建议政府薄取盐利、体恤民艰。1901 年,他在《变法

---

① 张謇研究中心、南通市图书馆编:《张謇全集》(第二卷),第 620 页。
② 张謇研究中心、南通市图书馆编:《张謇全集》(第一卷),第 167 页。
③ 张謇研究中心、南通市图书馆编:《张謇全集》(第一卷),第 166 页。
④ 张謇研究中心、南通市图书馆编:《张謇全集》(第一卷),第 168 页。
⑤ 张謇研究中心、南通市图书馆编:《张謇全集》(第一卷),第 226 页。

平议》中首次阐明了自己设厂聚煎、就场征税的改革盐法主张。1904年，张謇作《卫国恤民化枭弭盗均宜变盐法议》，对清代盐法的流弊进行了猛烈的抨击，主张恢复唐代刘晏就场征税的方法，认为实行就场征税，寓盐税于出场价之中，由场商任缴，可以化私为官，化枭为商，增加税入，减省缉私费用，利国利民。1910年，他又写成《预备资政院建议通改各省盐法草案》，提出了改革盐法的七大主张，力主摒弃专商，破除引岸，实行就场征税和自由贸易。1912年，中华民国临时政府在南京成立，张謇出任实业总长兼理两淮盐政。就任之始，他就发表了《改革全国盐政意见书》，指出“中国旧时专制政治之毒最为灭绝人道者，无过盐法”，“专制之盐法，盗法也”①，主张废止引岸，就场征税。因此，有学者认为，张謇在清末最早高举盐政改革的旗帜，主张改革我国的盐政制度，成为清末民初盐政改革的中心人物。②

3. 开垦荒地，发展农业

张謇提出，在我国，发展经济为解决财政困难的根本途径，也是实行新政、巩固政权的有效保证，说：“人民生计之瘠，母财之缺乏，与其取之于茫无知识、救死不赡之人民，何如略筹资本，经营榛芜，开辟利源？国有产业之岁入增，则国民担负之喘息减；喘息减则无疾视政府之心，而一切新政得以安行而徐举。”③他认为，农业为立国之本，是中国传统的基础产业，更是传统财政收入的重要来源，“人不尽力，地不尽利，是为两失”④，姑且不论蒙古、西藏和东三省，即使在内地各行省中荒废未垦之地也是不可胜计，因此主张辟天然之利源，舒民间之财力。张謇联系江苏的实际指出，在苏北徐、海地区，水土深厚，

① 张謇研究中心、南通市图书馆编：《张謇全集》（第二卷），第132—134页。

② 张荣生：《张謇——清末民初的盐务改革家》，张謇研究中心：《再论张謇——纪念张謇140周年诞辰论文集》，上海社会科学院出版社1995年版，第153页。

③ 张謇研究中心、南通市图书馆编：《张謇全集》（第一卷），第117页。

④ 张謇研究中心、南通市图书馆编：《张謇全集》（第四卷），第427页。

地力肥美,与江南相比有过之而无不及。只是因为人民安愚习惰,又无政府提倡和资本家经营,致使地利尽失,一有凶荒,死亡枕藉,为外人所訾笑,所谓“坐卧于千仓万箱之中,而束手饿毙者矣”①。因此主张学习国外现代农业科技知识,设立公司,采用机器生产,发展资本主义大农业,以实现农业的近代化。

4. 发展民族工商业,增强国力

张謇的财政思想是以发展实业、增强国力为基础的。他强调,只有经济持续发展,才能使政府获得取之不尽、用之不竭的财源,所以必须立足长远,大力发展经济,培植税源,反对杀鸡取卵,急功近利。他认为老子“欲固取之,必先予之”的思路十分高明,可以说抓住了财政问题的关键,“诚明乎取也”②。

张謇赞同孟子“无政事,则财用不足”的观点,认为“因循偷惰,而欲坐致富饶,是何异却行而求及前人,古今中外,无此前事”③,主张大力发展经济,培植税源,而不是消极坐等,无所作为。1903 年,张謇东游日本。他目睹日本实业突飞猛进、一日千里,感叹日本政府的奋发有为,认为其“卑宫室而尽力乎沟洫”的做法“宁非吾中国所当取法者乎?”④张謇目睹在清政府的统治下,地方官员一味榨取,多方阻挠,严重挫伤了民间发展实业的积极性,使他们视之为畏途的现状,建议政府实行优惠政策,“凡工商机器制造之货,创办之始,概予宽免捐税三年;若就本地零销者,酌减捐税之半。其初垦之田,恪遵雍正元年圣训,水田六年起科,旱田十午起科,或量定为三年起科,五年起科”,“如是则农务、工务、商务必然不日著振兴之效”⑤。他认为,在风气未开、民智低下、经济发展刚刚起步、民营经济尚较脆弱之时尤其需要政府的扶持。政府对于新

① 张謇研究中心、南通市图书馆编:《张謇全集》(第一卷),第 117—118 页。
② 张謇研究中心、南通市图书馆编:《张謇全集》(第一卷),第 73 页。
③ 张謇研究中心、南通市图书馆编:《张謇全集》(第一卷),第 120 页。
④ 张謇研究中心、南通市图书馆编:《张謇全集》(第六卷),第 493 页。
⑤ 张謇研究中心、南通市图书馆编:《张謇全集》(第二卷),第 16 页。

兴事业应采取鼓励的政策，应在税赋征收等方面给予优惠，切实履行规划、设计和领导经济的职能，保护民间发展工商业。这也正是自言“天与野性，本无宦情”，“愿为小民尽稍有识见之心，不愿厕贵人受不值计较之气；愿成一分一毫有用之事，不愿居八命九命可耻之官”①的张謇在花甲之年出任北洋政府农林工商总长的初衷所在。

四

由于当时军阀连年混战，开支浩繁，政府财政十分困难。而另一方面，各地自然灾害频发，经济发展停滞，开源无方，因此，节流自然成为缓解政府财政困难的题中应有之意。张謇的节流思想具体体现为裁兵简政、厉行节约两个方面。

1. 精简机构，裁汰冗员

清末吏治腐败，冗员充斥。这不但造成行政混乱，降低了行政效率，而且增加民众的负担，加剧封建国家的财政困难。张謇认识到要解决这些问题就必须从精简机构，裁汰那些寄生在政府机构里无所事事，有时反而添乱的冗员着手。早在《变法评议》中，他就主张要“省不急之枝官”，进行机构精简，说：“省叠床架屋、监临牵制之官，而益分门别类、专责办事之官，不犹愈乎？”②他还进行具体分析，指出在地方各省，既然已有督抚专掌外交、海军、陆军，则将军、都统之类官员可省；有布政使专掌赋税之官，行折漕之法，则漕运总督以下各屯卫官及关监督可省；有农商道，则盐运使、织造以下之官可省；有工科道，则河督以下之官可省矣。在中央，理藩院职掌与外交部相同，大理寺同于刑部，太常、鸿胪、光禄、銮仪同于礼部，太仆同于兵部，因此，这些机构完全可以撤销或合并。钦天监可隶于文部，内务府、太医院可隶于内务部。③后来清政

① 张謇研究中心、南通市图书馆编：《张謇全集》（第四卷），第526页。

②③ 张謇研究中心、南通市图书馆编：《张謇全集》（第一卷），第51页。

府的改革与这些思想基本一致。

机构改革涉及诸多方面，特别是由于它损害了一些人的既得利益，因此要真正实行起来总是阻力甚多、困难重重。19 世纪 90 年代，江宁藩司所属厘捐局在江北 11 个州、县设有捐卡 187 处，而通州、海门两县即多达 57 处，几乎占江北捐卡的十分之三。其中石港、双甸两处捐卡每年收捐不及千串，而开支却高达三千串，按理应予撤除，而总局却声称其“虽入不敷出，然关系他处极重大”，“裁去不便”，听起来冠冕堂皇，好像慎重捐务，实则由于私利作祟，因为通海为著名优差，藩司总局“凡换一人，可卖四五千金”。如果实行包捐则“此可卖四五千之差价失矣”①。正是由于地方官员因少了中饱的机会而对改革百般阻挠，致使通海包捐这项既利国又利民的改革最后失败。张謇因此感叹，“为民减一几希之累如扛鼎，为国去一骈冗之吏如拔山”②，减轻百姓负担、裁减冗员实在是太难了。

1913 年 9 月 11 日，张謇被任命为北洋政府工商总长兼农林总长。他在经过认真的调查后，克服重重阻力，大刀阔斧进行改革，将两部并为一部，原农林、工商两部共设八司，改革后仅设农林司、工商司、渔政司和矿政局共三司一局。1913 年 12 月 26 日，张謇在一则通告中指出，职位是官员的基础，只可为岗求人，而不应因人设岗，说：“国家设官分职，有职然后有官，用人者为事务求人才，非为个人谋位置……”③他留下学有专长或熟娴部务者，将那些有职名无所事事者裁汰，并制定农商部官制，规范官员行为，明确各部门的工作职责。经过改革，农商部人数从原来的 400 多人减少到 126 人，削减了三分之二以上。由于机构精干，又选用了具有真才实学的专门人才，文牍主义、相互扯皮现象有所减少，工作效率因此大为提高。这是张謇就任农商总长期间能取得

① 张謇研究中心、南通市图书馆编：《张謇全集》（第三卷），第 758 页。
② 张謇研究中心、南通市图书馆编：《张謇全集》（第二卷），第 508 页。
③ 张謇研究中心、南通市图书馆编：《张謇全集》（第一卷），第 286 页。

巨大成绩的重要原因①,也为第一次世界大战期间我国民族资本主义发展能够出现所谓"黄金时期"创造了条件。

20世纪20年代初,江苏财政困难,预算赤字达三百万元。为节流计,张氏请求裁撤运河工程局及吴淞商埠局。他认为,在所有开支中,那些事关教育、实业的"不可因节而废,可节者其惟行政空言之机关"。而无论是淞埠督办经办的商务,还是运河工程督办管理的水利均属于民政的范畴,既然省、县都有职能机关,那么,根本无需再设此机关,何况这些机关的存在不仅没有起到应有的作用,相反还产生因人生事、相互阻碍等诸多负面影响,说:"民政之在县,乃至在省,既各有官矣,复安用此?比既有局,乃有专员,系属者且有无数之员。事犹事也,冀其易举,而或反得难,而廪食则既耗矣。食少而食之者多,主者即推其食食之,而食者固未能饱,而事仍不尽举,毋亦类于煦煦孑孑之所为。"②他认为,裁撤这两个机关的好处至少有二:一是可以节省不小的一笔开支,二是可以驱使原来那些素食者从事生产经营,这对地方实业发展不无裨益。他还表示,过去我们一直批评北京中央政府,但其尚能从大局出发,"不恤一家之哭,而裁冗员以累千计",我们江苏又怎么能"笑人未工,忘己之拙,犹惜此骈拇枝指之机关,竭劳农劳工之力,以养不农不工之人,令一路哭耶?"③

2. 厉行节俭,身体力行

张謇认为,节俭"可以立实业之本,可以广教育之施"④,只有节俭才能为实业的进一步发展奠定坚实的基础,也才能在民智未开、财力支绌的条件下实现普及教育的目标。他不仅崇尚节俭,而且身体力行,生活十分俭朴。张孝若

① 张廷栖:《张謇的勤政廉政思想与实践》,《南通大学学报》(社会科学版)2009年第1期。

② 张謇研究中心、南通市图书馆编:《张謇全集》(第二卷),第616页。

③ 张謇研究中心、南通市图书馆编:《张謇全集》(第二卷),第616—617页。

④ 张謇研究中心、南通市图书馆编:《张謇全集》(第四卷),第81页。

说其父“穿的衣衫有几件差不多穿了三四十年之久，平常穿的大概都有十年八年，如果袄子、袜子破了总是加补丁，要补得无可再补，方才换一件新的。每天饭菜不过一荤一素一汤，没有特客，向来不杀鸡鸭。写信用的信封都是拿人家来信翻了过来，再将平日人家寄来的红纸请帖裁了下来，加贴一条在中浊。日常都用这翻过来的信封。有时候包药的纸或者废纸拿起来起稿子或者写便条用。拿了口利沙的空酒瓶做了一个塞子，寒天当汤婆子，自动告诉人家适用得很。有时候饭后吃一支小雪茄烟，漏气就粘一纸条再吃，决不丢去。平常走路，看见一个钉、一块板都捡起来，聚在一起，等到相当的时候应用他”①。其俭朴不仅令那些挥金如土的豪门巨室为之汗颜，也让普通百姓为之侧目。

需要指出的是，张謇还主动减少自己的薪金，节约有限的行政经费。1920年2月，他出任江苏运河工程局督办，到任后即发表就职演说，要求把有限的经费用到刀刃上，“万不能以地方人民之款稍涉浮滥，为酬应人情之举”，并表示从自身做起，削减薪俸，仅支五成，而且还将其存于局中“为补助各员之用”，“庶于法定范围之内，兼收挹彼注兹之功”，局内职员如有“提款及验工各事发生，临时派委出发，照给旅费，平日不支薪金”。他希望这一“节经费”的建议得到职员的谅解，为减轻财政压力作出一定的贡献。②

五、结　语

张謇的财政思想是其长期关注财政问题的结果，也是其实践的理论成果，主要包括开发财源的理财之道、发展生产的生财之道和崇尚节俭的用财之道等方面。他的财政思想少有对财政基本原理的论述，更多的是直面现实财政困难，努力解决财政问题的对策和方略，这使其财政思想带有鲜明的实践性。

① 胡适：《〈南通张季直先生传记〉序》，张孝若：《南通张季直先生传记》，第344页。

② 张謇研究中心、南通市图书馆编：《张謇全集》（第二卷），第457页。

他强调要体恤民艰,反对横征暴敛,体现其儒者情怀和以民为本的宗旨。他主张从中国国情出发制定财政政策,把国家财政建立在经济繁盛、人民富庶的基础之上,寓解决财政困难于积极发展社会生产力之中,强调政府在厉行节约的同时,应切实履行职能,促进经济发展,都是很有战略眼光的。张謇的财政思想符合清末民初的基本国情和社会需要,符合财政建设的客观规律,昭示了一条比较切实可行的财政建设道路,对克服当时的财政困难有着一定的指导意义,对我们今天做好财政工作也具有一定的借鉴作用。

(原刊于《理论观察》2014 年第 5 期)

论张謇的政府经济职能思想及其特点

张謇既是我国近代出色的实业家、教育家,也是著名的管理思想家。他除了有着20年的幕僚生涯外,还曾先后担任南京临时政府实业总长和北洋政府农林、工商总长及全国水利局总裁等职。他时常思考政府应该如何发挥经济调节和市场监管职能,引导国家实现现代化和富国强兵的问题,并在实践中逐步形成了丰富而独特的政府经济职能思想。研究张謇的政府经济职能思想,吸取人类文明的优秀成果,对于指导我们进一步实现政府职能转变,为经济发展创设良好环境具有重要的借鉴作用。

一、张謇政府经济职能思想的基本主张

1. 政府应鼓励民间开垦荒地,发展农业,并为实现社会稳定创造条件

张謇提出,政府有提倡、鼓励民众开发资源之责,特别是在国力衰微、瓜分豆剖的晚清中国,更具有重要性和紧迫性。因为"国家富力之消长,恒以物产之衰旺为枢机。居今日而欲救贫,道莫要于垦荒"①,因此,要救国就必须增强中国的综合国力,而开垦荒地、发展农业对当时工商业比较落后的中国来说尤

① 张謇研究中心、南通市图书馆编:《张謇全集》(第二卷),江苏古籍出版社1994年版(本文所引《张謇全集》各卷皆出自此版,不另注),第233页。

其重要。

1903年，张謇东游日本时对日本政府奖掖实业不遗余力大加赞赏，同时感叹满清政府昏庸失职，认为这是国家不能富强的根本原因。他在日记中写道，北海道开垦的土地仅占其十分之一，而每年农、林、渔、矿产值已达四千万元。我国二十二行省尚未开垦的荒地比北海道不啻多出百倍，能够从事开垦的无业农民更是不止千倍，之所以业绩不大，“抉其病根，则有权位而昏惰者当之矣”①。张謇在对伊达邦成、黑田清隆开发北海道的成绩充分肯定的同时，也认为他们的成功很大程度上是因为有得天独厚的外部条件，得益于政府的支持，“国家以全力图之，何施不可？”②

张謇认为，为民谋划，特别是解决下层群众的生活是政府必须思考的问题，政府缺乏规划和设计是造成经济发展不快、人民生活困顿的重要原因。他说：“贫民之所以贫，半由自取，半由无人为之设计而安厝。”③换言之，对人民的贫困，政府难辞其咎。

经济不发展不仅使政治改革无法深化，政治发展无从推进，而且会妨碍社会稳定和国家独立。张謇曾说：“各种人民生计缺乏，即宪政无由进行。若因生计而一有乱象，则又可引起外患。”④由于自然和历史的原因，江苏淮安、徐州、海州地区曾匪患猖獗，社会治安不佳。张謇认为其根源在于自然灾害频仍、经济发展落后，说：“民俗强悍，而又承河流垫溢、田亩荒芜之后，一遇灾祲，流离载道，就食而南者辄数十万口。……此在国家无事则然，乱机一发，匪盗四起，此仆彼作，若火燎原。”⑤事实上，淮徐海地区水土深厚，地力肥美，“徒以

① 张謇研究中心、南通市图书馆编：《张謇全集》（第六卷），第505页。
② 张謇研究中心、南通市图书馆编：《张謇全集》（第六卷），第484页。
③ 张謇研究中心、南通市图书馆编：《张謇全集》（第一卷），第405页。
④ 张謇研究中心、南通市图书馆编：《张謇全集》（第一卷），第164页。
⑤ 张謇研究中心、南通市图书馆编：《张謇全集》（第二卷），第156页。

人民安愚习惰，无贤长官提倡于上，无资本家经营于下，坐使平时弃货于地，沮洳荒秽……一有凶荒，死亡枕藉”，所谓“坐卧于千仓万箱之中，而束手挨饿”①。因此，要解决民生问题，实现社会的稳定，就必须改变生态脆弱的局面，增强抵御自然灾害的能力，同时要开垦荒地，加快苏北资源的开发和经济的发展。他不仅渴望政府切实履行在经济发展中的职能，鼓励和提倡民间垦荒，而且还与许鼎霖、沈云沛等绅士一起在苏北兴办实业、发展交通、开垦荒地，为苏北的现代化作出了杰出的贡献。

2. 政府应“维持保育”，多管齐下，促进民族工商业的发展

（1）减轻税负，扶持新兴民族工商业

在当时的中国，稚嫩、脆弱的民族实业尚处于萌蘖时期，渴望得到各界的呵护和扶持。政府的政策在一定程度上甚至成为它们能否生存和发展的关键因素。

张謇目睹在清政府的统治下，地方官员一味榨取，多方阻挠，严重挫伤了民间兴办实业的积极性，使他们视之为畏途的现状，深有感触地说，官府在农工商务初创之时“率以重捐重税困之，虽商民之破家堕业而有所不顾”，以致民间“视国家兴利之说为陷阱之尤”。他建议政府实行优惠政策，在企业创办之始，实行工业制成品免捐税三年，在本地销售者减半；对初垦之田，实行“水田六年起科，旱田十年起科，或量定为三年起科，五年起科”，相信这样农、工、商务不日即可收明显成效。②他主张大力发展民族纺织业，因为一方面棉制品为国际贸易大宗，在输入洋货中数额最大；另一方面，国内实业中稍具规模者，也只有纱纱一业，既然“商民以巨大之资，为国家塞漏卮，挽权利”，那么“维持保育，责在政府”，政府责无旁贷，自应对其进行扶持。③

① 张謇研究中心、南通市图书馆编：《张謇全集》（第一卷），第117—118页。

② 张謇研究中心、南通市图书馆编：《张謇全集》（第二卷），第16页。

③ 张謇研究中心、南通市图书馆编：《张謇全集》（第一卷），第457页。

（2）健全法律法规，改善经济发展环境

1913年，张謇出任农林工商两部总长后进行了广泛的调研，同时结合自己创业的艰辛经历，认为我国实业发展中存在的“第一问题，即在法律不备”①，说之所以企业纷纷倒闭，推原其故，正是由于在创立之初缺乏法律为之引导，“将败之际，无法以纠正之；既败之后，又无法以制裁之，则一蹶而不可复起。或虽有法而不完不备，支配者及被支配者，皆等之于具文”。他认为，没有法律为之预防的危险甚至比缺乏资本还要严重，提出谋求农工商业之发达是农商部的职责所在，强调“非迅速编纂（法律）公布施行，俾官吏与人民均有所依据，则农林工商诸要政百端待举，一切均无从措手”②，因此上任后制订和颁布了一系列的经济法规，对第一次世界大战期间我国民族资本主义发展出现“黄金时期”贡献极大。

（3）统一度量衡，为经济发展扫除障碍

1840年鸦片战争后，伴随着列强对华经济侵略的逐步加深，各国度量衡也纷纷传入。由于清政府无法抵制各国度量衡在我国的使用，也无力或无暇顾及国内度量衡的统一，因此造成国内度量衡的极度混乱。这既不利于国家政权的稳定，也危及普通大众的生活，特别是妨碍了民国工业化和工业标准化的实施，增加了交易成本以及买卖时产生纠纷和欺行霸市的可能性，制约了国内商品经济的发展。张謇认为，度量衡的制定和改革既要吸收国外先进思想，又要紧密结合中国国情，做到“外之须明世界日新之学说，内之须审本国习惯之民情”，因为“不顺民情，则农田市物价格之争，必扰及相安之生计；不参学说，则地球经线准据之用，无以希进化之大同”③。在张謇的主持下，北洋政府对度量衡划一问题进行了讨论，决定采用万国权度公制，公布了《权度

①② 张謇研究中心、南通市图书馆编：《张謇全集》（第一卷），第277页。

③ 张謇研究中心、南通市图书馆编：《张謇全集》（第二卷），第256页。

条例》《权度法》《权度法施行细则令》，建立了权度委员会，以“研究关于权度一切重要事项”①。当然，由于北洋政府统治时期时局动荡，加上《权度法》所规定的甲、乙两制的换算过于复杂，实际应用起来不太方便。因此，北洋政府推行的度量衡划一“仅于短期内试行于北平及山西两处”②，未能推及全国。

3. 政府应发展教育，提高国民素质，并为经济发展提供人才支持

教育不仅能普及科学知识，传播科学思想，促进个体发展，也是培养科技人才，实现经济发展的助推器。发展教育既是政府履行文化职能的重要内容，也是其履行经济职能的客观要求。

张謇对教育高度重视，指出“教育者，万事之母”③，今“环球大通，皆以经营国民生计为强国之根本。要其根本之根本在教育”④。他认为教育的落后是制约国民素质提高和国家富强的关键因素，大力发展教育既是近代日本崛起的重要缘由，也是中国改变被列强欺凌厄运的不二法门和必由之路，因此在1903年东游日本期间，他重点考察了其教育。他不仅提出了“父教育、母实业”⑤的理念，主张以教育改良实业，以实业辅助教育，形成两者相互促进、共同发展的良性循环格局，而且在政府职能缺位，无意或无暇大力兴办教育的情况下，捐资兴办了多层次、多学科，以南通为中心，辐射华东地区的众多教育事业，成为饮誉海内外的著名教育家和近代中国“教育救国”的旗手之一。

4. 政府应兴修水利，整治水患，“利便民生”

张謇认为，兴修水利、改善民生是当时政府亟待履行的职责，也是刻不容

---

① 中国第二历史档案馆：《中华民国史档案资料汇编》（第三辑：工矿业），江苏古籍出版社1991年版，第11—12页。

② 实业部全国度量衡局：《全国度量衡划一概况》，国民书局1933年版，第3页。

③ 张謇研究中心、南通市图书馆编：《张謇全集》（第四卷），第92页。

④ 张謇研究中心、南通市图书馆编：《张謇全集》（第四卷），第90—91页。

⑤ 张謇研究中心、南通市图书馆编：《张謇全集》（第四卷），第74页。

缓的重要任务，指出“民生实为国本。欲为民生，事业无重大于水利”①，“忧民生……莫切于修水利”②。

众所周知，我国是一个水旱灾害频发的国度。在江淮地区，由于多种原因，黄河和淮河则是高悬在人民头顶的利剑，时刻威胁着人民的生命和财产安全，也在人民的心理上留下难以消除的阴影。因此，治理黄、淮水患就成为政府义不容辞的责任。清政府虽设立了专门机构，提供了工作经费，但一些地方官员平时对河防不予重视，或者截留官帑，克扣工款，过着奢靡的生活，或者敷衍塞责，不以维修堤防为务，甚至在灾害发生之时仍歌舞升平，欺上瞒下，以至于黄河始终未能驯服。古淮河与长江、黄河、济水并称“四渎”。由于河道淤塞，一遇大雨即易酿成大面积的洪涝灾害。历史上灾害频发，几乎无年无之，所谓“灾无大小，岁必有见”③。同治十三年(1874)，张謇随原通州知府孙云锦查勘淮安渔滨积讼时，亲眼目睹淮河水灾造成了巨大危害，认识到“我江北人民之隐患大害无过于是”④，“淮不治，江北无宁日”⑤，因此萌生导淮之志，并付诸实践，从此开始了40年的艰辛治淮历程。

张謇强调政府应切实履行职能，并强调防止水患应着眼平时，重在预防，加强基础设施建设，做好水利工程的维护和修缮。他在出任全国水利局总裁后主张在全国访求熟谙水利人员，延聘外国工程师，就水患严重的省份，勘测绘图设计，呈请中央施行，同时请求政府明发申令，责成被灾各省克日成立水利分局、水利委员会、河海工程测绘养成所，并将受灾区域绘具图说，送交内务、农商部暨水利局会同考核，以期“利便民生，而减少水患”⑥。

---

① 张謇研究中心、南通市图书馆编:《张謇全集》(第二卷)，第370页。
② 张謇研究中心、南通市图书馆编:《张謇全集》(第二卷)，第371—372页。
③ 张謇研究中心、南通市图书馆编:《张謇全集》(第二卷)，第498页。
④ 张謇研究中心、南通市图书馆编:《张謇全集》(第二卷)，第513页。
⑤ 张謇研究中心、南通市图书馆编:《张謇全集》(第二卷)，第560页。
⑥ 张謇研究中心、南通市图书馆编:《张謇全集》(第二卷)，第280—281页。

5. 政府履行经济职能必须减少行政直接干预，充分运用法律、经济手段

管理经济是政府的主要职能之一。在传统体制中，政府职能手段比较单一，尤其习惯于和擅长于使用行政手段。张謇认为，政府在调节和干预经济活动的过程中，乞灵于法律、求助于金融、注意于税则、致力于奖助这四者“皆农工商行政范围中应行之事”①，在各业幼稚之时，扩张民族工商业之方针，“舍助长外，别无他策。而行此主义，则仍不外……提倡、保护、奖励、补助以生其利；监督制限，以防其害”②，而且根据自己历尽困苦所得的经验认为，这些政策尤其不可一日延缓。张謇所提出的提倡、保护、奖励、补助以及监督限制归结起来，也即是法律手段和经济手段两种。

张謇认为法律的作用包括两个方面，“以积极言，则有诱掖指导之功；以消极言，则有纠正制裁之力”③。他对于法制建设的极端重要性有着清醒的认识，曾表示：“立国以法律为本……”④“法治者，则在组织之始，即存一永久性质，不视人为转移。以人治者，则其人即号开通，而萧规曹随，古已罕见；人亡政息，此亦吾国数千年来受弱之一大原因。”⑤因此主张加强法制建设，改变人治的传统。他在担任北京政府农商总长期间，一方面加强法制建设，制订和完善法律、法规；另一方面坚持依法行政，用法律规范政府行为，努力维护工商业者的合法权益，反对任何凌驾于法律之上的行为。1872 年创办的轮船招商局原为李鸿章招商筹办，后改为官督商办。1922 年，北京政府觊觎招商局资产，拟以此押借外债。交通部秉承政府意旨，以莫须有的草菅人命、舞弊和占地等多项罪名为借口，呈请政府清查。此事经报纸披露后引起舆论大哗，股东群情

---

① 张謇研究中心、南通市图书馆编：《张謇全集》（第一卷），第 274 页。

② 张謇研究中心、南通市图书馆编：《张謇全集》（第一卷），第 276 页。

③ 张謇研究中心、南通市图书馆编：《张謇全集》（第一卷），第 27 页。

④ 张謇研究中心、南通市图书馆编：《张謇全集》（第二卷），第 480 页。

⑤ 张謇研究中心、南通市图书馆编：《张謇全集》（第四卷），第 93 页。

激愤,迅速组织了股权联合会,抗议北京政府对商办企业的蚕食。张謇认为,在法制国家,一切均应依法办事,不能以权代法,“逾越常轨”,上海招商局“乃完全商办公司,非官吏所可违法蹂躏”;即使招商局有违法嫌疑,也应按照法定手续,循序处理,而不能非法干涉,“断无不问受理管权暨告诉权之合法与否,证据及理由充分与否,贸然据一自称股东片面之辞,遽行查办其公团,拿办其职员之理”。因此,希望政府收回查办命令,撤销该部所派官员,“以杜官吏恃势违法之渐,而安商办航业之常”①。

在坚持依法管理经济的同时,张謇重视运用货币和财政手段。在货币手段方面,他主张“确定中央银行,以为金融基础,又立地方银行以为之辅,励行银行条例,保持民业银行、钱庄、票号之信用,改定币制,增加通货”。在财政手段方面,一是运用税收杠杆来调节经济活动,“或轻减以奖励之,或重征以抑制之”②。他对日本政府扶持民族工商业的政策艳羡不已,说日本“银行自明治十一年始,本为国立,后属之商……工商之业,官为民倡,有利则付之商。不止不夺也,而维护之。以是知其官智之程度高矣”③,“日本凡工业制造品运往各国,出口时海关率不征税,转运则以铁道就工厂,又不给则补助之。国家劝工之勤如是……”④他对设立关卡,征收税费,妨碍商品流通的做法极为不满,主张取消厘金和常关税,以有利于统一、开放市场的形成,从而使市场在资源配置中的调节作用得到进一步的发挥,说:“厘金与常关皆为通过税,世界皆目之为恶税。……行之愈远,则商货成本愈重,是禁制商货之流通,迫其近售,而罚其远行者也。商货运行则有罚,是乌可言商政?”二是对航海、远洋渔业方面的大企业给予奖励和补助。由于这些企业所需资金多,专业人才不易获得,加之

① 张謇研究中心、南通市图书馆编:《张謇全集》(第三卷),第817—818页。

② 张謇研究中心、南通市图书馆编:《张謇全集》(第一卷),第273页。

③ 张謇研究中心、南通市图书馆编:《张謇全集》(第六卷),第494页。

④ 张謇研究中心、南通市图书馆编:《张謇全集》(第六卷),第486—487页。

自然环境的影响，经营风险很大，“故各国皆有奖励补助之法，盖诱掖之，使之发展，即所以为国家扩生计、增国力者也”①。东游日本期间，张謇在驻日华商的招待酒会上，劝华商合资创办汽船公司从事中日之间货物运输，“各商逡巡逊谢，言先恐华官不许，即许亦不保护”，张謇感叹：“日本邮船会社开创至今，国家补助未绝也。嗟乎！畏虎者，谈虎而色变，孰使吾海外辛苦之民变色至于此？又念余遵朝旨，兴扬通内河小轮，犹有阻抑者，彼商人之寒心何怪焉。”②张謇主张对实业发展进行奖励补助要结合其成效，采取的最好方法是保息，具体做法是对新设立的公司，根据其效益和规模，给予三年中每年 3—5 厘的保息，这样“新旧递嬗，而一国之实业于是勃兴矣”。他认为，实行这种政策，“国家筹仅少之费，而民业有日兴之象。税源既活，则国用自充，其利至溥”③。

张謇主张政府应创造良好的外部环境，为资本主义企业的发展扫除障碍，而具体的经营则应放手让百姓自办，形成官与民各司其职、相互支持的格局，反对官府对企业进行过多的干预，也反对官办企业，认为政府直接经办企业既不经济，也有政企不分、既当裁判员又当运动员之嫌，有悖平等竞争的市场原则。他曾对官办实业的弊端进行了无情的揭露，指出“吾国有史以来，除盐铁均输铸币屯田外，向无官业，且均为财政或边防之关系，无导民兴业之心。及清季国力日孱，士夫竞言生利，而各省官营业始纷纷出现。然排调恢张，员司充斥，视为大众利薮，全无专勤负责之人。卒之糜费不赀，考成不及，于财政上有徒然增预计溢出之嫌，于实业上不能收商贾同等之利，名为提倡，实为沮之”。因此在出任北京政府农商总长后明确提出，凡隶属农林、工商两部之官业概行停罢，或招商顶办。只有丝茶改良制造之类的大宗实业，由于其“为一私人或一公司所不能举办，而又确有关于社会农商业之进退者，酌量财力，规

①③　张謇研究中心、南通市图书馆编：《张謇全集》（第一卷），第 273—274 页。

②　张謇研究中心、南通市图书馆编：《张謇全集》（第六卷），第 503 页。

划经营,以引起人民之兴趣。余悉听之民办”①。

二、张謇政府经济职能思想的鲜明特征

张謇是一个崛起于东西方之间、处于过渡时代的历史人物。他没有接受过西方的教育,对西学缺乏系统的了解,对西方政府职能理论更是了解不多,但基于亲身经历,在经历了一次又一次的失望与打击,面临理想与现实强烈冲突的情况下,他反复思考在环球大通的时代,在国门洞开、虎狼擅入、灾难深重、民不聊生的中国,政府到底如何才能履行自己的经济职能,迅速改变国家的命运和贫穷落后的现状,认为“为民兴利除害,本国家应尽之义务”②,形成了兴利除害为核心的政府经济职能思想,并且呈现出鲜明的特征。

1. 张謇的政府职能思想注重解决民生问题,贯彻了“以民为本”的宗旨

清初的稳定与繁荣使我国人口迅速增长,到乾隆五十一年(1786)已达291 103 000人,咸丰元年(1851)更是达到431 896 000人。尽管近代战乱频仍,自然灾害频发,但人口数量始终维持在一个高位运行,到了晚清出现了“昔(康乾之世)供一人之衣食,而今供二十人”,“昔居一人之庐舍,而今居二十人”的状况。③人口数量的增长加剧了人口与资源的紧张关系,而大量过剩人口的存在又导致了严峻的流民问题,构成社会不安定的因素,不利于现代化发展所需要的良好的社会环境和政治环境的形成。民生问题因此成为近代中国任何一个政治集团都必须首先考虑的问题。

如何处理好行政管理者和老百姓之间的关系,摆正“公仆”和“主人”之间的位置也是行政管理的首要问题。张謇继承传统民本思想,关注民生,而且躬

---

① 张謇研究中心、南通市图书馆编:《张謇全集》(第二卷),第165页。

② 张謇研究中心、南通市图书馆编:《张謇全集》(第二卷),第71页。

③ 薛福成:《救时之要》,邓亦兵校注:《庸庵随笔》,中共中央党校出版社1998年版,第165页。

亲实践。他在科举中式后毅然捐弃所依,舍身喂虎,去从事当时许多人轻视的工商业。鉴于棉纺织业是关系国民生计最重要的工业部门之一,也是当时外国资本主义侵略危害最为严重的工业部门之一,他把兴办实业的落脚点放在棉纺织业。他将其所创立的第一个,也是最重要的企业取名为"大生",寓意儒家所服膺的"天地之大德曰生"。他在与刘厚生介绍自己从事垦牧的动因时曾经说过:"一切政治及学问最低的期望要使得大多数的百姓,都能得到最低水平线的生活。……换句话说,没有饭吃的人,要他有饭吃;生活困苦的,使他能够逐渐提高。这就是号称儒者应尽的本分。"①因此,自1901年起,创办通海垦牧公司等盐垦公司,围海造田,招佃开垦,发展植棉业,并带动了南黄海的废灶兴垦热潮。

2. 张謇把经济职能作为政府的主要职能,把增强综合国力作为奋斗目标,凸显了近代中国救亡图存的时代主题

政府职能反映政府的实质和主要活动方向,其中经济职能是政府最基本的职能之一。发展经济不仅是改善民生的重要举措,也是实现救亡图存的客观要求。张謇以经济职能为中心的政府职能思想紧扣了时代的脉搏,顺应了历史发展的潮流。

众所周知,公元1500年前后,当西方开始海外扩张时,诸种族互相隔绝的状态宣告结束,世界各地逐渐被连接起来,成为全球资本市场的一部分。②1840年,鸦片战争爆发,英国的坚船利炮粉碎了国人"天朝上国"的迷梦,打开了原先紧闭的国门,中国从此面临着更加激烈的国际竞争,遭遇了前所未有的强敌。李鸿章称之为"数千年未有之变局"和"数千年未有之强敌"。他在奏稿中说:"今则东南海疆万里,各国通商传教,来往自如,麇集京师及各省腹地。

① 刘厚生:《张謇传记》,上海书店1985年版,第250—251页。

② 〔美〕斯塔夫里阿诺斯著,吴象婴等译:《全球通史:从史前史到21世纪》,北京大学出版社2006年版,第396页。

阳托和好之名，阴怀吞噬之计。一国生事，诸国构煽，实为数千年未有之变局。轮船电报之速，瞬息千里；机器机事之精，工力百倍；炮弹所到，无坚不摧；水陆关隘，不足限制，又为数千年未有之强敌。”①在列强的侵略和掠夺下，中国国穷民弱，中华民族面临亡国灭种的危险。如何拯救民族危亡，改善民众的处境成为先进知识分子思考的首要问题。落后就要挨打是国人在创巨痛深之后的心得体验，增强国力是改变悲惨命运的不二选择。作为一个自幼受儒家思想熏染，有强烈的社会责任感和历史责任感的知识分子，张謇认识到，国际竞争归根到底是综合国力的竞争，而其核心则是经济实力的较量，因此，发展经济就成为近代中国的当务之急。发展经济需要政府的扶持和良好的外部条件。张謇对清政府只有苛商扰民之举，绝无奖掖扶持之政感到痛心和失望。但他始终没有放弃政府切实履行职能，扶持经济发展的期待和幻想，而这也是张謇热心改良政治，参与立宪运动，以及后来转而拥护共和体制，甚至亲自入阁为官的原因。

3. 张謇的政府经济职能思想强调政府在经济发展中的责任，具有鲜明的东方特色，也反映了后发现代化国家实行赶超战略的客观要求

19 世纪末 20 世纪初，西方发达资本主义国家完成了从自由资本主义向垄断资本主义的过渡，垄断大量出现并在经济和社会生活中产生了巨大的影响。由于其扭曲了价格机制，使市场在资源配置中的调节作用难以有效地发挥，并激化了劳资矛盾，加剧了社会的动荡，因而引起了人们的关注。在经济思想领域，从 18 世纪开始到 20 世纪 20 年代，自由主义占据主流，“守夜人”理论是各国政府履行经济职能的指导思想。亚当·斯密、洛克等从各自的视阈论述了政府的职能仅限于为国民的自由、财产、人身等提供保障，政府不能干预经济活动，只能充当“守夜人”的必要性和可能性。亚当·斯密强调，“政府要想管

① 李鸿章：《李文忠公奏稿》（卷二四），商务印书馆 1921 年版，第 11 页。

理得好一些,就必须管理得少一些”,政府的职能主要体现在如下三个方面:第一,保卫个人的安全,使其不受他人的侵害;第二,保卫国家的安全,使其不受外敌的侵犯;第三,建设、维护某些私人无力办或不愿办的公共设施与公共事业。①

张謇强调政府在经济和社会发展中的责任,主张通过政府干预以加快经济的发展,体现了鲜明的东方特色。在传统的东方社会,农业是国民经济的主体和支柱,水利是农业的命脉,农业生产的发展离不开水利工程的兴修和维护,而这一切又离不开政府的管理,这构成了东方国家强调集中,重视发挥政府调控作用的传统。另外,自秦始皇统一六国以来,中国经历了两千多年的封建专制统治,高度统一的中央集权,自给自足的小农经济,也导致了中国传统文化中自由主义资源的稀缺。自幼受传统文化的教育,又生活在这样的国情之中,张謇必然对政府寄予厚望,对自由放任的经济思想缺乏认同。

16、17 世纪为西方重商主义的发展时期。重商主义者认为,国家可以也必须干预经济活动,国家的干预可以促进经济社会的发展,尤其是对外经济贸易的发展。正因为如此,有人视其为国家干预主义的前驱。伯恩斯指出:“重商主义可以说是政府所采取的干涉制度,目的在于促进国家繁荣和增强国家力量。……它有时又被称作中央集权下的经济统治。”②高夫写道:“重商主义就是由国家直接对经济进行调节,其目的首先是扩大生产——农业的、矿业的、工商业的……具体做法是:国家对新的行业提供补助以及其他支持,国家对一些行业的产品质量进行控制以提高其在国际上的竞争力,国家给予少数大公司在某行业中的垄断地位,国家设立高关税以保护一些国内企业免遭外

① 〔英〕亚当·斯密:《国民财富的性质和原因的研究》(下卷),商务印书馆 1974 年版,第 252—253 页。

② 〔美〕爱德华·麦克诺尔·伯恩斯、菲利普·李·拉尔夫:《世界文明史》(第二卷),商务印书馆 1987 年版,第 233 页。

国进口产品的竞争。”①19世纪后期，在西方，当自由主义甚嚣尘上，重商主义受到冷落的时候，在遥远的东方中国，出于塞漏救贫、救亡图存的需要，却出现了适合重商主义思潮生存的土壤。

众所周知，第二次鸦片战争后，中国面临的重要任务就是工业化。而要想推动工业化，就必须依靠国家的力量，因为，越是后发现代化国家就越是在工业化过程中依赖国家主导，发挥政府的作用。中国先进知识分子目睹列强商品大量倾销、国民经济凋敝、民族危机严重的客观现实，在总结英、日等国走上富强道路经验的基础上，大声疾呼要改变“重农抑商”的政策，发展民族工商业，与列强进行“商战”。晚清重商主义思潮由此揭开了帷幕②，其代表人物有王韬、马建忠、薛福成、郑观应等。如郑观应强调政府应主动肩负起责任，“凡中西可共之利，思何以筹之；中国自有之利，思何以扩之；西人独览之利，思何以分之”③。他们对张謇产生了巨大的影响，也成为张謇比较重视发挥政府作用的思想渊源之一。

三、余　论

行政管理是指行政机关对国家事务、社会公共事务以及机关内部事务的管理。行政管理思想是行政管理得以实施的理论基础，是人们对行政管理客观规律探索的智慧结晶，也是对当下行政管理实践的宝贵借鉴。在对中国行政管理思想的研究中，对古代行政管理思想以及党的几代领导集体及领导人行政管理思想的探讨较多，对中国近代行政管理思想的研究最少，而在仅有的几篇论文中，对曾国藩行政管理思想研究的有2篇，对孙中山、郑观应行政管

---

① Richard D. Goff. *A Survey of Western Civilization*(*Combined Edition*), West Publishing Company, 1987, pp.384—385.

② 王尔敏：《中国近代思想史论》，社会科学文献出版社2003年版，第202页。

③ 夏东元：《郑观应集》(卷上)，上海人民出版社1982年版，第74页。

理思想的各1篇,对张謇的行政管理思想研究尚付阙如。

张謇研究早在20世纪20年代即已开始,迄今已近百年,但正如章开沅先生所言,从目前状况来看,虽然规模与数量已较为可观,但研究方法与视角大多仍然比较单调,往往流于就事论事,既缺乏宏大的叙说,更缺乏深刻的阐析,其成果尚停留于较低层次。①另外,“在张謇研究中出现了某些令人不安的倾向,就是表面文章多,歌功颂德多,而对张謇的思想主体深入钻研少,将张謇及其事业放在中国历史的长河及其巨变中,放在中国近代化和当前的现代化道路中加以认识和把握的研究更少”②。从研究内容看,目前还主要集中于其实业、教育和社会活动的思想和实践方面,而对其行政管理方面的思想还未涉及。创新是学术研究的生命。只有不断拓展新领域,取得新成果才能把张謇研究真正推向深入。因此,对张謇行政管理思想进行研究无疑具有重要的学术价值。

张謇是否有以及何以有行政管理思想?学界对此认识并不一致。笔者认为,张謇不仅对我国传统行政体制和行政文明有深刻的认识,而且置身于晚清封建帝国衰败、民国肇始,中国经历数千年未有之巨变的大变革时代,他通晓行政管理事务,有亲身从事政府管理工作的经历,因此在实践中逐步形成了独特的行政管理思想。

行政管理是人类社会发展到一定阶段的必然产物,且随着人类社会的发展而发展。行政管理内容十分丰富,主要包括行政职能、行政权力、行政组织、行政伦理、行政技术、行政法治、行政环境等内容。其中的行政职能也称政府职能,是政府在一定时期内根据经济、社会发展的需要而负有的职责。政府职

① 章开沅:《展望二十一世纪的张謇研究》,《南通大学学报》(社会科学版)2007年第1期,第2页。

② 林刚:《中国现代化进程中的“南通模式”——张謇研究再思考》,《南通大学学报》(社会科学版)2009年第4期,第131页。

能包括政治职能、经济职能、文化职能和社会职能等内容。经济活动是人类生存和发展的前提和基础,经济基础决定上层建筑是马克思主义的基本观点。经济职能即政府在推动经济发展过程中发挥的功能和作用,是政府最重要的职能之一。张謇政府经济职能思想是其行政管理思想的重要内容。本文对张謇经济职能思想进行了梳理胪列和初步探讨,希望能抛砖引玉,对深化中国行政管理思想以及张謇研究有所裨益,但因学力所限,错讹之处难免,尚请学界同仁指正!

(原刊于《南通职业大学学报》2014 年第 4 期)

张謇的政府干预经济思想及其特征

——兼与严复、孙中山比较

政府、企业和市场是经济发展中的关键因素。政府通过职能的履行，无时无刻不在对特定区域的经济、政治、社会、资源环境等各个领域的事务实施着调控和管理，产生着巨大的影响。因此，国家干预不仅是一个普遍的历史现象，也成为学术界长期关注的热点问题。著名经济学家诺斯曾经指出，“国家的存在是经济增长的关键，然而国家又是人为经济衰退的根源；这一悖论使国家成为经济史研究的核心”①。国家干预的实质是在多大程度上发挥“看得见的手”的作用，协调与市场这只“看不见的手”的关系。国家干预大体可分为直接干预和间接干预两种。制订、完善法律制度、产业政策，规范经济活动；利用中间人或中介组织进行干预，如举办社会公共福利事业，从事社会财富的再分配等可视为间接干预。建立国有经济，直接经办企业；垄断某些商品，实行国家专卖；设立职能部门，配备工作人员，对市场进行监管等，均可视为直接干预。②张謇居官、民之间，通“官商之邮”，不仅在1895年辞官归里，标举实业救国之大旗，筹办大生纱厂，从事企业经营，而且曾于1903年东渡扶桑，对日本进行考察，总结日本迅速富强的缘由，特别是还曾入阁从政，主持全国经济工作，他长期研究政府在实业发展、实现富国强兵目标中的价值与功

① 〔美〕道格拉斯·C.诺斯：《经济史中的结构与变迁》，上海三联书店1991年版，第20页。

② 丁长清：《中国早期现代化过程中政府对经济的干预》，《南方论丛》2004年第2期。

能，考察政府干预市场的效度与限度，思考政府与市场的互动协调关系，探讨政府干预经济的程度、范围、时机等问题，并形成了具有鲜明特征的丰富的经济思想。本文拟梳理和挖掘其政府干预思想，并与严复、孙中山进行比较，概括其特征，相信这将会有助于深化对张謇、严复、孙中山经济思想的研究。

一、政府干预经济思想内容的丰富性和全面性

张謇一方面反对政府直接经办企业，反对政府越位进行过多的干预，认为这样既不符合经济发展的客观规律，也有既当裁判员又当运动员之嫌；另一方面主张政府应创造良好的外部环境，为资本主义发展创造良好的环境，出台优惠政策，扶持民族资本主义的发展，希望借此形成官与民各安其位、各司其职、协调互助、充满生机和活力的局面。

1. 反对政府直接出面经办企业

张謇呼唤企业自由经营，反对政府过多干预，说“凡事听民自便，官为持护。听民自便，官为持护，则无论开矿也，兴垦也，机器制造也，凡与商务为表里，无一而不兴也”①。

张謇认为，我国历史上官营企业本不多见，且控制在很小的范围之内，其主旨是为了财政和国防，而非引导和扶植企业发展，官营企业的大量出现是晚清的事情，目的是发展经济，增强国力，说：“吾国有史以来，除盐铁、均输、铸币、屯田外，向无官业；且均为财政或边防之关系，无导民兴业之心。及清季国力日孱，士夫竞言生利，而各省官营业始纷纷出现。”但因管理混乱，导致官办企业效率低下，浪费严重，有悖初衷。他曾对官办实业的弊端进行了揭露和抨击，指责其“排调恢张，员司充斥，视为大众利薮，全无专勤负责之人。卒之糜

① 张謇研究中心、南通市图书馆编：《张謇全集》（第二卷），江苏古籍出版社 1994 年版（本文所引《张謇全集》各卷皆出自此版，不另注），第 11 页。

费不赀，考成不及，于财政上有徒然增预计溢出之嫌，于实业上不能收商贾同等之利，名为提倡，实为沮之”①。

2. 主张应当严格控制国家经营的范围

他主张食盐、煤油国家专营，铁矿、铅矿因为其“不特为轮轨机械之所必需，亦实为枪炮弹药之原料。而采炼费巨，听民自办，动多流弊”②，而实行官营，其他则听任民间自主经营。民国初年，张謇出任北洋政府农林、工商总长。上任伊始，他即明确提出，凡隶属农林、工商两部之官业，概行停罢，或招商顶办。只有改良丝茶制造之类的大宗实业，由于私人无力兴办，而又确实与农业、商业的发展关系密切，为了“引起人民之兴趣”，政府才会根据财力“规划经营”，“余悉听之民办”。③

3. 政府应对弱小的民族经济予以扶持

张謇认为在环球大通的时代政府应切实履行好管理和服务的职能，对民族资本主义的发展予以鼓励和扶持，说：“中国自尊士卑商重义轻利之说餍乎人心，千百年来，凡百营业，听其自生自灭，从未有提倡而保全之者。在闭关之世犹可言也，处廿世纪商战激烈时代，必在天演淘汰之列矣。”④他觉得日本在明治维新后经济腾飞很重要的一条经验，就是其正确处理了官民关系，鼓励和扶持民办实业，说日本“工商之业，官为民倡，有利则付之商。不止不夺也，而维护之”⑤。他对日本政府扶持民营工商业的政策艳羡不已，说：“日本凡工业制造品运往各国，出口时海关率不征税，转运则以铁道就工厂，又不给则补助之。……”⑥他还提出了政府干预经济，扶持民族资本主义发展的途径和方

①③　张謇研究中心、南通市图书馆编：《张謇全集》（第二卷），第165页。

②　张謇研究中心、南通市图书馆编：《张謇全集》（第二卷），第259页。

④　张謇研究中心、南通市图书馆编：《张謇全集》（第二卷），第95页。

⑤　张謇研究中心、南通市图书馆编：《张謇全集》（第六卷），第494页。

⑥　张謇研究中心、南通市图书馆编：《张謇全集》（第六卷），第486—487页。

法:一是设立商部等职能机构,专司工商业的管理,改变轻商立场,提高商人的社会地位。二是主张取消厘金和常关税,以减轻民族企业的负担。他主张政府要平等对待中外商民,特别是要为本国商人提供平等竞争的机会。张謇对中外商民在经营过程中所遭受的不公平待遇感到不满,对官府歧视、勒索本国商民的现象极为愤慨,说:"同一民船也,此受雇于华商,则刁难需索,节节阻滞;彼受雇于洋商则否。今日受雇于洋商,则理直气壮,处处畅行;明日受雇于华商则否。"①三是采取切实可行的多方面措施扶持民族资本主义发展。他认为在我国民贫国弱,各业幼稚之时,"舍助长外,别无他策",具体方法是"提倡、保护、奖励、补助,以生其利;监督制限,以防其害"②。提倡就是要设置银行,改良币制,降低企业的交易成本;协商关税,裁减厘捐,减轻企业负担;发展邮电、航运等基础设施,发展教育和科研,提供人才支撑。保护则要编订商法,做好仲裁,革新政治,优化组织,改良司法,稳定社会秩序。奖励和补助则是要对符合产业政策的行业如棉、铁等实行奖励。③当务之急要做四个方面工作:乞灵于法律;求助于金融;注意于税则;致力于奖励。即制定和完善经济法规以诱掖指导、纠正制裁;建立中央银行以为金融基础,设立地方银行为之辅助,完善金融服务,改定币制,增加通货;废除厘金、常关税,运用税收杠杆调节经济,"或轻减以奖励,或重征以抑制之";对大企业和航海、远洋渔业等资金和人才少、风险大的行业实施奖励政策。④张謇在担任北洋政府农商总长期间,主持制定了诸如《公司条例》《矿产条例》《商会法》与《公司注册条例》等20余种经济法规,使实业有法可依,有章可循;制定和实施了奖励补助政策,极大地促进了我国民族资本主义的发展。

---

① 张謇研究中心、南通市图书馆编:《张謇全集》(第三卷),第778页。
② 张謇研究中心、南通市图书馆编:《张謇全集》(第二卷),第165页。
③ 张謇研究中心、南通市图书馆编:《张謇全集》(第二卷),第166页。
④ 张謇研究中心、南通市图书馆编:《张謇全集》(第二卷),第162—164页。

比较而言，严复主张经济自由，反对政府干预和官营企业，提出“振臂奋臆，常以官督商办为要图者，于此国财未有不病者也”，“凡可以听民自为者，其道莫善于无扰，此不独中土先圣所雅言，而亦近世计家所切记”。①主张政府尽可能少地介入经济，让市场这只“看不见的手”来自发调节。他一再强调经济发展是一个自然的过程，政府不需要介入，只要像一个“守夜人”一样，不让“外人”进来破坏这种“自然秩序”就可以了。如果政府人为地干预或参与经济活动就会破坏“自然秩序”，剥夺人民的自由，导致经济的衰退。他对政府干预的危害论述较多，对政府干预的必要性认识不足，提出国家只宜举办那些公办成本远低于私办成本，社会效益远大于经济效益的事业，或仅靠私人或私人合伙力量无法举办的事业，决不可以为常规，也不能随意扩大范围。其具体途径方法鲜有论及。孙中山虽对政府干预持积极态度，主张节制私人资本，发达国有资本，但对企业和市场的积极作用估计不足，语焉不详，对政府干预的具体方式和途径也论述不细。

二、政府干预经济思想来源的实践性和民族性

严复和孙中山都没有实际从事企业经营或主管政府经济工作的经历，所以对政府干预的思考更多从学理上探索和逻辑上推演，实质是对西方经济思想的摄取和移植，特别是对亚当·斯密“守夜人”政府职能思想和穆勒自由主义思想的取舍。

梁启超赞扬严复“于西学为我国第一流人物”②。严复先是在船政学堂学习英文，开始接触西方近代科学，后又于1877年赴英国留学，对西方社会、政治、经济等多方面有了更加具体、深入的了解。熟练的英语（甚至胜过当时清

① 〔英〕亚当·斯密著，严复译：《原富》，商务印书馆1981年版，第590页。

② 梁启超：《介绍新著〈原富〉》，《新民丛报》1902年第1期。

政府驻英公使馆的译员)使他与国内同时期通过极少数翻译和转述的材料来了解西方经济思想的经济学家们相比,更能忠实原意,更富完整性和准确性。严复剖析了英国繁荣和发展的原因,认为英国正是遵循了亚当·斯密的经济自由主义思想,摆脱重商主义的束缚,才转变成世界上最为富强的国家。他对其名著《国民财富的性质和原因的研究》给予极高的评价,在给南洋公学译书院院长张元济的信中称此书"系要书,留心时务、讲求经济者所不可不读,盖其中不仅于理财法例及财富情状开山之学,且于银号圆法及农工商诸政、西国成案多所征引。且欧亚互通以来一切商务情形多考例,后事之师,端在于此"①。他最早翻译了亚当·斯密的《国民财富的性质和原因的研究》,并取名为《原富》,本人因此也成为将亚当·斯密的古典政治经济学介绍到中国来的第一人。在翻译过程中他写下了六万多字的按语,阐发了自己的观点,这也构成其经济思想的主体。

孙中山在青年时期即赴美国生活、学习,后又长期在海外考察、游历,因而对西方文化比较熟悉。节制资本、平均地权的思想是孙中山政府干预思想的核心,而其正是建立在对西方自由主义经济思想否定基础之上的。孙中山对亚当·斯密自由主义经济思想进行了猛烈的批判,说:"实业未革命以前,人皆泰[奉]斯密亚丹之说为圭臬,一致主张自由竞争。及机器既出,犹仍旧法演进,其结果卒酿成社会上贫富激战之害。"②"彼司密亚丹派之经济学者,谓竞争为最有利益之主因,为有生气之经济组织;而近代之经济学者,则谓其为浪费,为损害之经济组织。然所可确证者,近代经济之趋势,适造成相反之方向,即以经济集中代自由竞争是也。"③竞争可能会造成浪费,但并不能否认其本

---

① 王栻主编:《严复集》(第3册),中华书局1986年版,第528页。

② 广东省社会科学院历史研究所等编:《孙中山全集》(第二卷),中华书局1982年版,第520页。

③ 广东省社会科学院历史研究所等编:《孙中山全集》(第六卷),中华书局1985年版,第396页。

身的积极意义。孙中山对自由竞争导致资源的浪费做了过于严重的估计和绝对化的理解,而将产生贫富不均的原因完全归咎于机器大生产和工业革命也是错误的。

张謇不懂外语,不能直接阅读西方文献,接受西方文化的熏陶,也没有接受过西方的教育,对西学缺乏系统的了解,因此主要从民族传统思想宝库中汲取营养。但他也有自己的优势,即有丰富的实践经验。他既曾长期直接从事实业经营,也具有主持政府经济工作的经历。这种经历使他得以从企业家和政府官员的不同角度,全方位思考政府干预的利弊优劣,从实践中总结经验,进行理论创新。张謇耳闻目睹了官办和官督商办企业的腐败,深知官府的刁难阻挠是中国实业不兴的重要原因。他在剖析政府不良干预的局限和不足时,主要基于自己从事实业经营的亲身经历。他联系到自己当年遵旨兴扬通内河小轮"犹有阻抑者"的经历,感叹"彼商人之寒心何怪焉?"①但是,作为企业家,他也感到在现代社会,企业要生存,不能不与政府打交道,要发展更离不开政府的支持,说:"謇半生精力,耗于实业,艰难辛苦,所历已多,而不敢谓有所得也。实业之命脉,无不系于政治。"②1903 年,张謇东游日本,这是他一生中唯一的对资本主义国家的实地考察。在参观中,日本政府精心规划、全面安排,"治国若治圃,又若点缀盆供,寸石点苔,皆有布置"③给他留下了深刻的印象。张謇认为伊达邦成、黑田清隆开发北海道的确成绩非凡,但其成功很大程度上得益于政府的支持,"国家以金力图之,何施不可",认为他们不过"竭其经营之理想,劳其攘剔之精神而已"④。张謇认为政治既无处不在,又与实业的荣枯休戚相关,日本实业突飞猛进、一日千里的根源在于"政府有知识能定

① 张謇研究中心、南通市图书馆编:《张謇全集》(第六卷),第 503 页。
② 张謇研究中心、南通市图书馆编:《张謇全集》(第二卷),第 162 页。
③ 张謇研究中心、南通市图书馆编:《张謇全集》(第六卷),第 483 页。
④ 张謇研究中心、南通市图书馆编:《张謇全集》(第六卷),第 484 页。

趣向,士大夫能担任赞成"①。他热切地希望清政府能像日本那样采取鼓励和扶持实业发展的政策,充当现代化建设的设计者和领导者。这也是他在回国后重新关注政治,积极投身立宪运动的重要原因。1913 年,张謇出任北京政府农商总长。作为政府官员,他认为发展经济是抵御外侮、富民强国的客观要求,而发展实业就必须调动企业的积极性,解除束缚资本主义发展的枷锁,当时中国民族工商业尚处于萌蘖时期,尤须得到各界的呵护和扶持。既然"商民以巨大之资,为国家塞漏卮,挽权利",那么"维持保育,责在政府"②,政府无所作为,仅仅充当"守夜人"是远远不够的,理应实行"维持保育"的政策,促进民族工商业的发展。

三、政府干预与市场调节的平衡性与科学性

自由主义和政府干预是西方经济思想中的两大流派,"守夜人"理论与凯恩斯主义堪称其代表,它们在时间上先后相继,在观点上根本对立。

亚当·斯密在《国民财富的性质和原因的研究》一书的扉页上这样写道:"献给女王陛下的一本书。请你不要干预经济,回家去吧!国家做什么?就做守夜人。当夜晚来临的时候你去敲钟。你只要看街上没有偷盗行为,你就回家。只要你不管经济,经济就能发展。"他认为君主的义务仅仅是保卫个人的自由、财产、人身安全,使其不受他人的侵害;保卫国家的安全,使其不受外敌的侵犯;建设、维护某些私人无力办或不愿办的公共设施与公共事业等三个方面。③他强调,"如果政治家企图指导私人如何运用他们的资本,那不仅是自寻烦恼地去注意最不需注意的问题,而且是僭取一种不能放心地委托给任何个

① 张謇研究中心、南通市图书馆编:《张謇全集》(第六卷),第 491 页。

② 张謇研究中心、南通市图书馆编:《张謇全集》(第一卷),第 457 页。

③ 〔英〕亚当·斯密著,郭大力、王亚南译:《国民财富的性质和原因的研究》,商务印书馆 1974 年版,第 252—253 页。

人，也不能放心地委之于任何委员会或参议院的权力”①。他觉得这个权力交给任何一个自以为有资格行使的人去行使都是一种危险的行为，只有将它交给“看不见的手”去指引，才是最恰当、最有效的行为。

严复推崇亚当·斯密的经济自由主义，赞扬《原富》的发表使西方如“长夜始旦”，认为实行自由主义经济政策是英国富强的原因所在。“所谓业联、徒限、择业移工诸事，今亦听民自由，无为沮梗者。此可以见英国政令之日以宽大，与其国富之所由来。”②他认为国家只需承担军事和司法职能，除此之外，“国几无事矣。兵者所以御外侮，刑者所以诘内奸。使斯二者而治，吾未见其余之不日起而有功也”③。在经济方面，政府应履行三项职能：“一、其事以民为之而费，以官为之则廉，此如邮政电报是已。二、所利于群者大，而民以顾私而莫为，此如学校之廪田，制造之奖励是已。三、民不知合群而群力犹弱，非在上者为之先导，则相顾趑趄。”④他认为“官治之事往往较之民办费多而事滥，故凡事之可以公司民办者，宜一切诿之于民，而为上者特谨其无扰足矣”，说“道涂河海之大工，厉学设教之要政，皆民之所能自为，而不必为上者代大夫斫也”。⑤

孙中山一方面肯定亚当·斯密能“言人之所欲言，而言人之所不能言”，所以他“为世所欢迎至今犹有奉为神圣者”，但认为随着工业革命和机器生产，形势发生了变化，自由主义已经过时，不能适应社会的需求。“是时而犹守自由竞争之训者，是无异以阳足而与自动车竞走也，容有幸乎？”⑥孙中山认为近代经济的趋势是以经济集中代替自由竞争，其表现是大公司的出现。但大公司

---

① 〔英〕亚当·斯密著，郭大力、王亚南译：《国民财富的性质和原因的研究》，第27—28页。

② 〔英〕亚当·斯密著，严复译：《原富》，第112页。

③⑤ 〔英〕亚当·斯密著，严复译：《原富》，第677页。

④ 〔英〕亚当·斯密著，严复译：《原富》，第589—590页。

⑥ 广东省社会科学院历史研究所等编：《孙中山全集》（第六卷），第178—179页。

多属私有，听其发展下去，必然产生垄断，抑制竞争，提高商品价格，使“社会上实受无形之压迫也”，因此，要保留大公司经济效益高的优点而除去其压迫社会的弊端，“只有将一切大公司组织归诸通国人民公有之一法”①。他主张“中国实业之开发，应分两路进行：一、个人经营，二、国家经营是也。凡夫事物之可以委诸个人，或其较国家经营为适宜者，应任个人为之，由国家奖励，而以法律保护之。今欲利便个人企业之发达于中国，则从来所行之自杀的税制，应即废止，紊乱之货币，立需改良，而各种官吏的障碍，必当排去，尤须辅之以利便交通。至其不能委诸个人及独占性质者，应由国家经营之”②。因此，电车、火车、轮船以及一切邮政、电政、交通这样的大事业，只有由政府办理，运输才会很迅速，交通才会很灵便，宏观经济效益才会好。相反，如果用私人办，不是私人的财力不足，就是垄断的阻力大，其结果必然是运输不迅速，交通不灵便，使经济受到损失。

面对20世纪20年代末的经济大危机，传统的自由放任理论已经不能解释经济危机的根源并提出救治的方案。在这种情况下，凯恩斯主义应运而生。1926年，凯恩斯发表《自由放任主义的终结》一文，论证了对资本主义经济进行明智管理的必要性，主张借助政府对货币流通和信贷的调节来消除失业和危机。1936年，《就业、利息和货币通论》出版，确立了凯恩斯主义的基本原理，主张政府有必要对经济进行干预，动摇了自亚当·斯密以来忽视政府作用的经济学体系。尽管孙中山提出的主张早于凯恩斯，但与之并无承继关系，且其出发点是为了解决中国未来可能出现的贫富不均问题，“所以消灭社会革命于未然”③，而非防止出现经济危机。

---

① 《孙中山选集》（上册），人民出版社1956年版，第337页。

② 《孙中山选集》（上册），第191页。

③ 广东省社会科学院历史研究所等编：《孙中山全集》（第五卷），中华书局1985年版，第191页。

新古典综合派的主要代表人物保罗·萨缪尔森强调,经济发展既要有市场机制作用,又要有政府机制的作用,“没有政府和没有市场的经济都是一个巴掌拍不响的经济”①。政府和市场各有特点,各具优势,看不到它们的长处与不足,无视其中任何一方都是不科学的。尽管严复、孙中山均未绝对、片面地看待政府与市场的关系,否定其中的任何一方,但他们将市场调节与政府干预结合的程度方面是存在差异的。可以说,严复主张以不干预为主,孙中山主张以节制资本、平均地权为主,而张謇则主张把两者有机地结合起来,实现两者的均衡。

张謇一向服膺中庸思想,反对走极端,认为“天下事贵得其中,若趋于极端,往往不能成事,即幸而能成,亦不过一瞬而已”②,主张在政府干预和市场调节之间寻求平衡。一方面,他赞赏老子的“治大国如烹小鲜”和汉初的黄老政策,反对政府对经济活动横加干预,特别是横征暴敛,压制和阻碍私人资本主义的发展。另一方面,他对日本政府在现代化建设中所起的作用艳羡不已,渴望政府能实施保育政策,扶持民族资本主义发展,担任新型产业的孵化器、制度创新的主体、基本公共物品的提供者以及新式经济功能体的培育者③,并就中国政府应如何进行干预,划清国营与民营的界限,处理政府与市场的关系提出了自己的意见和对策建议。

四、政府干预经济思想的现实性和务实性

1. 严复崇尚自由主义,反对政府干预,具有理想主义色彩和倾向

严复认为,中国文化自古缺少自由传统,“夫自由一言,真中国历古圣贤之

---

① 〔美〕保罗·A.萨缪尔森、威廉·D.诺得豪斯:《经济学》(第12版),中国发展出版社1992年版,第87页。

② 张謇研究中心、南通市图书馆编:《张謇全集》(第四卷),第215页。

③ 王颖:《论辛亥前张謇经济思想中的国家角色定位》,《甘肃社会科学》2007年第5期,第17页。

所深畏,而未尝立以为教者也”①,西方文明的真谛是“以自由为体,以民主为用”,认为管理与自由相对立,管理即是对个人自由的限制,因此对经济自由格外珍视,认为自由是富强的前提,说:“工商民业之中,国家去一禁制,市廛增一鼓舞之神。”②如果能给百姓自由地生产经营的权利,必将极大地调动民众的积极性,解放生产力,为国家富强奠定坚实的基础。

严复认为经济发展有其内在的客观规律,是不以人的意志为转移的,市场受供求影响而出现波动是自然现象,它会自动实现平衡,政府无须干预;实行垄断,即使短期会产生一定的作用,但也不可能持久,指出:“设官斡之,强物情就己意,执不平以为平,则大乱之道也。”③“任物为竞,则如纵众流以归大墟,非得其平不止。而辜榷之事,如水方在山,立之堤鄣,暂而得止,即以为平,去真远矣。”④比如币值高低就“定于时势之自然,决非为政者所能高下”,除非是在闭关锁国、与外界缺乏联系的环境之下,而且其结果只会“扰民使不得安生乐业有余,故政烦者其国之岁值必退也”⑤。

严复认为人都是理性的,不需政府干预,企业会自发调节;而且国家干预可能会好心做坏事,破坏自然形成的平衡,扰乱正常的经济秩序,说:“一国财赋之事,惟其理有固然,斯其势有必至,绝非在上者所得强物从我,倒行逆施也。”⑥他批评鼓励农产品出口的政策“既使通国受贵谷之损矣,而于农又无益也”⑦。他赞同亚当·斯密实施奖励政策于民业“大抵矫物情之自然,于人国为无益”的观点,说中国咸同年间开办了许多企业,著名的有江南制造局、福州

---

① 王栻主编:《严复集》(第1册),第3页。

② 〔英〕亚当·斯密著,严复译:《原富》,第489页。

③ 〔英〕亚当·斯密著,严复译:《原富》,第50—51页。

④ 〔英〕亚当·斯密著,严复译:《原富》,第54—55页。

⑤ 〔英〕亚当·斯密著,严复译:《原富》,第414页。

⑥ 〔英〕亚当·斯密著,严复译:《原富》,第35页。

⑦ 〔英〕亚当·斯密著,严复译:《原富》,第413页。

船厂等,其结果均不理想,“为之者一,而败之者十。畛域之致严,侵蚀之时有,遂使事设三十余年,无一实效之可指。至于今,治战守之具犹縻无穷之国帑,以仰鼻息于西人,事可太息无逾此者”①。

作为一个自由主义思想家,严复坚守自由主义理想,反对专制和独裁自有其合理性和历史的进步性,但低估政府的作用无疑是不现实的,也不利于国家的独立和富强。正如世界银行在《发展报告》中指出的那样:“没有一个有效的政府,不论是经济的还是社会的可持续发展都是不可能实现的。”②事实上,政府的好坏与经济发展关系密切,影响巨大。马克思就曾指出:“我们在一些亚洲帝国经常可以看到,农业在一个政府统治下衰败下去,而在另一个政府统治下又复兴起来。在那里收成取决于政府的好坏,正像在欧洲随时令的好坏而变化一样。”③而对近代中国而言,履行政府宏观指导、培育扶持职能更有着特别重要的意义。首先,中国是一个有着两千多年中央集权历史的大国,不仅有强大的文官系统、常备军,而且有与之相配套的、全国统一的意识形态——儒家思想。政府对经济的干预历史悠久,且力度极大,以致中国古代经济思想被赵靖先生称为“国家本位”的经济思想。④割裂历史,无视传统显然不是明智之举。其次,近代中国沦为外国资本主义的殖民地和半殖民地,民贫国弱,缺乏独立主权,亟需一个强大的政府来保证国家的独立、统一和社会安定。如果完全放任只能使国民经济更多地受制于列强,遭到进一步的破坏。严复欣赏

① 〔英〕亚当·斯密著,严复译:《原富》,第418页。

② 世界银行:《1997年世界发展报告》,中国财经出版社1997年版,第1页。

③ 中共中央马克思、恩格斯、列宁、斯大林著作编译局:《马克思恩格斯选集》,人民出版社1995年版,第762—763页。

④ 刘秋根、符海朝:《有所作为与无所作为——关于中国古代经济史上国家经济职能的研究》,姜锡东:《政府与经济发展:中国经济发展史上的政府职能与作用国际研讨会论文集》,知识产权出版社2005年版,第339页。

亚当·斯密的自由贸易主张,声称这是他"独有取于是书"①的地方。他从自由主义的立场出发,反对官营和垄断,反对实施保护关税政策,指出货币并不是真正的财富,一味追求外贸顺差,阻止白银外流是错误的。他对当时国内兴起的商战思潮、"保商权、塞漏卮"的主张予以批评,认为其"无所是而全非"②。但当时,对中国而言,为了抵制垄断资本主义对中国的经济侵略,争取关税自主,实行保护关税的政策无疑是正确的。李斯特(Friedrich List, 1789—1846)是19世纪上半期德国最重要的经济学家之一,其经济思想对后来德国的发展产生了重要影响,代表作《政治经济学的国民体系》甚至成为俾斯麦的案头书。李斯特就提出,后发国家应该通过国家干预,如实行贸易保护政策来加快经济发展,关税保护是"国家把贸易机会留给自己的方法"③,在很多时候它"不仅仅是保护国内工业的方法,而且也是国家用以保护自己、抗击外国粗暴行径的武器"。④再次,日本在近代崛起的历史证明了政府主导实现现代化的可能性。朱荫贵指出,在实现现代化过程中,政府可以发挥极其重要的作用,"因为国家权力在一定的历史时期里是能够最直接、最快速、最有序和最有效的改变一个国家或一个地区生产方式和资源配置的力量;是能够最直接动员全社会各阶层、各系统的潜力,为实现某种目标而排除历史和现实中各种障碍的力量;是能够最快捷、最有组织和最有效的废弃旧制度、创立新制度、建立新秩序的力量;也是能够最直接有效的制衡利益和协调社会冲突震荡的力量"⑤。日本前首相中曾根曾说:"日本明治维新以来,以跑步的速度赶上和超过了西欧。为

---

① 〔英〕亚当·斯密著,严复译:《原富》,第436页。

② 〔英〕亚当·斯密著,严复译:《原富》,第395页。

③ 〔德〕弗里德里希·李斯特:《政治经济学的国民体系》,商务印书馆1981年版,第184页。

④ 〔德〕弗里德里希·李斯特:《政治经济学的国民体系》,第109页。

⑤ 朱荫贵:《研究传统市场　重视国家干预》,《中国经济史研究》1995年第2期。

什么日本能够做到这一点呢？因为日本从封建制转化为中央集权国家，为了赶上西欧，由政府出面指导民间力量，实行强制性管理，硬是把它们促了上来。”①明治维新后，日本政府进行强制性制度变迁，通过移植产业制度，兴办模范工厂和各种股份有限公司的方法，建立起工业化发展所亟须的必要产业；通过改革货币制度、银行制度、保险制度和公债制度，促进国内各类市场的发育；通过实施各项立法，引导市场经济沿着规范化的方向发展等等。可以说，在工业化大规模展开之前，日本政府就已经以政府替代的方式担负了工业化初期的风险和成本，在社会秩序、金融、财政等方面首先建立了牢固的基础。②第二次鸦片战争后，中国面临的重要任务之一就是实现工业化和现代化。中国的现代化是后发外源型现代化，要想推动工业化，就必须依靠国家的力量，因为，在工业化过程中越是后发现代化国家就越是需要依赖国家主导。“为了迅速摆脱落后制约局面，同时有效地抵御外部垄断资本的渗透，政府干预对发展中国家来说，几乎是唯一的选择。”③因此，严复不太重视政府作用，幻想单纯依赖市场的作用显然比较理想化，也不能适应当时中国实现独立富强的要求。

2. 孙中山强调政府干预，主张节制私人资本，发达国家资本，平均地权，更多的是从政治角度考虑，着眼未来，防患未然

尽管孙中山和严复一样对西方思想理论都比较熟悉，但对西方自由主义却持有不同的立场，这也是他们对政府干预持不同乃至对立观点的哲学基础。

如果说严复是为富强而呼唤自由的话，那么孙中山则为富强而主张限制自由。孙中山认为中国自古以来就很自由，“虽无自由之名，而确有自由之实，

---

① 邹钧：《日本行政改革概论》，吉林大学出版社 1991 年版，第 57 页。

② 金仁淑：《日本经济制度变迁及绩效研究》，中国经济出版社 2012 年版，第 48 页。

③ 谈世中：《发展中国家经济发展的理论和实践》，中国金融出版社 1992 年版，第 234—235 页。

且极其充分,不必再去多求了"①,认为中国不是自由太少,而是自由太多,所以一盘散沙,受到外国侵略。他认为个人自由和民族国家的自由在一定程度上是互相矛盾的,有了个人自由,就没有国家民族的自由,因此,为了国家的独立、民族的自由必须限制个人自由。他说:"实行民族主义就是为国家争自由。……在今天,自由这个名词究竟要怎么样应用呢?……万不可再用到个人上去,要用到国家上去。个人不可太过自由,国家要得完全自由。到了国家能够行动自由,中国便是强盛的国家。要这样做去,便要大家牺牲自由。"②尽管孙中山关于约翰·密尔自由主义学说的看法比较简单,也不够准确,但正是这种限制个人自由的主张构成其政府干预经济思想的逻辑起点。

应该说,孙中山也看到官办企业缺乏活力,效率低下,不利于调动人们的创造性、积极性之弊端,说:"盖凡百事业,公办不如私办之省时省费。私人经营,往往并日兼程,晷之不足,继之以夜。官之经营,则往往刻日计日:六时办事,至七时则认为劳。一日可完,分作两日而犹不足","有官办之十年不成,私办三五年可就者"。③而且基于对中国经济发展落后的考虑,孙中山即使在其一贯主张国有的采矿业方面也并不绝对排斥私人经营,还提出要在一定的范围内"奖励""扶植"私人资本的发展,但是对经济发展的考量让位于对出现社会革命的顾虑和对经济平等的追求。因此,他把社会效益作为选择经济运行方式的主要取舍标准。1922 年 12 月 19 日,他在回答《日本纪事报》记者提出的问题时坦承国家经营"往往耗费而乏效能","余亦深知……必须竞争始克显其效能者……各项实业逐一归国家管理……其中自不免许多耗费",而且"国有事业归政府主管,经验尚浅,非私人事业可比……"但出于"公共利益"

① 《孙中山选集》(下册),人民出版社 1956 年版,第 688 页。

② 《孙中山选集》(下册),第 689—670 页。

③ 广东省社会科学院历史研究所等编:《孙中山全集》(第二卷),第 466 页。

的考虑,他仍然主张实行国有,“余以为为公共利益工作,不为私利工作,纵有上述之弊,亦为利重弊轻矣”。因此,“厉害相权,吾终以为国有企业较胜于现时之私有制”①。

如果说严复对经济的指导思想是不加干预,那么孙中山则是积极干预。他认为:“大凡社会现象,总不能全听其自然,好像树木由他自然生长,定然支蔓,社会问题亦是如此。”欧美不能解决社会问题的原因就在于没有解决土地问题,如不平均地权,随着地价上涨,“将来富者日富,贫者日贫。十年之后,社会问题便一天紧似一天。这种流弊,想也是人人知道的,不过眼前还没有这现象,所以容易忽略过去。然而眼前忽略,到日后却不可收拾。故此,今日要筹个解决的法子,这是我们同志应该留意的”②。他认为,西方资本主义经济的发展虽然极大地改善了人们的生活,但如果听任其自由发展下去将会导致严重的贫富分化,如果贫富分化问题不解决,“民生问题不解决,社会上的贫富总是不平均。……如果有了不均,三十年之后不革命,五十年一百年之后一定是要革命的。我们要防止永远不再革命,一定要实行三民主义,那末,才可以替子子孙孙谋永久的幸福”③。1897 年 7 月,他在游历、考察了美、英诸国之后感慨欧洲列强并非极乐之乡,还存在社会革命之运动。因此应提前预防,“说到民生主义,因这里头千条万绪,成为一种科学,不是十分研究不得清楚。并且社会问题隐患在将来,不像民族、民权两问题是燃眉之急,所以少人去理会他。虽然如此,人的眼光要看得远。凡是大灾大祸没有发生的时候,要防止他是容易的;到了发生之后,要扑灭他却是极难。社会问题在欧美是积重难返,在中国却还在幼稚时代,但是将来总会发生的。到那时候收拾不来,又要弄成大革

① 广东省社会科学院历史研究所等编:《孙中山全集》(第六卷),第 636 页。

② 广东省社会科学院历史研究所等编:《孙中山全集》(第一卷),中华书局 1981 年版,第 328 页。

③ 广东省社会科学院历史研究所等编:《孙中山全集》(第六卷),第 8 页。

命了。革命的事情是万不得已才用,不可频频伤国民的元气。我们实行民族革命、政治革命的时候,须同时想法子改良社会经济组织,防止后来的社会革命,这真是最大的责任"①。民生主义的主要内容是平均地权和节制资本,前者是因为"酿成经济组织之不平均者,莫大于土地权之为少数人所操纵";后者强调凡本国人及外国人之企业,或有独占的性质,或规模过大为私人之力所不能办者,如银行、铁路、航路等由国家经营管理,"使私人资本制度不能操纵国民之生计"②。

严复认为当时中国最要紧的是理财,说:"世变日异,而国家赋税之所待亦以不同。故今日之中国,患不知理财而已,贫非所患。"③而孙中山则认为是解决贫困问题,同时解决社会问题,"一面图国家富强,一面当防资本家垄断之流弊"④。孙中山是一个政治家、革命家,并非经济学家,他的经济思想具有民粹主义思想的特质⑤,他更多的是从社会发展的角度而不仅仅是从经济增长的角度来思考经济问题,他并未结合中国当时的生产力状况。他主张实行"平均地权""节制资本",趁资本主义还没有大发展时即限制竞争,试图一劳永逸地避免在将来产生与欧美同样的社会问题和社会冲突,体现了对未来理想社会的追求,具有一定的前瞻性,但平均地权、节制私人资本、发达国有资本等这些大胆的设想具有浓厚的乌托邦色彩,且理论不足,也使其可行性不强。⑥在当时既不可能在中国大规模实施,效果也未必会尽如人意。

---

① 广东省社会科学院历史研究所等编:《孙中山全集》(第一卷),第326页。

② 《孙中山选集》(下册),第526—527页。

③ 〔英〕亚当·斯密著,严复译:《原富》,第589页。

④ 广东省社会科学院历史研究所等编:《孙中山全集》(第二卷),第323页。

⑤ 陈曼娜:《略论辛亥革命时期的民粹主义心态》,《湖北大学学报》(社会科学版)2002年第4期。

⑥ 钟祥财:《孙中山经济思想的价值层面》,《探索与争鸣》2011年第6期。

3. 张謇的政府干预经济思想立足国情，着眼当下

张謇是一个现实主义者，在政府干预经济问题上他立足国情，着眼“当前”，主要针对当时中国一穷二白的国情思考问题，力图实现中国的独立和富强，而对于未来可能出现的垄断及由此造成的经济和社会问题未做更多的思考。他曾说过，我国政治家“习惯有一大病：则将举一事，先自纠缠于防弊”，“不知虫生于木，弊生于法。天下无无虫之木，亦无无弊之法。见有虫则去之，见有弊则易之。为木计，为法计，虽圣人不过如此”①。张謇认为，无论是政府干预，还是市场自发调节都有其不足，关键是如何取其所长，避其所短，而不能因噎废食。他一方面认识到国力增强对于救亡图存的极端重要性，主张给予民众更多的自由经营权利，反对政府对实业发展的束缚和压制。另一方面，鉴于我国面临的恶劣的国际环境，薄弱的生产力基础以及相对不利的自然条件和地理位置，感到在短期内要把中国从落后的农业国变成新兴的工业国，就必须实施“赶超”战略，倘若没有政府的帮助，这一切显然是无法实现的，难以想象的。张謇强调政府应当发挥在经济发展中的引导、扶持作用，通过政府干预以加快经济的发展，体现了鲜明的东方特色，也符合后发外源型现代化国家实施赶超战略的客观要求。

从当时的情况看，我国还未出现严重的垄断问题，摆在国人面前的首要任务不是如何防止在资本主义已进入垄断阶段如美、欧所出现的严重的社会问题，而是解决最现实的问题——贫困问题和救亡图存。因此，张謇的政府干预思想具有现实针对性和实用性。

五、结　论

张謇、严复、孙中山都是我国近代著名的爱国者，其经济思想内容丰富，各

① 张謇研究中心、南通市图书馆编：《张謇全集》（第六卷），第 490 页。

具特色，难分轩轾。比较而言，张謇一方面反对政府直接经办企业，反对政府盘剥勒索企业，另一方面主张政府应创造良好环境，出台优惠政策，扶持民族资本主义的发展，其政府干预思想具有内容的丰富性和全面性；如果说严复和孙中山对政府干预的思考更多是从学理上探索和逻辑上推演的话，张謇关于政府干预的思想和观点则来源于实践，并主要源于民族传统文化，因此具有理论来源的实践性和民族性。大致说来，严复主张以不干预为主，孙中山主张以节制资本、平均地权为主，而张謇则主张在政府干预和市场调节之间寻求平衡。严复崇尚自由主义，反对政府干预，具有理想主义色彩；孙中山强调政府干预更多的是从政治角度考虑，预防未来可能会产生的社会问题和社会革命；张謇则对于未来可能出现的垄断及由此造成的经济和社会问题未做更多的思考，而主要针对当时中国的国情，力图实现中国的独立和富强，因此，其政府干预思想具有明显的现实性和务实性。

（原刊于《南通大学学报（社会科学版）》2015 年第 3 期）

张謇与孙中山水利思想之异同

张謇和孙中山都是我国早期现代化的杰出开拓者、著名的经济思想家。对这两个杰出的历史人物，海内外研究颇多，蔚然显学，分别形成了所谓的孙(中山)学和张謇学。对于二人间的交往，陆桂枫、周新国进行了考察。①苑书义、马敏等学者则先后对两者在农业近代化模式、经济建设、利用外资、发展民生以及政府干预经济等方面的思想进行了比较。②值得注意的是，张謇和孙中山都对水利予以关注，提出了不少重要的思想。不过，学术界迄今尚无人对其进行比较，笔者试作探讨，以补空白。

一、水利地位的认知

张謇出身农家，自幼参加农业生产，对水利是农业命脉的真理自然有着不

① 陆桂枫:《状元与总统——张謇与孙中山之点滴交往》,《中国档案》2011 年第 3 期;周新国:《张謇与孙中山的交往——以新版〈张謇全集〉为中心的考查》,《晋阳学刊》2016 年第 4 期。

② 苑书义:《孙中山与张謇的农业近代化模式述论》,《学术研究》1996 年第 5 期;刘远柱:《张謇与孙中山实业救国思想之比较研究》,《南通师范学院学报》(哲社版)2003 年第 3 期;刘远柱:《民国初年张謇与孙中山经济建设思想及实践比较》,《南通工学院学报》(社科版)2004 年第 3 期;陈金屏:《张謇与孙中山利用外资比较研究》,《南通大学学报》(社科版)2007 年第 3 期;王敦琴:《孙中山、张謇民生思想之比较》,《南通大学学报》(社科版)2008 年第 1 期;马敏:《孙中山与张謇实业思想比较研究》,《历史研究》2012 年第 5 期;蒋国宏:《张謇的政府干预经济思想及其特征——兼与严复、孙中山比较》,《南通大学学报》(社科版)2015 年第 3 期。

一样的认识。另外，在科举考试中，水利河渠是重要内容和必答问题，作为走苦读圣贤书、求售帝王家的传统知识分子，张謇自然勤加研习，也熟知我国古代不少治水名家的思想与实践。光绪五年(1879)，张謇参加乡试，在策问中就强调了江苏治水的极端重要性："兴利莫大于治水，治水莫亟于江苏。"①在光绪十二年的策问第五问(河工)中，张謇则对历代治水主张进行了评述，还专门阐述了疏、浚与塞的区别。

张謇认为水利与国计民生关系密切，指出治水可以使"国有增赋，民有增产"②，江苏"为天下重赋之所在，而东南众水之所会也。赋所在而不开其源，军用失仓庾之富；水所会而不通其道，农民受泛滥之灾"③，应把治水摆在突出位置，"国计虽艰，民生实为国本；欲为民生，事业无重大于水利"④。他以治淮为例说其不仅能防止水灾，而且可发展经济，使过去的瘠区成为腴壤，昔之确土成为神皋，而且促进交通和商业的发展，"舟楫通利，商业将兴"⑤。

值得注意的是，张謇把治理水患与治理匪患、改善治安、实现社会稳定相结合。他曾解释自己之所以关心和投身导淮事业的原因，说"江淮之间，草莽为多，历汉唐至清，百年辄大乱，小乱不胜纪"，不仅"坏地方，扰国家，困政府"，而且"贻邻邦之讪笑，为大局之隐忧"，江淮之民绝非"性乐为匪"，而是因为没有实业而贫困，而无实业又根源于"无交通，无水利"，要解决这一问题仅仅治匪或者裁兵都无法从根本上解决问题，"非谋水利、谋交通，必无以清乱源，植治基"。⑥

张謇还把发展水利与维护国家主权和独立结合起来。他主张穿辽河以达

①③ 张謇研究中心、南通市图书馆编：《张謇全集》(第五卷上)，江苏古籍出版社1994年版，第564—565页。

② 张謇研究中心、南通市图书馆编：《张謇全集》(第二卷)，江苏古籍出版社1994年版，第34页。

④ 张謇研究中心、南通市图书馆编：《张謇全集》(第二卷)，第370页。

⑤ 张謇研究中心、南通市图书馆编：《张謇全集》(第二卷)，第65页。

⑥ 张謇研究中心、南通市图书馆编：《张謇全集》(第二卷)，第583页。

松、嫩二江，开发东北，抵御日俄的侵略，维护国家主权和边疆的安全，指出“兴利之大者，莫如穿辽河以达松、嫩二江”，这样可以不依赖由外国人把持的铁路，发展交通航运事业和农林经济，“而后兴垦实边可得而言，主权可得而保”。①

张謇对水利的重视，除了对水利在经济和社会发展中重要地位的认知外，还基于对因水患导致民生苦痛的亲身体验。1874 年，22 岁的张謇跟随原通州知府孙云锦前往淮安查勘渔滨积讼，目睹淮河洪灾造成的惨状，为之怦怦心动，感到“江北人民之隐患大害无过于是”②，认识到“淮不治，江北无宁日”③，因而萌生导淮宏愿，并由此开始了 40 年的导淮历程。1887 年 8 月，黄河在郑州决口，洪水所到之处，村毁人亡，其中“漂没村庄、镇集以二三千计”，“溺死之人，蔽空之下，若凫鸥之出没。或一长绳系老弱妇稚七八人，而缳犬于末；或绷婴，或凑尸树杪；或累累著牛车旁，随波翻覆。如是者十余日，日不一闻。近决口八九里，灾民缘堤营窟，采操蒿梗柳枝自庇”④。时任开封知府孙云锦幕僚的张謇见此不禁泪如雨下。他多次冒着生命危险察看水势，了解灾情，办理赈灾，还应河南巡抚倪文蔚之请，代拟《疏塞大纲》，大声疾呼要根治水患。

1894 年，张謇辞官南归，踏上了实业救国之路。进行沿海滩涂开发，发展资本主义大农业，并为大生纺织企业提供可靠、质优价廉的棉花是其重要内容。1901 年建立的通海垦牧公司是大生农垦企业的龙头和骨干。通海垦牧公司不惜巨资进行农田基础设施建设，修建涵闸沟通水系，构筑堤坝抵御海潮，其中出海港口所建大闸大都是钢筋水泥结构。这在当时即使是中国的大城市也并不多见，也凸显了其资本主义大农业经营的性质。⑤

---

① 张謇研究中心、南通市图书馆编：《张謇全集》（第二卷），第 155—158 页。
② 张謇研究中心、南通市图书馆编：《张謇全集》（第二卷），第 513 页。
③ 张謇研究中心、南通市图书馆编：《张謇全集》（第二卷），第 560 页。
④ 张謇研究中心、南通市图书馆编：《张謇全集》（第二卷），第 1—2 页。
⑤ 严学熙：《张謇与淮南盐垦公司》，《历史研究》1988 年第 3 期。

张謇曾希望北京政府推行保育主义，实现扶持稚嫩的民族资本主义以抵御外侮、富国强兵的理想，但在幻想破灭后不得不退居乡里，实行地方自治。南通滨江临海的区位特点和受淮河水患、长江坍塌困扰的客观实际使得他不得不倾心治理淮河、护卫长江堤防、重视农田水利建设。张孝若回忆说："我父向来认定水利为各事的根本，水利有办法，农田交通都能有利益。全国的计划，既然难见实行，南通一地方全县的水利，就应该着手兴办。"①他建立南通保坍会，筹集资金，筑楗保坍，护卫江堤，为防止坍江、守护一方安宁，做出了巨大贡献。

水利思想是孙中山经济思想的重要组成部分。孙中山出身农家，自幼参加农业劳动，知稼穑之艰难，渴望克服农村经济的凋敝、改善农民生活是其重视水利事业的重要原因，但他 13 岁即远离家乡，奔赴美国，此后又长期在国外生活，缺乏对灾区人民苦痛的直接感受，较多从兴利的角度思考问题，如兴修水利可以利用沙泥，变废为宝，扩大耕地面积，发展农业生产。前期他主要关注农田水利建设，后来则着眼于开发水力资源，发展航运和电力事业。1919 年至 1921 年，孙中山撰写了《实业计划》，其中有不少内容涉及水利，如改良扬子江之现存水路及运河、改良广州水路系统等以发展航运，开发水利资源。修浚杭州、天津间运河以及西江、扬子江间现有运河；新开辽河、松花江间运河以及其他运河；在扬子江、黄河筑高堤岸，以免洪水；疏导西江河淮以及其他河流。他还强调要浚深河道和海口，清除淤泥，以防海口淤积、阻碍泄洪而造成水灾；在沿海建三个大港，其余建成商港渔港；在蒙古、新疆发展水利灌溉。

二、水灾成因的探究

张謇对水利问题素有研究，对其成因从自然和社会多方面进行了剖析。

---

① 张孝若：《南通张季直先生传记》，中华书局 1930 年版，第 198 页。

首先,从历史和自然环境上进行分析。他曾研读元明以来的历史,撰写了《关于导淮程序先宜注重淮河历史地理说帖》,介绍淮河水患不断的成因,说:"淮所以为灾者,入海路断,入江路淤;水一大至,漫溢四出。"①他了解到公元12世纪前,淮河独流入海,水旱灾害比较少,但此后,由于黄河夺淮入海,使淮河从此变成水旱灾害最为严重的河流之一。其次,在治理淮河的过程中,他也看到过度开垦、滥砍滥伐使得生态环境恶化与淮河水灾频发之间有密切关系,"蚩蚩之民,与水争地,习为故常,更不知森林与治水防沙有何等关系,致尽伐固有的大木,不知替以续造之新林"②。他说黄河、扬子江、珠江"淤垫激薄,岁屡为灾",其致灾实由于"上游发源及各段支流之地,无森林以涵养水源,防止土沙。一旦洪水骤发,势若建瓴。方其急流则混挟泥沙,奔泻直下;及遇回曲,溜势稍缓,则沉积而淀,便成涉阻"③。再次,认识到官员腐败对水灾的影响。我国历代政府都声称重视治水,但并非所有官员都真正重视治水。在治理黄河方面,清政府虽设有河道总督,但一些地方官员平时对河防不予重视,或截留官帑,克扣工款,过着奢靡的生活;或敷衍塞责,不以维修堤防为务,甚至当灾害到来之时仍歌舞升平,欺上瞒下,结果使黄河始终未能驯服,灾害连年不断。④

在水灾成因方面,孙中山囿于所受教育和工作经历的限制,对地理、水文等专业技术方面的因素思虑较少,着墨不多,但也认识到乱砍滥伐森林造成生态平衡失调是引起水灾的重要原因,指出古时为什么水灾较少而近来水灾却逐年增加呢?原因就在于"现在人民采伐木料过多,采伐之后又不行补种,所以森林便很少。许多山岭都是童山,一遇了大雨,山上没有森林来吸收和阻止

① 张謇研究中心、南通市图书馆编:《张謇全集》(第二卷),第34页。

② 张謇研究中心、南通市图书馆编:《张謇全集》(第二卷),第154页。

③ 张謇研究中心、南通市图书馆编:《张謇全集》(第二卷),第227页。

④ 张謇研究中心、南通市图书馆编:《张謇全集》(第二卷),第1—2页。

雨水,山上的水便马上流到河里去,河水便马上泛涨起来,即成水灾"①。难能可贵的是,孙中山还考虑到农民的文化程度等社会因素对水利废弛、灾害频发的影响。1894在《上李鸿章书》中,他把水利废弛的原因与农民的思想愚昧、政府腐败联系起来,说:"农民只知恒守古法,不思变通,垦荒不力,水利不修,遂致劳多而获少,民食日艰。水道河渠,昔之所以利农田者,今转而为农田之害矣。如北之黄河固无论矣,即如广东之东、西、北三江,于古未尝有患,今则为患年甚一年……推之他省,亦比比如是。……年中失时伤稼,通国计之,其数不知几千亿兆,此其耗干水者固如此其多矣。"②另外,他还从政治方面找原因,认为水患在很大程度上是完全可以预防和避免的,造成的苦难也是次要的,"其实,中国所有一切的灾难只有一个原因,那就是普遍的又是有系统的贪污。这种贪污是产生饥荒、水灾、疫病的主要原因"③。他以黄河泛滥引起洪水为例,说为了满足无情的私欲,无良官员利用甚至制造洪水来牟利,民间有这样的谣谚:"治河有上计,防洪有绝策,那就是斩了治河官吏的头颅,让黄河自生自灭。"④他强调"水患和饥荒都是人为的原因,而不是由于自然的原因"⑤,要改变这种局面,只有从根本上改变现行政治制度,"局部的和逐步的改变都是无望的"⑥。这也正是他放弃改良幻想,毅然走上革命道路,矢志推翻清王朝腐朽统治的主要原因。辛亥革命并没有达到预期的目的,民国虽然建立却有名无实,一切政权仍掌握在腐败官僚和专横武人手中⑦,因此孙中山

① 广东省社会科学院历史研究所等编:《孙中山全集》(第九卷),中华书局1986年版,第407页。

② 广东省社会科学院历史研究所等编:《孙中山全集》(第一卷),中华书局1981年版,第10页。

③ 广东省社会科学院历史研究所等编:《孙中山全集》(第一卷),第89页。

④ 广东省社会科学院历史研究所等编:《孙中山全集》(第一卷),第90页。

⑤ 广东省社会科学院历史研究所等编:《孙中山全集》(第一卷),第93页。

⑥ 广东省社会科学院历史研究所等编:《孙中山全集》(第一卷),第95页。

⑦ 广东省社会科学院历史研究所等编:《孙中山全集》(第一卷),第59页。

只得继续革命,试图将百姓从水旱兵灾的无穷苦海中拯救出来。

客观地说,作为一种特殊的自然现象和灾害类型,水灾的成因是复杂的。孙中山主要是从社会因素的角度探讨了致灾的成因,具有一定的合理性,且与他首先是一个革命家、政治家的身份是分不开的,也为其进行政治动员、开展革命斗争提供了合法性支持。但看不到自然环境与自然条件也是水患形成的主要原因或背景因素,过分强调政治和社会因素则有着不够周全和客观之嫌。另外,孙中山也不是一个水利技术专家,没有单纯技术性地研究和分析水灾规律,因此不可能提出治理水患的专门技术性方案。①

三、治水兴水方略的设计

1. 设立专管,强化管理,切实履行治水职能

孙中山一贯强调要重视发挥政府的重要作用。1891 年前后,他写成《农功》一文,主张各省从藩、臬道府之精炼者中遴选一人为水利农田使,督促各地牧令了解土壤、农民等方面信息,拟定兴利除弊的章程以招徕开垦。②1894 年 1 月,他在《上李鸿章书》中剖析了水灾的成因,主张学习西方,设立专门的农官经略其事,兴利除弊,发展农业,说我中国古代有专官负责农政,但三代以下听民自生自养,以致农政日就废弛,结果水道河渠由昔之利农转为今天的害农,无论是北方的黄河,还是广东的东、西、北三江,古代水患不多,今天却很多,"此由于无专责之农官以理之,农民虽患之而无如何,欲修之而力不逮……如印度之恒河,美国之密士,其昔泛滥之患亦不亚于黄河,而卒能平治之者,人事未始不可以补天工也。有国家者,可不急设农官以劝其民哉?"③国民政府建立后,他主张设立专门机构,配备相应人员专司治水。1920 年 11 月下旬,孙中

① 胡惠芳、汪志国:《孙中山的治水思想述评》,《淮河水利》2003 年第 1 期,第 60—62 页。

② 广东省社会科学院历史研究所等编:《孙中山全集》(第一卷),第 5 页。

③ 广东省社会科学院历史研究所等编:《孙中山全集》(第一卷),第 10 页。

山在拟定的《内政方针》中，规定由政府组织人力、财力、物力综合治理水患；设农务局以保护森林，兴修水利。在不久后颁布的《内政部新官制》中又明确规定，除设农务局以外，在内政部下设司长二人，负责海河堤防及水利事项，统筹协调、分段治理长江水患。

张謇主张，治理水患方面在时间上要着眼长远，防止短期行为，急功近利，指出“治百里之河者，目光应及千里之外，治目前之河者，推算应在百年以后。使非统筹远虑，将来流弊丛生，谁任其咎？”①在区域上要防止画地为牢，以邻为壑，搞本位主义，各自为战，提出“治水之道，贵乎上下蓄泄，彼此统筹，必无划疆而治之水利”，“行政有省可分，治水无省可分”②，如在淮河治理上，他提出“除害之大者，莫如导淮而兼治沂、泗二水”③，苏皖两省要打破地域观念，通力合作，做到上下游联动，标本兼治。张謇还说“古之水利，皆有专官。各国水道，亦必别立局、署以董治之”，“各国水道，既设专局，并且为常设之机关”，因此主张建立流域乃至全国性的管理和协调机构。他建议北洋政府设立全国水利局，“而以导淮事宜属之”④，以利于对全国水利事业的领导。1913 年，张謇被任命为全国导淮水利督办。1914 年，导淮总局改组为全国水利局，张謇任总裁。这是真正建立在流域全局观念上的机构，也是国人主持设立的第一个近代大型流域管理机构，使设立专官、管水治水的愿望变成了现实。张謇对一些地方政府官员平时并不重视水利十分不满，主张要加强督查和管理，说各省“从未以灾域灾情咨报，则其平日以财政困难而视水利为可重可轻之政，概可想见”，恳请政府“明发申令，责成被灾各省巡按使，将呈准设立之水利分局或水利委员会、河海工程测绘养成所，克日成立，并将被灾区域绘具图说，咨送内

---

① 张謇研究中心、南通市图书馆编:《张謇全集》(第二卷),第 370 页。

② 张謇研究中心、南通市图书馆编:《张謇全集》(第二卷),第 515 页。

③ 张謇研究中心、南通市图书馆编:《张謇全集》(第二卷),第 155 页。

④ 张謇研究中心、南通市图书馆编:《张謇全集》(第二卷),第 154 页。

务、农商两部暨謇局会同考核”。①

2. 重视测量，采用机器，实现治水的近代转型

近代水利的标志是在管理上专家领导，在工程设计中讲科学、重理性。近代中国，国门洞开，欧美文化潮涌而来，中西文化剧烈碰撞，彼此交汇、交融，中国社会迅速从传统向近代嬗变转型。对于中外的巨大差距，张謇有着清醒的认识，说：“文明各国，治河之役，皆国之名大匠，学术堪深，经验宏富者主之……我国乃举以委之不学无术之污者，而以素不习工事之文士督率之。末流积弊，滑吏作奸，甚至窳其工程，希冀再决，以为牟利得官之余地。”②并强烈要求改变这种现状。在任导淮督办和全国水利局总裁之后，他锐意改革，努力促成了由传统的官僚治水向近代专家治水、科学治水的转型。而他本人也刻苦钻研，大量阅读了大量的古代水利文献，成为行家里手。他自述年二十许即“究心水利，经若禹贡，史若河渠之书，沟洫之志；专家纂述，远若桑经郦注，近若潘靳丁冯诸家之说，按之舆图，稽诸方志，钩往抉来，往往而有得焉”③。自1887年撰写《郑州决口记》，到1924年为导淮测量处成绩目录撰写的序言，40年间，他撰写了大量的治水文献，《张謇全集》1994年版中收录的水利类论文就有80多篇，其中论及淮河的有60多篇，论及运河的17篇，论及长江的26篇。他也因此被称为“清朝末期唯一研究水利之学者”④。张謇认为，要制定科学合理、切实可行的治淮方略，必须将测量视为治水之先导，因此开运用国外先进测绘仪器和近代水文测量技术对我国河道进行调查观测之先河。1909年，时任江苏咨议局议长的张謇筹设江淮水利公司（后改为测量局），并在1911—1922年间首次对淮河、运河以及沂沭泗等河道的流向、流量、水位、含沙

① 张謇研究中心、南通市图书馆编：《张謇全集》（第二卷），第281页。

② 李明勋、尤世玮主编：《张謇全集》④，上海辞书出版社2012年版，第333页。

③ 张謇研究中心、南通市图书馆编：《张謇全集》（第二卷），第626页。

④ 刘厚生：《张謇传记》，上海书店1985年版，第266页。

量以及当地降雨量等进行测绘。其测量区域之广,勘察内容之多,都是前无古人的。著名水利专家宋希尚在《河上人语》中予以高度评价:"五十年前用仪器来测量水利工程作为设计依据,不易置信,张公实为推动最力之人。"1924年,水利测量局将十二年所得之资料计一千二百三十八册,图二十五卷又二千三百二十八幅,汇编成《导淮测量处成绩》出版,张謇为之作序。"欧美工程家凭图审勘,与实地检查,证为可信。"①后人评价说,从此"淮河流域之地形水势,乃有精密之纪录,实开我国科学治水之先河"②。大量的第一手资料不仅为张謇治理淮河提供了有力支撑,也在此后各个历史时期的治淮工程中发挥了重要作用。

传统水利建设因工具简陋而难以大规模、高效率展开。在水利建设中采用新式机器,既是水利进入近代的标志,也是事业发展的要求。早在1887年,张謇曾致函倪文蔚,认为传统治河办法唯事加高堤坝是不能解决问题的,主张采用疏浚机器施工,就地形水势将黄河分为数道,以便疏导,由山东入海。孙中山十分重视机器对于经济发展的巨大推动作用,说"谋富国者,可不讲求机器之用欤"③。1891年,他在《农功》一文中就赞美机器所带来的高效率,"伊里岛田卑湿,嗣用机器竭其水,土脉遂肥",主张以机器生产代替手工劳动,实现农业机械化。④在1894年《上李鸿章书》中,他主张在水利事业中使用机器以替代牛马,提高功效,"非有巧机无以节其劳,非有灵器无以速其事,此农器宜讲求也。……近世制器日精,多以器代牛马之用……起水,则一器能溉千顷之稻;收获,则一器能当数百人之刈。他如凿并浚河,非机无以济其事……机器之于农,其用亦大矣哉。我中国宜购其器而仿制之"⑤。他在民生主义第三

① 张謇研究中心、南通市图书馆编:《张謇全集》(第二卷),第628页。

② 郑肇经:《中国水利史》,商务印书馆1939年版,第162页。

③ 广东省社会科学院历史研究所等编:《孙中山全集》(第一卷),第13页。

④ 广东省社会科学院历史研究所等编:《孙中山全集》(第一卷),第3页。

⑤ 广东省社会科学院历史研究所等编:《孙中山全集》(第一卷),第11页。

讲中提出,中国现在有许多荒地,如果用机器来耕田,会大大促进农业生产。机器抽水可以开辟很多地势太高、没有水灌溉的荒地,也可使已经开辟的良田没有旱灾,增加粮食产量。①

3. 植树造林,保持水土,改善生态环境

基于对滥砍滥伐造成水土流失的认识,孙中山和张謇都赞成通过植树造林来防止水患。孙中山认为,"多种森林便是防水灾的治本方法",要防水灾便先要造森林,有了森林便可以免去全国的水祸,因为"有了森林,遇到大雨时候林木的枝叶可以吸收空中的水,林木的根株可以吸收地下的水;如果有极隆密的森林,便可以吸收大量的水;这些大水都是由森林蓄积起来,然后慢慢流到河中,不是马上直接流到河中,便不至于成灾"②。

张謇也十分重视发挥植树造林对防止水患的积极作用,强调"挽救水害,则编栽保安林不可缓也"。他认为保安林用途甚广,"尤以涵养水源,防止土沙,预防水害为最要","现黄河、长江、珠江时有泛滥之虞,则编栽保安林宜亟矣"③。1924年,湖南发生水灾,省长赵恒惕来函咨询对策。张謇一针见血地指出,水灾的原因在于过度围垦,使洞庭湖无法消融游衍长江之水,造成湖口淤塞,江底垫高,而根源则在于"贪近利者,只知圈占圩田,而不计水无所容之为大患也",指出"不与水争地,汉人之名论也。今湘之与水争数十年矣,一遇霪潦,山水四溢,鲜不成灾,"建议趁此机会,谋根本疏治之策,"否则水今即消,来水无已,赈有穷时,民何生路?大可忧也"。④

4. 培育人才,筹集资金,为水利事业提供可靠保障

在水利事业发展方面,张謇对人才的重要性有清醒的认识,认为知识和学

---

① 广东省社会科学院历史研究所等编:《孙中山全集》(第九卷),第400页。

② 广东省社会科学院历史研究所等编:《孙中山全集》(第九卷),第407—408页。

③ 张謇研究中心、南通市图书馆编:《张謇全集》(第二卷),第227—228页。

④ 张謇研究中心、南通市图书馆编:《张謇全集》(第二卷),第629页。

问是水利事业发展的前提,“盖治水必资学识,然后可成计划,有计划然后可冀效果。学识不足,则计划不能正确,即效果不能良善也”①。治理水患必须配备掌握现代科学技术和学识的人才,因此在担任全国水利局总裁期间,一方面从美、英、荷等国聘请水利专家来华指导治淮和水利建设,另一方面,选拔优秀青年学子到国外学习先进的水利技术。张謇敏锐地意识到,国内水利建设百废待兴,需才孔亟,而相关人员却奇缺,要实现国家自立,不能不培养自己的水利专业人才,因此于1906年10月,在通州师范学校设立测绘科,培养测量技术人才,后又在高邮设立“河海工程测绘养成所”。该所设本科和速成科两种,学制分别为两年和一年。1915年3月,张謇在南京创办河海工程专门学校,聘许肇南为校长,水利专家李仪祉为教务部主任兼教授。河海工程专门学校是我国第一所水利高等专门学校,培养了大批优秀水利人才。早期毕业生须恺、汪胡祯、宋希尚、顾世揖等后来都成为知名的水利专家和水利界的领导人物,“从此,中国进入了专业水利人才成为治水主体的时代”。②

张謇认为,对水利而言,无贝之才和有贝之财,即人才和资金二者不可或缺。由于国穷民贫,治理水患遇到的最头疼的问题就是缺乏经费。为了募集治淮经费,张謇费尽心思,采取招股、入股的形式,筹建江淮水利公司。他指出:“集股开办,众擎易举。”③组建水利公司,“于国于民,尤有百利而无一害”④,并且规定水利公司需要将利税的十分之三上缴,由咨议局支配,以充各出资方及全省发育之用,水利公司可以监视其使用,但不得拒绝或减少⑤。后来,张謇还试图通过创办银行、向国外借款等方式来筹集水利建设资金。比较

① 张謇研究中心、南通市图书馆编:《张謇全集》(第二卷),第606页。

② 须景昌:《张謇办水利教育的思想与实践》,《张謇研究年刊》2003年第1期,第191—197页。

③ 张謇研究中心、南通市图书馆编:《张謇全集》(第二卷),第74页。

④ 张謇研究中心、南通市图书馆编:《张謇全集》(第二卷),第71页。

⑤ 张謇研究中心、南通市图书馆编:《张謇全集》(第二卷),第68页。

而言，基于水利工程浩大和对私人资本主义的警惕，孙中山主张由政府承办，因此，对利用民间资本参与水利建设重视不够。

5. 因地制宜，发展水电，开发利用水力资源

水能成灾，祸害百姓，也可兴利，造福人类。在水利资源的开发利用方面，孙中山除了与张謇一样主张开挖疏浚港口，大力发展航运交通事业外，还慧眼独具，较早提出了利用水力发电以发展经济，改善民生的主张。这也是孙中山值得大书特书的地方。

孙中山曾自述“其所持主义，有因袭吾国固有之思想者，有规抚欧洲之学说事迹者，有吾所独见而创获者”①。事实上，13 岁即出国决定了其没有接受完整系统的儒家思想教育，传统文化的根基并不坚实，但充满好奇且具可塑性的年龄却减少了他接受西方文化的阻力。他长期游历西方，并大半生都在海外度过，得以大量阅读国外出版的书籍。据段云章统计，上海孙中山故居藏书目录中有外文书籍 501 种，涉及美、英、法、德、俄、日等近 20 国，其中又以美国（183 种）、英国（148 种）为最多。②因此，他对世界先进科技发展趋势和进展有较多的了解。1894 年在《上李鸿章书》中，孙中山就介绍了西方刚刚问世不久的水力发电技术，说“格致之学明，则电风水火皆为我用”，“近又有人想出新法，用瀑布之水力以生电，以器蓄之，可待不时之用，可供随地之需，此又取之无禁，用之不竭者也”③。1918 年，孙中山用英文写成《国际共同发展的中国实业计划》（The International Development of China），于 1919 年 6 月发表，后编为《建国方略之二 · 实业计划》。在 1924 年所作三民主义系列演讲中，孙中山又进一步丰富完善。他主张改良伏波滩，“使舟得以溯流以行，而又可资其水

---

① 广东省社会科学院历史研究所等编：《孙中山全集》（第七卷），中华书局 1985 年版，第 60 页。

② 茅家琦等：《孙中山评传》，南京大学出版社 2001 年版，第 924 页。

③ 广东省社会科学院历史研究所等编：《孙中山全集》（第一卷），第 12 页。

力”,提出要开发水力资源,用所发之电推动全国经济的发展。他说“近来外国利用瀑布和河滩的水力来运动发电机,发生很大的电力”,由于瀑布和河滩的天然力不用费钱,所以所发电力相当便宜,这种瀑布和河滩在中国是很多的,在西江到梧州以上便有很多河滩,距南宁不远的伏波滩水力非常大,据说可以发一百万匹马力的电。其他像广西的抚州、红河也有很多河滩,也可以利用来发生电力。再如广东北部的翁江,据测量也可以发数万匹马力的电,“用这个电力来供给广州各城市的电灯和各工厂中的电机之用,甚至于把粤汉路照外国最新的方法完全电化,都可以足用”,“又象扬子江上游夔峡的水力,更是很大。有人考察由宜昌到万县一带的水力,可以发生三千余万匹马力的电力。像这样大的电力,比现在各国所发生的电力都要大得多。如果开发出来,不但是可以供给全国的火车、电车和各种工厂之用,并且可以用来制造大宗的肥料”。如果能够充分开发利用长江和黄河的水力资源,“大约可以发生一万万匹马力……拿这么大的电力来替我们做工,那便有很大的生产,中国一定是可以变贫为富的”。①

四、结　语

我国自古水灾频发,清代尤为严重,水患肆虐不仅给人民生命财产造成了巨大损失,而且也对中国社会发展造成了严重阻碍。关心民瘼、关注民生,出身农家且在乡村成长的经历构成张謇和孙中山关注和重视水利的最初动因,而传承中国知识分子经世致用的优良传统,由近代特殊国情而生发出的救亡图存、振兴中华的爱国理想,又使他们重视与农业发展息息相关的水利问题。他们都剖析了近代水灾频发和严重的成因,提出了治理办法,期望改变中国贫穷落后的面貌,改善农民的生活状况。在重视水利的原因方面,总体而言,孙

① 广东省社会科学院历史研究所等编:《孙中山全集》(第九卷),第401—402页。

中山主要出于兴利、开发利用的目的。早期主要从实现农业近代化的角度思考问题，民国后提出的实业计划更是“以获利为第一原则”。他整治河流的助长着眼于发展交通航运，使内河、港口与铁路、公路贯通一气，以达到物尽其用、货畅其流，促进经济发展的目的。而张謇基于对水患造成灾难的体认，则首先考虑的是除弊、防灾减灾，希望消除水患给民众带来的直接苦难以及社会动荡、列强侵略给国家发展造成的阻碍。在对水灾成因的分析方面，孙中山突出社会和政治方面的原因，体现了革命家和政治家的特质和情怀，而张謇则对中国古代治水历史和治水名家的方略比较熟悉，并从技术入手，发挥了熟悉专业的优势，兼顾了自然和社会两个方面的因素，显得更加全面和科学。在治水防灾的对策方面，张謇和孙中山都顺应时代潮流，主张学习西方先进科学技术，采用机器以提高效率，提出了设立专官，专门管理；筑堤浚河、植树造林以保持水土等建议，张謇根据自己长期实际从事水利管治的体会，强调科学测绘和培养水利人才、设立股份公司筹集资金的主张，并付诸实践，为我国水利事业的发展做出了杰出贡献。在水利资源的开发方面，作为“过渡时期的英雄”和长期直接治水管水的实践者，张謇在治水实践中遇到了种种难以想象的困难，有着痛楚的感受，因此对水利问题认识更广泛、深刻和系统，考虑更周全和细致，其水利思想更具务实性和可操作性。而孙中山作为革命家和经济战略家①，对海外的新思想、新科技了解和关注较多，其水利思想则更具理想性和前瞻性，特别是其关于开发三峡水力资源、发展水电事业的设想，令人耳目一新，也为中华人民共和国成立后我国水电事业的发展指明了方向。

（原刊于《南通大学学报（社会科学版）》2017 年第 3 期）

---

① 马敏：《孙中山实业思想再认识》，《光明日报》2016 年 12 月 12 日。

张謇与陈炽水利思想之比较

张謇(1853—1926)和陈炽(1855—1900)都是晚清帝党骨干,都曾积极参与维新运动,都与翁同龢关系密切。张謇是翁同龢的门生和同乡,陈炽则是其部属和亲信。关于两位历史人物思想之比较,目前仅有学者对其农业发展思想进行了比较。①值得注意的是,他们都是我国近代著名的水利思想家,都关心和重视水利。关于张謇的水利思想,学术界研究较多②,但多局限于其治水实践的记述,对其思想的特点和地位缺乏研究。关于陈炽,学者们对其经济思想研究较多,而对其水利思想则关注不多,成果更少,目前可见的仅有王代莉的《陈炽的水利河防思想》③。笔者拟就两者的水利思想进行比较,以丰富和深化这方面的研究。

---

① 羌建:《张謇与陈炽农业观之比较研究》,《中国农史》2013 年第 6 期。

② 关于张謇水利思想的主要研究成果有:陈卫东:《张謇和南通水利》,《中国水利》1984 年第 7 期;庄安正:《张謇导淮始末述略》,《江苏社会科学》1995 年第 5 期;唐元海:《我国近代导淮史上杰出人物——张謇》,《治淮》1996 年 11 期;吴春梅:《张謇治淮方略评析》,《光明日报》2004 年 1 月 13 日;须景昌:《张謇与淮河水利》,《南通大学学报》2007 年第 5 期;尹北直、王思明:《张謇"导淮":中国近代水利史上的一个转折点》,《古今农业》2010 年第 1 期;刘家富:《张謇治淮述评》,《阜阳师范学院学报》(社科版)2015 年第 2 期。

③ 王代莉:《陈炽的水利河防思想》,《贵州师范大学学报》(社会科学版)2003 年第 5 期,第 58—61 页。

一、关注和重视水利，提出治水兴水主张

（一）张謇和陈炽都长期关注水利，并曾直接参与治水

张謇很早就关注水利，因“生长田间，习知水旱所关，河渠为重”①；在参加科举考试时又阅读了大量水利书籍；1874 年，他随孙云锦前往淮安处理渔滨积案，目睹淮祸，萌生导淮之志。1887 年，黄河在郑州缺口，张謇时任开封知府孙云锦的幕僚，直接参与了黄河缺口的封堵，多次冒着生命危险察看沿河水势，还四致倪文蔚函，拟订治河方案《疏塞大纲》。离开郑州南归时，张謇途经淮北，再次目睹淮河水灾惨状，更坚定了治淮的决心。他曾担任全国水利局总裁、导淮局督办、江苏新运河督办等职，主持或参与了全国特别是淮河、长江水利事业的领导、规划、协调；另外，在发展淮南垦殖事业以及进行南通地方自治建设的实践中，又对农田水利建设和长江洪水防治倾注了大量心血。

陈炽小张謇两岁，其出生的 1855 年黄河在铜瓦厢改道，洪灾殃及河南、山东、直隶三省，并在接下来的五六十年里频繁决口。②陈炽虽然生长于江西，距黄河有一段距离，但其生活也受到了一定的影响。光绪十年（1884）七月，广东惠州及海丰雷雨飓风交加，珠江上游水势大涨，洪水泛滥，为十余年未见，陈炽“亲乘巡船连夜督饬查修”③。光绪十三年“八月十三，河南郑州石桥黄河陡决三四百丈，全溜东趋，由沙河陈留经安徽之颍、泗挟淮水入洪泽湖，直抵扬州府至所属之东台县入海，三省地面约二三十州县尽在洪流巨浸之中，田庐人口漂没无算，而里下河一带富庶之区，适当其冲，行见粮盐俱坏，财富之地沦为泽国”④。时任户部主事的陈炽，于九月初七日呈送翁同龢议河说帖，阐述自己

---

① 张謇研究中心、南通市图书馆编：《张謇全集》（第二卷），江苏古籍出版社 1994 年版（本文所引《张謇全集》各卷皆出自此版，不另注），第 155 页。

② 李文海、周源：《灾荒与饥馑》，高等教育出版社 1991 年版，第 91 页。

③ 张登德编：《中国近代思想家文库 · 陈炽卷》，中国人民大学出版社 2015 年版，第 8 页。

④ 《清代淮河流域洪涝档案史料》，中华书局 1998 年版，第 915 页。

的治河思想，得到翁的赞赏。

（二）都高度重视水利，把它与富民强国、社会稳定联系起来

首先，他们都认为水利是实现富民强国的客观要求。张謇认识到“水利为农田之命脉”①，指出“国计虽艰，民生实为国本；欲为民生，事业无重大于水利”②。

张謇在上疏中提出治理淮河不仅可以去除水患，而且还能使过去的贫瘠之地成为腴壤、确土成为神皋，水运交通和商业因此兴起③，从而使“国有增赋，民有增产”④。张孝若回忆说，其父张謇认为“治国福民的事，河工水利是第一件”，“将水道疏浚得法，不但水旱之灾可以免掉，而且输运交通，都有很大的利益”。⑤

陈炽认为水利河防的兴废与农业发展和人民生活紧密相关，水利兴则农业兴，经济发展，百姓富裕，相反“水利不兴，则其地之民必贫窘而不能自给也决矣”⑥。在《水利》篇中陈炽指出，江浙两省所以由原来的“江南下湿之区，禹贡厥田下下”一变而“忽居上上”，原因就在于兴修了水利，“容地有水，泄水有方”，减少了水患，增加了亩产，因此富甲天下；相反，北方五省在三代以前物产丰盈，百姓富足，而唐宋之后却“户渐少，俗渐悍，性渐愚，乐岁无仓箱，而凶年流沟壑，神京廪给悉仰南方，饥馑游臻，朝不保夕”，其原因就在于“水利废而河患增”⑦，如渔阳地区古代沃野千里，但后来因水利设施在战乱中毁坏，环境恶化，致使“旱则赤地，潦则滔天，地日瘠，民日穷，财日匮”⑧。总之，水利不兴是

① 张謇研究中心、南通市图书馆编：《张謇全集》（第二卷），第 154 页。

② 张謇研究中心、南通市图书馆编：《张謇全集》（第二卷），第 370 页。

③ 张謇研究中心、南通市图书馆编：《张謇全集》（第二卷），第 65 页。

④ 张謇研究中心、南通市图书馆编：《张謇全集》（第二卷），第 34 页。

⑤ 张孝若：《南通张季直先生传记》，张謇研究中心，2014 年，第 122 页。

⑥ 张登德编：《中国近代思想家文库・陈炽卷》，第 241 页。

⑦ 张登德编：《中国近代思想家文库・陈炽卷》，第 132 页。

⑧ 张登德编：《中国近代思想家文库・陈炽卷》，第 130 页。

北方经济衰退、百姓穷苦不堪、国家财政拮据的主要原因。陈炽还援引外国的例证,说西方各国百年前水旱灾害也像中国那样频繁,后“法国有名人,广开水利之源”,获得巨大收益,西班牙“疏渠泄水,一望膏腴,百产丰盈,万民殷富”,甚至印度原来也是水旱灾害频繁,但英国人在恒河沿岸植树木、辟沟渠以杀水势,解决了恒河横溃四决的问题,同时在印度西北建闸蓄水,沟渠四达,使“物阜民殷,兵强国富”。据此,陈炽得出“富国莫要于养民,养民莫要亟于水利,其事大用大效,小用小效”①的结论。

其次,他们还把治水与维护政治稳定、社会和谐密切联系在一起。

张謇1904年上《请速治淮疏》,分析上一年淮河水灾后的形势,说苏皖两省灾民众多,极贫户近四百万,次贫的加倍,灾荒及于全省,“抢米遏粜,无县无之”②,因此必须采取有效措施,以防社会发生动乱。在《条议全国水利呈》中,张謇提出苏皖十四县本就民俗强悍,而今又承河流垫溢、田亩荒芜之后,许多农民流离载道,南下就食者达数十万人,倘若国家有事,势必“乱机一发,匪盗四起,此仆彼作,若火燎原”,因此“今日除害之大者,莫如导淮”。③张謇曾解释自己力主治淮、治沂、治运的原因,说过去“江淮之间,草莽为多,历汉唐至清,百年辄大乱,小乱不胜纪”,不仅“坏地方,扰国家,困政府”,而且“贻邻邦之讪笑,为大局之隐忧”,并非“江淮之民性乐为匪”,而是因为无实业而贫穷,追根溯源,无实业又是因为“无交通,无水利”,因此简单地治匪或者裁兵都无法从根本上解决问题,“非谋水利、谋交通,必无以清乱源,植治基”④。所以,要实现社会稳定首先必须治理水患。

宋元以降,中国经济中心南移,位于华北的首都北京在经济上严重依赖东

---

① 张登德编:《中国近代思想家文库·陈炽卷》,第225—226页。

② 张謇研究中心、南通市图书馆编:《张謇全集》(第二卷),第33页。

③ 张謇研究中心、南通市图书馆编:《张謇全集》(第二卷),第156页。

④ 张謇研究中心、南通市图书馆编:《张謇全集》(第二卷),第583页。

南，而作为物资输送的生命线，运河时常受到各种因素的制约，其中因黄河改道导致漕运受阻即是原因之一。陈炽认识到黄河水灾频发对京师造成极大威胁，不利于政治稳定，因为“河决则运阻……京师仰食无如何也”①。陈炽赞成林则徐在京畿兴修水利、种植水稻、发展农业的做法，因为这样可以减少对“漂失灾荒，岁有所闻，海道烽烟，时虞梗阻”②的漕运的依赖，同时主张下大力气治理好黄河，以维护政治稳定。

（三）都提出了兴利除弊的诸多治水主张

一是改革政治，整顿吏治。

张謇认为水利设施失修的原因之一是官僚们根本不真心治灾，只图自己享受或贪污挪用备灾资金。张謇曾对负责河防官员的贪腐行为进行了揭露和谴责：上南厅同知余璜在职十多年荒淫无度，不理水事，平时便溺用银器，出门看戏则“先期戒治，幄幔如天宫”；外工司事李祁三年不在大堤外培土，却将谕民捕獾作为捞钱良机，每捕一獾费钱千文，而獾洞又不覆土塞实，结果留下隐患；治水工款遭层层克扣，甚至当郑州遭险，“河道请三千金资抢护未发，河决银亦未解”。③

陈炽认为，黄河水患频发首先是因为政府不重视水利设施的维护，以致“沟洫既废，阡陌乃开，水利就湮，河患以亟”④。虽然为了治理水患，政府每年支出维修经费达银三四百万两，塞决经费更是动辄银千余万两，但它们大多落入贪腐官员囊中，黄河治理成为许多人发财的绝好机会。只要筹防河务，则“官绅与闻者有大利焉，沿河之百姓有大利焉，工部之官吏核报销者有大利焉”，甚至河兵、河夫都从中牟利，因此每到河防决口，“亿万灾民愁苦于下”的

---

①④　张登德编：《中国近代思想家文库·陈炽卷》，第143页。

②　张登德编：《中国近代思想家文库·陈炽卷》，第131页。

③　张謇研究中心、南通市图书馆编：《张謇全集》（第二卷），第2页。

时候,“在事之官绅吏役,皆欢欣踊跃于河干”。①贪污公款、中饱私囊成了普遍现象,其结果必然是偷工减料,以次充好,修好的堤坝没几年就崩决,黄河水患的频频发生也就不足为奇了。

当然,基于其思想和认知,张謇和陈炽基本上还只是就事论事,主张惩治腐败、改革原有的管理体制,并没有认识到问题丛生的根源在于腐朽的封建专制制度,也不主张从根本上废除这一政治制度。

二是设立专职官员,切实履行治水管水职能。

张謇指出,“古之水利,皆有专官;各国水道,亦必别立局、署以董治之”,“各国水道,既设专局,并且为常设之机关”,因此主张“中国亦当设立全国水利局,而以导淮事宜属之”。②经过张謇等的呼吁,北洋政府将原先的导淮总局扩展为全国水利局,主管水利事业,为我国水利事业的发展提供了组织保证。

陈炽提出,原来朝廷虽有按察使、同知、县丞等兼管水利,但他们并不尽职尽责,“以致京省内外,芜莱满目,埃尘蔽天,杠梁废弛,沟渠堰塞,丘墟芜杂,如旷古未经开辟者”③,“旧日河渠,听其湮废”,“旧有经费,任意侵渔”④,因此必须设立专门官员对水利进行管理。陈炽说,国家虽然每年投入巨资用于治河,却“河益横溃四出而不可治”,甚至愤激地指出,河官“不惟无效而已,不设官则河犹可治,设官则河必不可治也”⑤。但并非真的反对设官管理,恰恰相反,他实际上主张配备具备较高政治素质的专职官员,进行专门管理。

三是强调要官民结合,聚集各方治水力量。

张謇曾自言“愿为小民尽稍有识见之心,不愿厕贵人受不值计较之气;愿

①⑤ 张登德编:《中国近代思想家文库·陈炽卷》,第143页。

② 张謇研究中心、南通市图书馆编:《张謇全集》(第二卷),第154页。

③ 张登德编:《中国近代思想家文库·陈炽卷》,第184页。

④ 张登德编:《中国近代思想家文库·陈炽卷》,第226页。

成一分一毫有用之事，不愿居八命九命可耻之官”①，但在花甲之年，却北上入熊希龄阁任农林工商总长，实际上是希望政府能切实履行职能，担当起领导实业发展和水利建设的重任。张謇在担任全国水利局总裁后采取了一系列治水、兴水的措施，但北洋军阀并不真正关心和重视水利，而且政令不通，财政窘困，使他不能实现经世济民的宏愿，也无法施展自己的才华，而只能“日在官署画诺纸尾，所从事者簿书期会会之无聊，府吏胥徒所可了，其于国民实业前途，茫无方向”②，所规划的蓝图无法付诸实践，加之袁世凯复辟之心日益昭著，因此愤然辞职，退屏江海，推进地方自治。张謇依靠自己及大生集团的力量，聚焦于地方水利建设；他在淮南垦区大力兴修农田水利，同时凝聚社会力量，进行保坍，维护长江沿岸特别是北岸南通段的安全。

陈炽认为，修浚水利，工程浩大，非一人一家之力所能为，因此政府责无旁贷，并发挥能够集中力量办大事的优势，进行引导和统筹，倘若“无以董之，则废而不修矣”③，而且“天下农民大都愚拙，安常习故，不愿变通，又恐舍旧图新，利未形而害已见”④，特别是由于“小民可与乐成，难与图始，非官为经理，决不能相与有成”⑤，但这也并不是要由政府包办，排斥民间力量，实际上，“若引泉开井，蓄雨水之类，均可以民力为之”⑥。陈炽对两者的合作模式进行了设计，提出官民共治、以官为主的水利河防具体解决方案，以期发挥其各自的长处，说在修复沟渠、疏通泉流方面，“民力之不足，以官助之；民志之不一，以法齐之。虑经费之难筹，则移诸赈款；虑胥役之难侍，则倚诸善绅。以文告牖

① 张謇研究中心、南通市图书馆编：《张謇全集》（第四卷），第526页。
② 张謇研究中心、南通市图书馆编：《张謇全集》（第一卷），第311页。
③ 赵树贵、曾丽雅编：《陈炽集》，中华书局1997年版，第20页。
④ 李文海、周源：《灾荒与饥馑》，第241页。
⑤ 张登德编：《中国近代思想家文库·陈炽卷》，第226页。
⑥ 张登德编：《中国近代思想家文库·陈炽卷》，第95页。

其先,以奖劝持其后,以勘验考其成。官吏之厉民者有诛,虚应故事者有罪,重赏严罚,督过劝功"①。

四是主张植树造林,保持水土,以防止或减少水患。

张謇、陈炽继承了我国古代先贤植树造林以防水旱灾害的思想,认为大量林木被砍,造成风沙横行、水土流失,原有良好生态环境遭到破坏,是当时水旱灾害多发频发的重要原因,因此,强调植树造林、保持水土是治理水患的当务之急和根本之策。

清中期以来,淮河流域人口增长迅速,人多地少的矛盾日益突出。为解决粮食问题,沿岸居民纷纷围滩造田,不少人为了保护自己的湖田,还私自在周围筑堤,在河道上筑建石渚,使水流受阻,加之上游开垦造成的森林破坏和水土流失,致使下游河道淤积,泄洪能力大大降低,成为淮河成灾的主要原因之一。张謇认为,淮河水灾频发与流域自然环境的破坏、围滩造田有密切关系。"蚩蚩之民,与水争地,习为故常,更不知森林与治水防沙有何等关系,致尽伐固有的大木,不知替以续造之新林"②,黄河、长江、珠江之所以淤垫激薄、岁屡为灾,"实由三千上游发源及各段支流之地,无森林以涵养水源,防止土沙。一旦洪水骤发,势若建瓴。方其急流则混挟泥沙,奔泻直下;及遇回曲,溜势稍缓,则沉积而淀,便成涉阻。筑堤防水,水益高而患益烈"③。因此,"挽救水害,则编栽保安林不可缓也"④;"保安林之效用,关系极多,尤以涵养水源,防止土沙,预防水害为最要。现黄河、长江、珠江时有泛滥之虞,则编栽保安林宜亟矣"。⑤

陈炽说我国西北地区因"任意戕贼,以致千里赤地,一望童山,旱潦为灾,

① 张登德编:《中国近代思想家文库 · 陈炽卷》,第 132 页。

② 张謇研究中心、南通市图书馆编:《张謇全集》(第二卷),第 154 页。

③④ 张謇研究中心、南通市图书馆编:《张謇全集》(第二卷),第 227 页。

⑤ 张謇研究中心、南通市图书馆编:《张謇全集》(第二卷),第 228—229 页。

风沙拍面，其地则泉源枯竭，硗确难耕；其民则菜色流离，饥寒垂毙。或归之于人事，或诿之于天灾，而不知地瘠民贫，其故皆由于无树也”①。他赞同西方通过种树来改善气候的思想，说“种树致雨之说，地气通而天气降，理或然也”②，“天气下降，地气土升，而万木之阴别饶润泽，长林之内，自致甘霖，水旱遮灾，不能为害，有益于人，有益于地，并有益于天。天壤之间，更无他物可以相比”③，法国人福禄特尔“创兴种树之议，广开水利之源，未及三年，开河七百余道，各国相率仿效开浚河渠”，所以才会“沟渠四达，硗瘠皆腴，物阜民殷，兵强国富”④。陈炽提出，种树与开渠“常相因而利常相辅”⑤，“治河之本在开渠，沟浍多，则水有所容，而伏秋涨减；治河之标在种树，林簪密，则堤可长保，而霜汛澜安”⑥，因此要标本兼治，开渠种树“实今日救时之要药也”⑦，相信中国如能仿效英法等国，兴水利，广种树，定可国富民强。

五是主张多方筹措水利经费。

经费缺乏是张謇在治水中遇到的最头疼的问题，为此，他主张多管齐下：一是学习埃及、日本等国的办法借用外债。张謇认为只要不附加政治条件，权责分明且条件适当，则举借外债完全可行，绝不能因噎废食，简单反对。1909 年张謇致函两江总督端方，提出向外国借款兴修水利的建议。1914 年，他代表北洋政府与美国红十字会签订了《导淮借款草约》，以 5 厘年息借款 2 000 万美元。遗憾的是，由于多方面原因最终未能成功。二是发行股票，筹集资金。张謇主张学习国外先进经验，以招股、入股的形式，筹建江淮水利公司。他指出，组建水利公司，“于国于民尤有百利而无一害”⑧，“集股开

①③ 张登德编：《中国近代思想家文库·陈炽卷》，第 227 页。

②⑤⑦ 张登德编：《中国近代思想家文库·陈炽卷》，第 132 页。

④ 张登德编：《中国近代思想家文库·陈炽卷》，第 225 页。

⑥ 张登德编：《中国近代思想家文库·陈炽卷》，第 143 页。

⑧ 张謇研究中心、南通市图书馆编：《张謇全集》（第二卷），第 71 页。

办，众擎易举”①。后来，张謇还试图通过创办银行来筹集水利建设资金，具体做法是“仿行日本年赋偿还之法，许人民以不动产作抵押品，定低廉之利息，贷以现金，并准其按年分还，则农地得改良之资本，人民得依赖此种银行，作其保障，资其周转”，如是“则关于水利之兴造，即无官吏之督促，亦必百废俱举矣”②。三是以工代赈。如在治理黄河、淮河时，张謇主张把修筑和维护水利设施与赈济难民有机结合起来，这样既能解决灾民的生活问题，也可以解决水利建设所遇到的人力和经费等问题，既可以“为工程增一役夫”，又可以“为草野去一盗贼”③，“以是言治标，则赈不虚；以是言治本，则工不虚”④，因而是一个标本兼治的好办法。

陈炽主张在黄河下游地区“开复各淀，俾容水有地，蓄水亦有资”，所需经费“则渐改漕折为之”，“先由户部咨行各省，将十万石改为折色，另款封储，解交直督，专备水利营田之用”；第二年再“改折二十万石”；如此“岁岁递增，期以十年，百万南槽悉行改折，而水利成矣”。陈炽还提出可将原来用于赈济的经费用于治水：“中国水旱偏灾，流亡载道，即发赈施粥，亦视若圈牢之养物，苟延性命于一时，何如任以能任之工，以成能成之事乎？”⑤

六是在治水工程中主张因地制宜，疏蓄并举。

张謇曾致函倪文蔚，建议采用西方先进的技术治理黄河，用疏浚机器设备取代传统落后的人工操作方式，就地形水势引直河道以便疏导。张謇曾推究历年淮河致灾之由，发现“淮所以为灾者，入海路断，入江路淤；水一大至，漫溢四出”，因此提出采用西法，乘全河夺流，“复淮浚河，标本兼治”的主张。⑥1913

① 张謇研究中心、南通市图书馆编：《张謇全集》（第二卷），第74页。

② 张謇研究中心、南通市图书馆编：《张謇全集》（第二卷），第159页。

③ 张謇研究中心、南通市图书馆编：《张謇全集》（第二卷），第8页。

④ 张謇研究中心、南通市图书馆编：《张謇全集》（第二卷），第45页。

⑤ 张登德编：《中国近代思想家文库·陈炽卷》，第282页。

⑥ 张謇研究中心、南通市图书馆编：《张謇全集》（第二卷），第34页。

年，张謇发表了《导淮计划宣告书》及《治淮规划概要》，修正原先复淮故道的方案，提出了江淮分疏，淮河水量三分入江、七分入海，淮、沂、泗分治的原则；1919 年，根据多年导淮测量所得各河湖水位、流量资料，发表了《江淮水利施工计划书》，改成七分入江、三分入海，进一步完善了江海分疏的治淮方略。

陈炽主张学习西方，广译专书，博求良法以发展水利，同时在不同地区，根据实际情况选择合适的治理方法，如在滨海地区多开港汊以泄潮；在逼近江湖的地方则多开渠引水；有泉源所在的就筑塘蓄泄；高原易旱之地以龙尾联车引水；对于泥泞不干的积水地，要采纳西方的碎石汲水法。①陈炽提出治理黄河当自下而上，节节推行，"开渠建闸"，控制水流；在"距河十里"之地，"遍开水田"，对于沿河十里而外的地方，只要有民愿意开垦，也让其引渠水灌溉，同时，充分利用小湖泊、小河流等在水涝时"容水有地"，在天旱时"蓄水有资"的调节作用②；在黄河上游，种树固土，浚蓄兼施；在黄河下游，由于泥沙在海水作用下大量沉积，愈来愈高，盐碱愈积愈厚，两堤束水，喷郁不泄，使黄河不得不改道。陈炽认为，"疏浚海口之说，未之前闻者，良由巨浸稽天，风涛莫测，望洋兴叹，人力难施也"③，但现代科技却能够解决这一问题，因此主张使用大功率机器挖泥，疏浚海口，总之，"疏之泄之，尽力沟洫，以杀其势，教民树艺，以清其源，而治河之能事毕矣"④。

二、两位先贤水利思想的差异与特质

我国是一个自然灾害频发的国家，自公元前 1766 年至 1937 年的 3 700 年间，中国共发生水灾 1 058 次，平均约每三年五个月即有一次。⑤就清代而言，

---

① 张登德编:《中国近代思想家文库 · 陈炽卷》，第 225 页。

② 张登德编:《中国近代思想家文库 · 陈炽卷》，第 131 页。

③④ 张登德编:《中国近代思想家文库 · 陈炽卷》，第 145 页。

⑤ 邓云特:《中国救荒史》，上海书店 1937 年版，第 51 页。

各种灾害共 1 121 次，其中水灾 192 次，近五分之一。①水灾在各类自然灾害中给人们的苦难最深重，对社会经济破坏最大，不仅对居民生命财产造成巨大损失，也给经济发展、社会稳定和繁荣进步造成严重阻碍。作为自幼受儒家思想熏陶的先进知识分子，张謇和陈炽都曾走过求取功名、科举入仕的艰辛道路，但他们不像一般士大夫那样热衷八股制艺，醉心于个人功名利禄，或空谈心性、空疏无用，而是秉承经世致用的优良传统，有着强烈的忧患意识，体恤民艰，关心民瘼，“不忧一家寒，而忧四海饥”②。张謇自言十六岁后即无时不在忧患之中。陈炽自幼“留心当世之务”③，关心百姓疾苦，以匡时救世自许。他们矢志改变中国贫困落后的面貌和遭受列强欺凌的命运，体现了爱国忧民、自强不息的高尚情怀。另外，他们也不像一些思想家只主张学习西方军事技术，修造坚船利炮，重视工商业而忽视农业，而是认识到农业是国民经济的命脉，“天下之大本在农”④，主张发展农业，又基于“水利一事，为农学之根”⑤，而主张顺应时代要求，学习西方先进技术，为改善民生而去水害、兴水利，表现出认识的深刻和睿智，洋溢着拳拳爱国之心和爱民情怀。但由于个人经历等方面的原因，他们的水利思想也存在一定的差异，体现出个性化的特征。

（一）关注水利的出发点和水利事业的侧重点不同

张謇有关水利方面的文献极多，自 1887 年作《郑州决口记》《论河工》以及五致倪文蔚函，直到晚年，张謇留下了大量关于水利的文章，其中尤以导淮、治江为多。《张謇全集》1994 年版中收录的水利类论文共有 85 篇，其中论及淮河的有 60 多篇，论及长江的 26 篇，论及运河的 17 篇，涉及黄河、淮河、长江

① 邓云特:《中国救荒史》，第 1032 页。

② 魏源:《魏源集》（下），中华书局 1976 年版，第 580 页。

③ 张登德编:《中国近代思想家文库·陈炽卷》，第 118 页。

④ 张謇研究中心、南通市图书馆编:《张謇全集》（第二卷），第 11 页。

⑤ 李文海、周源:《灾荒与饥馑》，第 95 页。

的治理和全国水利的规划、水利资金的筹措、人才的培养等诸多方面，视野比较开阔，他被称为“清朝末期唯一研究水利之学者”①。总体而言，张謇关心水利，一方面基于其发展农业生产和改善农民生活的初衷，另一方面则是因为其目睹黄、淮水患给沿岸人民生命财产造成的巨大损失，因此，既有发展经济、增强国力的考量，更有对防灾减灾、保卫人民生命财产安全的严重关切。

陈炽的水利思想主要集中在《庸书》中水利、渠树、河防、海口篇，以及《续富国策》中的水利富国说、种树富民说等篇，主要涉及黄河水患治理以及华北农田水利建设等领域。陈炽重视水利，与其长期任职于掌天下户口、土地、簿籍，统理各省民赋及一切经费开支的户部的经历，以及“留心天下利病”②的兴趣有关，因此主要着眼于与财政密切相连的农业生产和经济发展，目的是改善民众生活和增强国家财力，如他自言《续富国策》即“为救中国之贫弱而作”。陈炽强调“富国莫要于养民，养民莫亟于水利”③，因此带有鲜明的民本色彩。当然，陈炽主张采用资本主义办法“养民”和“富国”，带有浓郁的时代气息，是对传统民本思想的超越。

（二）关心和投身水利事业的时间长短不同

张謇“年二十许，究心水利，经若禹贡，史若河渠之书，沟洫之志；专家纂述，远若桑经郦注，近若潘靳丁冯诸家之说，按之舆图，稽诸方志，钩往抉来，往往而有得焉”④。戊戌政变后，张謇也受到株连，但并未因此沉沦，仍一如既往地关心水利，为水利事业而奔走呼号。1926 年，张謇为防汛而巡视长江大堤，不慎身染风寒，后转为伤寒，终于不治，享年 73 岁。自 1887 年初涉水利，他一生关注和致力于我国的水利事业近 40 年，可以说为中国的水利事业贡献了自

① 时德青、孔玲：《清末唯一研究水利的学者——张謇》，《治淮》2000 年第 7 期。

② 张登德编：《中国近代思想家文库・陈炽卷》，第 365 页。

③ 张登德编：《中国近代思想家文库・陈炽卷》，第 226 页。

④ 张謇研究中心、南通市图书馆编：《张謇全集》（第二卷），第 626 页。

己的一生，因此关心和投身水利事业时间无疑更长，范围也更广阔。

陈炽是我国近代著名的维新思想家。他自幼天资聪颖，科场开始较为顺利，1867 年，13 岁赴宁都参加院试，得中秀才。1882 年，28 岁参加乡试，中第 46 名举人。但此后却不顺利，终身未能考中进士。戊戌政变后，陈炽深受惊吓，未几抑郁而卒，年仅 46 岁，这使他未能遭逢后来中国社会的沧桑巨变，继续探究水利规律，也不能有更多的机会投身治水兴水的实践。因此与张謇相比，陈炽在水利思想的广度和深度，在其广泛性和丰富性上受到限制。

（三）对水利专门人才培养的方面存在差别

要发展水利，既需要资金，也需要人才。张謇认为："立国由于人才，人才出于立学。此古今中外不易之理，不蓄而求岂可幸致？"①他不仅同样认识到人才培养对水利事业发展和国家独立富强的极端重要性，而且亲自参与培养我国水利人才的实践。在治淮实践中，他认识到欲治水患，必先测量地形、流量等，而这又首先必须要有专业的测绘人才。1906 年 10 月，他在通州师范首设测绘科，延聘日籍教师木村忠治郎、宫本几次等来校任教。1909 年，他创办河海工程测绘养成所，在《河海工程测绘养成所章程》中提出的教育方针强调要"注重学生道德、思想，以养成学生高尚之人格"，"养成勤勉耐苦之习惯"②。1915 年，他又创办了我国第一所培养水利技术人才的高校——南京河海工程专门学校（今河海大学前身），开创了我国近代水利高等教育之先河。

陈炽十分重视人才的作用，认为"国于天地，必有与立，虽有良法，不能自行，得人则治，失人则乱，伊古以来，未有能易之者"③，特别是近代中国面临着"千古非常之变"，因此对人才的需求更加迫切和旺盛，强调"既有非常之变，

① 张謇研究中心、南通市图书馆编：《张謇全集》（第四卷），第 35 页。

② 张謇研究中心、南通市图书馆编：《张謇全集》（第四卷），第 123 页。

③ 张登德编：《中国近代思想家文库 · 陈炽卷》，第 118 页。

必生非常之才,不有非常之才,不足以待非常之变”①。陈炽对中国传统科举教育十分不满,主张按西方模式,改造旧式书院,聘请外国教员,讲授西学,同时考虑到“人才者,万事之根本也;学堂者,又人才之根本也”②,因此主张设立新式学校,培养专门人才,“嗣后,无论扩充何事,推广何业,分布何地,制造何工,需用何人”③,都可以满足需要。另外,考虑到“天下人材,大都由学问而成,由阅历而出”④,“人才不从天降,不从地涌,大都由学问而出,由阅历而成,不有以磨练而试验之不可得也”⑤,陈炽还强调要注重学生的实践锻炼,主张学习日本的经验,派遣天资聪颖,“年在二十岁以内,通古今,识大体,而气体充实,能任辛劳者”,分赴各国大学堂学习,“期以十年”,学成归国后,赏给官阶,“量材器使,予以事权”⑥,培养一批掌握西方科技的人才为国服务。不过,他虽然批判和抨击科举制度,但并未提出废科举之主张;虽主张创办新式学堂,培养专门人才,却未具体谈到培养水利人才,更没有直接参与水利人才的培养。

(四)水利思想的实践性、操作性方面存在差别

张謇作风平实,痛恨大言欺世,主张苦干实干。他不仅曾主持全国水利行政,担任全国水利局总裁等职,而且对水利技术有着浓厚的兴趣和深入的研究,曾博考宋、明历史,查阅治河典籍,勘察实际水势,学习国外先进治水经验,是名副其实的水利技术专家。他不仅多次上书中央和各地方政府,提出治理淮河的计划和方案,而且还亲身投入到淮河及其他水系的治理实践。由于曾长期在水利一线工作,因此既有宏观设计和规划,又有具体方案和方法,因此

①⑥ 张登德编:《中国近代思想家文库·陈炽卷》,第173页。

② 张登德编:《中国近代思想家文库·陈炽卷》,第305页。

③ 张登德编:《中国近代思想家文库·陈炽卷》,第315页。

④ 张登德编:《中国近代思想家文库·陈炽卷》,第129页。

⑤ 张登德编:《中国近代思想家文库·陈炽卷》,第289页。

其水利思想更具有实践性、操作性。张謇为近代中国水利建设作了大量基础性和建设性的工作。他主持对淮河进行实地测量和水文观测所积累的数据和资料为后来各个历史时期的淮河整治提供了宝贵的资料，而其坚持从实际出发、科学治水的精神也是留给后人的一笔弥足珍视的宝贵财富。

陈炽长期在中央政府工作，虽也曾短期参与抗灾治水，但总体上对水利工作并无多少直接接触和实际工作经验，所以较多从宏观上、从指导思想上去论述，而对具体方法和技术则涉及较少，因此“没能在具体的技术层面上提出太多有创见的实施方案”①。陈炽曾游历沿海商埠及港、澳等地，接触到西方资本主义文明，受到极大震撼，并结交众多有识之士，由此热衷西学，但因本身不懂外语，所以对西方的了解系间接获得，主要由“已译之西书和华人之曾游历出使者”②，因此也未必准确和全面。浪漫主义情怀和诗人气质使陈炽的论说带有很强的感染力，但有时未必经得起推敲，如将西方富强的原因归结于种树则显得过于简单和绝对，说印度西北地区修建水利工程使其“物阜民殷，兵强国富”也过于夸张，以致失真。他没有考虑到事物之间的复杂联系，提出治水“其事大用大效，小用小效，其功远者三年，近者一年”③，也显得过于理想化。另外，由于体例限制以及宣传的需要，其思想在著作也未得到充分展开。蔡元培曾批评《庸书》“其语皆世俗所知也，而喋喋不休”，该书限百篇，每篇限八九百字，“意有余裁之，不足演之，故多复沓语，多游移语，无切实中要语，乃文场射策陋习，不足言著书也”④，虽过于严苛，但也有一定的道理。

（原刊于《华北水利水电大学学报》2017 年第 5 期）

---

① 王代莉：《陈炽的水利河防思想》，《贵州师范大学学报》（社会科学版）2003 年第 5 期。

② 张登德编：《中国近代思想家文库 · 陈炽卷》，第 118 页。

③ 张登德编：《中国近代思想家文库 · 陈炽卷》，第 226 页。

④ 张登德编：《中国近代思想家文库 · 陈炽卷》，第 407 页。

张謇与当代中国民营企业家的素质

民营企业，从广义上看就是“非国有国营”企业，即除国有国营以外的所有企业；从狭义上看一般是指非公有制企业。由于个体经济虽属于非公有制经济的范畴，但个体户称不上是企业，因此狭义的民营企业往往就是指私营企业。

人们从不同的角度对企业家作了界定。法国早期经济学家萨伊在《政治经济学概论》一书中认为，企业家是将劳动、资本、土地等要素组合起来进行生产的人。韦伯斯特在《新世界词典》中则解释为：“一个经济冒险事业的组织者，特别是组织、拥有、管理并承担这一事业全部风险的人。”日本经济学家池本正纯在《企业家的秘密》一书中认为是“统筹、调整市场交易中已经发挥作用的领域或尚未发挥作用的领域之间的关系”的市场调节人。应该说，这些说法虽从特定的角度对企业家的特征进行了描述，但算不上是对企业家的内涵比较全面的解释。实际上，企业家就是“可以支配企业资产，能对生产要素进行组合的，能把握市场，开拓市场的，有着特定活动内容和特殊利益目标的运筹企业的精英阶层”①。换言之，只有那些素质较高、事业有成的企业经营者才能称得上是企业家。较高的素质是企业家区别于一般企业经营者的根本标志，或者说是主要差别。著名经济家厉以宁就曾提出“企业家是素质而不是职务”②的论断。正是由于有了这些素质，才使得一些优秀的企业经营者脱颖而

① 陈超：《浅谈企业家和企业家精神》，《企业家》2002 年第 24 期。

② 厉以宁：《企业家是素质而不是职务》，《企业家》1999 年第 23 期。

出，跻身企业家的行列，成为企业经营者中的“精英”。

素质的高低对企业经营目标的实现和领导效能的提高，对企业的兴衰和社会经济的发展均具有十分重要的意义。实践证明，一个企业成功与否，固然有政策和体制的影响，但作为从事生产经营活动的心脏和灵魂的企业经营者的素质起着至关重要的作用，正是从这个意义上，美国经济学家德鲁克认为：“在竞争性的经济中，经理的责任和他的工作决定着企业的存亡。”①据近期国家对两千多家亏损企业的调查，属政策性亏损和由于宏观原因亏损的只占少数，因经济管理不善造成亏损的却占81.7%之多。

作为一个现代民营企业家，必须具备多方面素质。第一，要有优良的政治思想素质，有远大的理想和抱负，有对国家、对社会的高度责任感，在追求经济利益的同时兼顾社会效益和生态效益，而不能仅谋一己私利，惟利是图。第二，应有知难而进、不畏艰险、艰苦创业的精神，有坚忍不拔、顽强拼搏的毅力。第三，要胸襟宽广，有海纳百川的气度，虚心接受各方面的意见。第四，要有高超的领导艺术，做到知人善任，扬长避短，使人尽其才，事得其人。第五，要有丰富的科学知识，既要具备一定的政治理论知识，熟悉国家的方针政策，又要了解国际国内的相关法律法规，明确本行业未来的发展方向。第六，要有忧患意识和改革、创新的能力。对市场进行调查和预测，根据市场变化，及时调整产品结构和价格，对现有产品进行研究，洞察消费者的潜在需求，开发新产品，创造新市场。第七，强化信息意识，重视信息的采集、加工和管理，充分考虑各方面情况，做到多谋而善断，谋定而后动，保证决策的及时和科学，减少决策的主观随意性和盲目性。第八，遵纪守法，诚实经营，珍惜和维护企业信誉。

改革开放以来，尤其是20世纪90年代以后，我国的所有制结构发生了巨大的变化，私营经济等非公有制经济蓬勃发展，在国民经济中的比重逐年上

---

① 〔美〕德鲁克：《管理实践》，工人出版社1989年版。

升。它们在吸纳社会闲散资金，安置剩余劳动力就业，满足城乡群众多层次物质文化生活需要，促进经济快速发展方面起到了令人瞩目的重要作用。但由于多方面的原因，我国的民营企业在发展中还存在许多问题，导致它们无法做大做强。众所周知，世界排名500强或与之相当的跨国公司平均寿命大约在40年到50年之间，而我国企业平均寿命只有6.5年，民营企业更只有2.9年。据介绍，北京中关村"电子一条街"5 000家民营企业中，生存时间超过5年的仅430家，占总数的8.6%，超过8年的企业只占总数的3%。不少名噪一时的"明星企业"风光了三五年后便成为"流星企业"。一些地方出现了民营企业"三年换一批"，经营者"三年换一茬"的现象。造成这种状况的原因是多方面的，但与企业经营者自身素质不高有很大的关系。从自身素质来看，目前我国的民营企业经营者还存在着诸多方面的不足，主要有：

(1) 思想政治素质方面。不少民营企业主缺乏雄心壮志和社会责任感，一些企业经营者小富即安，不思进取，"相当多的民营企业只要自身利益的最大化，却把外部不经济和外部负效应转嫁给社会，糟蹋资源、破坏环境，对我国经济与社会的可持续发展造成了严重影响"①。一些私营企业主带有资本原始积累时的残酷性和疯狂性，主要通过榨取绝对剩余价值获取利润，时常侵犯职工的合法权益，不顾职工的身心健康。此外，法律意识、信誉意识淡薄，不讲信誉，不守合同，偷税漏税，以次充好，制伪造劣，造成了恶劣的影响。据国家技术监督局1996年第二季度产品质量抽查结果显示，私营企业产品合格率仅占42.6%，低于全国平均水平32.7个百分点，远远低于国有企业79.6%和"三资"企业80%的产品合格率。

(2) 文化素质方面。不少民营企业主文化水平不高，不具备丰富的知识和经验，决策水平亟待提高，常常是跟着感觉走，跟着别人跑，经验判断多于科

① 陈才庚：《民营企业家生成研究》，《求实》2001年第6期。

学分析。文化素质低也是制约民营企业主思想素质和经营管理素质提高的瓶颈之一。①随着知识经济时代的到来和全球经济一体化格局的形成,企业家的专业知识、管理水平和科技素质对于企业发展的作用越来越大,因此,没有这方面的较高素质是难以创造一流经营业绩的。

(3)经营管理素质方面。第一,管理专制,企业民主决策机制尚未形成,决策随意。不少民营企业主刚愎自用,听不进不同意见,凭个人好恶行事,不能广开言路,集思广益,重大经营决策常由一人定夺。第二,家族式管理。我国原有的民营企业大多从小作坊起步,带有浓厚的小生产者色彩,没有构建起现代企业管理制度,而是以简单的家庭方式从事经验型管理。企业的核心成员几乎都以血缘关系为纽带构成,关键部门的领导职位都由家族核心成员担任。第三,缺乏长远发展的战略意识,短期行为现象相当普遍,得过且过。第四,创新不足。缺乏技术创新、制度创新、管理创新的意识和素质,在经营中不重视对市场进行分析,并根据市场的变化,采取新的经营方式和战略,调整企业的管理结构、市场结构和资本结构。

总之,现有的这支民营企业经营者队伍难以顺利实现二次创业,适应知识经济时代的要求,因此造就一支数量大的、素质高的企业家队伍刻不容缓。而要造就这样一支企业家队伍除了发挥政府的作用,努力为民营企业家的成长创造良好的外在环境外,更主要的是企业经营者必须高度重视和切实提高自身的素质。在这方面,作为近代民营企业家杰出代表和先驱领袖的张謇固然有时代的局限,在经营管理方面也有许多失误,但在他身上也有许多至今仍熠熠生辉的闪光之处,为当代民营企业家提供了提高自身素质的丰富的学习资源。

1894 年甲午战争的惨败和《马关条约》的签订使张謇深受刺激,他目睹民

① 张惠忠:《浙江民营企业家队伍现状和问题分析》,《嘉兴学院学报》2001 年第 5 期。

族危机日益加深，封建统治十分腐朽，人民处于水深火热之中的社会现实，在考中状元后不久即毅然辞官回到家乡，走“实业救国”之路，筹建大生纱厂。1899年建成并部分投产，次年即获盈利，在以后的20多年中，张謇和其兄张詧等人又陆续兴建了棉纺织、榨油、面粉、铁冶、垦牧、盐业、发电、交通运输、金融贸易等企业，形成了一个以棉纺织企业为核心的大生企业集团。该集团一度成为第一次世界大战前我国最大的民营企业集团。张謇不仅是集团的创始人，也是近代民营企业家的楷模。从他的身上我们不仅可以看到优秀传统文化的印迹，也会看到许多具有永恒价值的高贵品质，当代民营企业家可以从他身上学到许多有益的东西。

1. 高扬爱国主义大旗，具有强烈的社会责任感，实业救国，回报社会

近代以来，中华民族饱受列强侵略，山河破碎，民不聊生。为了挽救民族危亡、振兴中华，有识之士喊出了“实业救国”的口号。张謇就是“实业救国”的杰出实践者，他置仕宦前途于不顾，毅然“捐弃所恃，舍身喂虎”，去从事世俗所轻的工商业活动，但这是“为中国大计而贬，不为个人私利而贬”①。他多次表明自己为国而“贬”，下海办实业的初衷。作为21世纪的民营企业家，首要的政治素质就是要有为社会主义祖国的繁荣富强作贡献的思想和行动。国家不是抽象的范畴，而是由每一个国民构成的实实在在的集合体。个人的自由、幸福离不开国家的发展和强盛，同时每一个人都有义务为国效力，为国分忧。作为民营企业家自然也不例外，何况没有国家的鼓励政策，也就没有民营经济的茁壮成长和民营企业家的光明前途。

如前所述，狭义的民营企业往往就是指私营企业。既然是以私有制为基础，以追求利润为目的的经济组织，那么如何处理公私关系、如何处理企业的

① 张謇研究中心、南通市图书馆编：《张謇全集》（第三卷），江苏古籍出版社1994年版（本文所引《张謇全集》各卷皆出自此版，不另注），第115页。

经济效益与社会效益的关系就成为民营企业家无法回避，而且影响广泛而深远的重大问题之一。儒家历来主张义利兼顾，先义后利。张謇深受儒家思想熏染，有着强烈的社会责任感，以天下为己任，他筚路蓝缕，披荆斩棘，创办了一系列企业。但目的不是为了满足个人的物欲，而是要借以塞漏救贫，救亡图存，回报社会，发展地方文化教育事业和慈善公益事业。他认为在国势蜩螗的情况下，只要"一息尚存，有一分心力，即当与邦人大夫共谋一分之工益"①，"时局至此，若专谋个人之私利，虽坐拥巨万，又何益哉?"②1902 年，他以个人从事实业活动的"薪俸"和"花红"开办了全国第一所民立师范学校：通州师范学校。此后又在南通陆续兴办了一系列的学校，形成了普通教育与职业教育并举，普及教育与高等教育并行，学校教育与社会教育并重的多维教育体系。为筹集地方公益资金，七十多岁后，他每天仍登报卖字。他曾说："人单单寻钱聚财不算本事，要会用钱散财。""他把几乎自己所有的财产都用在地方建设上去了。"③自 1902 年创办通州师范到 1925 年，他捐献了自 1895 年筹建大生纱厂起的全部工资和红利共 150 多万元，此外还欠下了八九十万元的债务。④他还将自己所有的及别人赠予的古董器物等无偿送交南通博物苑，又将家藏图书中的三分之二捐给南通图书馆，作为其进一步发展的基础，这是多么感人至深的事迹，多么崇高的人格力量。

反观今天的一些民营企业主则不然，他们在企业盈利后，沉湎于奢侈甚至糜烂的物质生活，纸迷金醉，精神空虚，忘记了自己财富的来源，忘记了自己的社会责任，置国家利益和企业未来于不顾，使自己堕落为一个庸俗的逐利者，一个贪婪的资本家。值得欣慰的是，这些现象已引起有识之士的关注和企业

---

① 张謇研究中心、南通市图书馆编：《张謇全集》（第四卷），第 96 页。

② 张謇研究中心、南通市图书馆编：《张謇全集》（第四卷），第 12 页。

③ 张孝若编：《南通张季直先生传记》，张謇研究中心重印，2014 年，第 320 页。

④ 张謇研究中心、南通市图书馆编：《张謇全集》（第三卷），第 112 页。

家的警惕。事实上,中国民营企业快速发展、企业经营者获利丰厚固然与其辛勤劳动、经营得法有关,但更大程度上得益于改革开放的政策,来源于企业员工创造的剩余劳动。因此,从这个意义上说,民营企业家"欠"了社会许多,理应回报社会。另外,社会责任感是企业家的特质,也是企业持续发展的有力保证,正如德力西集团董事局主席胡成中所说:"没有社会责任感,企业家不是真正企业家。追求利润最大化不是民营企业家的唯一目的,否则只能是资本家而不是企业家。"北京中西科技发展集团董事长周晋峰也指出:"有了高度的社会责任感,企业才能发展,社会才能进步。"①因此民营企业家要学习张謇热爱祖国、服务社会的精神,心系国家安危、民族前途,把企业发展战略与国家建设大局结合起来,响应"光彩"号召,在发展企业的同时,积极回报社会。

2. 诚信为本、守法经营

在我国计划经济向市场经济转轨的过程中,由于各项规章制度尚不完备,市场发育不够健全,监管措施没有到位,因此出现了假冒伪劣产品充斥市场,坑蒙拐骗防不胜防,企业信用严重短缺等现象。这些问题的存在,严重地危及人们的身心健康,扰乱了市场秩序,阻碍了企业的正常发展。因此,全社会呼唤"诚信",民营企业家也意识到了诚信对企业长远发展的重要意义。

所谓"诚"就是"真实无妄之谓"②,而诚的主要表现之一就是"信";所谓信用,按照《辞海》的解释就是"遵守诺言,实践成约",也就是中国自古就有的所谓"一诺千金","君子一言,驷马难追"。孔子把信作为立人之本,提出"无信不立","人而无信,不知其果也"。③信用是衡量一个社会文明程度和道德水平的重要标尺,是企业持续发展的保证。诚实守信是社会主义精神文明建设

① 郑伟建:《没有责任就没有未来——民营企业家社会责任研讨会综述》,《中国工商》2001年第12期。

② 朱熹:《四书集注·中庸章句》。

③ 《论语·为政》。

的一项重要内容,也是社会主义市场经济健康发展的前提条件。正如江泽民所说,“没有信用,就没有秩序,市场经济就不能健康发展”。事实上,诚信理念的缺乏不仅大大增加了企业的生产经营成本,降低了经济活动的效率,破坏了正常的经济秩序,而且还严重削弱了人们参与经济活动的信心,成为社会主义市场经济发展的障碍和隐患。另外,企业的信誉本身就是一种无形资产,是其“核心竞争力”的重要方面,因此失信和制造假冒伪劣行为对企业本身的长远发展也是有百害而无一利的。中国企业家调查系统的调查结果也清楚地表明,企业的信用等级与盈利状况呈现出明显的正相关关系。①因此,朱镕基在2002年的政府工作报告中强调要切实加强社会信用建设,在全社会形成诚信为本,操守为重的良好风范。

张謇自幼接受儒家伦理教育,对诚信笃信不移并推崇备至、躬自笃行。他强调“诚敬”为“立身处世之道”,提出诚信要从自身做起,“修身之道固多端也,即就不说谎不骗人做去亦可矣”②,多次表示个人的进退“自当权之义理”,说自己平生“不为浮浪轻薄之言”,“一生止是不说谎,不蹈空”,“与人坦怀而处,审己而行”,“坦怀相与,不事机诈”。③在实业经营中,他注重诚实经营,十分注意维护企业的信用。在日常生活中也有充分的体现,即以守时为例,“几十年来,无论什么会议、约会或公私宴聚,凡人家约定时钟点,只要他先承认答应的从来没有一回失约,并且总是依时准到”④。他认识到“信用失民勿从”的事实,教育学生要爱惜信用,提出“与其贪诈虚伪成功,不如光明磊落失败”。这无疑是令许多企业经营者汗颜,值得他们学习的地方。

3. 锐意创新,不断进取

创新是市场竞争的内在要求,也是企业能够持续发展的重要保证。因此

① 王军:《重建诚信理念,规范经济秩序》,《求是》2002年第13期。

② 张謇研究中心、南通市图书馆编:《张謇全集》(第四卷),第129页。

③ 张謇研究中心、南通市图书馆编:《张謇全集》(第四卷),第646—652页。

④ 张孝若编:《南通张季直先生传记》,第320页。

创新对企业家来说有着至关重要的作用,是企业家最宝贵的素质。美国著名经济学家熊彼特甚至提出了创新是判定企业家的关键标准的论断。所谓创新,就是不断在经济结构内部进行“革命突变”,对旧的生产方式进行“创造性破坏”,特别是通过“技术的创新”,实现生产要素的优化组合。

张謇虽然没有明确提出要创新,但却在实践中,在多方面体现出来,一是“绅领商办”的经营方式。甲午战争后,洋务派官办企业已是臭名昭著,完全商办的企业又面临封建官府的盘剥和压制,所以作为在籍绅士,他充分发挥通官商之邮的优势,一方面奉旨经办大生纱厂,争取官府在资金、政策等方面的支持,另一方面则努力避免官府对企业经营的直接的干预,使官方股份成为借入资金,只分官利而不过问企业的运营。二是在资金的筹措方面,较早地采用股份制形式,成为中国最早发行股票的股份制企业之一。三是在南通创造了多个全国第一,如第一个农业股份制企业:通海垦牧公司;第一个民立师范学校:通州师范学校;第一个中国人自办的博物馆:南通博物苑等等。

进取是企业家积累财富、扩大资本的根本手段,也是国家社会得以发展的必要条件。1914 年,近代民族企业家陆费逵认为:“世界进化无穷,人之造就无穷,非努力进取不能登峰造极,非有登峰造极之人,则其国家社会永无由振兴也。”他还肯定地说:“尚人人欲为富豪,努力进取,实业未有不发达,国势未有不增进者也。”①张謇曾说过“天之生人也,与草木无异。若留一二有用事业,与草木同生,即不与草木同腐”②。在创办大生纱厂成功后,他不是止步不前,不思进取,而是不断开拓进取,体现了自强不息的精神风貌。

4. 坚忍不拔,不屈不挠

任何企业的发展都不是一帆风顺的,企业家要具有在失败中屡仆屡起的

① 陆费逵:《实业家之修养》,中华书局 1929 年版,第 12—14 页。

② 张謇研究中心、南通市图书馆编:《张謇全集》(第四卷),第 359—360 页。

坚强人格。近代著名的企业家穆藕初认为:“办大事者,挫折事所恒有,是以专心致志,一意进行,不为所屈。凡遇挫折,必研究其致挫折之由,去其不善以至于善。”①在企业的创办和经营过程中,遇到困难是正常的,困难是对企业经营者意志和品质的考验和磨炼,只有那些不畏艰辛、不断拼搏的人才能品尝到成功的甘甜。张謇曾说:“成就之大小,虽亦视乎才能境遇及其他种种关系,然果能以强毅之力行其志,无论成就大小,断不能毫无所成。”②在创办大生纱厂的过程中,张謇遇到的最大困难就是资金匮乏。为了筹集资金,他四处求援,却到处碰壁。他要求桂嵩庆兑现筹集五六万资金的诺言,但桂屡催不应;向盛宣怀求救,“告急之书,几于字字有泪”,但盛“百方腾闪,讫不应”③。他想将大生纱厂出租给浙江候补道朱畴和盐务督销严信厚,但他们又乘人之危,一再压价,使谈判毫无结果。他与好友何嗣焜、郑孝胥徘徊在上海大马路泥石桥的路灯下,仰天俯地,一筹莫展。后来还是采用了沈敬夫“尽花纺纱,卖花买纱”的建议才使纱厂得以生存下来。在通海垦牧公司创立之初,“既有盐灶之纠纷又有兵田之交涉”,“外弭群议而内迫工程,其间节节为难之处未暇殚述”④,尤其是1902年秋又遇上了六七十年未遇的飓风,连续肆虐了五昼夜,尚未竣工的海堤被冲垮50多处、300多丈,几乎前功全废,形势十分严峻。张謇坚信“事在人为,势无中止”,困难既是考验,也是“鞭策之教师”⑤,因此凭着顽强的毅力和不屈不挠的精神,领导员工与飓风、暴雨和海潮搏斗。经过十年奋战,终获成功,使昔日无一缕炊烟的浩浩荒滩变成了“栖人有屋,待客有堂,储物有仓,种蔬有圃,佃有庐舍,商有廛市,行有徐梁”⑥的一个新世界。

---

① 穆藕初:《振兴棉业刍议》,《穆藕初五十自述·文录》(上卷),第25页。

② 张謇研究中心、南通市图书馆编:《张謇全集》(第四卷),第13页。

③ 张謇研究中心、南通市图书馆编:《张謇全集》(第三卷),第83页。

④ 张謇研究中心、南通市图书馆编:《张謇全集》(第三卷),第231页。

⑤ 张謇研究中心、南通市图书馆编:《张謇全集》(第三卷),第274页。

⑥ 张謇研究中心、南通市图书馆编:《张謇全集》(第三卷),第385—386页。

5. 崇尚节俭,反对奢靡

节俭是企业经营的一个重要原则,其实质就是以较少的物质消耗获取较多的产出,因此是提高经济效益,增加资本积累的有效途径。马克斯·韦伯在《新教伦理与资本主义精神》一文中指出:"禁欲主义的节俭必然要导致资本的积累。强加在财富消费上的种种限制,使资本用于生产性投资成为可能,从而也就自然而然地增加了财富。"①张謇十分看重节俭,他认为节俭与勤劳是事业成功的不二法门之一。他表示:"应该用的,为人用的,一千一万都得不眨眼顺手就用;自用的,消耗的,连一个钱都得想想,都得节省。"②只有精打细算,既开源又节流,才能减少投入、增加产出,降低产品的成本,从而提高企业的效益,适应外国商品竞争咄咄逼人的形势。他还认为节俭也可以使人们不过多追求物质享受,而集中于有益于国家和社会的事业之中。③改革开放后,一些私营企业主在企业获利后便玩物丧志,热衷于沽名钓誉,周旋于灯红酒绿之间,结果非生产性开支过大,对企业的进一步发展思考不多,最后使企业很快跌入低谷,成为流星,这些教训可谓十分深刻。因此,张謇崇尚节俭,主张节流与开源并重,着眼于企业的长远发展,反对享乐主义的人生观等无疑也是值得当代民营企业家学习的。

(原刊于《淮阴师范学院学报(哲学社会科学版)》2003 年第 6 期)

① 〔德〕马克斯·韦伯:《新教伦理与资本主义精神》,三联书店 1987 年版,第 135 页。
② 张孝若编:《南通张季直先生传记》,第 307 页。
③ 蒋国宏:《张謇崇俭的思想和作风》,《史学月刊》1998 年第 1 期。

教育纵横

张謇长江宁文正书院始末述论

张謇(1853—1926)是我国近代著名的教育家,曾任江苏省教育会长、全国教育联合会会长等职。1896 年初,他出任江宁文正书院院长,1901 年辞职。对张謇执掌江宁文正书院的情况,学术界尚无人专文研究。笔者试作探讨,以补缺憾。

江苏书院始于北宋,清代最为兴盛。书院成为封建统治者宣传儒家学说,发展文化教育,加强思想统治的重要阵地和工具。据方志记载,清代江苏有书院 223 所①,其中以"文正"为名的即有数家,它们是吴县文正书院(元至正六年建,明成化十六年兴复,康熙曾为之题写"济时良相"的匾额)、如皋文正书院(清康熙年间建立)、兴化文正书院(道光十四年建)以及江宁文正书院。江宁文正书院虽然也以"文正"为名,但却不是指范文正(仲淹),而是曾文正(国藩)。曾国藩是清朝的"中兴名臣"、理学大师,曾在咸丰、同治年间三度出任两江总督,并死于江宁。他的幕僚许振祎(字仙屏)于 1886—1890 年间任江宁布政使,"以湘乡曾文正公再造江南,而在江宁尤久",为使"邦人士永无穷之讴思"而建立了文正书院。②

光绪二十一年(1895)十二月二十四日,张謇接到署理两江总督张之洞出长江宁文正书院的邀请,次年二月赴江宁就职。张之洞之所以要聘请张謇,主

① 引自白新良:《江苏书院述论》,《南开学报》1993 年第 1 期。

② 张謇研究中心、南通市图书馆编:《张謇全集》(第四卷),江苏古籍出版社 1994 年版(本文所引《张謇全集》各卷皆出自此版,不另注),第 6 页。

要有三个方面的考虑:首先是欣赏其操守才识。早在抚晋之时,张之洞就对在庆军统领吴长庆帐下为幕僚的张謇十分欣赏,并特地征召,但当时张謇与吴长庆宾主相得,加之对张之洞了解尚少,所以没有应允。他在致何眉生的信中说:“吾辈如处女,岂可不择媒妁,草草字人。”①吴长庆去世后,张謇南归,时已升任粤督的张之洞和直隶总督李鸿章均派人相邀,张謇一概谢绝。他“北不投李,南不拜张”,声誉更隆。1888 年,他在顺天乡试中中“南元”。1894 年,又在恩科会试中大魁天下。对于这样的名士,张之洞自然有意结纳,他先是邀请张謇为书局总校,但书局无书可校,张謇不愿“素食”,坚辞不就,张之洞只得改请他主持文正书院。其次,张之洞希望借机笼络张謇,并加强与帝党的联系。甲午战争后,李鸿章受到打击,由后“清流”发展而来的,以翁同龢为首的帝党地位上升。张之洞出身“清流”,后成为洋务运动的“殿军”,他有意加强与帝党的联系,而张謇是帝党骨干、“翁门六子”之一,因此,通过他无疑可以密切与帝党的关系。《马关条约》签订后,民族危机不断加深,张之洞认为:“今日自强之端,首在开辟利源,杜绝外耗。”②他筹划在通海地区设立商务局,招商办厂,利用当地盛产的优质棉花进行生产,以堵洋纱内销造成的漏卮,这又必须鸠集官府与商民两者之力。但在官与民势若水火、拥资者对秉政者缺乏起码的信任的情况下,亟需“绅为贯通”③,张謇为通海头号绅士,“乡望素孚、商民信服”④,又“向来讲求商务”⑤,无疑是理想人选,因此张之洞需要对其进行安抚、笼络。再次,张謇也确实是书院山长的上佳人选。张謇不仅才华横溢、声名远播,而且也熟悉书院的运作,具有主持书院的资历和经验。他早年曾投考过李联锈的钟山书院和薛慰农的惜阴书院,还曾拜到江阴凤池书院张裕钊门

① 张謇研究中心、南通市图书馆编:《张謇全集》(第四卷),第 510 页。

② 张之洞:《张文襄公全集》,奏议二十七第 1 页。

③⑤ 张之洞:《张文襄公全集》,奏议四十三第 16 页。

④ 张之洞:《张文襄公全集》,奏议四十二第 12 页。

下,对书院的制度和规程比较熟悉。后来他又主持过赣榆选青书院和崇明瀛洲书院,有主持书院的经验。当时包括著名的太仓娄江书院在内的许多书院都争相延请。

那么,张謇为什么离开崇明瀛洲书院而到江宁文正书院任职呢?首先是对张之洞礼贤下士的回报。此前张謇虽两次拒绝其邀请,但对他的礼贤下士的作风还是非常感激的。他在《致张南皮函》中说:"承服明公夙问旧矣,山西之辟,粤东之招,虽以事会不获陪左右贤俊之列,公所勤勤于吴武壮旧人之义,每用之叹以为难能。"①张之洞举办洋务,多有建树,又赢得了张謇的敬重。1895年,张之洞移督两江,为彼此联系提供了更为有利的条件。这年正月,张之洞奏派张謇总办通海团练,又请其代拟《立国自强疏》。在《张謇日记》中,从闰五月起,几乎每个月都有"写南皮讯"或"南皮久谈"的记载,可见联系十分密切,张謇还在其幕僚梁鼎芬的邀请下列名发起了上海强学会。通过接触,张謇感到张之洞虽然有缺点,但也有其长处,"今天下官贵人能知言、可与言者,无如南皮。若好谀不近情,则达官贵人之通病,不足怪也"②,这种宽容和理解为受聘扫清了道路上的障碍。其次,张謇也希望借机密切与张之洞等地方实力派的关系,为自己的事业发展提供方便,为帝党结一强援。19世纪60年代后,清政府权力重心下移,督抚权重,要想在地方做出一番事业来,如没有他们的默许和支持显然是不可能的。甲午后,张謇开始产生了"实业教育迭相为用"的思想③,认为"立国出于人才,人才出于立学"④,"欲富强吾国,舍实业无由也"⑤,但无论是办教育还是兴实业都必须首先获得地方大员的支持。另

---

① 张謇研究中心、南通市图书馆编:《张謇全集》(第一卷),第41页。
② 张謇研究中心、南通市图书馆编:《张謇全集》(第六卷),第394页。
③ 张謇研究中心、南通市图书馆编:《张謇全集》(第六卷),第480页。
④ 张謇研究中心、南通市图书馆编:《张謇全集》(第一卷),第35页。
⑤ 张謇研究中心、南通市图书馆编:《张謇全集》(第二卷),第305页。

外,帝党官僚多为词垣台谏,手中没有兵权,只能作口舌之争,既“不能死敌”又“不能锄奸”,所以翁同龢深感结交地方实力派之必要。张謇为其心腹,自然深谙此中道理。张之洞与帝党有历史渊源,又在内外政策上有不少共同语言,是不可多得的联络对象。张謇事实上成为帝党与地方实力派联结的重要桥梁。再次是对曾国藩的敬仰,金陵文正书院不仅与惜阴书院和钟山书院相比稍逊一筹,也比不上张謇曾主持过的崇明瀛洲书院。张謇在书院林立的金陵古城垂青文正书院显然有对曾国藩敬仰的因素。他曾说自己远崇田子泰、顾亭林,近敬湘诸光哲之志业。曾国藩是所谓“中兴名臣”“一代儒宗”和理学大师,自然尤其值得他崇敬了。

原来任文正书院院长的是浙江瑞安人黄体芳,他以“忠鲠放言”而闻名,与其子绍箕、侄绍第都是翰林出身的清流健将。张謇身为后辈,又与其子侄私交很好,自然必须处理好其中的复杂关系。他在出任江宁文正书院院长的当月又接受了安徽巡抚沈仲复的邀请,出任安庆经古书院院长。半年后,他就“辞安庆经古书院让黄先生”①,这样算是作了补偿。

张謇接到张之洞出长文正书院邀请的次日就着手进行准备。他寄出崇明瀛洲书院课卷,并且写信“辞明岁馆,荐少石自代”②。次年(1896年)二月十六日,他乘“江孚”号溯江西行来至江宁,十七日来到书院,十九日诣曾文正祠“展拜”,算是正式上任了。张謇出长书院的消息传开,不少人前来就读,其中著名的有江谦(原崇明瀛洲书院学生)、江导岷、束曰琯、陆宗舆、郭鸿诒、潘世杰、沈书升、张亮祖等。

书院以考课为主,张謇的主要任务是出考题、批改课卷、指导学生读书作文。他不必常驻书院。他常常是在通州改课卷,有事才到书院来。书院山长

① 张謇研究中心、南通市图书馆编:《张謇全集》(第六卷),第855页。
② 张謇研究中心、南通市图书馆编:《张謇全集》(第六卷),第376页。

本来就是兼职,所以其他工作照常开展。不过,书院也是其进行学术交流和社会交往的重要场所之一。庚子(1900)二月,“日人岩崎、西村、僧长谷川至院论学,因借小往”①。张謇虽由科举成名,但对其危害有深刻的认识和切身的体验。他对八股制度进行了揭露和批判,指责六经“全无当于生人之用”,“人人骛此,谁与谋生”②,主张对科举制度进行改革。文正书院成了其进行教育改革的试验基地。他主张诗赋词章与时务策论并重,大力弘扬经世致用的优良传统,密切联系社会现实,引导学生关注国家和民族的前途与命运,勉励他们养成高尚的节操、自觉地担负起挽救民族危亡的历史重任。八国联军攻陷北京后,慈禧太后挟持光绪“西狩”,仓惶逃到西安。张謇于是为学生出“地方百里,可以王至,出以事其上,迁都利害说,防护运道议”的课题。同年十月,他又出“使先觉觉后觉”“船山、亭林、梨州学术同异论”的课题。

鸦片战争后,国门洞开,西学大量传入。张謇主张顺应历史发展的潮流,学习西方的科学技术和文化知识,尤其是自然科学知识。1895 年,他在《代鄂督条陈立国自强疏》中就建议在各地“广设学堂,自各国语言文字,以及种植、制造、商务、水师、陆军、开矿、修路、律例、各项专门名家之学,博延外洋各师教习”③。戊戌变法中,他又为翁同龢起草了《京师大学堂章程》,阐述了自己发展教育的主张。在维新派和帝党等的推动下,光绪下令将各省现有大小书院一律改为学堂。不久,“百日维新”夭折,变法成果大多不复存在。张謇则在文正书院开办西学堂,开设汉文、算学、英文、翻译等课程。他此时尚未摆脱“中体西用”思想的束缚,强调“中学为立身始基,从学者往往扬西抑中,未免舍本逐末”④。

辛丑(1901)三月,张謇辞去文正书院院长一职。原因主要有二:一是他事

① 张謇研究中心、南通市图书馆编:《张謇全集》(第六卷),第 860—861 页。

② 张謇研究中心、南通市图书馆编:《张謇全集》(第四卷),第 21—22 页。

③ 张謇研究中心、南通市图书馆编:《张謇全集》(第一卷),第 36 页。

④ 张謇研究中心、南通市图书馆编:《张謇全集》(第四卷),第 5 页。

务繁忙,无暇顾及书院事务。庚子事变后,顽固派受到打击,张謇又重新活跃起来,他政治活动频繁,积极鼓动刘坤一、张之洞“退敌迎銮”“迎銮南下”,反对签订《中俄专约》,为招抚徐老虎和“东南互保”而往来奔走、出谋划策。他还作《变法平议》,主张设立“议政院”和“府县议会”,进行变法。与此同时,实业活动也正逐步铺开。1899 年,大生纱厂建成投产,很快就初步站稳了脚跟。接着,他又积极筹办盐垦事业,他在《自订年谱》中写道:“庚子年闰八月,厂纱畅销,然棉以输出多而亦贵。计各国未有纱织而自营植棉者非上策,乃拟营垦牧公司。”①测量海滩、解决棘手的产权问题及制订公司章程等使他席不暇暖,疲于应付。二是他对旧式书院已失去兴趣。早在 1897 年他就考虑过建立小学的问题,但没有付诸实践。1901 年,他在《变法平议》中主张“普兴学校”,提出“国待人而治,人待学而成。必无人不学,而后有可用之人;必无学不专,而后有可用之学”。他设想第一年在各府州县先立小学、寻常师范,第二年于四乡分立小学堂,第三年升先建立的小学堂为中学堂,寻常师范学堂并入,第四年在各省城建立专门高等学堂,第五年在京师设立大学堂。这样循序渐进,在全国建立从低级到高级完整的新式教育体系。②他看到旧式书院不能适应教育和社会发展的要求,已是穷途末路,因而转而准备创办新式教育。1915 年,他曾经说自己“自乙未以后,经始实业,辛丑以后,经始教育”③。其中的教育显然指新式教育,说明他着手兴办新式教育始于 1901 年。

光绪二十七年(1901)二月二十三日,张謇会见两江总督刘坤一,讨论改书院为学堂事宜,没有得到同意,因而“意绪为之顿索”。三月十四日,他“写辞文正,举叔衡(丁恒斋)自代第二启”。既然是“第二启”,那么自然有“第一启”,但我们从张謇的《日记》《自订年谱》中均无从得知它写于何时,是什么内

① 张謇研究中心、南通市图书馆编:《张謇全集》(第六卷),第 862 页。

② 张謇研究中心、南通市图书馆编:《张謇全集》(第一卷),第 61—63 页。

③ 张謇研究中心、南通市图书馆编:《张謇全集》(第四卷),第 406 页。

容,但有一点可以肯定,那就是张謇早萌去意,且立场坚定。张謇虽然写了辞呈,但仍站好最后一班岗。这年五月,他来到江宁,校阅了三月和四月的课卷,后又到武汉会见张之洞,就辞职一事予以当面交待。这年八月,清政府下令将各省书院改为学堂。张謇对文正书院的改立学堂仍然十分关心。

五年的书院山长生涯对张謇来说是有收获的。首先,它缓解了他的经济压力。1894 年秋,张彭年去世。为治父丧,张謇负债累累,一年中借款达六千余番。他受命筹建大生纱厂,为了能把纱厂建成,他竭力减少开支,不领薪水,幸亏有书院俸薪才使他得以维持生活。1899 年,纱厂建成,张謇来到南京,在与刘坤一的对话中坦言:"先后五年生计,赖书院月俸百金,未支厂一钱。"①其次,他进一步密切了与张之洞、刘坤一等地方大员的联系,为从事实业、教育事业以及立宪运动创造了有利的条件。再次,在文正书院中,他发现和培养了一些人才,有的成了他后来兴办实业和教育的得力助手。1905 年,他在《辞谢农工商大臣见招答友函》中写道:"纱油诸厂,昔恃一友(沈燮均),今持一兄(张詧);开垦、兴学,此恃一弟子(江导岷),彼亦一弟子(江谦)。"②江导岷和江谦都是他在文正书院的学生。

主持江宁文正书院的五年是张謇从封建士大夫转变为民族资产阶级代表人物的关键阶段,也是他与张之洞关系最为密切的时期。张謇出长江宁文正书院是地方士绅与封疆大吏合作的结晶和缩影。对此进行考察,不仅可以透视张謇的内心世界,认识其转变的历史必然性,也可以通过对他与张之洞关系的个案分析,大大丰富对近代士绅的研究。

(原刊于《南京社会科学》1999 年第 12 期)

---

① 张謇研究中心、南通市图书馆编:《张謇全集》(第六卷),第 860 页。

② 张謇研究中心、南通市图书馆编:《张謇全集》(第一卷),第 92 页。

张謇与王国维
——以王国维执教通州师范学校为中心

王国维(1877—1927)是20世纪初我国著名的国学大师。他"承继传统而不泥古,学习西方而不媚外",在哲学、美学、文学、教育学、文字学、历史学、考古学等方面均有建树,被誉为"一位时空立交桥式的文化伟人"①。光绪二十九年二月二日(1903年3月),27岁的王国维来到近代中国著名的实业家、教育家张謇手创的中国第一所民立师范学校:通州师范学校任教。这是他从事新式教育的起点,也是其学术研究史上的一个重要里程碑。对此,人们常予提及,却或则语焉不详,或者多有谬讹。对他及罗振玉与张謇的关系更是未作深入的考察,因此,笔者试作探讨,以求教于方家。

初创的通州师范亟需教师,而王国维作为一个对近代教育颇有研究的锋芒初露的有为青年自然是张謇乐意延聘的上佳人选。

甲午战争的惨败和《马关条约》的签订使中国创巨痛深。张謇认为:"欲雪其耻而不讲求学问则无资,欲求学问而不求普及国民之教育则无与,欲普及国民教育而不求师则无导。故立学校须从小学始,尤须先从师范始。"②他多方努力,试图在江苏创建新式师范学堂。1902年,他与曾经东游日本进行教育

---

① 王振铎:《近现代中西方学术思想的立交桥》,孙敦恒、钱竞:《纪念王国维先生诞辰120周年学术论文集》,广东教育出版社1999年版,第247页。

② 张謇研究中心、南通市图书馆编:《张謇全集》(第四卷),江苏古籍出版社1994年版(本文所引《张謇全集》各卷皆出自此版,不另注),第24页。

考察的罗振玉(叔韫)到南京游说两江总督刘坤一,建议官立一师范学校,但未成功,只得与沙元炳、罗振玉等退而自办。对这段经历,他在日记中曾有详细记载。光绪二十八年(1902)二月二十九日,“与叔韫谒新宁,定先立师范中小学议。议上,新宁甚韪之。越日,衙参司道同词以阻。胡道(指盐道胡延)言曰:‘中国他事不如人,何至读书亦向人求法?此张季直过信罗叔韫,叔韬过信东人之过也。’吴藩司(名重熹)亦赞之。新宁复语此事难办,叹息不已。乃谋自立师范学校”①。

光绪二十八年(1902)七月九日,师范学校动工,延聘教员的问题十分紧迫地提上了议事日程,并成为最令张謇煞费苦心的问题。“由于人们对于经费脆弱的中国最早的民立师范学校敬而远之,致使人才的招集不易”,在这种情况下,“张謇和沙元炳等经过罗振玉的介绍,急遽聘请了上海东文学社的王国维……在本国教习中,张謇期待最殷的是王国维、王康寿及池文藻三位”。②

王国维生于浙江海宁盐官一个书香人家,7 岁起在邻近私塾潘绶昌(紫贵)处开始接受传统型启蒙教育,15 岁时即能博览文史典籍,校勘疑误,还间为词章,16 岁时入州学,成为一名秀才。但他此后虽两次应乡试,却均未中程。甲午战争后,民族危机空前严重,维新思潮广为流布。受其影响,王国维“始知世尚有所谓新学者”。他关注时局,心忧国运,开始阅读《盛世危言》《时务报》等新式书刊。1898 年,他来到上海,代同学许默庵为《时务报》馆书记员,并得以进入罗振玉等创设的东文学社从日本人藤田丰八(剑锋)学习日文,后又涉足英文。他不仅学习近代科学知识和外国语言文字,还为湖北农务学堂翻译讲义及农书,为《教育世界》移翻东西方教育规制学说。总之,他既通晓本国传统典籍,又通日文和英文,了解新的思想观念,虽尚未在学术界产生太大的影

① 张謇研究中心、南通市图书馆编:《张謇全集》(第六卷),第 466 页。

② 张謇研究中心:《再论张謇——纪念张謇 140 周年诞辰论文集》,上海社会科学院出版社 1995 年版,第 216 页。

响,但已锋芒初露,尤其是他对教育问题颇有研究,熟悉日本教育体制更是张謇所期望的。张謇不同意那些昏庸顽固的颛顼官僚的看法,认为在当时的中国对近代教育之理、教育之法,“虽谓直无一人能之,亦不为过”①,因此必须师事外国,取其之长,补己之短,尤其是日本明治维新时教育之经验更值得中国取法和借鉴。张謇在癸卯东游日本时向嘉纳治五郎介绍东来考察宗旨时表示:“学校形式不请观大者,请观小者;教科书不请观新者,请观旧者;学风不请询都城者,请询市町村者;经验不请询已完全时者,请询未完全时者……”②在与《北海道泰晤士报》记者谈话时希望:“东士大夫能以维新时实业、教育之艰难委曲见教。”③因为日本自明治维新以来,教育事业日新月异,所以现在的做法、经验对中国未必适用,而明治初年刚起步时的做法更具借鉴意义。这虽是张謇东游时的言论,但无疑反映了他这一时期的基本思路和一贯主张。

1901 年夏,罗振玉创办《教育杂志》,由他和王国维任主编。王国维的一个重要职责就是“移译东西教育规制学说”。该杂志从创刊号到 1903 年的第 68 号全是文编和译文。其中译文占了绝大部分,种类遍及与日本明治维新时期学校教育有关的各种法令、规则、讲授法、学校管理法、教科书等等。其中,1902 年以前的内容几乎全是关于明治维新时期的教育介绍。④王国维不仅对日本维新时期教育的法令、规则、学校管理等方面非常熟悉,而且由于有 1902 年曾在日本东京物理学校近半年的留学经历,所以对日本教育有着切身感受和丰富的感性认识。这些对渴望学习日本教育经验,尤其是明治时期做法的张謇无疑具有极大的吸引力。正是由于以上原因,使张謇决定延聘王国维。

罗振玉在王国维到通师执教的过程中起了决定性的作用,正是他的介绍

---

① 张謇研究中心、南通市图书馆编:《张謇全集》(第四卷),第 111 页。

② 张謇研究中心、南通市图书馆编:《张謇全集》(第六卷),第 502 页。

③ 张謇研究中心、南通市图书馆编:《张謇全集》(第六卷),第 507 页。

④ 袁英光:《新史学的开山——王国维评传》,上海人民出版社 1999 年版,第 10 页。

和推荐使张謇得以了解王国维的才干。

目前尚无文献确证王国维到通师任教前何时与张謇相识，但显然他们应是彼此相识的。自筹办大生纱厂起，张謇即经常往来沪上，与官绅商学各界名流多有接触，其中罗振玉则是交往较多的。仅光绪二十八年（1902）一年中，为创办师范事张謇即与其多次会晤。据《张謇日记》记载：二月二十九日，“与叔韫谒新宁，定先立师范中小学议……”三月十四日，（在上海）“与叔韫谈自立师范学校之事”；五月四日，“叔韫议立师范学校”；九月十八日，（在上海）晤挚老（吴挚甫，即吴汝纶）、蛰先（汤寿潜）、叔韫、恽莘丈（几天前吴汝纶刚由日本考察学务归至上海）；九月二十六日，蛰先、叔韫至厂（指大生纱厂）；二十七日，蛰先、叔韫同视（通师）校舍，以为合法；十二月九日，（在上海）见蛰先、叔韫。①可见，从提出通师创设的动议，到校舍建设等，罗振玉均参与其中。在与张謇的多次晤谈中，罗振玉必然会提到他颇为欣赏的有志青年王国维，而张謇也会提及令他心焦的师资问题。1902 年 2 月，王国维赴日本留学，四五个月后即以患脚气病而回上海，住于罗振玉家。张謇多次来到上海，必然会碰到王国维，因此张謇与王国维之相识当不晚于 1902 年秋。

1896—1906 年的十年是张謇和罗振玉关系的蜜月期，通州师范就是他们合作的体现和共同振兴教育事业的心血结晶。罗振玉当然会竭力帮助张謇解决通师面临的师资问题，推荐他欣赏的年轻有为的王国维前去任教再合适不过，也是顺理成章的。

就王国维而言，重视师范教育、对张謇的尊敬、罗振玉的建议和现实的经济压力等几方面因素的综合作用，使他无法拒绝通师之请。

王国维对发展师范教育的重要意义早有清醒认识。他本人也曾打算邀集同志在海宁建师范学堂，为开启民智、进行变法奠定基础，可惜未能成功。早

① 张謇研究中心、南通市图书馆编：《张謇全集》（第六卷），第 262—277 页。

在戊戌维新渐入高潮之时，他就对那种自上而下的变法持并不乐观的态度。他在致同学许默庵的信中说："常谓此刻欲望在上者变法万万不能，惟有百姓竭力做去，做到一分就算一分。去年与张英甫、钱东府论海宁可设一师范学堂，以丝捐湖北赈捐之款，作为开学堂之款绰有余裕，其益可递演于无穷。（弟尚有详细想法，拟小学生酌收修金，即以此项津贴大学生。堂中只须请教习、办膳而已。）伊等颇以为然，而未肯竭力设法。"①

对张謇的了解和尊敬应该也是一个原因。张謇在甲午恩科会试中蟾宫折桂、金榜题名，不久又状元下海标举"实业救国"之大旗。经办大生纱厂取得巨大成功，使他饮誉东南。他曾主持赣榆选青书院、崇明瀛洲书院和江宁文正书院，有主持旧式书院的经历和经验，更有自办师范的胆识和决心。另外，1901年，王国维在日本东京物理学校专修理科时，闭门读书，只与在早稻田大学学习，不大关心政治的同乡陆宗舆、褚嘉猷等保持联系②，而陆宗舆则是与后来先后主持通州师范和三江师范的教育家江谦一同在江宁文正书院受业的张謇的门生③，陆宗舆在交谈中不可能不向王国维谈及他推重敬仰的受业恩师的。

王国维初到上海时半工半读，一边在《时务报》校对文稿，一边在东文学社学习日文，在学术研究和生活方面都曾得到罗振玉的帮助，因而以师友待之，罗振玉推荐他到通州任教，他显然无法拒绝，何况丰厚的薪水对他解决面临的经济困难也极具诱惑力。

1902年10月，张冶秋（伯熙）欲延王国维为京师大学堂日文教习，张謇则想聘他为通州师范学校教师。王国维不敢擅断，便函请其父王乃誉定夺。而王乃誉也犹豫不决。他在10月15日（九月十四日）的日记中写道："接静初八禀，言近身体疲弱，为系漫病，已医治，非能骤愈，颇为悬念。而后言张冶秋尚

---

① 吴泽：《王国维全集·书信》，中华书局1984年版，第2—3、22页。

② 钱剑平：《一代学人王国维》，上海人民出版社2002年版，第51页。

③ 蒋国宏：《张謇长江宁文正书院始末述论》，《南京社会科学》1999年第12期。

书托叔蕴招其至京师大学堂任东文教习，又张季直通州师范学校亦敦请极挚，而伊以所习未半，于心理、物理、哲学三项半途未竟，不肯弃墨，故许迟一二年后而出。然失此机会不免可惜，而更虑其身弱，只能听其自为而已。”同年11月，王国维经过一番思考，最后决定到通师任教。《王乃誉日记》记载：“静(安)已就通州学校教职。”①个中原因，想必兴趣起了重要作用。其时，他对心理学、哲学、伦理学兴趣正浓，不愿半途弃置，此外，远赴人地两疏的京师大学堂也比不上与上海隔江相望的南通。

王国维于光绪二十八年十月(1902年11月)接受聘请，次年二月来到通师上任。合同期为一年。他的学生赵万里在《王静安先生年谱》中说：“(光绪二十八年)十月，张謇创办的通州师范学校欲聘心理学、哲学、伦理学教员，振玉荐先生往。謇欲与之订三年契约，先生因商之振玉，振玉不同意，乃更订一年期。”罗振玉既荐他到任，又不肯签三年契约，而只订一年合同，实在颇费思量。当时罗振玉与张謇关系尚睦，可能罗振玉心中另有安排，从后来罗振玉到苏州江苏师范学堂任教而王国维也随之前往看有此可能。

张謇求贤若渴，对王国维的到来十分重视和欢迎。他在日记中写道：“光绪二十九年二月三日，王静安与东教习木造高俊(东亚同文书院首席教授，在那里讲授清国诸制度及律令、法学通论。张謇请其在通师制订学校诸章程及规则)、吉泽嘉寿之丞至。(吉泽为王国维在东京物理学校的同学，在通师任算术、理化课程的讲授，在通时间为1903.4—1904.12)”②后来的日记中也有类似的记载：“七月二日，静安来。”可见，张謇对王国维是寄予厚望的。

这年寒假，王国维结束了两学期的教学，乘船由南通经上海回家，其父王乃誉记载：“男十二月十二日(1904年1月28日)由通动身，昨抵沪时已昏黑，

---

① 《王乃誉日记》，光绪二十八年十月三十日。

② 张謇研究中心、南通市图书馆编：《张謇全集》(第六卷)，第516页。

是日无三公司轮船，即搭美最时行之美顺轮船，船停浦东，因嘱长春栈接客将行李等用船运至该栈。迨至码头检视行李，则箱锁已断，衣裘尽湿。细行查检，失去整包英洋壹佰元及纸卷等物（内有张季直联等）。”①由于王国维的离去，张謇只得在正月十一日，根据陶宾南、柳翼谋的建议，以“经验最有心得”的宗受于来代替王静安。

王国维到通师到底担任何种课程？各家说法不一。罗振玉在《海宁王忠悫公传》中说“……病愈，乃荐公于南通师范学校，主讲哲学、心理、伦理诸学。甲辰秋，予主江苏师范学校，公乃移讲席于苏州，凡三年”。赵万里的《王静安先生年谱》记，光绪二十八年十月，“张謇创办的通州师范学校欲聘心理学、哲学、伦理学教员，振玉荐先生往”。根据通师校史记录也说明他主要担任伦理和国文两门课程。日本学者荫山雅博也认为他主要讲授伦理及国文。②

王国维来通后受到了张謇的礼遇，张在信函中均称其为静安先生而不名，而自称为“弟”和“愚弟”。张謇比王国维年长一辈（24 岁），又有高得多的“学位”（一个是状元，一个是秀才），可见其对人才的尊重。另外也给王国维国内最高的薪水。当时来通师的中国教习一开始以 40 元为底薪，日籍教习西谷虎二（毕业于东京帝国大学，曾任仙台中学校长，1903—1911 年在通师工作，讲授论理、伦理、西洋史）月俸一百元，远藤民次郎（毕业于东京高等师范学校，曾任明治义会教授，在职时间为 1903.11—1904.12，讲授算术，西洋舆地）月俸八十，王国维则月俸七十。张謇的《教育手牒》中记载：“十月二十九日，（湖南）张惕吾（教舆地）（原在陆师，似五十金）月俸七十，与静安同。”③

王国维在通师除教学外，还参与了师范管理章程规则的修订，教习坐几平台的安置，升降黑板的安装等。另外，他还结合教学，广泛阅读了社会学、伦理

① 《王乃誉日记》，光绪二十八年十月三十日。

② 张謇研究中心：《再论张謇——纪念张謇 140 周年诞辰论文集》，第 216 页。

③ 张謇研究中心、南通市图书馆编：《张謇全集》（第四卷），第 237 页。

学、哲学等学术著作。他在《静安文集·自序》中说:“是年(光绪二十九年)春,始读翻尔彭(Fairbans)之社会学、及文(Jevons)之名学,海甫定(Hoffding)之心理学之半,而所购哲学之书亦至。于是暂辍心理学而读巴尔善(PanLsen)之《哲学概论》、文特尔彭(Windellband)之《哲学史》,当时之读此等书,则与前时的读英文读本之道无异,幸而已先通日文,则与日文之此类书参照而读之,遂得通其大略。”①他对哲学产生了浓厚的兴趣,对其作用高度重视,对许多人不重视哲学深以为忧,认为不通哲学则不能通教育学。教育学者,实不过心理学、伦理学、美学之应用。他还对教育问题进行了认真的思考,提出了不少精辟的见解。这年秋天,他撰写了题为《论教育之宗旨》的论文,刊登在《教育世界》杂志第56号上,1903年印行。②《论教育之宗旨》被人们称为“真正意义上的素质教育的宣言书”,他提出了“使人为完全之人物”的教育宗旨和“体育”“智育”“德育”“美育”四育并举的教育方针,尤其是他在我国最早系统地提倡美育在中国教育史上写下了光辉的一页。

另外,他仍从事一些翻译工作。11月,他译英国西额惟克的《西洋伦理学史》。该文刊于《教育世界》杂志59—61号。

据袁英光《王国维年谱长编》中载,这年9月到10月,罗振玉助刘鹗校印《铁云藏龟》,王国维之得睹甲骨文当始于此时。

在通州师范的一年属于王维学术生涯中的第一个阶段,即主要研究哲学兼及诗歌创作阶段。在哲学方面,他对康德十分推崇,曾作《汗德像赞》,另外还撰写了《哲学辨诬》等文章。《哲学辨诬》载于《教育丛书》三集。在《静安文集·自序》中,他写道:“余之研究哲学,始于辛(丑)壬(申)之间(即1901—1902年间)。癸卯(1903)春,始读汗德之《纯理批评》。”“自是以后遂为独学

---

① 王国维:《静安文集·自序》,《观堂集林外二种》,河北教育出版社2003年版,第711页。

② 钱剑平:《一代学人王国维》,第489页。

之时代矣，体素羸弱，性复忧郁，人生之问题日往复于吾前，自是始决从事于哲学，而此时为余读书之指导者亦即藤旧君也。”“自癸卯之夏以至甲辰（1904年）之冬，皆与叔本华之书为伴侣之时代也。”汗德（今译康德）之《纯理批评》（今译《纯粹理性批判》）内容复杂，语句晦涩难懂，所以王国维转向了叔本华。叔氏悲观主义的人生哲学吸引和打动了他。他对叔本华给予极高的评价说：“绍述汗德文说而正其误谬以组织完全之哲学系统者，叔本华一人而已矣”，“视叔氏为汗德之后继者，宁视汗德为叔氏之前驱者为妥矣”。①事实上，王国维接受叔本华的主要是他的唯意志论、悲观主义及美学、伦理学观点，而在认识论方面则更多地受到康德的影响。

张謇对王维国寄予厚望，曾有“惟仗先生与仲英先生及晋蕃先生协商校事”②之语。因为他本人此时正为通海垦牧公司等事奔走于上海和启海之间，不能长驻学校。另外希望他们以自己的辛勤劳动和人格魅力来影响和感染学生，使他们能热爱学校，热爱教师的职业。他在光绪二十九年（1903）九月十二日“致王静安函”中说：“秋试未揭晓，学生度未齐，科举之弊令人气短，通州风气未开，诸生见闻杂糅，冀唯先以爱力合之，旋以公理照之。庶诸生因爱师而爱校，即以浓其学为人师之心。”③

由于种种原因，王国维在通师的执教活动并不成功。一是由于他缺乏在正规学校执教的经验。王国维此前虽曾在私塾授徒，但时间很短，而且私塾与新式学校在教学方法、方式等方面有不小的差距，所以对他来说还是个生手。二是王国维虽满腹经纶，但不擅表达。尤其是他那难懂的海宁方言亦构成了与学生交流沟通的不小障碍。三是王国维体弱多病，性情孤僻、内向，心高气傲（其父即说他有“自尊太过”的缺点）；另一方面因当时通州风气未开，旧思想、旧观点根深蒂固，自己的才华得不到学生的重视和许可，因此有些心灰意

① 王国维：《叔本华之哲学及其哲学学说》，璩鑫圭、童富勇：《教育思想》，上海教育出版社1997年版，第591页。

②③ 张謇研究中心、南通市图书馆编：《张謇全集》（第四卷），第19页。

冷,以至抑郁不乐,“居恒怏怏”。当时通师招收的学生大多为贡生、监生出身,年龄大的已愈不惑,而王国维当时只有“秀才”的功名,年仅二十七岁,很难为学生看重,加之他主讲的伦理学课程使用外国教材,在讲课时又不得不夹杂一些外文词汇,当时新学功底还较弱的学生们难以听懂,因而更难被接受。①此外,认识上的分歧也是王国维在通时不很开心的重要原因。王国维对张謇毁寺办学颇有微词。王国维认为寺庙为僧侣经营之个人财产,以强力夺之为校所有,有恃强凌弱之嫌,认为通过这种方法虽建成学校,但“生徒入如此之讲室,居如此之寄宿舍,而欲涵养其正义之德性,岂非却行而求前,南辕北其辙哉!以建一校而动摇社会之根柢,则其孰得孰失、孰利孰害,宁待知者而决哉!”②显然,年轻气盛的王国维因工作不顺而迁怒于张謇,尤其是指责其因陋就简、废寺兴学的举措实属偏激失当。后来,随着时间的推移,阅历的增长,他的心态渐归平和。所以在民国初年,作为校友,他还专门为《南通师范校友会杂志》第二、四期寄来了《人间嗜好之研究》和《论哲学家与美术家之天职》两文以供发表。这说明他对学校还是有感情的。另外,在执教通州师范后不久,在西方哲学思想的影响下,他有轻物质、重精神,轻普及教育、重精英培养的倾向和理想主义色彩。他是中国近代哲学史上第一个引进西方美学理论的学者,对蔡元培产生了巨大的影响。这与张謇比较务实,重视初等教育(普及国民教育)、实业教育等有迥然有别。这使他对通州师范这样的中等教育不甚看重。这大概也是他对在通师工作兴趣不浓、热情不高的原因之一。

他还利用执教之闲暇游览了狼山等南通名胜古迹,并留下了众多诗稿,如《游通州湖心亭》《重游狼山寺》《登狼山支云塔》等。

(原刊于金城编《张謇研究论稿》,华东理工大学出版社2003年版)

---

① 《南通师范校史(1902—1938)》(征求意见稿),《师范》2002年第1期,第38页。

② 王国维:《教育偶感·寺院与学校(1904)》,璩鑫圭、童富勇:《教育思想》,上海教育出版社1997年版,第562页。

简论张謇的若干教育思想

张謇是我国近代著名的实业家，也是伟大的教育家。对他的教育思想，学术界进行了深入的研究，出了不少成果。他重视教育，把它视为立国之本、救亡之要务，强调实业与教育迭相为用，师范教育、职业教育及社会教育并重。这些思想在中国近代教育思想史上有着十分重要的地位。本文仅就其教育宗旨和具体要求、学校办学思想和课程设置、师资队伍建设及办学经费筹集等发表一些粗浅的看法。

一、从严办学，培养遵守校纪、勤劳俭朴、能适应社会需要的德才兼备的人才

张謇认为："在校不能为良好之学生，出校必不能为良好之公民。"①所以高度重视对在校学生的教育，从各方面严格要求。他提出培养的目标就是使学生具备国家思想、实业知识和武备精神（他称之为"教育之大纲"），也就是说，要有较好的思想品质、扎实的专业知识和强健的体魄（其含义与今天的德、智、体全面发展的教育方针是十分相似的，只不过指导思想不同而已）。他多次表达了这一思想。另外，在不同的场合，他又提出了对学生的具体要求，归纳起来主要有以下几点：

---

① 张謇研究中心、南通市图书馆编：《张謇全集》（第四卷），江苏古籍出版社 1994 年版（本文所引《张謇全集》各卷皆出自此版，不另注），第 188 页。

1. 德才并重,德行为先

他认为德才二者都是非常重要、不可或缺的。仅有高尚的品德而缺乏“治事”的能力显然不能解决实际问题,特别是不能达到国富兵强的目的,只有专业知识和本领而无较高的道德水准也是不行的,即“德行必兼艺而重,而艺非德行不行”①。但德与艺并不是平起平坐的,其中德尤为重要,他强调“教育非明道德亦不可当教育”②,“德行为重,而艺次之”③。那么如何才能养成高尚的德行呢?一个重要的途径就是学校连续不间地系统地灌输儒家的纲常名教。他主张小学“即宜加授四书”,尽管以这些孩子当时的水平未必能懂多少,但却能养成“崇仰孔道”的习惯④,他相信在经过从小学到大学长期的灌输后,学生走进社会就可“士成士,农成农,工商成工商,进而为持廉耻之议士官吏,推而为有勇知方之海陆军人”,这样中国就能“修明礼义成风”,再没有山河破碎、国殇家亡的危险了。⑤张謇强调高尚道德的养成要从小处做起,“功不必期其速,事不必遗其小”,比如对老师要“诚敬”,有礼貌。他甚至明确规定了学生见到老师所行之礼节。他在“扶海垞家塾章程”中说:初见教习作揖三次,每天早晨到学堂上学“见教习一揖,晚课毕下堂亦一揖”⑥。

2. 珍惜时间,刻苦学习

只有报国之志而无效国之才,那么报国就只能是一句空话,所以学生到校学习的目的就是获得知识。张謇认为,学到知识、掌握本领,无论对个人的前途还是对社会的进步都是十分重要的,倘使“入校数年,于知识上一无所得,其

① 张謇研究中心、南通市图书馆编:《张謇全集》(第四卷),第191页。
② 张謇研究中心、南通市图书馆编:《张謇全集》(第一卷),第289页。
③ 张謇研究中心、南通市图书馆编:《张謇全集》(第四卷),第91页。
④ 张謇研究中心、南通市图书馆编:《张謇全集》(第四卷),第148页。
⑤ 张謇研究中心、南通市图书馆编:《张謇全集》(第四卷),第211页。
⑥ 张謇研究中心、南通市图书馆编:《张謇全集》(第四卷),第37页。

个人将来之知能何从发展,社会将来之幸福何从创造?"①他要求学生在校期间应心无旁骛,认真学习,而不要"浪掷可贵之时间"②。他在家书中希望其子张孝若要"以用功学习为当务之急","发愤用功,慰父远念","努力学问,厚养志气,以待为国雪耻"③。但他认为学生只能闭门读书,不得"妄干校政",这样势必不能激发学生的参与意识和主人翁意识,共同搞好学校建设。另外,他也不许学生"涉外界旋涡"。五四运动爆发后,南通一些学校的学生罢课和游行,声援北京学生的爱国运动。对学生的上述行动,张謇持反对态度,他感到学生的动机是好的,但罢课虚掷宝贵光阴,不利于学生的知识增长,将来反不能很好地报效祖国,因此他说学生罢课"爱国之意是而法则非",是得不偿失的,"策同自杀"④。这种观点显然是错误的。

3. 增长见识,培养能力

张謇认识到当今世界的竞争表现为各国农、工、商的竞争,归根到底是"学问之竞争,实践责任、合群、阅历、能力之竞争"。所以他要求学生要"负责任、知实践、务合群、增阅历、练能力"⑤。张謇是个有满腔爱国热忱和强烈忧患意识的知识分子。他表示:"以国势日蹙,一息尚存,有一分心力,即当与邦人大夫共谋一分公益。"⑥他也希望青年学生继承中国知识分子"以天下为己任""舍我其谁"这种富于社会责任感和历史使命感的优良传统。他在对师范学校学生讲话时,要求他们人人心中牢记"天下一家,中国一人,民吾同胞,物吾与也"的道理,并落实到实际行动中,肩负起"先知觉后知,先觉觉后觉"的责任。⑦他认

① 张謇研究中心、南通市图书馆编:《张謇全集》(第四卷),第164页。
② 张謇研究中心、南通市图书馆编:《张謇全集》(第四卷),第643页。
③ 张謇研究中心、南通市图书馆编:《张謇全集》(第四卷),第661页。
④ 张謇研究中心、南通市图书馆编:《张謇全集》(第四卷),第216页。
⑤ 张謇研究中心、南通市图书馆编:《张謇全集》(第四卷),第157页。
⑥ 张謇研究中心、南通市图书馆编:《张謇全集》(第四卷),第96页。
⑦ 张謇研究中心、南通市图书馆编:《张謇全集》(第四卷),第25页。

为,只有通过实践才能更好地理解和掌握理论知识,并将潜在的生产力物化为现实的生产力。张謇曾说:“学问兼理论并阅历乃成,一面研究,一面践履,正求学问补不足之法。”①他十分重视学生的实习和社会实践,努力为学生提供良好的实习场所和实践机会,希望学生在实践中开阔视野,增长才干。另外,他对“世事通明皆学问,人情练达即文章”的古语有深刻的理解,主张通过提倡诚、信、恕来建立融洽的人际关系,即达到某一社会成员与他人“合群”的境地。

4. 遵守校纪校规,加强自身修养

张謇认为教育不应放任自流,对学生势必要有所约束。严师出高徒,对学生要求严格实际上是对学生负责,是好事。他对民主自由颇为反感,认为必将导致混乱。他要求学校“以严格为爱护学生之大计”②,建立一整套严格的规章制度,做到“校各有规、出必有假、旅行有率、参观有证”③。他提出定期检查学生的学习情况,奖励先进,鞭策后进,对功课每个月月底进行一次测验,三个月小考一次,六个月大考一次(相当于今天的期中、期末考试)。另外,规章制度订立后还必须认真贯彻执行,不能“任人破坏”。他注重校风建设,对有些学生离校不请假、行为放荡、到处招摇感到痛心。对学生,张謇还要求他们发挥自律作用,希望他们“自重”“自立”,加强道德修养,经常自我反省,如曾子所说的“一日三省吾身”。那样即使校风不佳,也能通过日积月累养成高尚的道德。他说“做事须自做”,如果一味消极地由“校规管束”“教师督促”,那绝不是“上等人格”。

5. 树立劳动观念,养成节俭习惯

张謇生于一个富裕农民兼小商人家庭。小时候,他的父亲就让他们兄弟为家塾教书先生洒扫侍应,还要他们跟随雇工一起下棉田锄草,家中建房

① 张謇研究中心、南通市图书馆编:《张謇全集》(第四卷),第101页。
② 张謇研究中心、南通市图书馆编:《张謇全集》(第四卷),第161页。
③ 张謇研究中心、南通市图书馆编:《张謇全集》(第四卷),第162页。

他也去帮忙做杂活。后来又遇“冒籍风波”,他历经艰辛,备知稼穑艰难,劳动成果来之不易,因而希望青年学生爱劳动,尚节俭。张謇在给其子张孝若的信中认为他所处的环境缺少磨炼的机会,希望他养成劳动的习惯,凡是能自己做的事都必须自己做,“切勿习懒”。嘱咐他要注意节约,除购买书籍外,“勿浪用”①。张謇甚至让他在春节后由海门到南通的路上自己带上点心到新双桥茶馆买开水而食。其节俭的要求对这个生于富裕家庭的“总长”的儿子来说几乎到了苛刻的程度。他对节俭极为注重,是因为他认为节俭和勤勉等美德是事业成功的“不二法门”②,节俭则不必多求于人,不致丧失信用,可以养成高尚气节,可以“立实业之本”,“广教育之施”③。勤俭办学也可在一定程度上缓解教育经费不足的矛盾,所以,他把“勤苦俭朴”定为农校的校训。

6. 了解社会要求,明确努力方向

学生离开校园,走进社会这个大舞台后,迫切希望能找到施展自己才华的“用武之地”,然而,有些学生没有正确地认识社会和自我,所以毕业后不受社会欢迎。如何解决这一问题呢?张謇认为学生必须看到自己的长处和不足,了解社会的要求,找到突破口。由于社会上敬重和欢迎的是守信用的人,所以青年学生就必须努力养成高尚之人格。有的学生对社会期望过高,一旦走进社会后就发现与自己希望的差距很大,因此心灰意冷,从此沉沦。所以张謇希望学生对社会“不宜多求”,即不抱过高幻想。他在商校本科毕业典礼的演说中分析了一些毕业生不受社会欢迎的原因,指出一些学生自视过高,眼高手低,不屑做琐事,自然不能很好地适应社会,所以他希望商校学生“增益学识经

① 张謇研究中心、南通市图书馆编:《张謇全集》(第四卷),第641页。
② 张謇研究中心、南通市图书馆编:《张謇全集》(第四卷),第872页。
③ 张謇研究中心、南通市图书馆编:《张謇全集》(第四卷),第81页。

验”,“勉循职分,保全信用,行之以谨,持之以恒”①。

二、根据本国本地区实际情况兴办各类学校和设置课程,努力办出自己的特色

张謇认为中西文化是能够汇通的。他反对那种鄙视西学、皓首读经和夜郎自大、因循守旧的做法,因为经书“徒供弋取科举之资,无全当于生人之用”②,即不能适应日新月异的形势和救亡图存的要求,因而他主张学习西方的自然科学知识等优秀文化遗产。同时他也反对在向西方学习过程中不加区分地全盘照抄,强调教育必须为社会服务,必须充分考虑到本国乃至本地区的实际情况,办出特色。他在1916年曾明确表示:“夫课程之订定,既须适应世界大势之潮流,又必须顾及本国之情势反复斟酌损益。”③他还强调说“教育尤其宜有变动”,“必当顾及本地的需要”④。他批评当时一些食洋不化的留学生,因为这些人回国主持学校,其教学体系消极仿效欧美,却不去考虑欧美那一套是否适合中国的国情。他表示南通的教育要“酌准地方情形,弃瑕录瑜”⑤,所以在其办学过程中就很好地体现了“一切从实际出发”的原则。普及教育需要教师,因此他在1902年创立了全国最早的中等师范:通州民立师范学校。兴教育必先实业,所以他创办了大生纱厂。办纱厂需要技术人才,于是他创办了纺织专门学校。纺纱需要棉花,需要懂得科学种棉及改良棉种的人才,因而设立了农业学校。南通的实业逐年发展,文教事业蒸蒸日上,到南通来学习或参观的人也日益增多,医疗卫生亟需跟上,所以张謇又创办

---

① 张謇研究中心、南通市图书馆编:《张謇全集》(第四卷),第151页。
② 张謇研究中心、南通市图书馆编:《张謇全集》(第四卷),第21页。
③ 张謇研究中心、南通市图书馆编:《张謇全集》(第四卷),第148页。
④ 张謇研究中心、南通市图书馆编:《张謇全集》(第四卷),第207页。
⑤ 张謇研究中心、南通市图书馆编:《张謇全集》(第四卷),第179页。

了医校和医院。

三、切实改善教师待遇，注意选聘优秀教师

教师是教学任务的承担者，充分调动其积极性，使其安心、专心于教学是提高教学质量的前提。"仓廪实而后知礼节"，物质文明是精神文明的基础，要求教师在清贫、抑郁的条件下保持很高的精神境界，全身心地献身教育事业是不现实的，因此切实改善教师待遇，提高教师的经济地位和社会地位是张謇经常思考的问题。他提出对教师要"优予俸给"，建议用栽种树木、挖池塘养鱼等方法增加教师收入。他还参照当时英、法、俄等国工资制度，并根据当时我国的财力，确定了教师的薪俸标准：普通小学的教师月薪为 20～30 元，高等小学教师为 30～40 元，中学教师为 40～50 元，（大学）专科教师为 70、80 至 100 元。这一工资标准在当时是很高的，体现了张謇高薪养"廉"、保全文人斯文形象，让教师专心教学的设想。此外，他还建议对教师委以官职，奖励终身从教人员来提高教师的社会地位，以形成尊师重教的社会风尚。学高为师，身正为范。教师不但传播知识，也以自己的言行影响学生。所以张謇强调教师必须具有较高的道德水准，具备"顺良信爱威重"①的人格。在教师的选聘方面，他坚持五湖四海、唯才是聘的原则。他强调用人不但要打破地方观念，甚至要打破国家界限，只要有学问、有能力，不管是中国人还是外国人都行。他聘请王国维为国学、教育学教员，聘沈寿办女红传习所，聘请日籍教师西谷虎二、木村忠志郎担任伦理学、西洋史、教授法等课的教师。第一次世界大战期间，他与北京政府和江苏省政府协商留下一些德国科技人员担任学校教授。这些举措对提高教学质量，促进南通文化教育事业的发展产生了积极的影响。

---

① 张謇研究中心、南通市图书馆编：《张謇全集》（第四卷），第 12 页。

四、广开门路,多渠道筹集教育经费

张謇充分认识到教育的重要性,他说“一国之强,基于教育”,“救亡之策,莫急于教育”①。但办教育需要钱,要普及教育,提高全体国民的文化素质,培养各种人才更不是件轻而易举的事。在兴办教育方面,他认为可以多种形式并举,中央政府自然应该发挥主导作用,而地方政府和私人也可以办学,即国立、公立和私立(民办)学校并存。其资金分别来源于国家税收收入、地方税收收入及私人捐资。为发展文教事业,张謇主要从以下几个方面筹措所需经费:

1. 向政府伸手,积极争取官方财政支持

张謇曾上书中央和地方政府要求拨给经费。1924年,他还致函美国政府,请求退还庚子赔款中的一部分,用来发展南通的教育事业。1910年,他要求省议会把漕粮特税的收入拨充义务教育经费。他甚至煞费苦心地建议政府把位于南京夫子庙的江南贡院改作市场,招徕商贾前往摆摊设店,征收一定的管理费作为教育经费。

2. 鼓励私人捐款支持教育

张謇大声疾呼“教育救国”,号召有钱人捐资助学。他在“通州师范学校章程”中就规定只要捐一定数目的钱,捐款者就可将其所在地区有志青年送到通师免费读书。这种做法实际上是鼓励他们热爱乡土,帮助做奖掖后生、造福桑梓的事情,这也有助于提高捐款者的社会地位。由于张謇创办的一系列学校都是私立,所以他及其家族的捐资始终占相当比重,张謇本人把二十余年自己所得之“公费、红奖”(即薪水和红利)大部分都用到教育、慈善公益事业上了。

---

① 张謇研究中心、南通市图书馆编:《张謇全集》(第四卷),第221页。

3. 学生适当负担一些

在创办通州师范学校时,张謇本着合理负担的原则,规定前来就读的学生要交纳学费和伙食费,而对那些经济确有困难的学生则给予一定的照顾。

4. 兴办实业

张謇曾说过:"图存救亡,舍教育无由,而非广兴实业,何所取资以为挹注?……"①他的思路是十分清晰的。甲午战争,中国战败,"乃知普及教育之不可已",办教育需要经费,而当时中央政府"不暇谋",地方政府又"保存固有公款之用而已","不肯顾及",这样,"推原理端,乃不得不营实业"。②所以为办教育,他毅然"捐弃所恃,舍身喂虎"③,从事当时世俗轻视的工商业,利用本地丰富而且质优的棉花及廉价的劳动力资源开办纱厂,最终形成了以大生纱厂为龙头,以棉纺织业为中心的大生企业集团,为教育事业获得了可靠的资金来源。

5. 致力学校基产建设,增强学校自身经济力量

张謇曾提议在狼山等五山上广种竹、柏、松、杉、榆、桐柏、湖桑等林木,其收入三七分成,三分归狼山寺庙僧侣,七分作为书院经费,计划耗费巨资在江苏阜宁购买田产作为南通文化事业固定经费来源。他在最后病倒之前,还念念不忘男女师范没有基产,所以特地购买沙田若干作为两校基金来源。经过张謇等的努力,截至1924年,南通各校的基产已有地十二万亩,另外在通海垦牧公司有价值二十万两白银的股本。

张謇是我国近代资产阶级立宪派的代表人物,又长期受儒家传统思想的熏陶,所以他的教育思想不可避免地打上了时代和阶级的烙印。他主张用封建道德教育学生,反对自由平等,要求学生关门读书,这些都是应予否定的。

① 张謇研究中心、南通市图书馆编:《张謇全集》(第六卷),第515页。
② 张謇研究中心、南通市图书馆编:《张謇全集》(第四卷),第107页。
③ 张謇研究中心、南通市图书馆编:《张謇全集》(第三卷),第115页。

但他主张尊师重教，强调教育必须适应社会的需要，提倡考虑本地实际情况办教育，以显示自己的特色，重视学生能力的培养，大声疾呼培养德才兼备的人才，这对我们今天贯彻党的教育方针，深化教育改革无疑有着十分重要的借鉴作用。

（原刊于《教学与研究》——《南通纺织工学院学报》（内刊）1993年第1—2期。原参考文献中有关张謇的论述多引自张怡祖编，文海出版公司1965年版《张季子九录》。为方便今天的读者，出处改为1994年版《张謇全集》。）

张謇职业教育思想的主要特点

张謇是我国近代著名的实业家、教育家。他目睹山河破碎、民不聊生的社会现实,以报效祖国、服务社会为职志,高举“实业救国”“教育救国”的大旗,大力提倡并且兴办职业教育。从1902年在通海垦牧公司创办农学堂起,到20年代,张謇在南通开办了不同专业和层次的职业教育机构20多所,还支持外地的职业教育事业。1918年,黄炎培在上海创办中华职业学校,张謇和其子张孝若又每年捐助1 200元。张謇对职业教育的地位、原则、办学方针、方法等问题进行了深入的思考,逐步形成了丰富而又深邃的职业教育思想。其职业教育思想主要具有以下三个特点。

一、“着眼远处,着手近处”

张謇倡导和兴办职业教育,充分体现了他为了远大的理想和目标,从平凡浅近处入手踏实苦干这一特点。所以黄炎培在挽联中赞扬他“着眼远处,着手近处”①。他对职业教育的重要性有着深刻的认识,对其作用予以高度评价,希望通过发展职业教育来解决国计民生问题,实现富民强国的远大目标。

1. 开启民智,救亡图存

19世纪末20世纪初,民族危机空前严重,亡国灭种的阴霾笼罩着神州大地。不甘沉沦的先进知识分子上下求索,苦苦探寻救国救民的真理。他们认

---

① 张怡祖:《张季子九录·荣哀录》(卷九上),文海出版公司1965年版,第53页。

识到，国势危蹙根源不在于缺乏坚船利炮，而在于人民无知识少学问，因此大声疾呼要兴学堂、开民智。张謇把教育放到关系民族盛衰、国家存亡的高度，认为“图存救亡，舍教育无由”①，“求国之强，当先教育”②。张謇希望发展教育以培养具有一定文化科学知识的劳动者以及科技和管理人才，并且改变技术上依赖外国的局面。1907年，他在谈到开办吴淞商船学校的目的时说：“中国创办商轮局已数十年，而管驾管机悉委权于异族……际此商战竞争之世，欲借以保主权而辅海军，非创设商船学校不可。”③

2. 促进经济和社会的发展

经济的发展和社会的进步既是人民利益之所在，又事关国家之强弱。张謇提出：“环球大通，皆以经营国民生计为强国之根本。要其根本之根本在教育。”④张謇在创业的实践中认识到教育与实业有至亲至密之关系，它们彼此孳乳、相互促进，“有实业而无教育，则业不昌”⑤，因此，要兴办实业并使其持续健康发展就不能不发展教育。

农业是国民经济的基础，是当时的支柱产业。要使其有长足的发展，就必须实现其现代化。而当时的农民“不知农之有学，其于辨土性、兴水利、除虫害、制肥料等事懵然不知”⑥，根本不能适应农业现代化的要求。为了使农民了解先进的科技知识和生产技能，并培养急需的农技人才，张謇在通师附设了“农学堂”。为了发展农业，根治水患，变害为利，张謇在南京创办了河海工程学校。

1895年，张謇开始筹办大生纱厂。1899年，建成开车。由于国内人才

① 张謇研究中心、南通市图书馆编：《张謇全集》（第六卷），江苏古籍出版社1994年版（本文所引《张謇全集》各卷皆出自此版，不另注），第515页。

② 张謇研究中心、南通市图书馆编：《张謇全集》（第六卷），第855页。

③ 张謇研究中心、南通市图书馆编：《张謇全集》（第四卷），第70页。

④ 张謇研究中心、南通市图书馆编：《张謇全集》（第四卷），第90—91页。

⑤ 张謇研究中心、南通市图书馆编：《张謇全集》（第一卷），第92页。

⑥ 李文治：《中国近代农业史资料》（第1辑），三联书店1957年版，第580页。

奇缺，他只得“借才于异域”，聘英国工程师玛特为纱厂顾问。张謇不仅要支付高额薪水，还得小心侍候。他后来回忆这段经历，深有感触地说：“下走从事纺织厂者十有八年，以是恫恫者亦十有八年。”①为了节省开支，改变技术上依赖洋人的局面，他于1912年开办了“纺织染传习所”，次年更名为“纺织专门学校”。该校培养了大量的人才，既省了钱，又为中国人争了光，对此张謇喜不自禁。

张謇主张改良政治，施行宪政，但世事纷乱、朝政污浊，他不得已而求其次，退而谋地方自治，试图在群喙摧撼之中、风气盲塞之地建设一个新世界的雏形。为适应地方自治的需要，他创办了法政讲习所、巡警教练所、监狱传习所、宣讲传习所等职业学校。张謇考虑到都市人口集中，卫生状况十分重要，而医学既不可或缺又关系到民族之强弱，因而在1912年与其兄张詧创办了医学专门学校，并题写了“祁通中西，以宏慈善”的校训。

3. 为民众提供自食其力的谋生之术

张謇自幼受儒家传统教育，始终不忘自己作为社会精英所肩负的救世济民使命。他曾经表示：“一切政治及学问最低的期望要使得大多数百姓，都能得到最低水平线上的生活”，“没有饭吃的人，要他有饭吃；生活困苦的，使他能够逐渐提高。这就是号称儒者应尽的本分”。②坐而论道于事无补，只有起来实干、做出成绩，才能力矫程朱尽是说而不做的弊病，为读书人争气。他认识到“教育以普及为本，普及以生计为先”③，因此决心办职业教育，使人们拥有一技之长，具备谋生的本领，从而体现“民吾同胞，物吾与也”的儒家信条。为了解决南通城内一些妇女谋生乏术、虚掷光阴、生活困苦的问题，他不断拓展职业教育的领域，先后创办了女红传习所、蚕桑传习所、发网训练班等职业教

① 张謇研究中心、南通市图书馆编：《张謇全集》（第四卷），第130页。

② 刘厚生：《张謇传记》，上海书店1985年版，第251—252页。

③ 张謇研究中心、南通市图书馆编：《张謇全集》（第四卷），第247页。

育机构。他在《蚕桑发网女工招生二则》中说:“鄙人之农工业与学,谋吾南通一般妇女之生计,既有纺织,复有火柴,足容数千人矣。然仅唐闸与天生港二处受其益。绣工则少数女子习之,亦必衣食足以自赡之家,不能及于穷檐茅屋,是以设蚕桑讲习所于南山闸桥,又拟设发网传习所于军山粤子圩,诚欲使妇女习勤于农之外兼事工以广生计也。”①他还把职业教育与特殊教育有机地结合起来。为使残疾人能“以心思手足之有用,弥补目与口之无用”,以便“归能不待人而养”②、自谋生路,他在狼山创办了盲哑学校。

二、务求适用,重视实践

1. 因地制宜,开办职业学校

张謇强调“凡事必求其适”③,办教育尤其如此。他说:“在南通讲教育,先要想什么是南通需要的,什么是适合南通的。”④大生资本集团的核心是纺织企业,需要大量的纺织人才,于是张謇参照美国费城纺织专门学校的课程设置创办了纺织染传习所。企业的运营需要营销人才,他又创办了商校。为了推进地方自治事业,他在通州师范设立了测绘、土木工科。经过努力,张謇在南通创办了众多职业学校和职业培训班,形成了以纺织教育为中心、多科性多层次的职业教育体系。这些学校的毕业生成了张謇在南通兴办的各类事业的技术骨干。职业教育的发展极大地推动了当时南通的经济发展和城镇建设,使南通这一原本偏僻落后的封建小城一跃成为全国的“模范县”,被誉为“中国的乐土”⑤。

---

① 张謇研究中心、南通市图书馆编:《张謇全集》(第四卷),第177页。

② 张謇研究中心、南通市图书馆编:《张謇全集》(第四卷),第108页。

③ 张謇研究中心、南通市图书馆编:《张謇全集》(第四卷),第163—164页。

④ 张謇研究中心、南通市图书馆编:《张謇全集》(第四卷),第207页。

⑤ 邝富灼:《现代之胜利者》,《历史研究》1989年第2期。

2. 为用而学，优选课程

张謇提出："夫课程之订定，既须适应世界大势之潮流，又须顾及本国之情势，而反复斟酌损益，乃不至凿圆而枘方。"①为了给社会培养秘书人才而在通州中学附设的国文专修科，所授国文强调以适用为主，将公牍、记叙、真行草书、历史、地理、掌故等作为必修课程，确保学生能适应将来工作的需要。南通农校的教学内容有土壤、肥料、遗传育种、农田水利、病虫害等课程；女红传习所则有刺绣、美术、习字等课程。课程的设置体现了张謇在职业教育中从将来工作需要出发，注重实用的特点。

3. 重视实践并努力为之创造良好的条件

张謇强调"专门教育，以实践为主要"②，仅仅通过课堂教学获得理论知识是远远不够的，还必须掌握实际操作技能，因此十分重视实践教学，希望学生通过实地操作更好地消化和吸收课堂上所学的知识，并在实践中获得工作经验，增进对社会的了解，从而为将来走上社会谋事就业奠定良好的基础。他创办的农学堂要求教授带领学生到田间地头去采集土壤和昆虫标本，了解作物栽培情况，进行现场教学。在纺织专门学校，实习受到高度重视。学生每周共39 课时，随着年级的升高，实习时间不断增加，在总课时中所占比重也逐渐上升。其中第一学年每周实习 5 学时，占 12.8%；第二学年每周实习 8 学时，占 20.5%；第三学年第一学期为 10 学时，占 25.6%，第二学期为 12 学时，占 30.7%；第四学年第一学期达 21 学时，占总课时数的 53.8%，第二学期竟达 25 学时，占总课时数的 64%强。③学校的《学则》中还专门列有"实习"一章，内容有 40 多条，对学生实习的管理及在实习中应注意的事项等都作了详细的规定。

① 张謇研究中心、南通市图书馆编：《张謇全集》（第四卷），第 148 页。

② 《张季直先生教育谈》，《教育杂志》第九卷第 1 号。

③ 张廷栖：《张謇的工科教育的办学实践和思想》，《江苏高教》1997 年第 5 期。

张謇认为“学问兼理论与阅历乃成,一面研究,一面践履,正求学问补不足之法”①,因而不惜花费大量的物力和财力,千方百计为学生的实习提供良好的条件。农校开办后,建立了棉场、园艺场、家畜试验场、五山苗圃、养蚕室、森林事务所等实习基地。为了解决大田实验问题,张謇捐资50万,在阜宁购地11万亩,作为农校试验基地。纺织学校建立后,他投资从英美购买了全套纺纱机和20多种织机,建成纺织实习工场,后来又陆续增设了针织、金工、染色整理等实习工场。为了满足医学专科学校学生实习的需要,1913年6月,张謇拿出巨资从国外买来当时相当先进、在国内十分稀罕的X光机。据说,当年在江苏、上海一带只有同济、同仁两家洋人开办的医院才有。张謇创办的银行专修学校设立了“银行实践室”,并且模拟成立了四家银行、保险公司、轮船公司、电报局、邮政局等机构,从而做到了“银行形式及器用咸备”,为学生实习提供了良好的条件。

三、首重道德,次则学术

张謇认识到,才与德并非天然结合在一起,而经常是相互分离的,所谓“课程是一事,管理又是一事;学问是一事,道德又是一事”②。道德与学问二者不可或缺,否则职业教育就是跛足的、不健康的,也就丧失了其存在的意义。张謇一方面克服了传统文化中泛道德主义的缺陷,从社会发展和救亡图存的客观需要出发,强调学习西方先进文化、掌握技能在职业教育中的重要地位,认为“无徒手空言可为道德者”③,因此,绝不能培养那种只会放言高论、百无一用的学生;另一方面,张謇又继承了重视德育的民族传统,针对清末民初道德

---

① 张謇研究中心、南通市图书馆编:《张謇全集》(第四卷),第101页。
② 张謇研究中心、南通市图书馆编:《张謇全集》(第四卷),第139页。
③ 张謇研究中心、南通市图书馆编:《张謇全集》(第四卷),第98页。

凌夷的现状，强调绝不能忽视德育，否则培养的学生“不德无行，为人所不齿，即社会所不容”①，又怎么能在社会上立足，进而有所成就呢？所以两者不可偏废，“德行必兼艺而重，而艺尤非德行不行”②。在德的地位方面，张謇主张道德在先，学术在后。他在银行专修科演讲时明确提出：“学术不可不精，而道德尤不可不讲”，“首重道德，次则学术”③。他在《河海工程测绘养成所章程》中提出的教育方针强调“注重学生道德、思想，以养成学生高尚之人格”，“养成勤勉耐劳之习惯”④。坚信只要学生真正做到了德才兼备，将来走上社会后肯定会受到欢迎，自己也能干出一番事业来，“又何患其学之无所用哉？”⑤

尽管由于时代和阶级的局限，张謇的职业教育思想中不可避免地存在着不足，如过分夸大教育的作用，而没有认识到只有进行反帝反封建革命，才能改变中国被侵略和掠夺、人民遭压迫受奴役的处境。但是，作为由封建大夫转变而来的资产阶级教育家，张謇高度重视职业教育，注重学生实际技能的培养，从多方面有针对性地加强学生的道德教育等思想，对我们当前的教育改革仍然具有十分重要的借鉴意义。

（原刊于《高教研究与探索》1999年第4期）

①② 张謇研究中心、南通市图书馆编：《张謇全集》（第四卷），第191页。

③⑤ 张謇研究中心、南通市图书馆编：《张謇全集》（第四卷），第110页。

④ 张謇研究中心、南通市图书馆编：《张謇全集》（第四卷），第123页。

张謇的职业道德教育思想

如何看待职业道德教育，换言之，它在职业教育中处于什么样的地位，它与技能培训之间又是什么样的关系，这长久以来成为困扰教育家们的一大难题。张謇认识到，才与德并非天然结合在一起，而经常是相互分离的，所谓“课程是一事，管理又是一事；学问是一事，道德又是一事”①。道德与学问二者不可或缺，否则职业教育就是跛足的、不健康的，也就失去了其存在的意义。张謇一方面克服了传统文化中泛道德主义的缺陷，从社会发展和救亡图存的客观需要出发，强调学习西方先进文化、掌握技能在职业教育中的重要地位，认为“无徒手空言可为道德者”，道德必须通过实践来体现和养成，志大才疏既不能服务社会，也不能救世济民，因此，绝不能培养那种只会放言高论、百无一用的“君子”；另一方面，张謇又继承了重视德育的民族传统，尤其是不满清末民初道德凌夷的现状，强调绝不能忽视德育，否则培养的学生“不德无行，为人所不齿，即社会所不容”②，又怎么能在社会上立足，进而有所成就呢？

张謇把职业教育的目标定位于使学生毕业后成为适应社会需要的出色的劳动者，“为农者必蕲为良农，为工者必蕲为良工，为商者必蕲为良商”③。“良”内在地包涵了才与德两个方面的要求，是两者的完美结合。要出校成为

① 张謇研究中心、南通市图书馆编：《张謇全集》（第四卷），江苏古籍出版社1994年版（本文所引《张謇全集》各卷皆出自此版，不另注），第139页。

② 张謇研究中心、南通市图书馆编：《张謇全集》（第四卷），第191页。

③ 张謇研究中心、南通市图书馆编：《张謇全集》（第四卷），第201页。

好公民,在学校就首先必须是好学生,所以两者不可偏废,“德行必兼艺而重,而艺尤非德行不行”①。在德的地位方面,张謇主张道德在先,学术在后。他在银行专修科演讲时明确提出:“学术不可不精,而道德尤不可不讲”,“首重道德,次则学术”。②他在《河海工程测绘养成所章程》中提出了如下教育方针:“一、注重学生道德、思想,以养成学生高尚之人格。二、注重学生身体之健康,以养成勤勉耐劳之习惯。三、教授河海工程上必需之学理技术,注重实地练习,以养成切实应用之知识。”③可见,道德教育在张謇的职教思想中占有首要地位和较大的比重。他坚信,只要学生真正做到了德才兼备,将来走上社会后肯定会受到欢迎,自己也能干出一番事业来,“又何患其学之无所用哉?”④

张謇在深入调查研究、了解社会需求的基础上,结合自己的创业实践和社会经验,主张着重进行以下几个方面的思想教育。

1. 爱国爱学,珍惜时间

爱国主义教育是张謇职业道德教育的永恒主题和重要内容。他强调天下兴亡、匹夫有责,并特别注意用国耻来激发学生的爱国热情,帮助他们明确为国家和民族的复兴而刻苦学习的目的。他常常利用学校开学、放假、毕业等机会痛陈危局,呼吁学生认清形势,不忘国耻,并把它化为鞭策自己发愤学习的强大动力。他认为:“爱国当先爱身,爱身当先爱学,爱学当自爱其可贵之光阴。”⑤要求学生珍惜时间,把它用到知识和技能的学习上来。他相信,只要广大学生能像越王勾践那样卧薪尝胆,发愤苦读,中华民族一定能跻身世界先进民族之林。

2. 志存高远,强毅力行

张謇勉励学生要克服个人本位的思想,以古代圣贤为榜样,摩顶放踵,服

① 张謇研究中心、南通市图书馆编:《张謇全集》(第四卷),第191页。
②④ 张謇研究中心、南通市图书馆编:《张謇全集》(第四卷),第110页。
③ 张謇研究中心、南通市图书馆编:《张謇全集》(第四卷),第123页。
⑤ 张謇研究中心、南通市图书馆编:《张謇全集》(第四卷),第152页。

务社会,认为在国势蜩螗、民生多艰的多事之秋,若专谋个人之私利,则未免过于委琐和渺小。他希望学生在生活要求上“不可较最普通的今人增一毫”,时刻不忘自己肩负的社会责任,树立远大的理想,而在志向上“不可较最高之古人减一毫”①。立志固然重要,但更重要的是力行。他认为,只要以强毅之力行其志,则不管境遇如何,定会有所成就。

3. 诚实守信,遵纪守法

张謇曾批评日本“商德最下”②,对我国商人对道德重视不够也深感忧虑,因此希望学生引以为戒,做到严于律己、宽以待人、重然诺、守信用,否则,“信用堕落”就会“弊窦丛生,破产停业”③,后悔莫及。1913 年,张謇在视察银行专修学校时发表演说,要求学生“守法宜坚”④,因为银行工作整天与金钱打交道,立场稍不坚定就会走上违法犯罪的道路,所以在学校就应养成遵纪守法的习惯,为将来的从业打下良好的基础。

4. 勤俭节约,吃苦耐劳

张謇崇尚勤俭节约,吃苦耐劳,一方面因为它是中华民族的传统美德,另一方面是事业成功的必要条件和“不二法门”。勤俭从生产经营上看就是开源节流,从人生观上讲就是自强不息,开拓进取,注重精神追求,反对纵欲享乐的人生态度。他认为“俭可以养高尚之节,可以立实业之本,可以广教育之施”,相反,奢侈危害极大,它“既妨人而亦妨己”。⑤他把勤俭定为许多学校的校训,如盲哑学校为“勤俭”,农校为“勤苦俭朴”,商校为“忠信持之以诚,勤俭行之以恕”。⑥

---

① 张謇研究中心、南通市图书馆编:《张謇全集》(第四卷),第 114 页。

② 张謇研究中心、南通市图书馆编:《张謇全集》(第六卷),第 499 页。

③④ 张謇研究中心、南通市图书馆编:《张謇全集》(第四卷),第 110 页。

⑤ 张謇研究中心、南通市图书馆编:《张謇全集》(第四卷),第 81 页。

⑥ 张謇研究中心、南通市图书馆编:《张謇全集》(第四卷),第 270 页。

清末民初，读书做官、鄙视劳动的思想在学生身上影响很深，许多人眼高手低，怕苦畏难，正如黄炎培所说，“习农则良勤动之多苦，习商则感起居之不适”①。这与社会的需要是不相适应的。因为“社会所需要的是做事的人才，学堂所造成的是不会做事又不肯做事的人才”②。所以他们毕业也就意味着失业。张謇认为，职业教育培养的是直接从事农工商业劳动的人，因此必须热爱劳动，从心灵深处改变以职业为苦、以劳动为耻的观念，这样才能敬业、乐业，他总是教育学生要明白“成大事业必从艰苦得来”③的道理，树立不怕辛苦、热爱劳动的思想。

张謇高度重视职业教育，从多方面有针对性地加强学生的道德教育是中国职教思想宝库中的珍贵遗产，对我们当前的教育改革仍然具有十分重要的借鉴意义。

（原刊于《教育与职业》2000 年第 7 期）

① 黄炎培:《学校教育采用实用主义之商榷》,《教育杂志》1913 年。

② 胡适:《归国杂感》,戴逸:《二十世纪中华学案 · 综合卷 2》,北京图书馆出版社 1999 年版,第 300 页。

③ 张謇研究中心、南通市图书馆编:《张謇全集》(第四卷),第 114 页。

张謇、蔡元培教育思想比较研究

张謇(1853—1926)和蔡元培(1868—1940)受甲午惨败和马关签约的巨大刺激,毅然走上了“教育救国”的道路,并在改良旧教育,建立资产阶级新教育的长期实践中,形成了丰富而又深邃的教育思想。过去,人们多孤立地分别加以研究,很少有人将他们联系起来,进行比较。笔者认为,比较两位先哲教育思想之异同,探究其内在根源,不仅可以凸显各自的特点,加深对其教育思想乃至整个近代中国教育思想史的认识,而且可以对我们今天的教育改革与发展提供有益的借鉴。因此笔者拟就他们在教育方针与宗旨,办教育的兴趣与偏重,教育经费的筹措和对学生的管理等方面的思想进行比较。

一、“三育”并举与“五育”并举

教育的核心问题是培养什么样的人以及如何培养的问题,即教育的宗旨和方针是什么。对此,张謇和蔡元培均进行过认真的思考,提出了自己的见解。

张謇主张要使学生德、体、智全面发展,以培养健全的国民。1902 年,他在《师范章程改订例言》中明确提出:“国家思想、实业知识、武备精神三者,为教育之大纲而我邦之缺憾。”①1914 年,他在《河海工程测绘养成所章程》中写道:“本所教育方针如下:一、注重学生道德、思想,以养成高尚之人格。二、注

① 张謇研究中心、南通市图书馆编:《张謇全集》(第四卷),江苏古籍出版社 1994 年版(本文所引《张謇全集》各卷皆出自此版,不另注),第 17 页。

重学生身体之健康，以养成勤勉耐劳之习惯。三、教授河海工程上必需之学理技术，注重实地练习，以养成切实应用之知识。”①他认为这三个方面都十分重要，缺一不可，从而正式提出了德、体、智“三育并举”的教育方针。张謇对德育高度重视，始终把它放在首要位置，强调“首重道德，次则学术”，“学术不可不精，而道德尤不可不讲”②。他之所以如此重视德育，首先是对重视品格陶冶和人格塑造这一我国古代优秀传统的继承和阐扬。其次，也是更重要的是，他认为做人是第一位的，“在校不能为良好之学生，出校必不能为良好之公民”③。因此，始终把教学生学做人、做一个对国家和社会有益的人放在首位。值得注意的是，与人们耳熟能详的德、智、体的排序不同的是，张謇对体育十分重视，把它放到了智育之前。究其原因，笔者认为至少有以下三个方面。首先，张謇具有朴素的唯物主义思想，认为物质是第一位的，意识是第二位的，人的身体是精神的基础和依托，没有健康的体魄就不可能有健康的心理，无法掌握先进的知识。其次，由于经济贫困、受鸦片毒害及对体育的忽视，近代中国人被讥为“东亚病夫”。张謇深以为耻，决心力矫其弊。再次，是与清末民初激荡的军国民教育思潮的影响分不开的。张謇认为，世界上从来就没有民弱而能国强的，因此不惜投入巨资在南通修建了第一公共体育场和第二公共体育场。一县之内拥有两处公共体育场，这在当时全国 1 700 多个县中是绝无仅有的，足见他对体育的重视，而其目的正是要“杜偏重学问而忽视体育之流弊，盖以强身即所以强国也”④。

蔡元培吸取张謇、王国维等的理论成果，提出了更加全面的适应资产阶级

---

① 张謇研究中心、南通市图书馆编：《张謇全集》（第四卷），第 123 页。

② 张謇研究中心、南通市图书馆编：《张謇全集》（第四卷），第 110 页。

③ 张謇研究中心、南通市图书馆编：《张謇全集》（第四卷），第 188 页。

④ 马万明：《张謇教育思想的探讨》，《再论张謇——纪念张謇 140 周年诞辰论文集》，上海社会科学院出版社 1995 年版，第 249 页。

需要的教育方针。为了清除封建教育的影响,取代与民主、共和精神不相吻合的清末“忠君、尊孔、尚公、尚武、尚实”的教育宗旨,他发表了《对于新教育之意见》,比较系统地提出了军国民教育、实利主义教育、公民道德教育、世界观教育和美感教育五育并举的重要思想。蔡元培还以人体为例说明它们各具功能,不可替代。“军国民主义者,筋骨也,用以自卫;实利主义者,胃肠也,用以营养;公民道德者,呼吸机、循环机也,周贯全体;美育者,神经系也,所以传导;世界观者,心理作用,附丽于神经质,而无迹象之可求。此即五者不可偏废之理也。”①在五育之中,蔡元培同样最为重视德育,主张“以公民道德为中坚”,“盖世界观及美育皆所以完成道德,而军国民教育及实利主义,则必以道德为根本”。②世界观教育及美育是蔡元培鉴于教育界过去不加重视,而本人又“尤所注重”,因此特别提出的。世界观教育旨在“使受教育者立足于现象世界,而对实体世界的绝对自由产生渴慕而渐进于领悟,并逐渐和实体吻合,从而获得个性和意志的完全自由”。美感教育介乎现象世界和实体世界之间,可以起“津梁”的作用,是进行世界观教育的重要措施。世界观教育为蔡元培首创,“意在兼采周秦诸子、印度哲学及欧洲哲学以打破二千年来墨守孔子的旧学”③,因而具有打破延续几千年思想专制的思想解放作用。但在全国临时教育会议上却不为多数代表接受,从此,他不再坚持,转而倾力于美育的倡导。这样,“五育”事实上成了“四育”。1920 年 12 月,蔡元培在南洋华侨中学演讲时提出体、智、德、美这四育一样重要,不可放松其中任何一项,“要使四育平均发展”,“养成健全的人格”,“发展共和的精神”④。1928 年 5 月,他在全国教育会议开幕式上又强调今后亟须提倡科学教育,养成全国人民劳动的习惯,提

① 高平叔:《蔡元培教育文选》,人民教育出版社 1980 年版,第 1—6 页。

② 高平叔:《蔡元培教育文选》,第 11 页。

③ 高平叔:《蔡元培教育文选》,第 241 页。

④ 高平叔:《蔡元培教育文选》,第 116—119 页。

起全国人民对于艺术的兴趣，简而言之，就是要使教育科学化、劳动化和艺术化，从而形成了德、智、体、美、劳“五育并举”的教育方针。

世界观教育和美育教育乃至劳动教育实际上仍可归入德育的范畴，因此蔡元培的“五育并举”实质上与张謇提出的德、体、智全面发展并无二致。当然，尽管张謇对劳动教育十分重视，在学校也开设了唱歌、图画等课程，但对美育则从理论上阐述不多。因此，蔡元培明确而系统地提出“五育并举”的教育方针，使它们引起了人们的关注和重视，具有重要的历史地位。德才兼备、身体与精神协调发展是历代教育家共同关心的课题和矢志追求的目标，但德育的具体内涵则存在着较大的差异。张謇注重对学生进行树立理想、爱国爱乡、开拓创新、竞争争先、勤劳节俭等中华民族传统美德方面思想的教育，而蔡元培则更多地进行自由、民主、博爱等近代西方资产阶级理念的诠释和教育，因而具有浓郁的革命民主色彩。张謇较多地把教育作为启智、兴业、救亡的手段，注意发挥教育的经济价值和政治功能，而蔡元培则在看到教育在开启民智、救亡图存方面作用的同时，又看到其对人的自身发展的重要作用。因此，如果说张謇的教育思想与当时的时代主题相契合，具有现实性的话，那么蔡元培主张发展教育以实现人的全面发展的思想则具有明显的超前性，对我们今天的教育改革具有十分重要的借鉴意义。

二、基础教育与高等教育

虽然张謇和蔡元培都致力于“教育救国”，但张謇重视普及教育，力图夯实教育的基础，而蔡元培的兴趣则更多是在高等教育方面。

张謇强调“教育以普及为本”①，因此脚踏实地、卓有成效地在南通地区普及初等教育。1903 年，清政府发出实施义务教育的命令，但各地多未认真执

① 张謇研究中心、南通市图书馆编：《张謇全集》（第四卷），第 247 页。

行,"真正在地方上推行义务教育的,应是张謇于南通推行普及教育开其端","真正具有计划普及小学在中国近代教育史上应首推张謇"。①张謇对普及初等教育之所以十分重视,其思想认识根源在于:首先,只有普及教育才能开民智、通风气,最终实现国家的富强和民族的复兴,他曾说过:"图国家强立之基,肇国民普及之教育。"②"开民智惟有力行普及教育,广设初等小学。"③其次,普及教育旨在培养普通国民,提高全民族的整体素质,有助于肃清科举时代读书做官思想的流毒。他指出:"科举主意在培养特别人才,学校主意在开通多数之民智。"④再次,在国民教育中,初等教育是基础,没有健全、发达的初等教育,高层次人才无从产生,学术研究也就成了空中楼阁。张謇明确表达了这一思想,说:"欲雪其耻而不讲求学问则无资,欲求学问而不求普及国民教育则无与。"⑤"庚子以后,政府怵于外人之公议,仓惶兴学,即以大学为发端,颇为外人讪笑。"⑥"凡事须由根本作起,未设小学先设大学,是谓无本。"⑦所以,欲雪国耻、教育救国,就必须从小学入手。

蔡元培曾坦言他的兴趣,偏于高等教育。事实上,正如有的学者业已指出的那样,他"一生的著述与实践活动都与我国的高等教育事业休戚相关"⑧。办教育到底应从何入手,是先办初等普及教育,还是先办高等教育呢?蔡元培与张謇、范源濂持不同的意见。他在《我在教育界的经验》一文中说:"我与(教育部)次长范静生常持相对的循环论,范君说,小学没有办好,怎么能有好

① 张兰馨:《张謇教育思想研究》,辽宁教育出版社1994年版,第118—119页。
② 张謇研究中心、南通市图书馆编:《张謇全集》(第四卷),第11页。
③ 张謇研究中心、南通市图书馆编:《张謇全集》(第四卷),第82页。
④ 张謇研究中心、南通市图书馆编:《张謇全集》(第四卷),第53页。
⑤ 张謇研究中心、南通市图书馆编:《张謇全集》(第四卷),第24页。
⑥ 张謇研究中心、南通市图书馆编:《张謇全集》(第四卷),第65页。
⑦ 张謇研究中心、南通市图书馆编:《张謇全集》(第四卷),第111页。
⑧ 张翼生、陈岸瑛:《繁荣学术、培育人才的远大方略》,丁石孙、萧超然、梁柱:《蔡元培研究集》,北京大学出版社1999年版,第18页。

中学？中学没有办好，怎么能有好大学？所以我们第一步，当先把小学整顿。我说，没有好大学，中学师资那里来？没有好中学，小学师资那里来？所以我们第一步当先把大学整顿。把两人的意见合起来，就是自小学至大学，没有一方面不整顿。”①他特别重视高等教育的原因有二，一是受急功近利和英雄史观的影响。他曾提出大学以教授高深学问、养成硕学闳才应国家需要为宗旨。与他持相同观点，并在他之前提出中国“亟兴高等教育”主张的王国维就认为“天下之事，多出于英雄、天才之手”，而“高等教育之责任在使英雄与天才得陶冶之地，而无夭阏之虞”，因为当时国事亟而人才乏，所以要优先发展高等教育以培养英雄、天才以“供驱策之用”。②二是他十分重视学术研究，而学术研究主要依靠高等教育。蔡元培十分重视学术研究，把它视为高等教育的精神命脉和改变“以大学为升官发财之阶梯”的陈腐观念、改造旧北大的重要手段。他在 1917 年就北大校长职时就提出：“大学者，研究高深学问者也。”③在 1919 年的开学典礼上则重申：“大学并不是贩卖毕业的机关，也不是灌输固定知识的机关，而是研究学理的机关。”④虽然他也认识到“学与术可分为二个名词，学为学理，术为应用”，“学必借术以应用，术必以学为基本，两者并进始可”⑤，但他仍重学轻术，其原因除与他本人长期进行研究工作的经历有关外，更主要是他对学术研究重要地位的认识。他临终甚至就有“学问救国”的遗言。他曾表示：“一个民族或国家要在世界立得住脚——而且要光荣的立住是要以学术为基础的。尤其是在这竞争激烈的 20 世纪更要依靠学术。所以学术昌明的国家没有不盛强的。反之，学术幼稚、知识蒙昧的民族没有不贫弱的。”⑥毋庸

---

① 高平叔：《蔡元培教育文选》，第 241—242 页。

② 王国维：《王国维先生全集（五）》，大通书局 1976 年版，第 1852—1853 页。

③ 高平叔：《蔡元培教育文选》，第 22 页。

④ 高平叔：《蔡元培教育文选》，第 87 页。

⑤ 高平叔：《蔡元培教育文选》，第 135 页。

⑥ 高平叔：《蔡元培教育论集》，湖南教育出版社 1987 年版，第 481 页。

讳言，蔡元培重意识、轻物资，重理论研究、轻运用和实践。沈尹默认为，这可能是受了形而上者谓之道，形而下者谓之器的重道轻器、学术分离、重学轻术的中国传统观念的影响。①

张謇对学术研究也较重视，但更关心的不是形而上的纯理论研究，而是其实际运用，强调与经济发展和社会生活密切相关的课题的研究以及成果的运用和推广。这与他继承经世致用的优良传统、倡导"实业救国"以及实业与教育并进迭用，教育应与生产劳动和社会实践相结合的一贯主张是密切联系的。

基础理论与应用开发，普及教育与高等教育孰先孰后，谁应获得更多的重视？这个问题长期困扰着我国教育界。高等教育离开了普及教育只能是空中楼阁，而只有初等教育却不注意顺应社会发展的需要适时发展高等教育，则教育只能在低层次、低水平上徘徊。没有基础理论研究，应用研究就会是无源之水、无本之木，而如果为学问而学问，脱离社会现实的需要，就会空疏无用，不密切联系经济建设的主战场，重视科技成果的开发运用研究，那么科技作为潜在生产力就不能变为现实的生产力，从而发挥其应有的巨大作用。因此，张謇和蔡元培代表了两种路向，前者重普及，以提高全民族的素质，后者重提高，以培养少数精英和拔尖人才。只有把他们的教育思想结合起来，齐头并进才是完整的、科学的。

三、"增高教育经费，并保障其独立"与"母实业，父教育"

正如张謇所说，"教育者，是耗财之事业，建学校，聘教师，无不需要资金"②。他的好友汤寿潜也指出："经费问题不解决，则初等教育、高等教育决无实行之一日。"③所以，经费问题是长期以来困扰着教育家们的棘手问题，在

---

① 沈尹默：《我和北大》，陈平原、郑勇：《追忆蔡元培》，中国广播电视出版社 1997 年版，第 138 页。

② 张謇研究中心、南通市图书馆编：《张謇全集》（第四卷），第 68 页。

③ 陈志放、陈岚：《张謇、汤寿潜兴教育才刍议》，严学熙主编：《近代改革家张謇——第二届张謇国际学术研讨会论文集》，江苏古籍出版社 1996 年版，第 1056 页。

饱受列强侵略和奴役,饿殍遍野、民不聊生的清末民初尤为突出。在改良旧教育、创办新教育的实践中,张謇深切地感受到“过渡时代之始,筹教育广及固难,筹广及教育之财政尤难”①。蔡元培也认为“今日教育之摇动者,类为经济不足。解决经费困难,实为一最大而最要之事”,那么如何解决呢?他的对策主要有三:一是增高教育经费,并保障其独立。鉴于当时军阀割据混战,财政支出中教育经费不及军费的百分之一,且常被挪用,造成教职员工长期被欠薪的情况,蔡元培与李石岑等提出了教育独立的主张。1922 年 3 月,他发表了《教育独立议》,主张“教育事业当完全交与教育家,保有独立的资格,毫不受各党派政党或各派教会的影响”,他还提出“各区教育经费都以本区中抽税充用。较为贫乏的区,经高等教育会议议决后,得由中央政府拨国家税补助”②。二是抽取教育税,创设教育基金,发行教育公债,开展教育募捐,申请退还“庚子赔款”,以专门用诸教育。三是“力行节俭”。1912 年 4 月,他在出任民国教育总长时就强调要力行节俭,纠前清办学过程中存在的种种靡费之痼疾,具体方法包括合并相近的高等专门学校;统一学校财务制度,实行“事权划一”,实行教育会计独立制度等。③

蔡元培解决教育经费的思想总的说来仍是向政府伸手,在当时的情况下,无疑是与虎谋皮。这也决定了他的这些思想不可能收到良好的效果,也从一个侧面反映了他对反动军阀政府的本质缺乏深刻的认识,寄予了不切实际的幻想。与此相反,张謇在这方面的思想则要丰富得多,也更有成效。

早在 19 世纪末,张謇就认识到教育经费的奇缺使教师不能集中精力教书育人,并保持应有的斯文形象,使一些有志于学却家计贫寒的青年走上辍学之路,他开始探索解决问题的方法。张謇主张广开门路,多渠道筹措教育经费。

---

① 张謇研究中心、南通市图书馆编:《张謇全集》(第四卷),第 49 页。

② 高平叔:《蔡元培教育文选》,第 145—146 页。

③ 刘剑虹:《蔡元培的教育经费思想之研究》,《教育与经济》2000 年第 4 期。

与蔡元培一样，他也强调要积极争取官方的支持，他直言："官立之校用国家税，公立之校用地方税，私立之校而力不足者，政府以国家税、地方税补助之，此各国之通例也。"要求政府明定税种，整理税源，切实保障教育经费的如期足数拨付。①他甚至还煞费苦心地建议两江总督把地处南京夫子庙的江南贡院改作市场，招商开店，政府则因此征收一定的管理费以充作教育经费。张謇号召有钱人关心教育，捐资助学，在《致署江苏朱按察使劝兴盲哑学堂函》中，他以美国施丹福（今译作史坦福）大学的设立及国内叶澄衷捐数十万、杨斯盛捐十数万元兴学受到时人赞誉，并将留名青史的事迹劝其捐家资兴办盲哑学堂，甚至不惜以子虚乌有的因果报应之说来打动他。张謇不仅鼓励和动员社会上拥厚资者捐助教育，而且身体力行。从1900年至1925年，他把自己所得的薪俸、花红等合计200多万元都用于教育、慈善及地方公益事业，为南通的近代化作出了杰出的贡献。

张謇认识到腐败的政府是靠不住的，教育经费主要还得靠自己想办法，所以主张一方面发展校办产业来增强自身的经济实力，另一方面提出了"父教育、母实业"的重要思想②，主张以教育改良实业，以实业辅助教育，形成两者相互促进、共同发展的良性循环的格局。1895年，张謇就设想在南通城东西北潴水之区各就地势构筑环堰。每一堰上设立鱼舍，旁设羊圈牧羊。养鱼、饲羊、喂蚕所得收入的一部分用来作为学官养廉公费、廪生膏火和书院经费。③经过张謇等有识之士的不懈努力，到1924年，南通各校的基产已有土地12万亩，另外在通海垦牧公司还有20万两白银的股本。以实业挹注教育是张謇教育思想中的重要内容，也是他对近代教育思想发展的重要贡献。为教育发展谋取经费成了他"舍身喂虎"，"伍平生不伍之人"，经办大生纱厂的精神慰藉

① 张謇研究中心、南通市图书馆编：《张謇全集》（第四卷），第80页。

② 张謇研究中心、南通市图书馆编：《张謇全集》（第四卷），第74页。

③ 张謇研究中心、南通市图书馆编：《张謇全集》（第四卷），第1—2页。

和重要原因。他后来在回顾自己走上实业之路的历程时毫不隐瞒自己为办教育而兴实业的初衷。在《自订年谱》中，他说，当张之洞准备让他在通海地区设立纱厂时，“余自审寒士，初未敢应，既念书生为世轻久矣，病在空言，在负气。故世轻书生，书生亦轻世。今求国之强当先教育，先养成能办适当教育之人才。而秉政者既蔽不足与谋，拥资者又乖隔不能与合。然固不能与政府隔，不能不与拥资者谋，纳约自牖，责在我辈，屈己下人之谓何？踟躇累日，应焉”①。1895年，张謇开始筹办大生纱厂，最终形成了以纺织业为龙头，以南通为中心，包括纺织、盐垦、面粉、冶金、交通运输、新闻出版、金融服务等在内的庞大的企业集团。实业的发展为教育事业的发展提供了巨额的资金。以大生纱厂为例，它每年都要拿出10%的利润作为通师办学的资金，即使在企业处于困难之时，用于教育方面的开支每年也有7、8万元。据《江苏南通师范建校八十周年纪念册》记载，该校创办的80年中，就有50年的办学经费是大生纱厂资助的。张謇同样强调要厉行节约，而且他不仅大力提倡，更注意身体力行，不仅从发展教育的高度谈节俭，而且把节俭列入许多学校的校训，与对学生的思想品德教育结合起来。②

四、“学校无放任”与“尚自然、展个性”

在教育管理方面，张謇主张从严治校，强化管理。他在“师范学校年假演说”中指出：“以教为育，便是干涉而非放任。……干涉便有约束之事，有服从之事。”③1912年，他在“论严格教育旨趣书”中又说：“凡教之道，以严为轨；凡学之道，以静为轨”，“军人无放任，学校无放任，此今日世界各共和国之通例。军队放任，则将不能以令；学校放任，则师不能以教。将不能令则军败，师不能

① 张謇研究中心、南通市图书馆编：《张謇全集》（第六卷），第855页。

② 蒋国宏：《张謇的崇俭思想和作风》，《史学月刊》1998年第1期。

③ 张謇研究中心、南通市图书馆编：《张謇全集》（第四卷），第25页。

教则学校败。其为国患,莫此为尤。《学记》曰:凡学之道,严师为难。师严然后道尊,道尊然后人知敬学。今欧美学校教授管理之外,尤重训练,尤重服从。……师道贵严,中外同轨。非是则无所为教,无所为学。"①根据这一指导思想,张謇尤其注重纪律、服从,在各学校中采取一系列措施,加强对学生的管理和对教师的约束,反对自由放任。这种严格管理、从严治校无疑有利于教师业务水平的提高和学生技能的培养,所以南通各校毕业生基础扎实、动手能力强,为社会各界一致肯定和欢迎。但张謇同时却本"严格主义"和"学校无共和"的指导思想,而要求学生"专静"向学,反对他们干预校务、参与政治活动,也反对男女学生同校和自由结交。需要指出的是,张謇也认为女子应有同等受教育的权利,并开办了女子师范、女子小学、女子职业培训机构等,为妇女解放作出了重要的贡献,但却一直反对中学以上学生男女同校,这与他身上存在的"男女有别"等封建遗毒不无关系。

针对传统教育无视学生各自的特点,把他们仅仅看成是消极被动的客体,压抑和束缚其个性的弊端,蔡元培在直隶全省小学会议欢迎会上提出"夫新教育所以异于旧教育者,有一要点焉,即教育者非以吾人教育儿童,而吾人受教于儿童之谓也",也就是说新教育要以学生为主体,实现师生互动、教学相长。他批评旧教育在教学内容方面"以养成科名仕宦之材为目的",严重脱离现实生活和学生身心发展的需要,教学形式僵硬,方法简单,"教者预定一目的而强受教者以就之,故不问其性质之动静,资禀之锐钝,而教之止有一法,能者奖之,不能者罚之,如吾人之处置无机物然。石之凸者平之,铁之脆者毁之,如花匠编松为鹤鹿焉;如技者教狗马以舞蹈焉;如凶汉之割折幼童,而使为奇形怪状焉。追想及之,令人不寒而栗。而新教育则否,在深知儿童身心发达之程度而择种种适当之方法以助之,因而知教育者,与其守成法,

① 张謇研究中心、南通市图书馆编:《张謇全集》(第四卷),第103页。

宁尚自然；与其求划一，宁展个性”①。总之，要针对学生各自不同的情况，真正做到因材施教，循循善诱，教学内容和形式不必拘一定的程式，务求实效。在学校管理方面，蔡元培也具有民主精神，重视发挥教师的主动性和积极性。他首倡并在北大实行了教授治校、民主管理。在全校设立由各科教授选举产生并有一定任期的评议员组成的评议会，作为全校的最高立法机构和权力机构，制定和审核学校的各种章程、条文，决定学校的废立，审核教师的学衔和学生的成绩，以及提出学校预决算等方面议案。各学门(后改为各系)成立教授会，教授会选举系主任，负责规划本系的课程设置、教科书选用、教学方法的改进、学生选科的指导和成绩的考核等。这些措施把推动学校发展的责任交给教师，让真正懂行的人参与学校的教学、科研管理，大大改变了原为官僚习气笼罩的腐败沉闷的北大，营造了北大民主、自由的氛围，形成了学术繁荣的局面。对学生，他则希望他们在自律的前提下自我管理，而不同意让学生参与教务管理。

在教育管理方面，张謇和蔡元培的主张截然不同，代表了完全不同的两种教育思想和思维方式。张謇年龄较长，受传统教育的时间更长，过于沉重的传统思想的包袱制约和阻碍了他对西方新的教育思想的摄入和融会。他一生中只出国考察过一次，且又是封建专制思想比较浓厚、崇尚严格管理的日本。日本的修身教材“杂引我六经诸子语”，其校规特别着重于“信用服从”和日人“不尚男女平权之说”对他产生了十分消极的影响。而蔡元培则从年轻之时起便对西方思想文化有所了解，后又几度出国，在西方的大学中学习和生活，因此深受西方民主思想的熏染和陶冶。另外，教育思想与政治思想是密切相关的。蔡元培在政治上主张民主革命，而民主治校正是其民主、自由、平等、博爱的资产阶级理念在教育领域的必然体现和结果。这种把学生看成具有独立人

① 高平叔:《蔡元培教育文选》，第 48—49 页。

格的平等主体,尊重其个性,因材施教的方法有利于培养学生的自主意识和创造能力,在近代中国教育思想史上有着重要的地位,对我们今天全面推进素质教育,培养学生的主体意识和创新能力也有着重要的借鉴作用。

(原刊于《河南师范大学学报》2002年第3期)

家国情怀

士负国家之责，必自其乡里始

——张謇的家国情怀

国家是公民所处的最重要的政治单元，也是最重要的政治忠诚对象。列宁指出，爱国主义是人们对自己祖国的美好情感。中华民族有着悠久而深厚的爱国主义传统。鸦片战争后，中国一步步陷入了半殖民地的深渊，亡国破家之祸笼罩在亿万国人的心田，人们担忧有着悠久历史和灿烂文化的中国会成为下一个波兰、印度、埃及或者罗马。为了挽救民族危亡，实现国家富强，仁人志士们“上穷碧落下黄泉”，苦苦寻觅救国的良方，张謇无疑是其中杰出的探索者。事实上，爱国不仅是贯穿张謇一生的主线，也是其全部实践活动的中心点和出发点。

一、抵抗侵略，维护主权

日本是中国一衣带水的邻邦。自明治维新后，日本开始实施通过对外侵略扩张、掠夺他国资源、实施殖民统治的国策，同处东亚的朝鲜和中国首当其冲，深受其害。自1874年出兵台湾至1945年二战结束，近代日本对中国进行了长达70余年的侵略。1874年2月，日军侵袭中国台湾。这是明治政府成立以来第一次海外用兵，就针对中国。1879年，日本强行吞并中国的藩属国琉球，改设为冲绳县。1890年，日本政府公开提出以侵略中国为核心的“大陆政策”。1894年，中日甲午战争爆发，清朝惨败后被迫接受《马关条约》，规定中国割让辽东半岛和台湾省给日本，并支付巨额赔款。这一条约是近代以来帝国主义强加给中国最为刻毒的不平等条约。1904 年，日俄战争在中国东北爆发，日本在打败俄国之后，夺取了对辽东半岛的控制权，开始建立“南满”势力范围。1914 年一战爆发后，日本借机出兵侵占山东，随后向中国提出旨在灭亡中国的“二十一条”。1931 年，日本关东军发动“九一八事变”，侵占中国东北三省并扶植伪满洲国。1937 年 7 月，日军发动卢沟桥事变，挑起全面侵华战争。可以说，日本是 19 世纪 70 年代后对中国进行侵略的最凶恶的敌人。因此，抵抗日本的侵略，维护国家的领土完整和主权独立就成为爱国报国的重要体现。张謇不仅亲赴朝鲜，协助其抵抗日本侵略；在南通总办通海团练，以防日军入侵；还对不愿臣服日本殖民统治的朝鲜诗人金沧江给予同情，加以收留，并通过各种途径对国人进行爱国主义教育。

1. 直接参与，反对日本的军事侵略

张謇一方面主张珍视和发展中日两国人民的友谊，另一方面对日本的侵略始终保持高度警惕，主张主动防御、积极防御、坚决回击。

1882 年，时为中国藩属的朝鲜发生内乱，日本借机干涉其内政，企图控制朝鲜，作为侵华跳板。清政府应邀派吴长庆带兵赴朝。29 岁的张謇作为幕僚随军“理画前敌军事”，平定了内乱，使日本失去了出兵的口实。但张謇清醒地认识到，日本的贼心不死，将来必有后患，因此写下了《朝鲜善后六策》，主张要“通人心以固国脉”，“破资格以用人才”，“严澄叙以课吏治”，“谋生聚以足财用”，“改行阵以练兵卒”，“谨防围以固边陲”，但清廷权臣斥为“多事”，并未采取有效措施进行“善后”，致使大好时机因而丧失，形势越来越对中国不利。甲午战争爆发前，张謇又提醒清朝政府要警惕日本的野心，还草拟《代某公条陈朝鲜事宜疏》，强调中朝两国唇齿相依，唇亡则齿寒，并提出 8 条支援保护朝鲜的建议，仍未得到清政府的重视，导致了此后中国更加被动。

1894 年，日本对朝鲜发动侵略战争，中国军队应邀赴朝协助抵抗，但接连溃败，不久日本即挥师东北，侵略中国本土。张謇对战局十分不满，分析原因，上《推原祸始防患未然请去北洋折》,从先事、临事、事外、事中四个方面对主和派李鸿章的主和卖国、败坏和局的丑行进行了大胆的揭露,并强烈要求抵抗日本的侵略。他愤怒地谴责其"以四朝之元老,筹三省之海防,统胜兵精卒五十营,设机厂、学堂六七处,历时二十年之久,用财数千万之多,一旦有事但能漫为大言……曾无一端立于可战之地,以善可和之局,稍有人理,能无痛心?"请求朝廷"另简重臣,以战求和"。①虽然其主张未必务实可行,但却表明了其坚定爱国的立场以及积极防御、以战求和的思想。

1895 年正月,中日军事行动仍在继续,守制在籍的新科状元张謇受署理两江总督张之洞之命,总办通海团练,以防止日本海军入侵长江流域。他起草了《海防团防营制》《民团续议》等规章,提出了一系列具体的经办主张,又作《通海劝防歌》,以通俗易懂的语言揭露日本侵略者的暴行,还分析了我们的优势,如"沿江沿海有沙滩,滩多洪曲碍轮船。日便分兵犯我境,大炮小炮不能运。若论内地尽是沟,天然地营不要谋。撤桥断坝设井陷,各就各圩容易办。道路原是本地熟,层层深入他不敢"②,号召人们参加团练、保护乡里。他还以 24 箱书籍作为典当,借款银一千元,用来补助团练费用,以免加重乡民的负担。五个月后,因和约签字通海团练撤防。张謇举办通海团练虽然未能取得实际抗敌效果,但也扩大了他在家乡的影响,密切了他与地方力量的联系,为后来兴实业、办教育提供了便利。三月二十六日,《马关条约》正式签字,中国的半殖民地程度进一步加深。消息传来,张謇悲愤难平,在日记上抄录了"和约十款"的主要内容,并痛感"几罄中国之膏血,国体之得失无论矣"③。

1903 年,日本举办第五次国内劝业博览会,张謇受邀东游日本。他早就听

① 李明勋、尤世玮主编:《张謇全集》①,上海辞书出版社 2012 年版(本文所引《张謇全集》各卷皆出自此版,不另注),第 14 页。

② 李明勋、尤世玮主编:《张謇全集》⑦,第 96—97 页。

③ 李明勋、尤世玮主编:《张謇全集》⑧,第 389 页。

说日本人用五种颜色在中国地图上画界,企图与西方列强瓜分中国,并扬言要在十年内实现。如果说这些仅是道听途说,未必准确的话,那么他在参观博览会时却真的发现,日本将我国福建诸海口一并绘入已落入日本之手的台湾,所用黄色也与台湾相同。①日本侵略者得陇望蜀,强占了台湾,又企图染指福建,实在令他义愤填膺!春帆楼是《马关条约》的签订之地,也是华夏儿女的伤心之所,张謇认为这里是中国游人第一必须记住的地方。他触景生情,赋诗一首:“是谁亟续贵和篇,遗恨长留乙未年。第一游人须记取,春帆楼上马关前。”②告诫国人要勿忘国耻,发愤图强,以免历史的悲剧重演,表现出可贵的爱国热情。当然,张謇的爱国主义不是闭关锁国、保守狭隘的民族主义,他痛恨列强的侵略,但同时主张师夷长技以制夷。他主张大胆学习日本的先进文化、政治制度、教育思想,希望像日本那样,通过维新变法以实现国家的富强,结束被侵略、被奴役的悲惨历史。

1924 年 4 月,日本青年会到南通参观。张謇在欢迎演说中提出中日两国亲善则两利,前途必然灿烂光明,否则两不利,后果将不堪设想;他批评日本政府的对华侵略政策太过拙劣,认为日本决不能鲸吞中国,如果一意孤行,必将自吞苦果。③后来日本军国主义走上了法西斯主义道路,悍然发动了侵略中国的十四年战争,遭到全世界爱好和平、主持正义的人们的唾弃,也遭受了可耻的失败。历史雄辩地验证了张謇的预言。

2. 惺惺相惜,对朝鲜爱国诗人金沧江的收容

1905 年 10 月 31 日,随着汽笛长鸣,一艘轮船抵达南通。在妻女的陪同下,诗人金沧江走下船舷,开始了他在中国的流亡生活。金沧江(1850—1927),名泽荣,字于霖,又号韶濩生,晚年自称长眉翁,生于朝鲜开城府,由于

---

① 李明勋、尤世玮主编:《张謇全集》⑧,第 546 页。

② 李明勋、尤世玮主编:《张謇全集》⑧,第 566 页。

③ 李明勋、尤世玮主编:《张謇全集》④,第 579—580 页。

祖居庆尚道花开县，故又常自署“韩国花开金泽荣”。他曾在朝鲜李氏王朝任中枢参书官、内阁参书官等职，对自己的才华十分自信，对儒家文化十分仰慕。1905年9月，日本分别与美、英签约，列强正式承认朝鲜由日本单独占领和“保护”，消息传来，金沧江悲愤难平，本就不愿做亡国奴的他自感人生无多，希望到中国刊印自己的著述，以免湮没，并与中国文士切磋交流，得到其肯定①，因此辞去官职，从仁川登舟，经过五天五夜的海上漂泊，于10月12日来到上海，在投奔苏州名士俞曲园遭拒，回到上海，走投无路之际，求助于张謇。

对金沧江，张謇并不陌生。1882年，作为幕僚随吴长庆入朝时，张謇就与其结识，但张謇回到中国后就与金沧江失去了联系。斗转星移，物是人非，再次相逢，金沧江成了亡国之民，而张謇则成了名满东南的实业家、教育家。张謇收留了他，并对其工作和生活做了妥善的安排。温暖的情谊使沦落异域的金沧江倍感温暖：“通州从此属吾乡，可以崧阳似汉阳。为有张家好兄弟，千秋元叔一肝肠。”②

金沧江在南通定居后，倾注了大量的心血撰写和出版本国的历史，表达自己对忠臣义士的敬仰，对父母之邦的眷恋。在南通翰墨林书局的大力支持下，先后印行的有《韩国历代小说》《校正三国史记》③《新高丽史》《高丽季世忠臣逸事传》等。他在给黄梅泉的信中写道“愧无身手关时运，只有文章报国恩”④，挑明了其创作主旨。事实上，他走的正是这样一条“文章报国”“修史救国”的道路。这些著作被出版后，很多被运回朝鲜，对增强民族自信心，唤起祖国人民的爱国心，鼓舞朝鲜人民奋起反抗日本侵略者起了一定的作用。

---

① 徐乃为：《金泽荣离韩来华的目的与根因辨正》，张謇研究中心编：《张謇复兴中华的认识与实践——纪念张謇160周年诞辰学术研讨会论文集》，苏州大学出版社2014年版，第529页。

② 金泽荣：《沧江稿》卷四。

③ 《三国史记》为高丽金富轼撰。三国指朝鲜历史上的新罗、高句丽、百济。

④ 金泽荣：《寄黄梅泉》，《韶濩堂诗集定本》卷五。

张謇对金沧江的收留既有爱惜人才，对其才华的欣赏，更有对其不愿臣服于日本侵略的高尚情操、民族气节的赞赏和对其爱国行为的肯定。

3. 保护修缮，发挥爱国遗址的教化功能

在南通城区南郊前往狼山的路上有一个埋葬当年被歼倭寇的倭子坟。坟上有一小亭，张謇名之为“京观”。“京，绝高也。”此亭并不很高，但何以如此命名？实际上，这是有着深刻内涵的。张謇对此进行了解释：“我景先劳，如此京尔。”①意思就是说先辈们反对外来侵略劳苦功高，其精神令人高山仰止。1903 年，张謇东渡日本进行考察时，看到日本陈列着甲午战争中打败清政府后缴获的大量战利品，起初感到不以为然，“私窃小之”，后了解其出发点是为了示其后人，激扬民气，“俾勿忘其先之劳者”，觉得日本能这样做，我们又有何不可？于是，为了缅怀先烈曹顶，纪念沿海人民抗倭的成绩，南通人民垒倭子坟，建京观亭。亭高不是指自然高度，而是寓意抵抗外来侵略的行为和其不朽业绩在人民心目中具有崇高的地位。

1919 年，张謇在南郊为明代抗倭英雄曹顶修建曹公祠，并撰《重修曹公祠碑》。碑文回顾了明初倭寇侵扰我沿海七省的历史，描述了曹顶在南通重创倭寇的业绩以及在单家店壮烈牺牲的情景，期望南通人民能传承和发扬爱国精神，“自重如顶，渊其智，岳其气，一夫而万夫，一世而十世”。张謇还作《曹公亭》诗，记述曹顶的抗倭事迹和建亭之事：“人亦孰无死，男子要自见。曹生磊落人，无畏赴公战。鲸牙白草纤，马革黄金贱。荒原三百年，突兀一亭建。田父何所知，亦说单家店。”②1921 年，他又为曹公祠题写联语：“匹夫犹耻国非国，百世以为公可公。”“北郭留名单家店，南山增气曹公坟。”③勉励国人勿忘国耻，振兴中华。

① 陈翰珍：《二十年来之南通》，张謇研究中心，2014 年，第 214—215 页。

② 李明勋、尤世玮主编：《张謇全集》⑦，第 253 页。

③ 李明勋、尤世玮主编：《张謇全集》⑦，第 457 页。

“人生自古谁无死，留取丹心照汗青”是民族英雄文天祥在《过零丁洋》诗中的名句，表现了“头可杀，志不可屈”的磅礴正气和视死如归的英雄气概，反映了他耿耿的爱国忠心和高尚的民族气节。南通卖鱼湾，在石港场东十五里，过去为滨海沮洳斥卤之地，传言文天祥当年曾旅泊在此，后人即在此建渡海亭，因年代久远而废。1913 年，知县储南强有意重建，乡绅于忱、顾鸿闿、宋焕、陈培等积极响应，顾宝森、顾宝枝则捐出土地。1915 年 8 月，宋文忠烈公渡海亭以及学校建成，张謇欣然命笔，作《重建成宋文忠烈公渡海亭记》，一方面表达对英雄的“敬慕”之情，另一方面则引导和教育后人，“使匹夫也而自重”①，即形成正确的是非观和价值观，进一步增强爱国主义思想。

二、与时俱进，变革政制

1. 投身立宪，救亡图存

1923 年，年逾古稀的张謇手订《年谱》，回顾自己走过的 70 年人生历程，感叹“一生之忧患学问出处，亦尝记其大者，而莫大于立宪之成毁”②，可见立宪在其心目中的分量。

政治制度的腐败是近代中国落后挨打的重要原因。立宪是相对于专制更加先进的一种政治制度，是对原有专制制度进行的温和、渐进改革。宣传立宪思想、投身立宪活动是张謇寻求救国救民道路过程中的可贵探索，也是其爱国报国的重要实践。

戊戌变法失败后，出于对现实政治的失望和对后党迫害的远避，张謇曾一度远离政治。八国联军侵华战争和《辛丑条约》的签订使中国“创巨痛深，实与亡国无异”③，清政府被迫改弦更张、实行新政。另外，在列强的压力下，一

① 通州市政协文史委：《张謇与故乡》，中国文联出版社 2006 年版，第 105 页。

② 李明勋、尤世玮主编：《张謇全集》⑥，第 565 页。

③ 中国科学院历史研究所：《刘坤一遗集》（第 5 册），中华书局 1959 年版，第 2289 页。

些守旧的王公大臣、贵族官僚受到打压，政治环境有所宽松，张謇开始重新关注政治。他条陈《变法平议》，提出系统的变法思想，主张“在不流血不纷争的状态范围内循序改革”①，达到在中国发展资本主义的目的。

1903年，张謇到日本进行了为期70天的考察。他对日本成功的经验进行了总结，对中国实现富强的方案进行了探索。他发现中国之所以不能富强，“抉其病根，则有权位而昏惰者当之矣”②。他将日本与中国的情况进行对比：日本面积与两江总督所管辖区域大小相当，但一个经三十年的奋斗而欣欣向荣，“抗大国而拒强国”，一个却昏聩如处瓮中，瑟缩如被捆缚，其原因就在于“一行专制，一行宪法”③，从而对立宪表现出向往之情。他买来日本政治书籍进行研究，对日本的宪法和宪政制度赞不绝口，提出以日为师、改革政制、实行立宪的主张，其子张孝若就说他自日本回国后“见到官员友人遇到谈论通讯，没有不劝解磋摩各种立宪问题”④的。

1904年，日俄两个强盗在中国东北交战，最终日本战胜了沙俄。这一结局给中国官民以极大的刺激。国人普遍认为，日本之所以取胜在于实行宪政，而俄国之所以失败在于其仍行专制，因此要求实行立宪的呼声此伏彼起。张謇认为，在专制政体之下，人民没有话语权，更没有自主、自决权，只有在立宪政体下，人民才有参与政治的合法机会，说立宪可以“通政府与人民之阻隔”，“统一各部之事权”，不仅可以救亡，而且可以减轻人民的苦痛，即使“立宪国之亡，其人民受祸或轻于专制国之亡耳”⑤。

张謇与友人蒯光典、赵凤昌、沈曾植等经常讨论立宪问题，刊印《日本宪法

① 张孝若：《南通张季直先生传记》，张謇研究中心，2014年，第130页。

② 李明勋、尤世玮主编：《张謇全集》⑧，第557页。

③ 李明勋、尤世玮主编：《张謇全集》⑧，第577页。

④ 张孝若：《南通张季直先生传记》，第132页。

⑤ 李明勋、尤世玮主编：《张謇全集》⑧，第714页。

义解》《日本议会史》等分送官、商、学界友人,还托人送达朝廷。他与郑孝胥、汤寿潜等在上海发起成立预备立宪公会,并被推举为副会长。1909年江苏咨议局成立会后,他当选为局长。他先后领导了三次全国性的国会请愿活动,对立宪运动走向高潮发挥了关键性作用,成为全国立宪运动的领袖。

2. 顺应潮流,转向共和

在长期专制统治下,国人往往把一家一姓之朝廷作为效忠的对象,"知有天下而不知有国家,知有一己而不知有国家"①。老百姓的任务就是交粮纳税,"除纳税诉讼外,与政府无涉,国家何物,政治何物,所不知也",甚至"国亡,他可以不管,以为人人做皇帝,他总是一样纳粮"。②20世纪初期,伴随西方文化的传播,先进知识分子意识到国家不是一家一姓之国家,而是全民之国家,忠君与爱国不能简单地划上等号。这种思想为张謇辛亥转向支持民主共和提供了良好的氛围。

1911年10月10日,武昌起义爆发后,革命形势迅猛发展,清王朝的专制统治走向土崩瓦解。王朝更迭,何去何从?每一个政治人物都面临着严峻的考验。

张謇自小受儒家正统思想的教育。1894年在恩科会试中荣登榜首,成为天子门生。在其科举历程中,得到两朝帝师翁同龢等清流派的赏识和相助,成为帝党骨干。面对新旧鼎革,作为天子门生、原先的帝党骨干,张謇并没有顽固坚持"正统"立场,站在革命的对立面,而是将当时许多人仍混为一谈的"忠君"与"爱国"区别开来,对民族前途的关注超过了对一人一姓的忠诚。他毅然放弃"小忠"、愚忠,而是顺应历史的潮流,转而赞成共和。这是他政治生涯中最光彩的一页。为了国家大局的稳定和发展,张謇首先对清廷作了一些"知

① 梁启超:《饮冰室合集·文集之九》,中华书局1989年版,第50页。

② 陈独秀:《吾人最后之觉悟》,中国社会科学院近代史研究所:《五四运动文选》,三联书店1979年版,第15页。

其不可为而为之”的进言。他与伍廷芳、唐文治等联名致电摄政王,认为“大势所在,非共和无以免生灵之涂炭,保满汉之和平……君主立宪体断难相容于此后之中国”,劝告其“幡然改悟,共赞共和”。①后又单独以类似内容进“最后之忠告”,敦促清政府顺应民意,体面退位,纳汉、满、蒙、回、藏五族于民主共和政体之下。但清廷一意孤行,拒绝改革。张謇也不愿再为爱新觉罗“争万世一系之皇统”。他声明自己此前“主张君主立宪,乃以救国为前提,而非仅以保存君位为目的,乃以促政治之进步,而绝不愿以杀人流血勉图君位之保存”,“故而赞同共和”②。他通过写信等方式鼓动袁世凯反正、接受共和,并积极促成南北和谈,以结束对峙,防止国家分裂。

由于张謇是东南人望、立宪派当年的领袖,其转向自然影响巨大,以致如赵凤昌所说,“函电四出,各省多闻风相应”③。1911 年 12 月 14 日,他剪掉了作为大清臣民标志的辫子,寄回老家,并在日记中写道:“此一生之大纪念日也。”为纪念民国诞生,他还自拟嵌名春联“民时夏正月,国运汉元年”④,表达对民国的期待。

对张謇由立宪转向共和,昔日同盟军十分不满。许宝衡指责清廷退位皆由张謇等“先倡妄说,以致成此现状,皆由劫运使然,真可愤恨!”⑤胡思敬在为陈三立六十大寿写的贺诗中有“前朝物望推元礼,故国朋交失郑虔”两句,并特地注明“郑虔”指的就是张謇、汤寿潜、熊希龄诸人。⑥郑孝胥是张謇的好友,解

---

① 李明勋、尤世玮主编:《张謇全集》②,第 283 页。

② 马振犊、唐启华、蒋耕:《北京政府时期的政治与外交》,南京大学出版社 2015 年版,第 54 页。

③ 赵尊岳:《惜阴堂辛亥革命记》,中国人民政治协商会议江苏省常州市委员会文史委员会:《常州文史资料》(第 1 辑),1981 年,第 61 页。

④ 李明勋、尤世玮主编:《张謇全集》⑧,第 731 页。

⑤ 许恪儒:《许宝衡日记》(第一册),中华书局 2010 年版,第 386 页。

⑥ 胡思敬:《退庐全集》,引自章开沅:《张謇传》,中华工商联合出版社 2000 年版,第 277 页。

元,立宪运动的主要领袖之一。两人于1880年相识,后在京师参加科举时多有交集,对彼此的才华十分赞赏。但郑恪守君臣纲常,反对革命共和。他把革命党人称为贼子,视建立民国之人为乱臣、贼子及反复小人①,对张謇转向共和十分不满,在日记中写道:"武汉乱后,国人多以排满为心理,士君子从而和之,不识廉耻为何物……宜作书一正张謇、汤寿潜之罪。"②这也从另一个侧面说明张謇为脱离旧营垒冲破了多大的阻力。

三、实业救国,堵塞漏卮

鸦片战争后,列强依靠坚船利炮轰开了中国的大门,清政府腐败无能,不得已签订了一系列丧权辱国的不平等条约,割地赔款,不仅国力被严重削弱,也大大加重了民众的负担。与此同时,外国商品如潮水般涌入,并凭借其先进的技术和低劣的价格在中国倾销,中国传统的手工业受到毁灭性打击,自然经济日益解体,人民处于水深火热之中。

1879年,张謇在起草的《代夏学政沥陈时事疏》中就提出,只有中国自身国力强盛了,外敌才不敢觊觎。如果我们能发愤图强,那么外国侵略者再处心积虑,也会无计可施。他认为强大的国防是以雄厚的经济作为后盾的,要实现国家富强,首先就必须发展实业,增强综合国力。可惜的是,以求强求富为宗旨的洋务运动"立总局,购兵械,沿江海设防,岁縻百千万金钱",成果却乏善可陈,"徒使中国有限之财,日掷耗于无用之地"③,给别有用心的外国侵略者留下诸多可乘之机,实在令人担忧。张謇认为"财者,譬之人身,犹精血也,精血枯竭,命且随之"④,列强吸干了神州大地的膏血,中国国库空虚,百姓也一贫如洗,还有什么力量去抵御外来侵略,维护自己的独立和尊严?他在经过综合

① 郑孝胥:《郑孝胥日记》(第3册),中华书局1993年版,第1403页。

② 郑孝胥:《郑孝胥日记》(第3册),第1361页。

③④ 李明勋、尤世玮主编:《张謇全集》①,第1页。

分析和认真研判后提出了“实业救国”的主张。

张謇认为，列强对中国的商品倾销危害巨大，若不能设法解决，即使不亡国，也要被穷死。他指出我国“自海禁开通，各国农工制作之货岁月输入，我之金钱日以漏出”①，深感不安，“利之不保，我民日贫，国于何赖？”②因此，要实现独立，就必须发展民族经济，以堵塞漏卮，挽回利权。

1894年，甲午战争爆发，中国被国人一向看不起的小国日本打败。张謇在震惊和悲愤之余陷入苦苦的沉思，中国怎样才能强盛，民族如何才能复兴？他看到欧美、日本富强的原因在于其经济快速发展，特别是日本向西方学习，发展工业，三四十年之间，由一个受到英美欺凌的小国到跻身于强国之列的事实，认识到只有发展工商业，繁荣经济，增强国力，才能挽救民族危亡，避免历史的悲剧重演，强调现在我国“最可希望者无过乎实业。……欲富强吾国，舍实业无由也”③。“振兴实业，为救国急务。”④鉴于这种认识，张謇毅然决定走上“实业救国”之路，希望通过发展民族经济以实现国家富强。

1895年，清政府被迫与日签订《马关条约》，不仅开放通商口岸，还允许外国资本家在中国内地投资设厂，这将更加便利日本对中国的侵略，而西洋各国援例尽沾，利权外流将进一步加剧，其“几罄中国之膏血，国体之得失无论矣”⑤。这种高悬的亡国之剑使张謇把发展实业视为救亡的利器，并且奏出了实业救国的时代强音。

张謇眼中的实业内容丰富，“赅农工商之名，义兼本末”⑥，即包括农工商各业，其中有传统的如纺织、制铁等所谓本业，也有过去遭受歧视的末业商业，

① 李明勋、尤世玮主编：《张謇全集》⑥，第360页。

② 李明勋、尤世玮主编：《张謇全集》⑤，第6页。

③ 李明勋、尤世玮主编：《张謇全集》④，第331页。

④ 李明勋、尤世玮主编：《张謇全集》③，第818页。

⑤ 李明勋、尤世玮主编：《张謇全集》⑧，第389页。

⑥ 李明勋、尤世玮主编：《张謇全集》④，第82页。

还包括采纳新的体制和方法的制盐业，具有经济和政治双重意义的沿海渔业，以及畜牧业、航运业、银行业等。所谓实业救国，就是要振兴实业，提高综合国力，以改变落后挨打的局面，进而实现国家的独立富强。

应该说，面对列强的经济侵略和甲午战争后日益严重的民族危机，朝野上下“开拓利源以塞漏卮”，“设厂自救”的呼声此伏彼起，但大声疾呼的多，身体力行的少。张謇自幼饱读诗书，爱国主义、经世致用思想在他身上烙下了深深的印迹。他认识到“国家兴亡，匹夫有责”，“中国须兴实业，其责任须在士大夫”①。抵御外国侵略不能停留在口头上，必须落到实处，“……若徒空言抵制抵制，则彼一物而我无物，抵且不能，制于何有?”为了避免“沥血肥虎，而祖肉以继之”②的局面继续下去，他毅然“捐弃所恃，舍身喂虎”③，应允筹办大生纱厂，开启了实业救国的艰辛历程。大生纱厂于光绪二十五年(1899)农历四月十四日正式开工投产，第二年即获丰利，二月份的收支结算已有 26 850.791 两的净余。1904 年张謇创办了大生分厂(二厂)，1915 年创办了大生三厂，1921 年又创办了大生八厂。

张謇分析中国工商业不发达的原因，认为国家未能很好地履行保护和管理职能是重要原因，说“今日而言振兴中国实业不排除障碍，几无方法可言”④，而这就必须制订商法、改良税则，确切调查、实行奖励。自 1913 年 12 月 27 日出任北京政府农商总长至 1915 年 4 月辞去农商总长一年多的时间内，张謇呈请公文 50 余篇，颁布训令 40 余条，咨事询文 30 余篇，内容涉及垦牧、保息、工商业、林业、水利、度量衡、糖业、金融等涉及国计民生的方方面面，对我国民族工商业的发展起到了积极的推动作用。

---

① 李明勋、尤世玮主编:《张謇全集》⑧，第 536 页。

② 李明勋、尤世玮主编:《张謇全集》⑤，第 6 页。

③ 李明勋、尤世玮主编:《张謇全集》④，第 550 页。

④ 李明勋、尤世玮主编:《张謇全集》④，第 256 页。

四、启智育才，教育兴国

1. 高度重视教育的巨大功能，努力践行“教育救国”的理想

张謇曾提出，教育是“万事之母”①，对其在全部事业中的重要地位予以高度评价。可以说，教育与实业是张謇救国强国的一体两轮，相依相存，共同发展。

中国在甲午战争中败北的残酷现实使张謇对教育在救国中的地位有了充分的认识，形成了救国必须发展教育的认识，并践行“教育救国”的理想。

首先，中国当时正处于亡国灭种的边缘，只有发展教育才可能免遭国家灭亡的厄运，即“图存救亡，舍教育无由”②。1911年，他在垦牧公司第一次股东会演说公司成立历史时就强调，“非人民有知识，必不足以自强。知识之本，基于教育”③。也就是说，只有发展教育，才能武装人民的头脑；只有国民有知识，国家才有力量，才能最终实现国家的独立富强。

其次，实现中华民族的伟大复兴，也必须靠教育来实现。中华民族曾经在经济、文化、科技等方面长期居于世界领先地位，为人类文明发展作出了杰出的贡献。但近代则饱受侵略，备受欺凌。巨大的落差使人唏嘘。张謇在师范学校开学演说中就痛心地指出，“中国今日国势衰弱极矣，国望亏损极矣。……以我中国黄帝尧舜神明之胄，退化不振，猥处人下，至有以奴隶目我者”，但雪耻是以掌握先进知识和文化为前提的，雪耻“而不讲求学问则无资”，“欲求学问而不求普及国民之教育则无与”④。因此，张謇对教育寄予厚望，视为“救国”的根本，认为学生如果能努力学习，将来无论为士、为农、为工、

① 李明勋、尤世玮主编：《张謇全集》④，第122页。

② 李明勋、尤世玮主编：《张謇全集》⑥，第514—515页。

③ 李明勋、尤世玮主编：《张謇全集》④，第180页。

④ 李明勋、尤世玮主编：《张謇全集》④，第70页。

为商，都成为健全之国民，则“雪耻复仇，不足言也”①，退一步说，万一哪一天国家不幸真的灭亡了，要复兴也只能依靠教育，所谓“死后求活，惟恃教育”②。

再次，教育必须首先以开民智为核心，以普及教育为先导。张謇提出，没有百姓就没有国家，没有知识文化就没有健全的国民，不经过学习，人们就不能获得知识和文化。教育不能忽视开启民智这一基本职能。张謇清醒地看到整个国家国民素质普遍低下，与现代化建设、与独立富强的要求相距甚远，因此，主张发展基础教育和师范教育，中国非普及教育不足以救危亡。

最后，在教育中必须加强爱国主义教育，把它渗透到各个方面。他在为学校拟订的办学章程中把培养学生的“国家思想、实业知识、武备精神”列为教学之三大纲，其中对师生进行“国家思想”教育又是最重要的。在《中央教育会开会词》中，张謇强调“今日最亟之教育，即救亡图强之教育也”，“救私心，当竭力提倡国家主义”，为此，要“于伦理、修身、历史、国文教科之编辑，当极注意”。③他把爱国主义教育放在学校教育的主导地位，常常在演讲中勉励学生要像越王勾践那样，卧薪尝胆，自强不息，将来为士、为农、为工、为商，在自己的岗位上为救国贡献实实在在的力量。

对教育救国功能的体认是张謇投身教育事业的思想基础和力量源泉。在兴办实业、从事政治和社会活动的同时，张謇不遗余力地在南通普及和推广新式教育。他在南通地区先后创办和带动兴办了小学 370 余所，中等学校 6 所，高等学校 3 所，特殊教育学校 2 所，职业教育学校多所。他还创办或参与筹建了河海工程专门学校、吴淞水产学校、吴淞商船学校和中国公学，支持兴办三江师范学堂、上海复旦公学、上海商科大学等多所学校，为中国近代教育事业

---

① 李明勋、尤世玮主编：《张謇全集》④，第 608—609 页。

② 李明勋、尤世玮主编：《张謇全集》②，第 252 页。

③ 李明勋、尤世玮主编：《张謇全集》④，第 188—190 页。

的发展作出了杰出的贡献。尽管没有政治制度的变革和系统的社会变革，单纯的教育并不能救国，但张謇为救国、报国而大力发展教育事业则功在当时，利在千秋，值得肯定。

2. 辩证看待学生运动，崇尚科学理性爱国

张謇强调，爱国是理性的、务实的，而不能盲目和冲动，不能只追求表面轰轰烈烈的形式而忽视其实际结果。他对学生运动的复杂态度体现了其在爱国方面的高度理性和良苦用心。

青年是国家的未来，学生则是其中的精英。他们朝气蓬勃，热血沸腾，政治敏感，思想前卫，有着强烈的政治参与热情和批判现实主义指向，既是社会政治的晴雨表，也是推动政治变革和社会进步的加速器。每当祖国处于内忧外患之时，他们总是以舍我其谁的社会责任感和历史使命感，以我不入地狱谁入地狱的献身精神投身救国济民的洪流，成为政治舞台上的急先锋和时代的弄潮儿。

1919 年 5 月 4 日，北京 13 所高校的 3 000 多名学生游行示威，抗议巴黎和会关于山东问题的决议及北洋政府的媚日政策，史称“五四运动”。“五四运动”爆发的第三天，张謇通过江苏省教育会致电北京政府，反对在巴黎和会的条约上签字，猛烈抨击北洋政府的外交政策，强烈反对逮捕游行学生，表示：“无论学生举动如何，总出于爱国热情；即使一时愤激，轶出范围，决无死罪。”①6 月 11 日，他又通过南通农会等组织致电北京政府，认为“京津学生举动有激而成，其愚诚究出于爱国”，要求将逮捕学生释放，“以安学校而靖民气”。②他严正地指出，只有改变媚日的外交政策，才能平息众怒，外交问题若不从基本上加以解决，那么，任何威吓或敷衍都只会使政府丧失威信。他还引

① 《江苏教育会反对破坏教育机关电》，《新闻报》1919 年 5 月 7 日。
② 《南通农会等要求释放学生电》，《时事新报》1919 年 6 月 1 日。

用当年清廷不肯接受忠告而灭亡之故事来警告段祺瑞和徐世昌要顺应民意，放弃卖国政策。①

1923 年 5 月 9 日，在纪念袁世凯政府接受日本“二十一条”8 周年之际，南通学生举行“五九国耻日”集会。张謇在集会上发表演说，呼吁国人“团结精神，培养实力”，他还勉励青年学生效法越王勾践，“为德国国民之所为，将来毕业后，为农者必蕲为良农，为工者必蕲为良工，为商者必蕲为良商”②，以实际行动，增强国力，以雪国耻。

1925 年“五卅惨案”发生后，南通各界发动募捐，张謇与其兄张詧及其子张孝若各捐了 500 元。与此同时，张謇停办了南通城内学潮较烈的学校，对参与学潮的学生及阻止不力的教师予以记过、撤职甚至开除，还通过增加课时和课外作业量的方法来牵制学生。他认为“中国前途之希望，全在学生”③，学生因政治运动而罢课则“策同自杀”④。他反复强调学生入学校以求知识为目的，“如入学数年，于知识上一无所得，斯人将来之知识何从发展？社会将来幸福何从创造？”⑤

可见，他一方面看到学生运动由列强的侵略所引发，是可贵的爱国行为，对学生的爱国初衷和满腔热情应予肯定，并力所能及地对他们提供保护，反对当局的镇压，不希望国运所系的莘莘学子受到伤害；另一方面又希望学生着眼未来，卧薪尝胆，一心钻研学问，以便将来能成为栋梁之才，为国效力，感到罢课等方法既无助于改变观状，又浪费了本可潜心向学、为将来救国作准备的宝贵光阴，实在得不偿失，因此反对学生游行示威和罢课。

---

① 《新闻报》1919 年 6 月 14 日。

② 李明勋、尤世玮主编：《张謇全集》④，第 553—554 页。

③④ 李明勋、尤世玮主编：《张謇全集》④，第 608 页。

⑤ 李明勋、尤世玮主编：《张謇全集》④，第 463 页。

五、经营乡里，蔚然模范

20世纪初，随着近代国家观念的兴起和人民主体意识的觉醒，国人认识到所谓“国民者，人人各有国家之一分，而当尽其责任”①。对此，张謇十分赞同，指出“国者民之积，民之中各有一身在焉”②，每一个国民都应当把自身的命运与国家、民族的命运连在一起。与此同时，他强调“乡里者，吾人之起点也”③，知识分子爱国必先爱乡，报国就应该落到实处，做到热爱家乡、建设家乡，倘若“无乡土之爱情，即不能有国民之资格”④，也就不能完全享受国民的权利。

19世纪90年代，全国有1 700多个县，全省也有60多个县。当时的南通只是江北乃至全国并不起眼的一个普通小县。全县面积7 435平方公里，其中有盐场1 875平方公里，人口150多万。这里交通落后，南面有天堑之险的长江，它隔断了与素有鱼米之乡美誉的殷富的苏南的经济联系；东临黄海，但由于泥沙淤塞，地势低平，海船根本无法靠近；北部尽管连接广阔的苏北大平原，但这里却又是江苏最贫穷的地方。与交通不便密切联系的是风气闭塞，虽然农产品商品化程度颇高，但人们从商意识却相当淡漠。康熙甲寅《州志》说，通州人“性柔脆，不任劳苦。今适百里，非裹三日粮则废然返”；守土重迁，“素纯谨”，“安土乐业而重犯法，急公事”。在海门，“市无倚门之妇，肆无当垆之女。里不朝歌，巷不夜游”，人们“不喜牵车服贾游于四方”。此外，人们封建意识浓厚，思想愚昧落后。直至大生纱厂创办前，这种情况仍然没有多大的改变。据20世纪60年代初唐闸镇老人们回忆：“大生纱厂开车前夕，由于当时农村妇女还不知道工厂是怎么一回事，同时流传着工厂要用童男童女祭烟囱，女工要被洋鬼子割乳房的谣言。因此，尽管当时农村劳动力过剩，但进厂的童工和女

---

① 《中外日报》1901年3月18日。

② 李明勋、尤世玮主编：《张謇全集》④，第69页。

③ 李明勋、尤世玮主编：《张謇全集》②，第181—182页。

④ 李明勋、尤世玮主编：《张謇全集》②，第192页。

工并不多。纱厂开车时劳动力不足,不得不招了些男工和上海的熟手女工。”①

大生纱厂开工前,南通没有真正意义上的现代工商业,自给自足的自然经济占绝对地位。“论其繁华则不如沪,论其才富亦不如苏,论其土质、物产均不足以齿于江南各县”,“人民故步自封,不事改进,教育、实业之事均窃无所闻”。②在张謇的领导下,从1895年起,经过30年的苦心经营,到20世纪20年代中期,南通早期现代化建设已达到一定的水准,实业、教育、慈善公益、地方自治各种事业发达,已从一个封闭落后、默默无闻的封建城镇逐步发展成为驰名中外的近代工商业城市、长江下游的重要商埠和苏北的经济、文化和政治中心,被誉为“中国最进步的城市”③。

当时南通城市规划理念先进,布局合理,与英国同时期霍华德(E.Howard,1850—1928)的“田园城市”相通,与霍华德所经营的新城莱奇华斯(Letchworth)和韦林(Welwyn)“时间相若,在内容与规模上互相媲美”④。

市政建设在全国领先。城区市容整洁,街道经过了改良,道路为碎石砌成,每距十余米长装有路灯(电灯),街口都有警察,每天由巡警指挥犯人洒扫街道一次,西南的新市场集中了银行、大商店、公园、游乐场、俱乐部、书局等,兼具美丽清洁和热闹繁华,甚至“其公共厕所亦异常清洁”,“桥梁、渡口到处俱是,几有扬州二十四桥之概”⑤。市容崭新美观,日本友人鹤见佑辅(1885—1973)在进行比较后觉得“南通比山西省的市容街道要新”。上海海关税务司戈登·洛德觉得“南通州与中国内地城市不同,除街道比较狭窄外,一切都

① 《大生系统企业史》编写组:《大生系统企业史》,江苏古籍出版社1990年版,第24页。

② 陈翰珍:《二十年来之南通》,第1页。

③ 南通市文化局:《中国近代第一城文集》,南通,2003年,第47页。

④ 吴良镛:《张謇与南通“中国近代第一城”》,《清华大学学报》(哲学社会科学版)2003年第6期。

⑤ 陈翰珍:《二十年来之南通》,第165页。

像上海的公共租界。市内有各种商店,西式楼房到处可见。……南通商会大楼也是一幢美观的西式建筑。城外的模范路是一条像上海马路那样很好的道路"①。

社会治安比较良好。美国人在上海创办的英文周报《密勒氏评论报》的主编说南通"不存在任何乞丐",是"中国人间天堂"。②裴德生说"南通不存在愁眉苦脸的人,也没有乞丐","南通地区的居民为他们的城市、领袖与成就感到骄傲。他们的自豪也使南通成为中国最为干净的城市"。③陈翰珍说这里"窃盗之事少闻,乞食之人鲜见,虽不敢说夜不闭户、道不拾遗之语,然索诸全国千七百余县中,亦独一无二、仅有绝无之桃源地也"④。

张謇曾说过:"天之生人也,与草木无异。若遗留一二有用事业,与草木同生,即不与草木同腐。"⑤其实,他留下的有用事业又何止一二!著名学者茅家琦教授说:"我们可以毫不夸张地说,从1895年到1926年,张謇创办的工业、农业、交通事业,对南通地区生产力的发展作出了重大贡献;他的实业活动再加上他所举办的文化、教育、社会福利事业,对南通地区社会结构、社会面貌的进步也作出了重大贡献。他的业绩为今天南通地区工业、文化、教育事业的兴旺发达奠定了基础。"⑥章开沅教授也指出,在近代中国,我们很难发现另外一个人在另外一个县办成这么多事业,并且对全国产生这么深刻的影响。⑦南通

① 徐秀筠:《上海近代社会经济发展概况(1882—1931)——海关十年报告译编》,上海社会科学院出版社1985年版,第249页。

② 南通市档案局(馆)编:《西方人眼中的民国南通》,山东画报出版社2012年版,第12—16页。

③ 南通市档案局(馆)编:《西方人眼中的民国南通》,第23—25页。

④ 陈翰珍:《二十年来之南通》,第5页。

⑤ 李明勋、尤世玮主编:《张謇全集》③,第508页。

⑥ 南通市档案馆、张謇研究中心:《张謇所创企事业概览》,2000年,第3页。

⑦ 章开沅:《一代儒商,万世师表》,崔之清主编:《早期现代化的前驱——第三届张謇国际学术研讨会论文集》,中华工商联合出版社2001年版,第19页。

人民不会忘记他为国家强盛、民族复兴做出的不懈努力,也会永远铭记他为建设家乡、造福百姓做出了不朽功勋!

(在收入黄正平主编《张謇的企业家精神》(人民日报出版社 2018 年版)时有删节)

国计虽艰，民生实为国本
——张謇的民生关怀

张謇不仅是坚定执着的爱国主义者，也是心系百姓的民本主义者。他曾说："亭林匹夫兴亡有责之言，黎洲原臣视民水火之义，故常闻之而识之矣。凡夫可以鼓新气、祓旧俗、保种类、明圣言之事，无不坚牢矢愿奋然为之，以为是天下之大命，吾人之职业也。"①只要与救国济民相关的事，他都视为己任，全力去做。他还说："士大夫有口当述苦人之苦，有手当救穷人之穷。"②面对近代中国饿殍遍野、民不聊生的现实，作为来自基层的儒商，一个步步艰辛走向成功的民营企业家，张謇既用自己的如椽大笔抒发对民间疾苦的同情，为民生福祉大声疾呼、慷慨陈词，也通过自己的实干苦干为改善民生而奋力抗争，留下了不少感人至深的篇章。

一、吟诗作赋，抒发悲天悯人情怀

以民为本是中国的优秀传统，也是儒家学说的精髓。孔子主张统治者要施"德政""仁政"，要顺应民意，"因民之所利而利之"，提倡节俭，不误农时，所谓"节用而爱人，使民以时"③。孟子对民本思想作了进一步的阐发，提出"民

① 李明勋、尤世玮主编：《张謇全集》⑥，上海辞书出版社 2012 年版（本文所引《张謇全集》各卷皆出自此版，不另注），第 85 页。

② 李明勋、尤世玮主编：《张謇全集》⑥，第 358 页。

③ 《论语·学而》。

为贵,社稷次之,君为轻"①的主张,认为首先有百姓,然后才有国君,才有国家,君主不能忽视百姓,不管其死活,只有解决好了人民的衣食住行等基本问题,才能"得民心",才能得天下、坐天下,强调统治者要"为民父母","制民之产",即要了解民间疾苦,采取体恤宽松的政策,解决人民的生计问题,使百姓起码能维持基本的生活,做到"仰足以事父母,俯足以畜妻子;乐岁终身饱,凶年免于死亡",这样才能使百姓心甘情愿地臣服,统治才能维持下去。②

民生问题是夺取和巩固政权、实现社会稳定和发展的基础,所以中国历代的明君贤臣也无不以"民生"为从政之本。在中国古代诗词长河中,关注民生,反映民间疾苦也一直是其中的重要主题。

在南通近代文学史上,张謇是一个才华横溢的多产诗人。他一生共创作诗歌 1 300 多首,编入《张季子九录·诗录》,成十卷之多③,同时其感情真挚在同时代诗人中也出类拔萃。林庚白在《丽白楼诗话》中曾对同光两朝诗人进行评价,说他们中百分之九十的诗作缺乏真情实感,只有二张"能自道其艰苦与怀抱"。二张就是张之洞与张謇。④

张謇出生在海门乡村,从小参与农业生产,亲历田间耕刈之事,熟知稼穑之艰难,对劳动人民的疾苦耳濡目染,加之自幼饱读诗书,深受儒家思想的熏陶,因此可以说与生俱来具有民本思想。像其他许多知识分子一样,他在字里行间表达了对百姓福祉的关心和对劳苦大众的同情。

同治十二年(1873)6 月,张謇随原通州知府孙云锦前往淮安,查勘渔洪河积压讼案。他看到了江淮农村百姓贫苦的现实,作《农妇叹》诗:"谁云江南好,但觉农妇苦。头蓬胫赪足籍苴,少者露臂长者乳。乱后田荒莽且芜,瘠人

① 《孟子·尽心下》。

② 《孟子·梁惠王下》。

③ 葛云莉:《试论张謇的文学素养》,《南通纺织职业技术学院学报》2009 年第 3 期。

④ 林庚白:《丽白楼诗话》(上),张寅彭:《民国诗话丛编》(第 6 册),第 134 页。

腴田田有主。”①当地农民衣不蔽体、食不果腹的饥寒生活与人们想象中江南的诗情画意形成了强烈的反差，使他触目惊心。他表达了对穷苦大众的同情与仁爱，述说了改变农村面貌、改善农民生活的志趣。

南通沿海不少贫民以煮海烧盐为生。张謇对其生活十分同情，作《观海》一诗，反映煎盐之苦：“近海地常湿，无山天更遥。云从半空起，风竟六时嚣。鱼蛤供餐贱，蒲盐俸税饶。谁怜濒斥卤，生计日萧条。”②并在心底萌发了帮助盐民改善生活的想法。

农业生产靠天吃饭，但风调雨顺只是一种可遇不可求的奢望。1887年在《雨叹》中，张謇对久雨不晴给农民造成的灾害给予了深切的同情：“……贫贱性命沟壑轻，沮洳泥淖宁敢憎？东皋老农辍未耕，可怜八口愁吞声。……君不见贵官堂上臂烛明，主称百岁宾千龄。前席互进玻璃觥，醉里歌呼颂太平！”③

颐和园中有一座佛香阁。这是光绪年间慈禧太后耗费一百数十万所建。1914年在《过颐和园》中，张謇表达了对慈禧大兴土木、劳民伤财的不满：“圆明灰烬尚余温，土木巍峨复此园。赤舌烧城民与劫，黄金齐阁佛何尊！新蒲细柳千门锁，石兽铜狮一代存。流水岂知兴废感，朝朝溅雪出墙根。”④

1900年1月，张謇作《州城书所闻四首》，其中第四首写道：“例规未与额兵裁，摊扣差钱按日开。沙布荡柴刚纳罢，石油蒲酱又输来。”⑤表达了对苛捐杂税的不满和对底层人民的关注和同情。

1903年，张謇东渡日本，进行了为期70天的考察。日本城乡之间、地区之间、不同职业之间居民基本生活水平不大给他留下深刻的印象。他发现，“日

---

① 李明勋、尤世玮主编：《张謇全集》⑦，第15页。

② 李明勋、尤世玮主编：《张謇全集》⑦，第8页。

③ 李明勋、尤世玮主编：《张謇全集》⑦，第42页。

④ 李明勋、尤世玮主编：《张謇全集》⑦，第162页。

⑤ 李明勋、尤世玮主编：《张謇全集》⑦，第112页。

本普通农民的生活，与在都市工人的生活，并无多大差异”，“一般农民的饭菜，与都市中的公务员，及商家服务的店员比较，相差亦不甚远”，“日本苦寒地带的北海道……农民的生活，所吃的饭菜，与东京、神户、大阪附近的农民并无分别”，认为日本政府领会和做到了孟子所说使“黎民不饥不寒”的精义①，主张向日本学习，使百姓能有基本生活保障，尽可能提高最底层民众的生活水平。结束对日本的考察回家，当船过狼山时突遇骤雨，他写下这样的诗句：“……时为近乡询旱潦，不堪听客数科名。年来寇盗真充斥，此日江干甫角声！”②表达对家乡自然灾害频发、社会治安不宁的不安。

1916年，倒行逆施、复辟帝制的袁世凯在全国的唾骂声中死去，中国出现了权力真空，军阀开始连年割据混战，你方唱罢我登台，许多地方战火纷飞，硝烟弥漫，无数百姓流离失所，生命财产安全受到极大威胁。张謇对此忧心忡忡，不知疲倦地在军阀之间说项劝和，希望他们能息兵罢战，保全一方平安，但显然是与虎谋皮，结果自然一无所成。张謇只能用诗句述说自己的无奈与凄凉：“幸战一隅地，假息得苟全。太平在何时，今年待明年。呜呼！覆巢之下无完卵，野老泪洒江风前。”③

二、兴办实业，裨益民食问题解决

张謇认为，国以民为本，民以食为天。作为儒家思想的坚定信仰者和务实践行者，自己有责任和义务帮助百姓解决生计问题，兴办实业无疑是有效途径。

1. 创办大生企业，改善城乡居民生活

中国传统典籍《易经》中有句名言：“天地之大德曰生，”意思是说天地的

---

① 刘厚生：《张謇传记》，上海书店1985年版，第252页。

② 李明勋、尤世玮主编：《张謇全集》⑦，第130页。

③ 李明勋、尤世玮主编：《张謇全集》⑦，第409页。

最大恩德就是为万物提供了生生不息的环境，让它们能各得其所、安身立命。大生纱厂是张謇创办的第一个企业，也是整个企业集团的核心。张謇之所以将自己手创的这一最重要的企业命名为“大生”，就是受到其启示。对此，他曾在与刘厚生交谈时说：“我们儒家，有一句扼要而不可动摇的名言，‘天地之大德曰生’。这句话的解释，就是说一切政治及学问最低的期望要使得大多数的百姓，都能得到最低水平线的生活。”“换句话说，没有饭吃的人，要他有饭吃；生活困苦的，使他能够逐渐提高。这就是号称儒者应尽的本分。”①明确宣示其排除万难、创办纱厂的目的，是要为当地的黎民百姓解决生计问题。

除了大生纱厂外，张謇还建立了不少以大生命名的企业，如大生二厂、大生三厂、大生六厂、大生八厂、大生轮船公司、大生织物公司等。这些企业之所以也以大生命名，既表明其与大生纱厂之间的密切关系，更是对张謇为大众谋福祉，实现社会的全面发展，惠泽一方百姓这一企业创立初衷的宣示和重申。

大生企业的建立，发展了当地的生产力，也改善了南通群众的生活，提高了他们的生活水平。据林刚先生研究，在20世纪20年代，南通农户每家平均拥有土地5.427亩，每亩年产量折合13.97元，即每个农民家庭（按每户5人计）年总收入约76元，但如果扣除田赋和种田成本，纯收入要少得多。而在大生一厂工作的中等男工年工资收入为120元，女工亦有90元，因此，有一个妇女进大生一厂做工即能获得超过拥有5亩多地的纯农户一家全年的总收入。②

2. 开辟沿海荒地，为贫民灶民增加谋生渠道

如果说大生纺织企业的创办不仅为无业的群众提供了职业，也为当地民众家庭生活的改善提供了新的可能的话，那么1901年张謇创办的通海垦牧公

① 刘厚生：《张謇传记》，第251—252页。

② 茅家琦：《横看成岭侧成峰——长江下游城市近代化的轨迹》，江苏人民出版社1993年版，第102—103页。

司除了为大生纱厂提供原棉外，主要目的就是要为灶民和贫苦农民提供新的谋生途径。

盐业与南通城市的形成和发展有着直接的联系。唐朝时，胡逗（也作胡豆）洲就开始有了煮盐业。北宋太平兴国年间，通州境内年产盐48万余担，官府和盐商从中获得丰厚利润。一些官僚地主、富户豪绅纷纷来此聚居，促进了城镇规模的扩大。自清代中叶以后，随着长江、淮河、黄河泥沙在沿海的日益沉积，滩涂日益向东延伸，各盐场距海岸越来越远，由此造成卤气日淡，产量日薄。在南通社会经济中曾占重要地位的盐业，日渐衰落。淮南每年产盐的指标为50万引（每引600斤），实收仅30余万引，仅占产额的60%。①另外，由于南通采用煎制方式制盐，煎盐需要大量烧草，制盐成本比晒盐高昂，效益日益下降，甚至入不敷出。以“灶”为单位煮海水制盐为生的劳动者灶民本就被编入官册灶籍，不能随意改变身份，祖祖辈辈束缚于盐滩之上，饱受盐官、盐商、灶蒂、灶头之层层盘剥，过着非人生活。盐业的衰落使生活于十分艰苦条件下的灶民处于更加艰难的境地。

张謇少年时代就接触过盐民的生活，对沿海盐民困苦生计十分同情，并在心底萌发帮助盐民改善生活的想法。其对策有二：一是改革盐政，舒缓盐民所受苦痛。二是帮助灶民另谋生路。1912年，张謇总理两淮盐政，考虑到淮南淮北通泰各盐场难以久存，倚盐为生的贫民生活将会更加艰辛，因而在南通、东台、仪征三县各设立贫民工场，工场主要从事手工生产，分竹、木、藤、漆、皮革、织布、雕刻、缝纫等类别，以改变人民由于技能单一，无法适应时代发展需要，影响生计的状况。另一方法就是开发沿海荒滩，改良土壤，发展植棉事业。

土地是农业最重要的生产要素之一，但在人多地少，人地矛盾突出，占有极不平衡的通海地区，要拥有一块属于自己的土地，使自己得以在土地里刨食

① 张荣生：《张謇——清末民初的盐务改革家》，《盐业史研究》1994年第1期。

并不容易。由于多种原因,南通旧成陆地区人口增长迅速,但耕地却难以同步增长。明嘉靖四十一年(1562),南通有 21 463 户,79 160 人。①至道光十七年(1837),南通有在册 1 540 487 人,军丁 78 630 口。②。人均耕地面积的下降加剧了农民求生的艰难。1847 年,在崇明、海门传教的魏道味神父曾在一封信中写道:"当你跨进这种赤贫的收容所式的屋子里面,你看不见有桌子、凳子,也没有任何家具或装饰;只有几只用以煮饭的陶罐;继而是一只大木柜,柜上面睡人,柜里面藏着全部家产。差不多这就是他们的一切财产,他们的饮食、衣着。总之,在一切生活必需品上都反映出他们那种极贫穷的生活。"③许多人因为只有很少的土地甚至毫无立锥之地,被迫离乡背井。由于没有知识和文化,只能从事繁重的体力劳动或者不体面的工作,过着悲惨的生活。张謇曾经回忆:"我自创建大生纱厂之后常到上海,我开始知道上海拉洋车及推小车之人,百分之九十九是海门人或崇明人。我曾调查他们的生活,都很困苦,他们所以到上海谋生的原因,即是无田可种,迫而出此也。我又留心其他劳动苦力,又发现盐城、阜宁、淮安等县的乡民,多半在上海充当轮船码头装卸货物之杠棒苦力……且杠棒苦力之生活,更比洋车大为恶劣。"④

与此同时,泥沙淤积生成的海滨新涨之地却未得到应有的开发。据嘉庆年间统计,除少量已垦熟地及部分寸草不生之地外,荡地至少达五百数十万亩。1895 年,张謇在受命举办通海团练时就看到沿海大量荒滩未加开发,十分可惜。他因此主张开垦荒地、改良土壤,变废为宝,提出政府应听绅民召佃开垦这些久荒之地,栽种经济作物,发展农牧业生产。他曾直言自己创办通海垦

---

① 《通州志》(明万历本,第四卷),引自虞和平:《张謇——中国早期现代化的前驱》,吉林文史出版社 2004 年版,第 96 页。

② 范秋门:《南通县图志》,引自虞和平:《张謇——中国早期现代化的前驱》,第 96 页。

③ 〔法〕史式徽:《江南传教史》(第一卷),上海译文出版社 1983 年版,第 16 页。

④ 刘厚生:《张謇传记》,第 250 页。

牧公司的目的就是要开垦沿海荒滩,以解决耕地严重短缺的问题,使当地农民有地可种,说自己决心在通州、如皋、东台、盐城、阜宁五县境内,开辟垦荒棉田一百万或二百万亩。假如每户农民领田二十亩,可供给十万或二十万户之耕种。以每户五口计,可供五十万或一百万人之生活,并感到“这种事业,我如不做,恐怕没有第二个人肯负此责任也”①。

张謇从 1901 年起创办通海垦牧公司,经过努力,到 1910 年开始获益,之后又相继成立大有晋、大豫、华成、大丰、华成以及中孚、通遂、遂济、合德、通兴、阜余、阜通、大顺、太和、太源、东兴、新通、新南等盐垦公司。在张謇的带领和影响下,20 世纪初,在淮南出现了废灶兴垦、发展棉花生产的高潮。据不完全统计,1914 至 1921 年间,江苏东部沿海南至启东的吕四场,北至阜宁的陈家港,绵延 600 多里的冲积带上,相继创办了大小盐垦公司 70 多家。据统计,到 1934 年,沿海的 49 家盐垦公司拥有土地 2 000 万亩,已垦土地 400 余万亩。②

大片荒地的开发为大批通、崇、海、启的移民开辟了新的生活途径,或者使原有的生活得到了明显改善。通海垦牧公司垦区“各堤之内,栖人有屋,待客有堂,储屋有仓,种蔬有圃,佃有庐舍,商有廛市,行有涂梁,若成小世界矣。而十年以前,地或并草不生,人亦鸡栖蜷息,种种艰苦之状,未之见也”③,其他盐垦公司垦区面貌也发生了巨大的变化,城镇化程度迅速提高,富庶和先进程度比附近农村远高。截至 1937 年,淮南各公司新建市镇 25 个。这些市镇中有小学 54 所,中学 2 所,训练班 2 所,气候测量站 10 所,轧花、纺织、榨油工厂 14 家,仓库 474 座,合作社 95 个,医疗诊所 10 所。④

---

① 刘厚生:《张謇传记》,第 251 页。

② 《大生系统企业史》编写组:《大生系统企业史》,江苏古籍出版社 1993 年版,第 179 页。

③ 李明勋、尤世玮主编:《张謇全集》④,第 182 页。

④ 姚恩荣、邹迎曦:《1901—1949 年盐城市沿海盐垦公司与废灶兴垦的概述》,《大丰县文史资料(7)》,1987 年。

在盐官、盐商、灶董、灶头的奴役和盘剥下，原先灶民十分贫困和愚昧。兴垦之后，他们实现从盐业生产者向手工业者或农民的转型，“改变了奴隶式的身份，成了拥有土地使用权的佃农和自由的盐场雇工，他们的生活和地位差不多跨越了一个历史时代”①。

三、裁厘降税，减轻商民经济负担

张謇出身于一个富裕农民和小商人家庭。这使他有机会对商业活动，对商民的境遇和苦痛有了深入的了解，从而为其助商便商行为以及在担任政府官员期间实施惠商政策奠定了认识和情感基础。

1. 谋减花布捐税，以纾通海民困

早在1886年，张謇就邀集家乡绅商出资组建小型蚕桑公司，推广种桑养蚕缫丝。为此，他还亲赴浙江湖州买回桑秧，赊给乡农栽种，并随种分发《蚕桑辑要》一书。但是，由于民间不善缫丝，丝不成市，加之官府横征暴敛，致使农民植桑无利可图，导致活动失败。不过，通过这次实践，张謇不仅密切了与本地商界的联系，为以后走上实业救国的道路积累了人脉，还加深了对政府及官吏的认识，体会到了经商的不易，感叹民族工商业生存发展的艰难，因此大声疾呼，要求统治者体恤商艰、商难、商困、商苦，放松对于民族商业的束缚。

1895年底，张謇在家乡发起花布减捐活动。因为通海地区棉花布匹捐税很重，而且管理混乱，向来由厘卡收捐，经常重复收取，以致弊端百出，农商十分痛苦。张謇多次上书，希望改办认捐，统一办理，以纾农商大困。②虽然由于种种原因，最终没有成功，但是我们可以从中看出张謇对商人和百姓的关心。

① 张炎：《大丰盐垦股份有限公司编年札记》，《大丰县文史资料（9）》，1989年，第50页。

② 张孝若：《南通张季直先生传记》，张謇研究中心，2014年，第56页。

2. 主张裁厘认捐，减轻商民负担

1853年，清政府为了解决财政困难开始实行厘金制度，向过往商人征收货物通过税。由于当时中国的关税、盐税等全部用于偿还列强的赔款和债息，所以封建王朝的财政开支几乎全部依赖厘金。为了满足封建统治者不断增加的需要，厘金也不断加码。据估计，光绪十七至十九年(1891—1893)，三年平均年入厘金1400万两白银，光绪二十七年为1 600万两白银，到光绪三十一年暴增为4 003.1万两白银。①

厘金自产生之日就一直以虐商、酷商而恶名昭著。由于这种税收没有任何限制，往往有一道卡收一道税，有二道卡收二道税，而百里之内往往有数卡，如江苏的苏州牙厘总局下属厘局8处，分局8处，分卡、巡卡164处；淞沪捐厘总局下设厘局13处，分局3处，分卡、分巡53处。商品销售越远，商人经过的厘卡越多，所缴纳的厘金就越重，商货成本愈重。因此，厘金制度不利于商品流通，阻碍了地区之间的经济交流，制约了工农业生产的发展。此外，厘卡的贪官污吏为中饱私囊还利用手中的职权和工作之便，采用挂号钱、划子钱、查船规费、查货规费、灰印钱、浮收折价、出票钱、验票钱、补捐、苛罚、填换运照费、换票钱等对过往商人进行盘剥，使民间商人负担更为加重。如有不从或稍有异议，轻则遭打骂侮辱，重则被扣货、扣船、扣车、扣人。商人因此苦不堪言，对政府十分不满。

张謇对厘金持强烈反对的态度，并大声疾呼对厘税进行减免或裁撤，说"酌免厘税，诚为当务之急。惟是此项问题，固为营商业者之唯一希望"②。他主张从三个方面对厘金制度进行改革：一是改行印花税。印花税1624年创立于荷兰，为当时世界各国所广泛应用的一个比较先进的税种。张謇在致张之

① 罗玉东：《中国厘金史》，文海出版公司1985年版，第175—177页。

② 李明勋、尤世玮主编：《张謇全集》①，第448页。

洞书中就主张“尽裁中国厘捐,改行西洋印花”。这样可以增加税收的透明度,克服厘金暗收乱征的弊病,一则“可以回已去之人心,留未去之人心”,二则“可以保中国之利权,揽各国在中国之利权”。二是裁撤厘卡,对洋货加税。这样国家可加税于洋货,从而促进民族商业的发展。三是认捐及包税。张謇认为,因历史和现实原因,如行印花税与裁厘加税一时不能实行,可以采取认捐及包税的方法作为过渡。①

3. 实行恤商政策,鼓励民族经济发展

张謇曾批评清政府只有征商之政,而少护商之法,主张要设立商务局,作为专门管理机构,希望政府要努力为商人服务,强调要发展民族经济,促进民族工商业的发展,就必须采取各种措施来保商、恤商。

1906年在《为商航复商部文》中,张謇对政府采取的中外有别、歧视本国商人的政策十分不满,说“同一民船也:此受雇于华商,则刁难而索,节节阻滞;彼受雇于洋商则否。今日受雇于洋商,则理直气壮,处处畅行;明日受雇于华商则否”②,主张要体谅商民,特别是要平等对待中外商民。

南京临时政府成立,张謇担任实业总长、两淮盐政总理,他听说淮南乙和祥盐旗被各地军队强取盐款之事,立即致函陆军总长黄兴,要求其对军队强取盐款之事严肃查办,“以维秩序而恤商艰”③。

当时中国国内多种货币通行,既有外国货币,也有地方货币。外国银行不仅经营对清政府的各种贷款,而且操纵中国外汇市场,使大量外国银元流入中国。此外,外国银行还大量发行纸币,直接控制中国金融业。据学者估计,1910年,中国市场上流通的货币总量为25亿元,其中外国银元有11亿元,外国钞票有3亿元,两者合计占中国货币总量的56%。大量外国货币在中国市

① 李明勋、尤世玮主编:《张謇全集》④,第15页。

② 李明勋、尤世玮主编:《张謇全集》①,第128页。

③ 李明勋、尤世玮主编:《张謇全集》①,第240页。

场流通，严重冲击了中国金融市场。1908年，在上海竟然发生外商银行联合抵制中国钞票的事件，“喧宾夺主，实足骇人听闻”①。由于中央威权削弱，货币铸造权下移，中国各地自行铸造银元，滥发纸币，使得中国市场货币流通种类高达上百种，导致货币流通的混乱。比价紊乱、复杂，交易不便，增加了商人不少额外负担。张謇主张进行金融改革，推广铜元，解决白银成色不同的问题；发行钞票，以解除商人困苦，为商业发展创造条件。

张謇认为金融不发达使我国商人资金周转不灵，严重阻碍了民族商业发展，提出“农工商业之能否发展，视乎资金之能否融通”，强调“实业非有多数之母本不昌”②，并总结欧美、日本成功的经验，主张要广设银行，发展金融，以充裕实业“母本”。

四、优化生态，提升居民生活品质

1. 鼓励植树造林，改良气候环境

我国古代先贤早就认识到植树造林对调节气候、防止恶劣天气发生的积极作用。张謇继承了这一思想，认为大量林木被砍，造成风沙横行、水土流失，原有良好生态环境遭到破坏，这是当时水旱灾害多发频发的重要原因，因此，强调植树造林、保持水土是治理水患的当务之急和根本之策。他认为我国三大干流黄河、长江、珠江之所以淤垫激薄，岁屡为灾，“实由三干上游发源及各段支流之地，无森林以涵养水源，防止土沙”，因此，“挽救水害，则编栽保安林不可缓”。③他说：“保安林之效用，关系极多，尤以涵养水源，防止土沙，预防水害为最要。现黄河、长江、珠江时有泛滥之虞，则编栽保安林宜亟矣。”④

① 张海鹏：《从货币金融史中汲取智慧》，《人民日报》2017年12月4日。

② 李明勋、尤世玮主编：《张謇全集》④，第67页。

③ 李明勋、尤世玮主编：《张謇全集》①，第335页。

④ 李明勋、尤世玮主编：《张謇全集》①，第336页。

张謇任北洋政府农商总长后，主持拟订了《边荒承垦条例》《森林法》《森林法实行细则》《造林奖励条例》，设立奖励基金，激励国民植树造林、改良树种，对防止恶劣天气，改善人们生活环境起到了积极的作用。

2. 做好城市绿化，打造宜居环境

在城市建设中，张謇非常重视以植树为中心的城市绿化，努力为市民提供舒适的生活和工作环境。他自言"于通道必植树以表之，皆令人度以相等之丈尺，曰：吾欲使南通新草木咸有秩序耳"①。

张謇在新建的城区街道如博物苑路、公园路、模范路、启秀路、桃坞路、环城马路两旁都植树绿化，使之成为林荫之道。在南至狼山，北至唐家闸，西至天生港的范围内修筑了石子马路。在各区修建泥马路，路两旁种上杨柳和刺槐，使南通很早就成为一座掩映在绿色丛中、适合人居的美丽城市。据陈翰珍记载："道路两旁夹植杨柳，春夏之交，柳叶成荫，微风一起，飘飘动摇，殊增添许多风景也。"②

张謇对城市的美化，旨在追求城市的园林化、生态化。当年的南通在人们面前展现了人与自然的亲和关系，表现出深刻睿智的生态文明，表现了天地人文的和谐美感。③

3. 添置文体设施，丰富市民生活

近代中国，由于营养不良以及吸食鸦片，国人体质普遍羸弱，甚至被讥为"东亚病夫"。张謇引为奇耻大辱。他鉴于欧美和日本都十分重视国民体质，因此高度重视体育，并把它看成是当务之急。1917 年，张謇与其三兄张詧捐资在城南女子师范学校旁兴建了南通最早的体育场——第一公共体育场。体育场占地 20 余亩，每天上午 9 时至下午 6 时对社会开放，听任市民前来运动，不

① 李明勋、尤世玮主编：《张謇全集》⑥，第 522 页。

② 陈翰珍：《二十年来之南通》，张謇研究中心，2014 年，第 158 页。

③ 张廷栖、范建华：《张謇的生态观研究》，《南通大学学报》（社会科学版）2006 年第 2 期。

管男女老少，都不收取入场费用。因此前来锻炼的市民很多，特别是礼拜天或节假日，更是“济济盈盈，各自为戏”。1922年，张謇农历70岁生日，他又将南通全县中等以上学校师生给他祝寿的礼金捐出，在南通城与狼山之间，距离南通城约七八里远的地方建造了第二体育场。该场占地40亩，比第一体育场大了一倍，设施与前者大体相同。公共体育场的兴建为市民提供了强身健体、提高身体素质的场所。

大生纱厂1899年投产后，唐闸日渐繁荣，但周边却没有配套的健康娱乐休闲设施，一些工人侧身于赌坊、婚寮等是非之地，斗殴等影响社会治安之事也时有发生。有鉴于此，张詧、张謇于1913年开始筹建唐闸公园，次年建成。公园西南区以草坪为主，叠黄石假山，以供盘桓；东南区凿曲溪通运河，以赏鱼莲。更辟有桃园，为观赏与经济两得。园中可藤下品茗，茅亭攲倚，有松柳风姿，芳草茵茵，成了改善业余文化生活，提高工人生活质量的场所。张謇还借鉴唐闸公园的建设经验，于1917年在濠河的西南隅兴建五公园。五公园地区水面弥望，水中有积淤形成的小岛，岸边芦荻萧瑟，芙蓉娇艳，野趣横生。

张謇从自然生态、城市绿化、休闲娱乐等方面，努力为市民提供了良好的居住环境和文体设施，体现了对居民日常生活的关心。他为民众福祉的改进作出了实实在在的贡献，赢得了社会各界的广泛赞誉，也为我们今天留下了可资借鉴的宝贵经验。

五、治理水患，保障百姓生命财产安全

我国是一个水灾频发的国家，自公元前1766年至1937年的3 700年间，中国共发生水灾1 058次，平均约每三年五个月即有一次。[1]水灾在各类自然

① 邓云特：《中国救荒史》，上海书店1937年版，第51页。

灾害中给人们的苦难最深重，对社会经济破坏最大，就清代而言，各种灾害共1 121次，其中水灾192次，近五分之一。①水灾不仅给经济发展、社会稳定造成严重阻碍，也直接对居民生命财产造成巨大损失。

张謇曾言自己“时而忧国计，时而忧民生”，其中“忧民生，则以为莫切于修水利”②，认为水利在民生中有着极为重要的地位，它关系到人民生命财产是否安全，能否安居乐业，指出：“国计虽艰，民生实为国本；欲为民生，事业无重大于水利。”③张謇关心水利，一方面基于其发展农业生产和改善农民生活的初衷，另一方面则是因为其目睹黄河、淮河水患给沿岸人民生命财产造成的巨大损失，因此，既有发展经济、增强国力方面的考量，更有对防灾减灾、保卫人民生命财产的关切。

张謇很早就关注水利，自陈“生长田间，习知水旱所关，河渠为重”④，在参加科举考试时又阅读了大量水利书籍。1874年，他随孙云锦前往淮安处理渔滨积案，目睹淮祸，萌生导淮之志。1887年，黄河在郑州决口，张謇直接参与了黄河缺口的封堵，多次冒着生命危险察看沿河水势，了解灾情，办理赈灾，还四致倪文蔚函，拟订治河方案《疏塞大纲》，主张塞疏并举、分流入海以治理黄河。在上疏中提出治理淮河的多重好处，预计十年之后，“淮有畅流入海之路，湖有淤出可治之田”，不仅可以治理灾害，去除洪水大患，而且还能发展经济，使过去的贫瘠之地成为膏壤，过去的确土成为神皋，水运交通和商业因此兴起。⑤

张謇认为水利设施失修的重要原因之一，是官僚们根本不真正关心治灾，只图自身的享受或贪污挪用备灾资金。他曾对负责黄河河防官员的贪腐行为

① 邓云特：《中国救荒史》，第32页。
② 李明勋、尤世玮主编：《张謇全集》①，第479—480页。
③ 李明勋、尤世玮主编：《张謇全集》④，第396页。
④ 李明勋、尤世玮主编：《张謇全集》①，第302页。
⑤ 李明勋、尤世玮主编：《张謇全集》④，第144页。

进行了揭露和谴责。他揭露上南厅同知余璜在职十三四年荒淫无度,不理水事,平时便溺用银器,出门看戏则“先期戒治,幄幔如天宫”。外工司事李祁三年不在大堤外培土,却将谕民捕獾作为捞钱工具,每捕一獾费钱上千,而獾洞却不依法覆土塞实,结果留下隐患。治水工款也遭层层克扣,甚至郑州告险,“河道请三千金资抢护未发,河决银亦未解”①。张謇指出“古之水利,皆有专官;各国水道,亦必别立局、署以董治之”,“各国水道,既设专局,并且为常设之机关”,因此主张“中国亦当设立全国水利局,而以导淮事宜属之”②。

在治淮实践中,他认识到,欲治水患,必先测量地形、流量等,而这首先又必须要有专业的测绘人才。1906 年 10 月,他在通州师范首设测绘科,延聘日籍教师木村忠治郎、宫本几次等来校任教。在《河海工程测绘养成所章程》中他强调教育要“注重学生道德、思想,以养成学生高尚之人格”,“养成勤勉耐苦之习惯”③。1915 年,他创办了我国第一所专门培养高级水利技术人才的学校——南京河海工程专门学校(今河海大学前身),开创了我国近代水利高等教育之先河。

张謇曾担任全国水利局总裁、导淮局督办、江苏新运河督办等职,主持或参与了全国特别是淮河、长江水利事业的领导、规划、协调。另外,在发展淮南垦殖事业以及进行南通地方自治建设的实践中,又对农田水利建设、南通保坍以及长江洪水防治等倾注了大量心血,为我国的水利事业作出了重要贡献。

自 1887 年的《郑州决口记》《论河工》以及五致倪文蔚函,直到晚年,张謇写下了大量关于水利的文章,其中尤以导淮、治江为多。《张謇全集》1994 年版中收录的水利类论文即有 85 篇,其中论及淮河的有 60 多篇,论及长江的 26 篇,论及运河的 17 篇,涉及黄河、淮河、长江的治理、全国水利的规划、水利资

① 李明勋、尤世玮主编:《张謇全集》⑥,第 85 页。

② 李明勋、尤世玮主编:《张謇全集》①,第 255 页。

③ 李明勋、尤世玮主编:《张謇全集》⑤,第 152 页。

金的筹措、人才的培养等诸多方面，视野比较开阔，张謇因此被称为“清朝末期唯一研究水利之学者”①。

六、兴办慈善，改善底层民众生活境遇

张謇认为安置“失教”“失养”的下层贫民和社会弱势群体是解决社会发展过程中矛盾和问题的有效举措，对维护社会稳定具有十分重要的意义，但当时腐败的政府根本无暇或无力关心底层民众的疾苦，解决其实际困难，这样就只能由社会组织和知识精英来弥补政府职能之不足。但既有觉悟又有力量的人毕竟不多，因此，作为心系天下的社会精英，知识分子自然责无旁贷。

由于父母的勤劳精明，加上多种经营，幼年张謇家中尚无衣食之忧。但周边贫民以及因战乱流浪到此的难民的悲惨生活给他留下了深刻的印象。他的父亲为人“性慷爽”，常常热心助人，“济人急”，“周恤里人”。他的母亲也乐善好施，常常接济困难乡邻，甚至在临终时还不忘谆谆教诲后人要周济穷苦人。基于家庭的熏陶以及儒家的仁爱思想、商人的正名愿望、绅士的社会责任感和民族自强意识，张謇对慈善事业高度重视，并投入了大量的时间、心血、精力和财力。

张謇很早就热心慈善。1884 年，在常乐镇参与设立义仓，平粜放赈。1892 年，其主理的海门溥善堂在官方的支持下经向商人和富户募捐而得到了复建。

海门下沙水患频发。1891 年遭遇水灾。张謇上《请提积谷息款赈海门下沙灾区呈》，请求朝廷在青黄不接之时出面赈灾救民：“转瞬春长，青黄不接，稍有衣食之家，且将不给，本已饥寒之户，何以为生？”②

在兴办实业取得成功，并学习西方现代慈善公益思想后，张謇的慈善公益

---

① 时德青、孔玲：《清末唯一研究水利的学者——张謇》，《治淮》2000 年第 7 期。

② 李明勋、尤世玮主编：《张謇全集》①，第 8 页。

活动得到升华。他除维持旧有的恤嫠、施棺、栖流诸事外，还在南通改良了育婴堂，新办养老院等，开展了众多慈善事业。

南通原有育婴堂建自乾隆年间，但因年久失修、管理不善等，“名为育婴，殊多戕贼”。为此，张謇借鉴西方先进理念与方法在唐闸建造新育婴堂。新育婴堂占地 24 亩余，所建均为新式洋房，干净卫生，管理上学习国外慈善组织之先进管理办法，“与同人力去普通婴堂腐败之陋习”。该堂“开办一载，活婴千余，成效昭然”①。

1913 年，张謇以他六十岁寿辰所得的亲友贺礼馈赠，在城南白衣庵附近建造了一所养老院，后来成为南通第一养老院，以收容无依无靠的孤寡老人。1922 年，张謇践行“十年更建一院之约”，用其七十寿辰所收之贺礼在南通第一养老院对面设立了第三养老院，建筑费耗费 3 万余元。老人们入院后衣食有着，生活有序。院中还聘有热心公益的医生为老人诊治疾病，凡病重者则送医院做进一步治疗。②

1913 年，张謇在南通医学专门学校的东南兴建南通医院，医院占地 11 亩，“半系慈善事业”，赤贫者诊病可免收药金。③

1914 年，张謇用盐商原来的捐款以及盐政局筹集的经费，在南通城西门外大码头正式开办了贫民工场，以教授贫民子弟各项工艺，使他们能自谋生活。

当时南通县城距离城南狼山十二里的路上乞丐很多，他们有的肢体耳目废坏，有的病疡臭腐，沿途乞讨，十分可怜，也碍观瞻。张謇考虑到他们先天缺陷，与鳏寡孤独者一样悲悯，担心乞食会败坏民风，因而于 1916 年在狼山之麓设立残废院。④

---

① 李明勋、尤世玮主编：《张謇全集》⑤，第 105 页。

② 南通市档案馆、张謇研究中心：《张謇所创企事业概览》，2000 年，第 321 页。

③ 陈翰珍：《二十年来之南通》，第 185 页。

④ 李明勋、尤世玮主编：《张謇全集》⑤，第 169 页。

鉴于盲哑儿童不能接受教育，处于贫者乞食、富则逸居的状态，而盲哑教育则“能以人事补天憾”①，张謇于 1913 年筹措经费在狼山北麓购地 6 亩兴建校舍，至 1916 年开学，校名为狼山盲哑学校，他还亲自担任了该校第一任校长。据说此前除英、美、德传教士在中国设立了两三个盲哑学校外，“求之中国，绝无其所”②，因此成为国人自办的第一所盲哑学校。

虽然改良娼妓之济良所在我国各省并不鲜见，但多设于省会及商埠城市。由于南通工商业日益发达，地方之妓女人数也有所增加。1913 年，南通警察事务所所长杨懋荣主张设济良所，得到张謇、张詧兄弟的赞成，于是就南通城内南街设济良所，次年建成。有不愿为娼者可到此申请脱离妓院。济良所还聘请教师为她们讲授国文、伦理、算学、缝纫、手工、洗濯、烹饪之事，作为其出所后治家之预备。

1916 年，张謇与其兄张詧为收养哀怜无依之乞丐，以免他们“徒跣披发，叫呼于市”，影响城市形象，而在城西门外原养济院的地址开办栖流所，用银 1 300多元。③

1920 年，因南通城东殡室离城较远，“客死者不便”，张謇在南通东寺后殿之隙地建置了旅殡所。针对恶犬妨碍交通之事，张謇耗资千余元在南通城南郊和西南郊设了野犬栏，令雌雄分居，“募糠秕碎米”④等以养之。

对南通之外所发生的天灾人祸，张謇也同样关心，尽其所能慷慨解囊，及时相助。1884 年，黄河决堤，灾民遍野，他曾先后捐助棉衣千余件，后又多次参加各种义赈活动。1912 年，为救助因淮北大灾及战乱所致“失所之民”，张謇

① 李明勋、尤世玮主编：《张謇全集》②，第 213 页。

② 李明勋、尤世玮主编：《张謇全集》①，第 239 页。

③ 陈翰珍：《二十年来之南通》，第 181 页。

④ 范恺等：《南通县图志》（第十卷），《中国地方志集成 · 江苏府县志辑（53）》，江苏古籍出版社 1991 年版，第 10 页。

电请政府借款赈灾。1920 年，为解我国北方五省所遭遇之旱灾，他筹备了赈款一百万以资之。1924 年，因江浙战争造成了当地人民生活穷困不堪，张謇甚至将其典衣所得的 2 000 元捐给了江南五县的救济会。

张謇不仅热心慈善，而且十分重视慈善教育。他将慈善放到与教育对应、同样重要的位置，认为它们都对改善平民福利、提高生活质量具有重要意义，说教育属于积极手段，慈善则是消极之救济者，“教育发展，则能率于以增进；慈善周遍，则缺憾于以弥补”①。所以，一方面发展职业教育，为普通劳动者提高谋生技能，使他们免于受饥挨饿，防止他们沦入需他人救济的厄运。如张謇在南通南郊设立了蚕桑讲习所，教授妇女养蚕、制丝及栽培桑树等技能。另一方面，对残疾人士，通过培训使其学习技能，改造思想。张謇在养老院和残废院中附设工厂，要求有劳动能力的老者、残者等也从事力所能及的工作。在新育婴堂增设幼稚园，对收养之弃婴给予早期教育，并根据其资质，年龄稍长的则令升学、习工艺，从而有效地发挥了慈善的改造功能。

张謇主要依靠自己个人和家族的力量从事慈善活动。兴办和维持慈善事业需要大量的资金，如新育婴堂创办费用为 23 400 余元，每年费用超 20 000 元；第一养老院创办费用 18 221 元，每年费用达 5 000 至 6 000 元；贫民工场创办费用 18 550 元，每年开支 20 000 元；济良所每年开支 1 200 余元；残废院创办费用达 14 390 元，每年费用 6 000 多元。张謇一方面动用企业赢利和个人分红，一方面动员自己的亲友以及社会各界进行捐助，有时甚至不得已鬻字补助。例如残废院、盲哑学校建立之后，考虑到开办费紧张，预计前三年开支需要五六千元，如果完全依赖别人帮助，那就不足以济缓急，而教育慈善事众多，它们都需要大量资金，张謇不得已“惟有继续鬻字，以资所乏”。为此，他公开发出启示，每日抽出两个小时，“不论何人，皆可牛马役仆，又可助仆致爱于笃

① 李明勋、尤世玮主编：《张謇全集》③，第 883 页。

瘝无告之人”①。直到70岁高龄，他仍然继续为筹款维持慈善公益事业而“鬻字一月”，并诚恳地表示：“任何人能助吾慈善公益事者，皆可以金钱使用吾之精力，不论所得多寡！”②表现出对慈善事业的执着和无私的奉献精神，实在令人感动！

（在收入黄正平主编《大情怀　大世界：张謇的企业家精神》（人民日报出版社2018年版）时有删节）

① 李明勋、尤世玮主编：《张謇全集》①，第167页。

② 李明勋、尤世玮主编：《张謇全集》①，第237页。

张謇慈善思想探源

作为近代中国著名的实业家、教育家和社会活动家,张謇从20世纪80年代起受到学界的追捧和青睐,张謇研究几近显学,成果蔚为大观。随着研究领域的拓宽,一些过去不为重视的问题日益引起人们的关注,慈善问题即是其中之一。

慈善公益活动是张謇人生事业的重要组成部分。为创办和维持南通地区的慈善事业,张謇四处奔波,呕心沥血。除拿出自己的薪金和花红,让大生系统企业常年赞助,并多次向亲朋和社会募捐外,他甚至拖着羸老之躯,登报卖字。张謇以为“举事必先智,启民智必由教育;而教育非空言所能达,乃先实业;实业、教育既相资有成,乃及慈善,乃及公益”①,并自陈:“窃以为国家之强,本于自治,自治之本,在实业、教育,而弥缝其不及者,惟赖慈善。謇自乙未以后,经始实业;辛丑以后,经始教育;丁未以后,乃措意慈善。”②慈善与实业和教育密切相联,彼此促进。茅家琦先生曾把它们概括为张謇的“三元”思想,认为办实业是提高社会生产力的发展水平;办教育是提高人的素质,即社会主体的科学文化思想道德水平;办慈善事业是解决社会发展过程中的各种矛盾和社会问题,安置“失教”和失养之民,使各得其所。③

① 张謇研究中心、南通市图书馆编:《张謇全集》(第四卷),江苏古籍出版社1994年版(本文所引《张謇全集》各卷皆出自此版,不另注),第468页。

② 张謇研究中心、南通市图书馆编:《张謇全集》(第四卷),第406页。

③ 茅家琦:《张謇的“三元”思想》,严学熙主编:《近代改革家张謇——第二届张謇国际学术研讨会论文集》,江苏古籍出版社1996年版,第35页。

关于张謇的慈善公益思想和实践,学术界曾对其进行了一定的研究,如朱英在《论张謇的慈善公益思想与活动》一文中探讨了张謇慈善公益思想的特点及其从事慈善公益活动的特点。①高鹏程对张謇在南通创办的慈善事业予以盘点,条分缕析,对其由来、运作实态进行了研究。②但对张謇何以会对慈善公益事业如此重视,为什么会投入大量的精力和财力等问题却不甚了了。笔者认为其思想根源主要是儒家的仁爱思想、商人的正名愿望、绅士的社会责任感和民族自强意识。

一、儒家的仁爱思想

儒学是中国传统文化的主体和核心,它融入中华民族共同的文化和心理素质之中,成为民族精神的重要内涵。作为一种观念形态的知识体系,儒学蕴涵着许多有助于慈善事业成长与完善的价值资源,正如有学者业已指出的那样,"它在人性论、同情心、仁爱思想、仁政观念、义利价值观、道德人格、忧患意识等层面可以为我国慈善事业的振兴提供精神动力、思想支持、自然基础、道德权威、价值导向、文化规范等"③。其中大同社会的蓝图和推己及人的思想更是其核心内容。

儒家学说历来对"三代之治"或者说是大同社会大加颂扬,极尽美化之能事,那么它究竟是个什么样的状况呢?《礼记·礼运》作了描述:"大道之行也,天下为公。选贤与能,讲信修睦,故人不独亲其亲,不独子其子,使老有所终,壮有所用,幼有所长,鳏寡孤独废疾者皆有所养。"④事实上,历代贤君名

① 朱英:《论张謇的慈善公益思想与活动》,《江汉论坛》2000年第11期。

② 高鹏程:《张謇与近代南通的慈善事业》,《南通工学院学报》(社会科学版)2004年第3期。

③ 涂可国:《儒学:中国慈善事业的重要精神资源》,《中共济南市委党校学报》2004年第1期。

④ 《礼记·礼运》。

相、志士仁人不懈追求的这种盛世自然不是生产力水平极为低下的“三代之世”的现实,充其量只是早期儒家为后世设计的理想社会蓝图。但其中对弱势群体的关怀,则是其最具感召力和吸引力的部分,它为后世慈善事业指明了奋斗的目标。

“仁”是儒家思想的核心。孔子讲“仁者爱人”,“推己及人”。孟子认为,仁就是恻隐之心,它是与生俱来的,“恻隐之心,人皆有之……恻隐之心,仁也……非由外铄我也,我固有之也,弗思耳矣”①。“今人乍见孺子将入于井,皆有觫惕恻隐之心……非所以内交于孺子之父母也,非所以要誉于乡党朋友也,非恶其声而然也。……人之有四端者,犹其有四体也。”②所谓“不忍人之心”即是恻隐之心、同情之心。同情心是人做善事的内在动力,是促使人产生同情冲动和引发行善行为的根本动因。正是有了对他人痛苦的同情和怜悯,人才能去爱人,才会去扶危济困、救助弱者。这与西方思想家强调的“慈善”的含义是相一致的。休谟曾经指出“慈善(即是伴随着爱的那种欲望)是对于所爱的人的幸福的一种欲望和对他的苦难的一种厌恶”,“怜悯与慈善关联,慈善借一种自然的和原始的性质与爱发生联系”。③

儒家的“己饥己溺”“民胞物与”思想构成张謇慈善实践的直接动因。众所周知,张謇早年接受的长期而系统的儒学教育,对其思想和行为产生了巨大的影响。从他身上,我们看到的是一个传统儒者的形象,其思想和行为无不打上了深深的儒学印迹。张謇的言论中,时常洋溢着对儒家思想的崇拜与赞赏。因为孔子被尊为素王,他将家乡长乐镇家宅的一个厅题名为“尊素堂”。他的门人曹文麟在为《张啬庵先生九录录》作序时明言:“吾师生平,大之充絜矩而谋国计民生,小之亲用器而画地形水道。卷之为江滢一乡之善士,放之成瀛海

---

① 《孟子·告子上》。

② 《孟子·公孙丑上》。

③ 〔英〕休谟:《人性论》,商务印书馆1980年版,第420页。

万国之伟人。而道德学问经济文章，则皆由善读经传来也。"①这就明白无误地指出了张謇思想的儒学本源。

在举办慈善事业的活动中，张謇屡次引用儒家的学说来说明他的初衷，并借以号召他人。他在为救济难民募捐的启事中就以儒家"己饥己溺"等主张相号召："呜呼，视天下之饥犹己饥，视天下之溺犹己溺，为得位之圣人言之也；己欲立而立人，己欲达而达人，为凡人之欲为仁者言之也。昔儒谓立达者，施乞丐一钱、教村童一字皆是，可谓得孔子近而取譬之旨矣。……孟子曰'恻隐之心，仁之端也'，又曰'无恻隐之心，非人也'。此儒者之训也。"②他在第三养老院开幕演讲时说："夫养老，慈善事也，迷信者谓积阴功，沽名者谓博虚誉。鄙人却无此意，不过自己安乐，便想人家困苦。虽个人力量有限，不能普济。然救得一人，总觉安心一点。"③在说明办残废院的目的时他明确地说："是岂地方自治之所应有，人道主义之所宜然。"④他还教育其子张孝若说："慈善虽与实业、教育有别，然人道之存在此，人格之成在此，亦不可不加意，儿需记之。"⑤

张謇曾对其好友刘厚生谈起自己办盐垦公司的目的，说："我们儒家，有一句扼要而不可动摇的名言，'天地之大德曰生'。这句话的解释，就是说一切政治及学问最低的期望要使得大多数的百姓，都能得到最低水平线上的生活。……没有饭吃的人，要他有饭吃；生活困苦的，使他能够逐渐提高。"他将自己的纱厂取名为大生纱厂即本此意，表示"我以'大生'两字命名，就是'天地之大德曰生'的涵义"。⑥另外，他之所以数十年如一日兢兢业业于导淮事

---

① 曹文麟：《〈张啬庵先生九录录〉序》，顾公毅：《张啬庵先生九录录》。
② 张謇研究中心、南通市图书馆编：《张謇全集》（第四卷），第 363—364 页。
③ 张謇研究中心、南通市图书馆编：《张謇全集》（第四卷），第 359 页。
④ 张謇研究中心、南通市图书馆编：《张謇全集》（第四卷），第 351 页。
⑤ 张孝若：《南通张季直先生传记》，中华书局 1930 年版，第 505—506 页。
⑥ 刘厚生：《张謇传记》，中华书局 1931 年版，第 251—252 页。

业,目的就是要改变因黄河、淮河水灾导致民生困顿的现实。可以说,在某种意义上,张謇办纱厂、兴盐垦、治淮河都具有慈善的动机。

二、商人的正名愿望

慈善行为或者说慈善家的捐献行为实际上是一种购买用于满足精神需要的服务产品("慈善可以被视作一种特殊的消费品")的行为,其目的是希望借此"以获得良好声望、减少负罪感、避免社会指责及精神慰藉等"①。长期以来,我们忽视了对慈善家心理世界的探求,这不能不说是一个疏漏。因此,对张謇的慈善公益实践我们也应从满足其精神需求的角度进行思考。

在中国传统的农业社会里,商人地位低下,名声亦不太好听。惟利是图、奸诈、势利几乎都是与商人形影相随的词汇。为提高社会地位,改变自身的形象,商人常常热心于慈善活动。儒商更是提倡富而乐善,把经商谋利与好德行义结合起来。他们或敬宗收族,赈灾备荒;或修桥筑路,扶危救困;或赞助文教,造福乡里。尤其是宋、明以来,随着商品经济的发展和商人经济实力的增强,商人成为民间慈善事业的生力军。在扬州,盐商就充当了慈善活动的主要支柱。而他们的行善就有获得精神安慰的目的。魏禧在为这些"善人"作传时,明显流露出对他们"弃儒"命运的同情。在"善人"程文博的墓表之后,张天枢更清楚地表明了其从商的酸楚和以行善来补偿弃儒的心理的初衷:"世家子弃儒学贾,是最难关,是最伤心处。"②

尽管一些知识分子早已认识到商业流通不可或缺,并对其促进生产的重要作用予以肯定,声言"天下之势偏重在商,凡豪杰有智略之人多出于焉"③。但传统的轻商观念在人们的头脑中仍然根深蒂固,对抑商政策予以褒扬者也

① 马小勇:《慈善家也是理性人》,《华夏文化》2000 年第 3 期。

② 梁其姿:《施善与教化》,河北教育出版社 2001 年版,第 87 页。

③ 沈垚:《费席山先生七十双寿序》,《落帆楼文集》第 24 卷。

代有其人。李塨对士农工商各自的作用进行了剖析，提出："盖士赞相天地之全者也。农助天地以生衣食者也。工虽不及农所生之大，而天下货物，非工无以发之成之，是亦天地之助也。若商则无能为天地生财，但转移耳，其功固不及于工矣。况工为人役，易流卑贱，商牟厚利，易长骄无。先王抑之处末，甚有见也。"①即使在鸦片战争后，当沿海地区受西方思想影响较深的知识分子中已经出现重商思潮，郑观应甚至提出"商握四民之纲领"②后，许多人仍未改变轻商的思想，"就是商人对自己仍有某种心理上的虚弱感，说得明确一点，还有一定的不可摆脱的重儒轻商心理"③。

"张謇可以说是近代儒商最典型的代表，也是儒商经世济民理想最杰出的奉行者。"④他把自己的下海经商看成"捐弃所恃，舍身喂虎"，并声称是"为中国大计而贬，不为个人私利而贬"⑤。他在弃儒从商后时常为自己的弃官经商辩解，这说明在张謇的内心长期存在着一种"失身"、自贬之感，总觉得好像理不直、气不壮，因而在内心始终存在着一种不可名状的下意识，就是不能成为一个孜孜牟利的普通商人，要努力改变人们对商人的偏见，从而在某种程度上说明自己的下海并不错，并借以减轻内心的失落感、自卑感。而通过从事慈善公益事业，一方面可以缓解其内心的紧张，平衡为商以后的某种精神失落，另一方面也可减轻社会上依然存在的对商人的一些偏见。

三、绅士的社会责任感

慈善是张謇地方自治的三个主要内容之一。20世纪初，国内兴起了地方

① 李塨：《平书订》，陆震：《中国传统社会心态》，浙江人民出版社1996年版，第166页。
② 夏东原：《郑观应集》（上册），上海人民出版社1982年版，第607页。
③ 唐凯麟、罗能生：《契合与升华》，湖南人民出版社1998年版，第152页。
④ 唐凯麟、罗能生：《契合与升华》，第116页。
⑤ 张謇研究中心、南通市图书馆编：《张謇全集》（第三卷），第115页。

自治热潮。但地方自治在清政府看来,不过是为了“辅官治之不足”,因此,规定“凡属官治之事,自不在自治范围之中”,从而使地方自治缺失了西方民主、独立的精神。1908年年底,清政府拟定了《城镇乡地方自治章程》,其规定的自治范围只包括学务、卫生、道路工程、农工商务、善举、公共事业、筹集款项及向地方绅董办理的事项等八项内容。①显然,这些内容并未超过原来绅士的职责范围。所以,有人指出“绅士所干预之地方公事,其范围与各国地方自治大体略同,而时过之。……若教育(书院等),若慈善事业(育婴院等),若土木工程(道路、桥梁等),若公共财产(所谓地方公积)等类,属于绅士之手者不可胜数”②。因此,张謇在南通兴办的地方自治事业也都可归入绅士在地方职责的范畴之内。

所谓绅士,实际上是“以科举功名之士为主体的在野社会集团”③。它既包括科举正途入仕者,也包括通过其他渠道如捐纳、保举等而获得身份和职衔者。张謇同治七年(1868)中秀才,光绪十一年(1885)中举人,自然是本地的绅士,光绪二十年高中状元后更成了通海地区最有影响的绅士。

绅士是官与民之间的中介,也是地方官吏和官府统治的基础,有着十分重要的地位和作用,“没有这个基础,官府是不能有所作为的”④。他们在地方事务中发挥了不可或缺的作用,“举凡地方公产,如义仓、社仓、育婴堂、节妇堂等多由绅士管理;地方公益和教育事业,诸如修桥补路、兴修水利、设馆授徒等由绅士操持。此外,如防盗、防匪、包揽词讼、教化乡民也是绅士当仁不让的义务”⑤。服务桑梓是士人以天下为己任、经世济民的起点和体现,事实上,不仅

---

① 《清末筹备立宪档案史料》(下册),中华书局1979年版,第726—729页。

② 《敬告我乡人》,《浙江潮》第二期。

③ 马敏:《官商之间》,天津人民出版社1995年版,第21页。

④ 〔美〕费正清:《剑桥中国晚清史》,中国社会科学出版社1985年版,第17页。

⑤ 马敏:《官商之间》,第25页。

绅士本人视完善、维持地方和宗族组织、造福家乡为自己应尽的职责,而且社会也对他们作这样的期待。他们确实做到了这一点。“绅士在地方福利事务中也起了主要作用。官吏有时只是领个头,他们邀约绅士到县署磋商,然后任命他们主管赈济局。还有一些情况是官吏只是批准济贫、义葬、育婴堂或其他诸如此类的组织,至于经费和管理均由绅士承担。”“地方志中可说明绅士十分积极地发起和建立慈善组织以及个人做善事的事例俯拾皆是。”①

绅士之所以热心慈善公益事业,有分担本应由政府承担政府却因种种原因而无法承担的社会保障和救助职责的一面。张謇就曾经说过:“惟是教养二事,在前清时代应归官办,即在欧美国家,亦多属公立。謇等以自治之说试于南通,实因清季官厅之无力,及地方之无财,而时势急迫,潮流汹涌,又不容自逸。”②而更大程度上则是为自己的利益着想。众所周知,“失教”“失养”之民历来是社会的不安定因素,历史上的农民起义多是由于出现大灾大荒,却又得不到政府及时有力的赈济而导致的,流民起义尤其如此。因此,慈善事业不仅关系到地方的形象,更维系着社会的稳定。用张謇的话来说就是“失教之民与失养之民,苟悉置而不为之所,为地方自治之缺憾小,为国家政治之隐忧者大也”③。绅士们惧怕社会动乱,渴望社会稳定,而救助鳏寡孤独、贫而无依等社会弱势群体,减少隐患,缓和社会矛盾无疑有助于维护其自身的生命、财产安全,发展自己的经济利益。这也正是绅士们何以一向重视兴办慈善事业的重要原因。当然,在创立和经理这些机构时,主事的绅士能获得相当可观的报酬可能也是原因之一。④

光绪十三年(1887),孙云锦调任开封知府,作为幕僚的张謇随同前往。这

① 张仲礼:《中国绅士》,上海社会科学院出版社 1991 年版,第 60—66 页。

② 张謇研究中心、南通市图书馆编:《张謇全集》(第四卷),第 355—356 页。

③ 张謇研究中心、南通市图书馆编:《张謇全集》(第四卷),第 406 页。

④ 张仲礼:《中国绅士的收入》,上海社会科学院出版社 2001 年版,第 52—53 页。

一年，黄河在郑州决口，饿殍遍野，民不聊生。张謇亲自察看了决口的地段，目睹灾民的凄惨情况后，心中十分痛楚，对灾民的悲惨处境十分同情。而灾民被迫无奈下群起反抗，将主持河工的李祁杀死投入水中的情景更给他留下了终生难忘的印象。他深感赈灾与慈善事业的重要。张謇主张通过"以工代赈"来解决赈灾问题，并认为这是寓治河与赈灾于一体的好方法，甚至誉之为"一切救急之谋"。因为"为工程增一役夫，即为草野去一盗贼"①，特别是苏北、安徽一带民风强悍，百姓流离失所，数至百万，其宜散而不宜聚，亦人而知之。显然这一方法对苏皖地区更有针对性。

四、民族自强意识

张謇有着强烈的民族意识和爱国情怀。他一方面强调"与世界竞文明，不进则退"，主张顺应历史发展的潮流，认真向外国学习，采用外国先进的科学技术、管理经验和资本主义经营方式，积极开展正常的文化交流，发展平等的国家关系。另一方面，坚决反对列强的对华侵略和强加给我们的种种不平等条约。他终身不定居租界，多次领导反侵略斗争，如1905年的抵制美货运动等。他对外国侵略始终保持高度的警惕，并在学校中广泛开展形式多样的爱国主义和民族自强教育。他强调爱国必先爱乡，因此大力发展地方慈善公益事业，改变在慈善事业方面的落后局面，增强民族凝聚力，并防止外国势力借办慈善之机拉拢人心，干涉中国内政，进行奴化教育也就成了题中应有之义。

鸦片战争后，基督教等外来宗教借助不平等条约开始大规模传入中国。传教士为改变教会、传教士及其信徒在人们心目中的不良形象，使西方传教士及他们所传播的思想得到中国社会的更多认同和接受，吸引人们入教，而在中国的通商口岸开办了一些育婴、医疗等慈善机构，还从事了一些赈灾活动。除

① 张謇研究中心、南通市图书馆编：《张謇全集》（第二卷），第9页。

通过各种媒介间接了解外，张謇还亲自参观了传教士举办的一些慈善机构。参观后，他深有感触："比年耶教会设安老院于上海。安老云者，犹孔子意。莅而观之，养男女老者凡百七八十人。行其庭穆然，洞其室涓然，辨其事秩然，相其人温然。尸其事者弗受给，而更迭募资以赡院之用；受其养者弗役人，而各任所能以尽人之宜。退而思之，惘惘然，恤恤然，我中国未尝有也。"①

1903 年，他对日本进行考察时参观了那里的盲哑院，并感叹说："彼无用之民，犹养且教之使用乎！"②他对日本政府"实在能作到孟子所说'黎民不饥不寒'的精神"羡慕不已。不过，在他的心目中，始终存在着一种以列强为参照系，并与其进行竞争的意识，这也成为他鞭策自己前进的内在动力。过去为国人轻视却一直对中国虎视眈眈的日本有如此进步不能不引起我们反思，也警告我们要奋起直追。这样，通过对日本的考察，张謇进一步认识到社会福利事业与社会文明进步之间的密切关系，而在比较中反映出来的巨大差距则成为其在家乡创办慈善公益事业的不竭动力。从此以后，进入张謇兴办慈善事业的高潮时期。

张謇不仅重视为残疾人提供生活保障，还重视对其进行教育，做到了养教结合、养教并重。他根据西方每千人有盲哑两人的调查结果，估计四亿中国人口中至少有八十万盲哑人，认为这是一个十分严重的社会问题。鉴于"盲哑累累，教育无人"的实际情况，1912 年他设立了南通狼山盲哑学堂，这是国人自办的第一所此类学堂。他一再说明"知师范学校之重要而建设者，殆及于中国行省十之五六，则非残废之儿童，不患教师之无人。惟盲哑之儿童，贫则乞食，富则逸居，除英、美、德教士于中国所设之二三盲哑学校外，求之中国，绝无其所"。为此，他创办了盲哑师范传习所，培养自己的师资力量，认为如果仅仅依

① 张謇研究中心、南通市图书馆编:《张謇全集》(第四卷)，第 341 页。

② 张謇研究中心、南通市图书馆编:《张謇全集》(第六卷)，第 498 页。

靠延聘西国教师，不仅“资重而不可以时得，权且不操于我”，对列强保持了高度的警惕。①

五、余　论

公元1世纪，佛教传入中国。从此，慈善活动便与之结下不解之缘。慈悲精神是佛教教义的核心。慈悲者，怜爱、怜悯、同情之谓也。佛教中有所谓“大慈大悲”的说法，而据佛学要典《大智度论》第二七《释初品·大慈大悲义》解释说：“大慈与一切众生乐，大悲拔一切众生苦。”也就是说，使他人得到快乐为“大慈”，使他人脱离痛苦为“大悲”。②

张謇接触佛教的时间并不晚。早在其母金太夫人生病时，少年张謇就曾为之诵菩萨观世音经。光绪二十四年(1898)，其子孝若出生，因当年徐夫人曾有狼山观音院祈子之举而写经送院。民国四年(1915)，张謇在《拟狼山广教禅寺佛事通告》中，就以“信绅”自居。民国六年，为儿子赴美求学，张謇又写心经五种奉藏南通天宁寺支提塔。进入晚年后，张謇更是频繁地为父母亲友等的忌日、冥寿等延设道场做佛事。他在建造观音禅院后，又于院侧建造“林溪精舍”作为待客、休憩和读经之所。他在同梅兰芳的诗画交谊中也题款自称“居士”。③这些都说明张謇与佛教有着密切的关系。

但张謇并不是真正意义上的佛教徒。他推扬佛教活动主要是在五四运动期间，这只是他在儒学受到诋毁后的不得已的行为，何况他所推扬的，只是佛教中积极于人事的那些方面，目的是要端正世道人心，稳定社会秩序，保障地方自治的顺利进行。而且，张謇也没有把佛教当成每日不可或缺的食粮，而不

---

① 张謇研究中心、南通市图书馆编：《张謇全集》(第四卷)，第106页。

② 《释初品·大慈大悲义》，《大智度论》第二七。

③ 余继堂：《张謇与近代南通佛教》，严学熙主编：《近代改革家张謇——第二届张謇国际学术研讨会论文集》，第1118页。

过是他为社会疾病所开具的处方中的一味而已。①

在他心目中,最为尊贵的自然还是他自幼即加以诵读的孔孟之道。他曾说:“孔道并非国教,孔子本无宗教性质。彼佛教、道教为上等人说法,清静寂灭而失之于空,耶教回教为下等人说法,洗礼膜拜而失之于固。我孔子则取中庸主义,不偏不易,纯为人道,所谓日月经天,江河行地,初不籍国教而始重。如必以孔子为教主,与佛道耶回争无谓之权,反觉小视孔子。盖孔子所说,足以包括佛老耶回诸教而熔冶于一炉者也。”②

总之,张謇不是佛教徒,佛教只是张謇用以迎合大众心理,动员社会力量支持慈善公益事业的工具,而不是他投身慈善事业的主要原因。

(原刊于《贵州师范大学学报(社会科学版)》2005 年第 4 期)

① 赵鹏:《正觉与圆通:论张謇与佛教的关系》,严学熙主编:《近代改革家张謇——第二届张謇国际学术研讨会论文集》,第 1108—1109 页。

② 张謇研究中心、南通市图书馆编:《张謇全集》(第四卷),第 147 页。

张謇未参与红十字会运动原因探析

张謇是我国近代著名的实业家、教育家。胡适称之为“伟大的失败的英雄”，说“他独立开辟了无数新路，做了三十年的开路先锋，养活了几百万人，造福于一方，而影响及于全国”。①张孝若是张謇之子，也是民国时期南通（县）红十字会的创始人。张孝若热心慈善源于其父的影响，他在红十字会的左膀右臂也多为张謇的门生、部属和大生企事业单位的负责人。那么张謇本人为什么没有参加红十字会运动呢？本文试作探讨，以抛砖引玉。

一

1894年，张謇为慰亲之望，进京参加会试，不意蟾宫折桂，高中状元，但他目睹国势危殆、朝廷腐败，毅然于1895年弃官从商，开始筹办大生纱厂，走上实业救国、教育救国的道路。在创办大生纱厂的过程中，张謇遇到的最大困难就是资金匮乏。为了筹资，他四方求援，却到处碰壁。纱厂动工建厂后“用款日繁月紧，而各路许入之股不至”，他向原先允诺筹资25万两的盛宣怀求救，“告急之书，几于字字有泪”，但盛“百方腾闪，迄不应”。②手有余资的盛宣怀的言而无信使恪守传统伦理的张謇无法认同，且处境更加困难。他试图将大生

① 胡适：《〈南通张季直先生传记〉序》，张孝若：《南通张季直先生传记》，中华书局1930年版，第3页。

② 张謇研究中心、南通市图书馆编：《张謇全集》（第三卷），江苏古籍出版社1994年版（本文所引《张謇全集》各卷皆出自此版，不另注），第83页。

纱厂出租给浙江候补道朱畴和盐务督销严信厚,但后者乘人之危,一再压价,使谈判无果而终。张謇“中夜旁皇”,“忧心如捣”,与好友何嗣焜、郑孝胥徘徊于上海大马路泥石桥的路灯下,仰天俯地,一筹莫展,后来还是采用了沈敬夫“尽花纺纱,卖纱买花”的建议才使纱厂避免了胎死腹中的厄运。张謇一直不忘这段刻骨铭心的经历,特地请画师单竹荪绘成“厂儆图”四幅,由好友顾锡爵题诗作注,悬于大生纱厂的公事厅,以警诫员工和后人不忘建厂过程中所受的来自各方的毁约、侵吞、刁难和欺骗。第一幅《鹤芝变相》中“鹤”指潘华(字鹤琴),“芝”指郭勋(字茂芝),寓指潘鹤琴、郭茂芝在关键时刻变卦,退股发难。第二幅《桂杏空心》指的是江宁布政使桂嵩庆和买办盛宣怀(杏荪)食言自肥,拒付股金。第三幅《水草藏毒》指的是南通知州汪树堂及其幕僚黄阶平(汪字为“水”旁,黄字为“草”字头)煽动乡绅秀才起来向张謇发难。第四幅《幼子垂涎》指浙江候补道朱畴(幼鸿)、盐务督销严信厚企图乘人之危,以低价盘下大生纱厂的产权。显然,其中第二和第四幅即涉及盛宣怀和严信厚。事实上,除有大生纱厂开办之初的不愉快,后来 1906 年 12 月 23 日,张謇在旅泰设宴邀客为淮河水灾劝募,推举吕都统(蒙古都统吕海寰)、盛侍郎(盛宣怀)为首,盛未至,“是日请客九十九人,到者不及三十人,写捐十一万两有奇”①。这种对慈善不太积极的行为也令张謇不满。另外,在铁路国有、汉冶萍公司管理等问题上盛宣怀与张謇、汤寿潜等意见对立。张謇对盛宣怀的人品颇不以为然,不愿与其为伍。

1901 年 12 月,张謇的好友罗振玉(叔韫)奉张之洞、刘坤一之命赴日本考察教育和财政。罗振玉回国后,与张謇一起到南京诣见刘坤一,商谈教育改革之事,并主张先立师范、中小学,起初刘坤一表示赞同,但第二天却反悔了,原因就在于“衙参司道同词以阻”。其中反对最烈的当数胡延和吴重熹。盐道胡延说:“中国他事不如人,何至读书亦向人求法?此张季直(张謇)过信罗叔

① 张謇研究中心、南通市图书馆编:《张謇全集》(第六卷),第 582 页。

韫,叔韫过信东人之过也。”①藩司吴重熹亦加以反对。此议遂罢。张謇和罗振玉受此刺激,愤而自立师范,这就是后来的全国第一所民立中等师范:通州师范。

在中国传统文化中,道不同不相为谋。现代社会学也认为,社会组织领导人的素质和形象对其发展影响巨大。盛宣怀是政府任命的红十字会会长,吴重熹是创始人之一,严信厚是上海万国红十字会的华董。作为红十字会的重要领导人,盛宣怀、吴重熹、严信厚的人品和政见显然不利于红十字会对张謇产生吸引力和感染力。

二

作为一个新生事物,人们对红十字的本质、宗旨的认识需要一个过程。因此,在其早期容易被误解,而在清朝末年,一些人利用其公信力和能自由进入战争区域的便利假红十字会之名进行诈骗和政治活动,这也使红十字带有了更多的政治色彩,也可能是张謇对其敬而远之的重要原因。如当时的《申报》和南通地方报纸《通海新报》②就有不少此类报道。《通海新报》1913 年 8 月 6 日“本地新闻”有《冒充红十字会长被拏》:“沙淦③系本邑某区人,社会党小党

① 张謇研究中心、南通市图书馆编:《张謇全集》(第六卷),第 466 页。

② 《通海新报》,1913 年 3 月 18 日创刊,南通第一种对开铅印大报。1929 年 5 月 26 日为国民党南通县党部查封,《通海新报》终刊。

③ 沙淦(1885—1913),字宝琛,号愤愤,江苏通州兴仁镇人。十二岁时考入通州第一高等小学就读,十三岁时就剪去辫发,以示对清廷的不满。光绪三十一年(1905),与浙江吴兴陈其美等人东渡日本,留学东京成城学校,后加入同盟会。宣统三年(1911),沙淦从日本回国,著书办报,宣传革命,曾于江宁策反清军,险遭捕杀。脱险后又去上海从事革命活动,任国民党上海分部秘书长。又以招讨副使的名义,游说江北军队起义。武昌起义爆发后,于汉阳参加救护工作。次年,参加江亢虎组织的社会党,任总部庶务干事,江投袁叛变后,沙淦另组社会党。民国二年(1913),孙中山反对袁世凯独裁,发动二次革命,沙淦力助陈其美讨袁,组织敢死队,进攻上海江南制造局。7 月,因革命军军饷供给不继,乃以红十字会野战医院名义返通,拟往江北各县筹募捐款,抵通后被捕,于 8 月 12 日在南通城北王家坝被杀害,年仅 28 岁。其遗骸归葬家乡李观音堂东北。民国十七年,邑人于狼山南坡建“沙淦烈士纪念碑”,以彰功绩。

魁,鼓吹无政府均贫富主义,以破坏现状为目的。去年由政府缉拿未获。宁沪战事起,沙乘此大好机会组织红十字会,各处招摇,广募捐款……目前沙……来通收捐。昨夜二时由军队……于文明旅馆缉获。"①南通地方怀疑其并非真正的红会人士,而是假借红会名义行骗,因此该报还发表了署名"健"的时评:"穿凿探珠者吾知其为窃,持械越货者吾知其为盗,诈欺得财者吾知其为骗子,是皆受国法之制裁者也。若乘人之颠沛之秋,假借慈善之业而实行不义以供挥霍之资,其结果适阻人之为善心,陷被难者于死地,而莫肯顾国法,既无此明条,而居心之险实较盗贼百倍,非寻常骗子之罪足科也。沪上战起,闻以红十字会名义抢劫者有之,作奸细者有之,招摇募捐者有之,今之沙淦已被捕矣。不知上海红十字会有□□□……"②

南通县知事储南强③很快将捕获沙淦的消息上报苏省当局。江苏省民政长(省长)应桂馨发去致中国红十字会总会公函,询问:"是项救护团是否贵会所组织,有无派沙淦赴通募捐情事,即祈示复,以便电饬知照。"④中国红十字会总办事处回复说所谓上海红十字会救护团并不属于中国红十字会,中国红十字会也无沙淦其人,并在《申报》发布启事,说该会"向无在外挨户募捐"之事,沙淦的募捐系假冒红十字名义,说其冒用红十字会救护团名义在通募捐,殊损红十字名誉,希设法严惩,除函请行政官缉拿惩儆外,还予以悬赏,以后"如能查获实据,鸣捕扭送警局捕房通知本会外,证明实在,赠洋一百元"。⑤应桂馨即指示储南强,"……查沪上战事,乱党多假红十字会名义为叛军奸细,沙淦亦系组织非常国会之人,为乱党无疑,应即按照军律就地正法,其余均按律

① 《冒充红十字会长被拏》,《通海新报》1913年8月6日。

② 《时评》,《通海新报》1913年8月6日。

③ 储南强,字铸农,江苏宜兴人,民国初年为南通县知事,与张謇友善,支持其在南通兴办实业、教育和慈善公益事业。

④ 《红十字记事》,《申报》1913年8月4日。

⑤ 《中国红十字会悬赏缉拿冒收捐款》,《申报》1913年8月4日。

办理。……除行知军队,按照军律执行,具报以便呈复外,合亟明白布告,俾众周知。"①储得电后即于农历十一日(公历8月12日,引者注)下午三时许,饬军警于北城上真殿后将沙淦杀害,由家属收尸回殓。②

张謇一直渴望社会稳定,希望南通自治事业能获得良好的发展环境,不愿过多卷入政治,更不想参与反政府活动。沙淦的行为支援了革命,但却在客观上使人们对红十字运动产生了畏惧,削弱了其对社会的吸引力,尤其是在"二次革命"前后,张謇对革命充满恐惧,对孙中山领导的革命党人持怀疑和保留的态度,因此也不可能参与红十字运动。

三

张謇热心慈善公益事业,被誉为"全中国最慷慨,最热心公益"的人③。为了慈善公益事业的发展,他"用开放的思想接纳和利用一切有助于他同胞的力量"。1912年,基督医院在南通成立,这是南通最早的现代医院之一。据说在1918年曾接诊了5 000名病人,处理了近12 000例病例④,为南通市民的卫生和健康作出了贡献。基督教会的救死扶伤、热心慈善公益赢得了张謇的好感。据说,张謇不仅邀请基督教徒进驻他的城市以及周边的地区,还承诺将全市最好的土地提供给他们用来建造基督学校。另外,"出于对基督徒的美德的信任",张謇任命一名女基督徒做孤儿院、济良所的负责人,在监狱的监管队伍中也有一位基督徒。五位基督徒(其中四位是留学生)在农校担任教师,他还让一个传教士与一批中国人共同掌管慈善资金。⑤

---

① 《县令》,《通海新报》1913年8月13日。

② 《无政府党员被戮》,《通海新报》1913年8月13日。

③ 〔美〕查尔斯·T.保罗:《中国的召唤》,南通市档案局(馆)编:《西方人眼中的民国南通》,山东画报出版社2012年版,第4页。

④ 〔美〕查尔斯·T.保罗:《中国的召唤》,第8页。

⑤ 〔美〕华莱士·C.培根:《聚光灯下的南通》,南通市档案局(馆)编:《西方人眼中的民国南通》,第28页。

高诚身，这位起初供职于金陵神学院，后来到南通，于 1916 年至 1932 年间在南通从事教育和传教工作的教士说，他曾收到张謇兄弟的邀请，参加了南通几所学校的联合毕业典礼，还作了主题为“进步、谦逊以及团结”的简短发言。①在 1918 年 11 月 3 日的教堂落成典礼上，张謇在布道进入尾声时走上布道坛，当着全市权贵的面“表达了他对教会事业发展的欣喜，以及对将来大批文人及名门望族加入教会并为之效力的愿望”②。在传教士的笔下，张謇对基督教十分友善，他“为现代传教士敞开了南通的大门。即使是《使徒行传》中所记录的任何一位对早期基督使徒友好相待的非基督徒都无法与他的热忱相媲美。现代传教史上很难找到另一则如此伟大的事迹”③。其实，说张謇对基督教相当友善，特别青睐，如果不是传教士基于一厢情愿的误读，那也有言过其实、夸大其词之嫌。由于西方传教士受过良好的教育，掌握了比较先进的科技和文化，因此张謇秉持不拘一格吸纳人才的思想，与基督教会保持了一定的联系甚至良好的关系，采取了广泛接纳和比较宽容的态度，指望能为南通地方慈善公益、文化教育事业的发展作出贡献，至于其是否为基督徒则并不特别在意。当基督传教团在南通准备创办学校（即后来的英化职业学校，校长高诚身）时，张謇即要求学校以英语和化学为特色，学生的毕业设计也围绕这些主题展开，因为“张謇迫切需要这方面的专业人才，以满足他在南通推广的诸如肥皂制造、墨水制造等实业的需求”④。对高诚身所说的此次活动，张謇在日记中并无记载。在《张謇日记》中仅记载：“（农历九月）三十日，（公历）十一月三日。退翁（张謇之三兄张詧，引者注）六十八岁生日。”⑤即使真有其事也不

① 高诚身：《南通的进步与隐忧》，南通市档案局（馆）编：《西方人眼中的民国南通》，第 17 页。

② 〔美〕查尔斯 · T.保罗：《中国的召唤》，第 7—8 页。

③ 〔美〕查尔斯 · T.保罗：《中国的召唤》，第 7 页。

④ 〔美〕华莱士 · C.培根：《聚光灯下的南通》，第 28 页。

⑤ 张謇研究中心、南通市图书馆编：《张謇全集》（第六卷），第 740 页。

能说明张謇就真有意信仰基督教。事实上，在 1918 年中，仅其日记记载，他就曾多次礼佛或参加佛教活动，如农历正月三十日，“再至狼山观音院礼佛”①；三月二十四日，“徐夫人十周年忌之前，延僧施食于文峰塔院”②；九月八日，“成观音院礼佛歌”；九月十七日，“作十九日礼大悲忏疏”；九月十九日，“清晨礼佛，有诗”③；十一月二十七日，“金太夫人百岁冥寿，文峰塔礼忏”④等等。笔者以为，张謇对南通基督教堂的发言可能更多是出于礼节的一种应付和应景，并不表明张謇对基督教真正信仰和青睐。张謇对宗教抱着一分为二的态度，对其迷信的一面予以否定，对其乐善好施、有助于道德教化的作用予以肯定和推扬，即使对传统的佛教也采取敬而远之的态度，自然不会成为基督教的信徒。事实上，即使基督教会也承认，张謇虽然有些欣赏基督徒在培养美德方面的价值，甚至曾在一次宴会上说，“中国最急需的是那些有崇高品质和领导力的人，他进一步阐述说，需要乞求神的帮助来获得这样的人。中国需要神与他的儿子的知识，没有这些，中国是无法到达发展顶峰的”，但“张謇这些言论不代表张謇是个基督徒”。⑤

但是基督教会的目的并不是慈善公益活动本身，而是借机在中国发展宗教势力，正如他们自己承认的那样，慈善公益活动更多是一种手段，“我们要在情况允许的前提下尽可能多地开展各类传教活动，将我们的基督组织与中国人自己已经开办的项目关联起来，并且充分地将福音的真理与教谕传授给中国人民”⑥，“把这片宽广的非基督徒的土地耕耘成为上帝的圣土”⑦。这与张

---

① 张謇研究中心、南通市图书馆编：《张謇全集》（第六卷），第 735 页。

② 张謇研究中心、南通市图书馆编：《张謇全集》（第六卷），第 736 页。

③ 张謇研究中心、南通市图书馆编：《张謇全集》（第六卷），第 740 页。

④ 张謇研究中心、南通市图书馆编：《张謇全集》（第六卷），第 742 页。

⑤ 〔美〕华莱士 · C.培根：《聚光灯下的南通》，第 28 页。

⑥ 〔美〕查尔斯 · T.保罗：《中国的召唤》，第 7—8 页。

⑦ 〔美〕查尔斯 · T.保罗：《中国的召唤》，第 9 页。

謇渴望民族独立,坚持慈善自办,担心会因此受制于外人的立场是完全不同的。

总之,红十字运动源自西方,与基督教会的活动如关爱弱势群体、救援贫穷之人等有相同之处。在南通,基督教会和基督教堂均是红十字活动的重要参加者和重要阵地。尽管红十字会是以人道、博爱、奉献为宗旨,具有政治中立的取向,但在事实上,要真正超脱于现实社会和政治之外是难而又难的,特别是在具有泛政治化传统的中国要被人们认定与政治无涉尤为困难。在不少国人看来,红十字运动与西方的宗教联系起来,与西方的政治、军事侵略相伴随,与其文化侵略相纠集。红十字会的西方背景与宗教色彩,使时人望而生畏,心存芥蒂和警惕。这可能也是张謇不与红十字发生联系的重要原因。

四

1911年,淮河流域发生严重水灾,美国红十字会提供了40万美元的赈款,这一人道主义行为赢得了张謇对红十字会的好感,尤其是其建筑适当的工程以防止淮河水灾的建议更是与张謇的主张一拍即合。众所周知,张謇对导淮十分重视。清同治十三年(1874),年仅22岁的张謇随原通州知府孙云锦查勘淮安渔滨积讼案,"目击淮祸",认识到"我江北人民之隐患大害无过于是"①,"淮不治,江北无宁日"②,因此萌生导淮之志,并付诸实践,从此开始了40年的艰辛导淮历程。但由于治淮工程周期长,风险大,所需资金多,尽管张謇四处游说,但一直收效甚微。所以当美国表示愿意提供借款导淮时,张謇感到十分高兴。张謇主持了北京政府与美国红十字会的接触。1911年夏,美国红十字会全国委员会在美国政府的鼓励和支持下,派工程师詹姆士来华考察淮河

① 张謇研究中心、南通市图书馆编:《张謇全集》(第二卷),第513页。

② 张謇研究中心、南通市图书馆编:《张謇全集》(第二卷),第560页。

区域。同年,美国驻华公使嘉乐恒(William James Calhoun)向中国政府转达了美国红十字会的这一意图,受到清廷的欢迎。中美双方就此进行商谈,达成意向,规定中方为美国测量技术人员在淮河流域的工作提供一切便利和在华的宿费、旅费,美国红十字会负担美国测量技术人员的薪俸。1913年,芮恩施(Paul Samuel Reinsch)出任美国驻华公使,他积极活动,要求北京政府将导淮工程交给美国承担。1914年1月31日,美国红十字会代表芮恩施与北京政府全国水利局总裁张謇在《导淮借款草约》上分别签字。《草约》规定,美国红十字会或其代表,或其承续人向中国提供2 000万美金的贷款,年利5厘,用于疏导淮河流域内河道,美方应在合同签订1年内筹集这笔贷款;中国政府聘请美国工程师担任导淮总工程师,中方以开浚流域中所有政府土地收入及将来导淮工程竣工后增加的收入、开浚地区的运河使用税为担保,如这些收入仍然不敷,中国政府需从他项收入中拨款支付本息。不过,中国与美国红十字会一直未能签订导淮借款正式合同,借款未能兑现,其原因既与第一次世界大战爆发有关,还因为安徽和江苏在治淮问题上存在利益冲突,借款条件没有得到沿淮地区政府的认可,得不到当地士绅及各界人士的支持,愿意共同开发淮水流域的有识之士十分有限。而美国对于治淮工程的干预过深,引起中方的抵制,无疑也增加了谈判的难度。①美国希望参与、控制导淮工程,借此对淮河流域进行控制。张謇认为,外债可借,但必须以民族利益为重,保证得其利而避其害。他曾严肃地指出:"借外债,不可丧主权,不可涉国际。"在导淮借款中,张謇"对于磋商条件的立场,完全根据保障主权、维系人民利益的范围,丝毫不能迁就"②。

美国红十字会的借款与政府、财团相关联和纠缠,本就使人们对其独立性

---

① 李琛、马陵合:《民国时期的水利借款研究——以导淮工程为中心》,《安徽理工大学学报》(社会科学版)2011年第1期。

② 胡适:《〈南通张季直先生传记〉序》,张孝若:《南通张季直先生传记》。

产生怀疑,美国试图借机控制中国的目的不能不引起人们的警惕和反感,而借款的失败更降低了其威信和吸引力。

五

对于张謇为什么没有参加红十字运动,张謇本人未曾言及,红会的各种资料也未见记载。笔者管窥蠡测,认为可能有以下几个方面的原因:一是红十字事业源于战场救护,战场救护可以说也是红十字会根本性的社会救助活动。众所周知,瑞士人亨利·杜南在目睹索尔弗利诺战争伤兵遍地的惨状后,呼吁各国成立民间救援组织,用人道之光驱散战争阴霾,减轻战争的恐怖,是为红十字之起源。清末民初,地方绅士成立红十字会大多出于免除战争的威胁和破坏,保障个人生命和财产的安全,带有明显的功利、救急和乱世求安的色彩。许多地方的红会即成立于战争临近之时。例如1923年底,全国有红会分会241处;1924年初,江、浙、闽三省"因时局不靖,各地士绅均请组织分会,俾便预防救护,综计现在已经筹备者,亦有三十一处之多"①。1924年江浙战争发生后,许多地方即出现了建立分会的热潮,"战区以内之各处红十字分会,纷纷筹备救护。其未经设立各区,亦在积极筹备……日来各地士绅,因惧当地军事之骚扰,纷纷加入红会,籍资保护……"②南通僻居江海一隅,除太平天国时期受到一定的波及外,自明代以后一直少有战乱,被誉为"世外桃源"。这也使红十字会成立的重要性、必要性不易为张謇所认识。二是红十字会系"舶来品",源自西方,表面上为民间组织,而背后有着西方政府的影子,同时与基督教有着密切的关系。其创始人笃信宗教,宗教信仰是其设立红会的精神动力,"十字"则带着明显的"西教"意味,尤其是在其发展初期宗教色彩更加浓厚。张

① 《红会之分会统计》,《申报》1924年2月17日。
② 《红十字会之昨讯》,《申报》1924年9月2日。

謇饱受传统文化熏染,渴望民族独立,担心因此受制于外人,而一些人利用其便利开展政治活动也使他避而远之,免惹是非。三是张謇继承了传统文化中对于民生与社会稳定高度重视的思想,在南通建立了众多近代慈善和公益事业,希望建立一个老有所终、壮有所用、幼有所长、鳏寡孤独废疾者皆有所养的新世界。红十字会的主要任务除救护外就是救助,既然社会救助事业在南通已经落到实处,且做得风生水起,自然没有必要另起炉灶,分散精力和财力。四是张謇在创业的过程中,曾与盛宣怀、吴重熹、严信厚有过交往乃至直接接触,对其印象不佳,评价不高,因此也就很难参加他们领导的红十字运动。

(原刊于《阜阳师范学院学报(社会科学版)》2013年第5期)

张謇的南通城市形象营销

——纪念张謇逝世90周年

张謇(1853—1926)是我国近代著名的实业家、教育家,一个崛起于过渡时代的历史人物。胡适说其"独立开辟了无数新路,做了三十年的开路先锋,养活了几百万人,造福于一方,而影响及于全国",是一个"伟大的失败的英雄"①。毛泽东在20世纪50年代接见黄炎培时曾高度肯定张謇对近代中国纺织业发展的巨大贡献。②张謇在领导和推进南通早期现代化的实践中,十分重视城市形象的塑造和营销,形成了丰富的城市形象营销思想。对此,学术界尚无人论及,本文运用公共关系学、营销学、传播学等学科理论和知识,挖掘其城市形象营销思想,总结其特点,相信这对缅怀这位中国早期现代化的重要开拓者,丰富张謇思想和实践的研究具有十分重要的意义。

一、城市形象塑造与传播并重

城市是人类赖以生存的重要场所,是文明社会人类政治、经济和文化中心。城市形象是城市展现给公众的物质与精神的综合印象,是城市的客观样貌与人们主观判断的结合体,是城市竞争力的重要组成部分。③真实性是城市

---

① 张孝若:《南通张季直先生传记》,中华书局1930年版,第3页。

② 中国人民政治协商会议江苏省南通市委员会文史资料研究委员会:《南通文史资料选辑(第7辑)》,南通,1987年,第3页。

③ 郭婷:《城市形象传播策略探析》,陕西师范大学2012年硕士学位论文,第8页。

形象营销的基本原则。一个名不副实的城市品牌,既没有生命力,对城市的发展和城市形象的塑造也毫无意义。城市形象的营销不是包装,更不是人为拔高,甚至虚假宣传,它需要同城市实实在在的物质文明和精神文明建设相结合。在城市形象营销方面,张謇坚持苦练内功与对外推广有机结合,一方面,与内外公众建立和保持良好的关系,争取各方媒体对城市进行有力的宣传报道,赢得他们的信任和支持,从而扩大南通的知名度,提高美誉度;另一方面,更重要的是按照先进的理念进行城市建设,塑造和维护良好的城市形象,力求城市形象名副其实,也为有效传播奠定坚实的基础。

在张謇的领导下,从1894年起,经过三十年的苦心经营,到20世纪20年代中期,南通早期现代化建设已达到一定的水准,实业、教育、慈善公益、地方自治各种事业发达,已从一个封闭落后、默默无闻的封建城镇逐步发展成为驰名中外的近代工商业城市、长江下游的重要商埠、苏北的经济、文化和政治中心,被誉为“中国最进步的城市”①,以至“部省调查之员、中外考查人士,目为模范县”②。“模范县”也成为南通的品牌,成为宣传南通、推广南通的靓丽名片。

当时南通城市规划理念先进,布局合理,与英国同时期霍华德(E.Howard,1850—1928)的“田园城市”相通,与霍华德所经营的新城(莱奇华斯 Letchworth 与韦林 Welwyn)“时间相若,在内容与规模上互相媲美”③。

市政建设在全国领先。城区市容整洁,街道经过了改良,道路为碎石砌成,每距十余米长装有路灯(电灯),街口都有警察,每天由巡警指挥犯人洒

① 赵鹏:《气象万千,大观备矣》,南通市文化局:《中国近代第一城文集》,南通,2003年,第47页。

② 张謇研究中心、南通市图书馆编:《张謇全集》(第四卷),江苏古籍出版社1994年版,第434页。

③ 吴良镛:《张謇与南通“中国近代第一城”》,《清华大学学报》(哲学社会科学版)2003年第6期。

扫街道一次,西南的新市场集中了银行、大商店、公园、游乐场、俱乐部、书局等,兼具美丽清洁和热闹繁华,甚至“其公共厕所亦异常清洁”,“桥梁、渡口到处俱是,几有扬州二十四桥之概”①。市容崭新美观。日本友人鹤见佑辅(1885—1973)在进行比较后觉得“南通比山西省的市容街道要新”。上海海关税务司戈登·洛德觉得“南通州与中国内地城市不同,除街道比较狭窄外,一切都像上海的公共租界。市内有各种商店,西式楼房到处可见。……南通商会大楼也是一幢美观的西式建筑。城外的模范路是一条像上海马路那样很好的道路”②。

社会治安比较良好。美国人在上海创办的英文周报《密勒氏评论报》的主编说南通“不存在任何乞丐”,是“中国人间天堂”③。裴德生说“南通不存在愁眉苦脸的人,也没有乞丐”,“南通地区的居民为他们的城市、领袖与成就感到骄傲。他们的自豪也使南通成为中国最为干净的城市”。④陈翰珍说这里“窃盗之事少闻,乞食之人鲜见,虽不敢说夜不闭户、道不拾遗之语,然索诸全国千七百余县中,亦独一无二、仅有绝无之桃源地也”⑤。

二、城市形象传播内外并举

1. 认真做好内部公众工作,增强城市的凝聚力和吸引力

城市形象是内部公众和外部公众对城市的内在综合实力、外显前进活力

---

① 陈翰珍:《二十年来之南通》,张謇研究中心,2014年,第165页。

② 徐秀筠:《上海近代社会经济发展概况(1882—1931)——海关十年报告译编》,上海社会科学院出版社1985年版,第249页。

③ 〔美〕J.B.鲍威尔:《不受日本影响的南通天堂》,南通市档案局(馆)编:《西方人眼中的民国南通》,山东画报出版社2012年版,第12—16页。

④ 〔美〕裴德生:《张謇:中国的城市建造师》,南通市档案局(馆)编:《西方人眼中的民国南通》,第23—25页。

⑤ 陈翰珍:《二十年来之南通》,第5页。

和未来发展远景的总体看法、具体感觉和综合评价。按照目标受众的不同,可以将城市形象传播分为对内传播和对外传播两种。针对市民及企事业单位等城市内部公众进行的传播活动称为对内传播,通过传播增强市民及企事业单位的认同感,提高市民的自豪感、归属感,促使他们共同为提升城市形象作出贡献。针对城市以外的投资者、游客等外部公众进行的传播活动称为对外传播,通过这种传播可以促使其对城市形成从知名到完整的认知,促进对该城市的偏好,累积、强化、形成对该城市的拉力,提升原有的体验,进而达到城市营销的目标。一个城市只有重视对内传播,才能统一市内公众的思想认识,采取步调一致的行动;只有重视对外传播,才能形成广泛的知名度和美誉度,才能有经济社会的迅速发展。①

张謇十分注重内部公众的公关工作。他妥善处理与本地政府的关系,推荐得力骨干前往担任公职,参与社会管理,同时注意与其他企业、市民等保持密切的关系。张謇还从实际出发,为学校拟定具有各自特点的校训、确定校歌,在学校开学、年假、卒业、暑假散学,在残废院开幕、校友会开会、学校落成、运动会开幕、公司创办及股东会开会之际,他都不失时机,利用一切机会发表演讲,运用平实的语言,回顾自己的创业历程,阐述兴办事业的意义和旨趣,介绍国外的先进经验,宣传救国济民的主张,阐发自己对社会发展规律的认识,从而消除人们的误解,减少阻力,争取各界的理解、同情和支持,激发、吸引更多的人参与到地方建设的各项事业之中,同时也展示了作为南通早期现代化领导者的良好风范。另外,还通过召开城市运动会、资助中国科学社第七届年会、承办苏社成立大会等大型活动展示城市文化水平、文化特色,扩大城市影响,提升城市形象。

2. 对外大力宣传,使"模范县"的形象声名远播

在对外部公众进行城市形象营销方面,考虑到上海在近代中国的信息中

① 李莎莎:《重庆城市形象营销》,重庆大学 2009 年硕士学位论文,第 13 页。

心地位，张謇在上海设立大生沪事务所，使之成为大生集团信息的集散地和中转站，不仅便于其与媒体进行沟通和交流，也便于其与旅沪各方势力进行接洽和交流；注意利用外出参加会议、庆典等机会宣传南通；与报界保持密切联系，提供素材，介绍南通地方自治取得的成就，在《申报》等报纸上刊登大生集团的广告；发动或组织南通企事业单位参加在外地举行的大型经济文化活动，让南通产品走向世界。如海门颐生酒厂的茵陈酒、吕四盐场的食盐、如皋中国制退公司的火腿在国际赛会上屡获大奖，扩大了南通的知名度，为南通争得了荣誉。女工传习所的绣品在国际上多次获得殊荣，更是“颇播声誉于欧美”①。

对来通求学的外地学子，张謇备加关爱和呵护；对因各种原因来通的学者名流、政府官员、巨商大贾，张謇都迎来送往，礼数周到，还统筹日程安排，精心安排参观和游览线路，把南通最为靓丽的一面展示给让外地来宾。张謇的70岁生日庆典是当时南通重要的城市事件，英、日、美、法等国商会代表应邀参加，英国商会的代表团秘书葛尔称他们在这里受到了最为热诚的接待。②便捷的交通，舒适的环境，热情的服务，给他们留下了深刻的印象，极大地提高了南通的美誉度。

三、城市形象营销举措软硬兼修

城市形象营销是将对企业形象营销的理论扩展至城市领域的产物。城市形象不仅包括城市景观、城市生态等物质要素，还包含城市文化、居民素质、政府效率和廉政形象、管理制度、服务质量、社会安全感以及城市的开拓创新氛围等众多无形要素。③城市形象营销也必须“做到两手抓”，“两手都要硬”。

① 陈翰珍：《二十年来之南通》，第10页。

② 《南通：中国最新式的城市》，南通市档案局（馆）编：《西方人眼中的民国南通》，第34页。

③ 陈红：《我国城市形象营销策略研究》，《新闻界》2009年第3期。

随着南通经济和社会的发展，对外交往日益频繁，来通经商、旅游者络绎不绝。对外地游客和来访者，张謇和南通做到了软硬兼修，一方面提供了舒适的硬件设施、接待环境，另一方面则不断改进服务，以周到热情的服务传播南通的文明形象。

硬件设施建设方面。南通城区交通与公路交通在全省居于领先地位。桃之华、有斐、南通俱乐部等新式旅馆的建造为宾客提供了良好的住宿和餐饮服务。其中有斐旅馆为欧式建筑，是功能齐全、服务周到的娱乐场所；南通俱乐部提供了三层楼面供来访者下榻，"每一个房间都以欧式风格装修得富丽堂皇，而按照访客们的说法，这里的菜肴与上海能提供给外国人的最佳饮食相比毫不逊色"①。

南通现代化的成绩引起各方关注，"不仅本国人士，外人亦翩然继至"②。为便于游客游览，1915年，翰墨林印书局印制《南通自治十九年之成绩》，对南通各方面的情况做了简要的介绍。1920年，上海商务印书馆出版了由南通友益俱乐部编辑的《南通实业教育慈善风景》（附参观指南）。1930年，《通通日报》连载了作为南通写真，由陈翰珍1925年所著的《二十年来之南通》，"以供海内渴慕南通事业者观览焉"③。这些游览指南类读物的编制不仅为外来参观访问者提供了向导，便于游客安排游览线路和行程，也有助于传播南通现代化的成绩和文明开放发达的崭新形象。

软件方面。对外地来访者，南通提供了热情的服务和力所能及的帮助，为八方宾客留下良好的印象，对城市形象的推广产生了十分积极的作用。"南通对于外国游客也是令人愉悦的体验，它的好客让人回想起美国南部地区传统

① 《南通：中国最新式的城市》，第34页。

② 张謇研究中心、南通市图书馆编：《张謇全集》（第四卷），第148页。

③ 陈翰珍：《二十年来之南通》，第2页。

的礼貌。"①

为更好地与外地来通观光者交流，提升南通城市的文明形象，张謇还对窗口部门从业人员提出了要求。他在交通警察养成所开学演说中，着重对学生提出了提高英语水平的要求："诸生此次来学，于锻炼精神以外，须极端注意英语一科，因所为交通警察，强半为外人来通参观而设。英语在世界上最为普及，若不通英语，设西人有所询问，警察瞠然不知所对，实南通自治之耻。"②

四、传播媒介选择与时俱进

"城市形象是人们对城市的主观印象，是通过大众传媒、个人经历、人际传播、记忆以及环境等因素的共同作用而形成的。"③城市形象营销传播是由城市形象的传播主体发起的，利用各种传播途径与传播方法，与城市的内外部公众进行城市形象相关信息的传递、接受和反馈活动的行为与过程。④

在城市形象传播媒介方面，张謇通过大生集团内部刊物、小册子、年报告、会议等媒介进行正式组织内部信息流通，通过聚餐、闲谈、联谊等渠道进行个人交流传统模式非正式传播，还通过信件、报告会、记者招待会、演讲会、庆典等进行人际传播。这种通过传统媒介进行的传播使张謇和南通的城市形象更加具有亲和力和感染力。

除了传统媒介外，张謇特别重视在当时来说属于新媒体的报纸、杂志、电影等大众传媒的使用，来推介南通，宣传本地的人文风情和发展成果。

张謇不仅与《申报》《时报》《东方杂志》等国内报刊密切合作，还与一些外

① 〔美〕裴德生：《张謇：中国的城市建造师》，第 25 页。

② 张謇研究中心、南通市图书馆编：《张謇全集》（第四卷），第 440 页。

③ 〔美〕刘易斯·芒福德著，宋俊岭、倪文彦译：《城市发展史——起源、演变和前景》，中国建筑工业出版社 2005 年版，第 75 页。

④ 郭婷：《城市形象传播策略探析》，陕西师范大学 2012 年硕士学位论文，第 11 页。

国报刊保持长期合作,主动及时提供资讯,宣传南通的建设成就,其中最著名的当属《密勒氏评论报》。陈其鹿在《游美随笔》里写道:“南通州为江苏六十县模范自治区域,模范县 Model City 之名,已啧啧于美人之口。大概美人之知东亚状况者,自此间发行之《亚细亚日报》及上海发行之《密勒评论报》得之者为多。”①如该报 1923 年 3 月 17 日的《中国实业之进步观——中国模范城南通州》就比较系统地介绍了南通。由于《密勒氏评论报》的影响远及美国、英国、法国和日本,该报的报道客观上扩大了南通和张謇在西方的影响。

1905 年,任庆泰拍摄《定军山》,这是中国人第一次尝试拍电影。1919 年,张謇在南通创办“中国影戏制造公司,”五年中拍摄影片 4 大类 15 部,涉及南通地方的人文景观及时政新闻,“其目的就是要宣扬南通的新貌、新事、新城区”②。

五、结　语

所谓城市形象营销是指基于公众评价的市场营销活动,就是为实现城市的目标,通过与现实已经发生和潜在可能发生利益关系的公众群体进行传播和沟通,使其对城市营销形成较高的认知和认同,从而建立城市营销良好的形象基础,形成城市营销宽松的社会环境的管理活动过程。③城市形象营销是 20 世纪 60 年代才在西方出现的。由于时代的局限,未曾接受过西方理论的系统学习,且于 1926 年逝世,因此张謇当时自然也不可能有高深的公关关系或严格的现代城市营销的理论,只能根据自己对人生、对社会的理解,对国情的把握,凭借其对公关营销的感性认识,形成朴素的城市形象营销思想。张謇在领

① 朱江:《〈密勒氏评论报〉中的张謇》,《档案与建设》2014 年第 5 期。

② 丛允:《中国电影事业的拓荒者——张謇与电影》,黄振平:《张謇的文化自觉》,陕西人民出版社 2003 年版,第 133 页。

③ 谢丹、徐丽娟:《西安古都城市形象营销》,《人文论谭》2010 年第 1 期。

导和推进南通早期现代化的实践中,敏锐地认识到城市形象建构和营销的极端重要性,并身体力行、多渠道拓展南通城市发展空间,传播南通城市的良好形象,为南通经济社会发展创造了良好的条件,也为城市形象营销理论的丰富和发展提供了中国经验。张謇城市形象营销思想的特点突出地表现在:一是城市形象建构与传播并重,力求使城市形象名副其实;二是既重视通过多种渠道针对本地公众进行沟通交流,又对外地公众开展卓有成效的形象推销,使其在城市形象传播上内外并举;三是既重视物质设施的改进,又重视精神层面的工作,做到了对外地游客形象营销的软硬兼修;四是在媒体的选择上特别重视"新媒体"的使用,做到了与时俱进。城市形象是一种极其重要的无形资产,是影响城市核心竞争力的重要元素。进入 21 世纪,国内外越来越多的城市在积极打造优秀城市形象的同时,不遗余力地营销自己,把自己推向国际舞台。因此,挖掘张謇城市形象营销思想,借鉴其经验,利用市场营销理念和方法管理城市,对城市进行立体式、全方位的形象营销,进一步提升和传播良好城市形象,对凝聚共识,调动各方积极性,吸引更多的资金、技术、人才等生产要素,提高城市竞争力,促进地方经济和社会发展有着重要的现实意义。

(原刊于《唯实》2016 年第 6 期)

张謇与20世纪初南通城市形象营销

——以《西方人眼中的民国南通》中外国人的记述为中心

旅美华人学者邵勤在《培育现代化:南通模式(1890—1930)》(Culturing Modernity: The Nantong Model, 1890—1930, Stanford Press, 2003)中写道:"张謇是位熟练的善于表演的人。他对商业文化和展览模式的操纵极其奏效。中外观察者所欣赏的南通模式既是事实,又是通过密集的宣传和公关运动营造起来的一个图像。对这些观察者来说,这样的一全套就是实质。"①那么,张謇是表演作秀还是公关营销,抑或两者兼而有之?本文试图基于多种学科和文化观照视角,运用城市形象营销学相关原理,以外国人的报道为中心,对张謇与20世纪初南通城市形象营销问题予以探讨。

一、全方位进行内涵建设,塑造城市的良好形象

城市形象是人们对某一城市的信念、观念和印象的总和。城市发展离不开良好形象的营销,但营销既不是无中生有,也不是夸大拔高。只有苦练内

① 羽离子:《国外和台港地区的张謇研究》,王敦琴:《张謇研究百年回眸》,南京大学出版社2007年版,第239页。

功,避免名不副实和言过其实,才能使知名度和美誉度并驾齐驱,使良好形象在公众中真正树立和扎根。张謇采取多种方法,整合包括政府、盈利机构和非盈利机构等多种力量,有效开发和丰富南通城市形象资源,塑造了开放、进取、文明、发达、时尚的南通城市形象,使南通早期现代化的成就闻名遐迩,成为蜚声中外的"模范县",为形象营销奠定了坚实的基础。

自1894年起,在张謇的领导下,经过三十年的苦心经营,到20世纪20年代中期,南通早期现代化建设已达到一定的水准,从一个封闭落后、默默无闻的封建小城逐步发展成为驰名中外的近代工商业城市、长江下游的重要商埠和苏北的经济、文化和政治中心,因地方自治实业、教育、慈善公益各种事业发达,"部省调查之员、中外考查人士,目为模范县"①。来华传教士查尔斯·T.保罗也说:"让南通从中国所有城市中脱颖而出的原因,是由于在中国人少有的主动精神影响下,它成为了改革和发展最有成效,进而也是最声名鹊起的地方。"②

当时南通工商业发达,与上海、无锡并称为江苏最重要的三大工业中心,驹井德三说其"宛然有为江北一带之首都之现象"③。

城市规划科学合理,形成了一城三镇的格局,主城为政治、文化、教育中心和生活区,城西唐闸为工业区,大生纱厂、广生油厂、阜新面粉厂、资生铁厂均坐落于此;长江边的天生港为各种原料和产品进出的港口区,芦泾港、任港、姚港为其侧翼;南郊临江的五山地区则成为休闲疗养的风景区。这一布局理念先进,与英国同时期霍华德(E.Howard, 1850—1928)的"田园城市"相通,与其

① 李明勋、尤世玮主编:《张謇全集》③,上海辞书出版社2012年版,第841页。

② 〔美〕查尔斯·T.保罗:《中国的召唤》,南通市档案局(馆)编:《西方人眼中的民国南通》,山东画报出版社2012年版,第3页。

③ 〔日〕驹井德三:《张謇关系事业调查报告书》,南通市档案局(馆)编:《西方人眼中的民国南通》。

经营的新城莱奇华斯(Letchworth)和韦林(Welwyn)在内容与规模上互相媲美,这种"让城市社区远离工厂噪音与烟尘的美妙设计"得到来此参观的外籍人士的赞同,给游客留下深刻的印象。①

市政建设有序推进,在全国处于领先地位,"中外人士之履南通者,无不谓南通市政之佳,为全国之冠"②。文化体育事业发达,营造了浓郁的文化氛围。日本人内山完造赞誉南通是"理想的文化城市"③。

如果说众多体育场、公园等的建立丰富了市民的休闲娱乐生活,那么慈善公益事业的发展、近代社会保障体系的完善和良好的社会管理则使这里秩序井然,居民自信、乐观。美国人在上海创办的英文周报《密勒氏评论报》的主编J.B.鲍威尔在考察后说南通"不存在任何乞丐",是"中国人间天堂"④;裴德生说南通"不存在愁眉苦脸的人,也没有乞丐","南通地区的居民为他们的城市、领袖与成就感到骄傲。他们的自豪也使南通成为中国最为干净的城市"。⑤

城市领导者和管理者的形象既是城市形象的构成要素,也是其杰出代表。作为南通现代化的领导核心和南通城市形象的代言人,张謇以自己的言行展现了城市管理者的良好素质和形象。查尔斯·T.保罗赞誉南通现代化的领导者张謇为"全中国最慷慨、最热心公益"的人,富有远见及行动力。⑥日本人驹

---

① 〔美〕格雷琴·梅·菲特金:《长江口与南通州》,南通市档案局(馆)编:《西方人眼中的民国南通》,第39页。

② 陈翰珍:《二十年来之南通》,张謇研究中心,2014年,第165页。

③ 曹从坡:《张謇文化思想的时代环境》,南京大学外国学者留学生研修部、江南经济史研究室编:《论张謇——张謇国际学术研讨会论文集》,江苏人民出版社1993年版,第503页。

④ 〔美〕J.B.鲍威尔:《不受日本影响的南通天堂》,南通市档案局(馆)编:《西方人眼中的民国南通》,第12—16页。

⑤ 〔美〕裴德生:《张謇:中国的城市建造师》,南通市档案局(馆)编:《西方人眼中的民国南通》,第23—25页。

⑥ 〔美〕查尔斯·T.保罗:《中国的召唤》,第5页。

井德三1919年10月和1922年11月两次来通调研,在与张謇会面后给予高度评价,说其具有"人格高洁"等六大长处。①日本人鹤见佑辅(1885—1973)1922年6月访问南通,令鹤见佑辅印象深刻的是,张謇先生所经营的事业都"建立在现代科学的基础之上","他的每一条念见都非常具体、全面,特别是利用数据说明自己的观点,是我遇到的很多的中国人中唯一的一位","像学校的问题、养老院的问题、成为更俗剧场的新剧运动等等,可以看出张謇先生透视时势如何发展,因势制宜的非凡才能"。②邝富灼在《现代之胜利者》中说:"著者曾经同英、美、法、日各国外宾到过南通,访晤先生,参观地方各事业,大家所得印象,都很深刻,不是说他是一个创造者,就是赞叹他成就何等伟大的事业,并且大家都认为他创造的南通是中国的乐土。"③

二、多措并举,实施卓有成效的城市形象营销

1. 认真做好内部公众工作,增强城市的凝聚力和吸引力

城市形象是城市内部公众和外部公众对城市的内在综合实力、外显前进活力和未来发展潜力的总体看法、具体感觉和综合评价。所谓内部公众是与外部公众相对应的概念,即与组织有着隶属关系的内部成员群体。内部公众是实现组织目标的重要依靠力量,是树立组织良好形象的决定性因素。因此,处理好与本地政府、企业、市民等内部公众的关系是做好城市形象营销的一项重要工作。在重视对外宣传,做好外部公众的公关工作的同时,张謇注重内部公众的公关工作,他通过演讲等方式,运用平实的语言,回顾自己的创业历程,阐发自己对社会发展规律的认识,宣传救国济民的主张,从而争取各界的理

① 〔日〕驹井德三:《张謇关系事业调查报告书》,第59页。

② 〔日〕鹤见佑辅:《偶像破坏期的中国》,东京ゆまに书房株式会社1999年版,第244—250页。

③ 张孝若:《南通张季直先生传记》,张謇研究中心,2014年,第359页。

解、同情和支持，消除一些人的误解，减少了前进的阻力，激发、吸引了更多的人参与到地方建设的各项事业之中，刘厚生、吴季诚等就是在与其交谈后，为其高尚的人格和宏大的理想所感染，进而成为其事业的追随者的。

信息传播是公关的实质，也是开展公关营销活动的前提。考虑到上海在近代的信息中心地位，张謇在上海设立大生沪事务所，使之成为其信息的集散地和中转站，不仅便于其与媒体进行沟通和交流，也便于其与旅沪各方势力进行接洽和交流。

城市形象是城市外在景观和内在气质的结合，是城市物质文明和精神文明水准的有机统一，不仅涉及城市的发展规模、发展水平、发展模式、生活质量，还涉及都市文明、市民素质、城市风尚等等。市民的素质是城市形象的基础，其言行举止对异乡人而言随时随地都凝结着、传播着所处城市文明的信息。作为基本细胞，市民既是城市形象的建设者，又是城市形象的扮演者。张謇说："只有每个南通人都变成现代化的新人，南通这个城市才会真正现代化。"①为提高市民的素质、改良社会，他十分重视并有效发挥戏剧的功能。他看到在新落成的旨在破旧俗、立新风的更俗剧院中有人沿用陋习，不按剧场规定依号就座，便著文忠告，深感"我通除物质文明一二勉进外，设普通人民风俗常识一有未善致，实从前南通为个人自治之诮，是则大耻"，表示"謇虽至庸懦，而矫正地方地方风俗，引为己任，必自细微积至高大也"②。

2. 通过提供热情周到的服务为八方宾客留下良好的印象

南通现代化的成就得到各方关注，"来此参观者，不仅本国人士，外人亦翩然继至"③。1915年，翰墨林印书局印制《南通自治十九年之成绩》。1920年，

① 〔美〕华莱士・C.培根：《聚光灯下的南通》，南通市档案局（馆）编：《西方人眼中的民国南通》，第27—28页。

② 李明勋、尤世玮主编：《张謇全集》④，第440—441页。

③ 李明勋、尤世玮主编：《张謇全集》④，第383页。

上海商务印书馆出版了南通友益俱乐部编辑的《南通实业教育慈善风景》(附参观指南)。1925 年,陈翰珍著《二十年来之南通》,分教育、实业、交通、慈善、风景等十三章,可供海内渴慕南通事业者观览。这些游览指南类读物的编制不仅为外来参观访问者提供了向导,便于游客安排游览线路,也有助于宣传南通现代化的成绩。

对外地来访者,南通提供了热情的服务和力所能及的帮助,对城市形象的推广产生了十分积极的作用。南通对于外国游客的体验也是令人愉悦的,“它的好客让人回想起美国南部地区传统的礼貌”①。张謇的 70 岁生日庆典是当时南通重要的事件,英、日、美、法等国商会代表布克尔、福克斯、葛尔、威尔逊、罗斯、船津、莱曼与傅立德等应邀参加,便捷的交通、舒适的环境、精心安排和热情周到的服务给他们留下了深刻的印象。桃之华、有斐、南通俱乐部等新式旅馆的建造为宾客提供了良好的住宿和餐饮服务。其中南通俱乐部提供了三层楼供来访者下榻,“每一个房间都以欧式风格装修得富丽堂皇”,“这里的菜肴与上海能提供给外国人的最佳饮食相比毫不逊色”。此外,接待工作也很精心和热心,英国商会的代表团秘书葛尔称他们受到了最为热诚的接待。②

为更好地与外地来通观光者交流,提升南通城市的文明形象,张謇还对窗口部门从业人员的素质提出了要求。他在交通警察养成所开学演说中,着重对学生提出了提高英语水平的要求,说:“诸生此次来学,于锻炼精神以外,须极端注意英语一科,因所为交通警察,强半为外人来通参观而设。英语在世界上最为普及,若不通英语,设西人有所询问,警察瞠然不知所对,实南通自治之耻。”③

3. 善于运用橱窗效益,集中陈列发展成果,高效展示城市文明形象

通过橱窗对历史文化和发展现状作浓缩呈现是传播的重要技巧和快捷方

---

① 〔美〕裴德生:《张謇:中国的城市建造师》,第 25 页。

② 《南通:中国最新式的城市》,南通市档案局(馆)编:《西方人眼中的民国南通》,第 34 页。

③ 李明勋、尤世玮主编:《张謇全集》④,第 440 页。

式。张謇对此熟谙于心，落实于行。事实上，在当时的情况下，他一方面缺乏实力按照自己的设计对整个南通进行全面改造，另一方面，在民智未开、封建思想根深蒂固的当时和势力还十分强大的南通，作为民间力量，张謇和大生集团在自己势力所及、可以掌控的范围内另辟蹊径，在局部区域进行建设试点也未尝不是一种避其锋芒、减少阻力的务实之策和明智之举。

张謇集中精力在城南和南郊进行城市建设，最直观地把城市新形象展示给来访者。在旧城南的南濠河北岸，自东向西分布着通海盐垦总管理处、上海银行、城南别业、南通县教育会、参事会、崇海旅馆、翰墨林印书局、淮海实业银行、濠阳小筑、南通绣织局、女工传习所，直至北公园；南岸由东向西则为博物苑、濠南别业、模范路商业街、有斐旅馆、交通银行、电报局、东公园，向西延伸则有南公园、中公园、西公园、汽车公司、惠中旅馆、桃坞路商业街、江苏银行、桃之华旅馆、通崇海泰总商会、更俗剧场。这些设施具有中欧混合的特色，为南通增添了不少时尚和新潮的元素。其中，博物苑为中国人自办的第一座融古代园圃和文物标本为一体的综合性博物馆；伶工学社开一代新风，被誉为“中国特殊教育之鼻祖”；女工传习所是1914年创建，学制齐全、誉满中外的第一所刺绣职业教育学校，绣品除曾参加世界博览会和国货展览会外，还在上海、美国、法国、瑞士、意大利设立的绣品局分局和办事处销售，扩大了南通刺绣产品以及南通在国内外的影响，促进了中外文化的交流，如绣品店在纽约第五大街的开设“使美国人能了解到中国的模范城市，同时，也使南通能够获悉最新的工业发展动态”①。

4. 充分利用报纸等新型传媒，甚至直接采用广告来宣传本地的人文风情和发展成果

基于对当时还属新生事物的报刊影响和功能的充分认识，张謇不仅与《申

① 〔美〕裴德生：《张謇：中国的城市建造师》，第25页。

报》《时报》《东方杂志》等国内报刊合作互动，还与一些外国报刊保持长期联系，主动及时提供资讯，宣传南通的建设成就，其中最著名的当属《密勒氏评论报》。由南洋兄弟公司选派留学美国哈佛大学的陈其鹿在《游美随笔》中写道："南通州为江苏六十县模范自治区域，模范县 Model City 之名，已啧啧于美人之口。大概美人之知东亚状况者，自此间发行之《亚细亚日报》及上海发行之《密勒评论报》得之者为多。"①《密勒氏评论报》(The China Weekly Review)是美国人在上海出版的资格最老的英文刊物，初名 Millard's Review of the Far East，1917 年由密勒(Thomas F. Millard)创办，两年后由约翰·鲍威尔(John Benjamin Powell，1886—1947)接办，1953 年停刊。从 1920 年开始介绍南通，到 1926 年张謇去世，该报发表了多篇有关南通经济发展的文章，其中 1923 年 3 月 17 日的《中国实业之进步观——中国模范城南通州》比较系统地介绍了南通。由于《密勒氏评论报》的影响远及美国、英国、法国和日本，该报对南通和张謇的报道客观上扩大了其在西方的影响。

在报刊做广告更是张謇的一个开风气之先之举。1912 年 4 月，张謇创办纺织染传习所，次年更名为"南通纺织专门学校"。1918 年 8 月 25 日，美国《新贝德福周日标准报》(The New Bedford Sunday Standard)以两个半版的篇幅对南通纺织专门学校进行了长篇报道和热情赞扬，说："如果全美国只有一所纺织学校，人们不难想象这所学校在产业领域中会有多么重要的地位。就中国的纺织工业而言，南通纺织专门学校就恰好处于这样一种领导地位，因为在整个广阔的中华帝国，它是唯一的纺织学校，而且，自 1912 年建校以来，其学生人数猛增，工作范围也在迅速扩展……"②1920 年 6 月 12 日，英文《密勒氏评论报》以"南通——中国模范城"(Nantung Chow——The Model City of China)为

① 朱江：《〈密勒氏评论报〉中的张謇》，《档案与建设》2014 年第 5 期。

② 赵明远、李宜群：《1918 年美国报纸对南通纺织专门学校的长篇报道》，《南通工学院学报》(社会科学版)2002 年第 3 期。

题对南通做了整版的广告,首先介绍了南通的地理和人口情况,列举了南通的11项发展成就,继而为人们描绘了南通的经济前景,最后还向境内外的各界人士发出了邀请:"南通欢迎四方宾朋。这里有两家舒适的旅馆。境内有五座圣山之一的狼山,风景美不胜收。数百座庙宇和一座宝塔构成了无双的东方胜景。需要了解更多南通情况的人士,可与南通商会联系。"①该广告从6月12日到9月18日共刊载了15次。1921年元旦,在原来广告内容的基础上又增加了大达轮船公司上海至南通的航行信息,广告一直刊登到1922年4月15日。对于张謇大胆运用广告这一创新之举,基督会传教士曾如是评述:南通是独一无二的,在于它是全中国唯一在英文报纸上给自己做广告的城市。②南通敢为天下先,勇于在英文报纸做广告展示自我,一方面源于其多年社会发展后的自信,另一方面也是张謇希望其自治的成果能为更多人所接受,在更大的范围推广之努力,充分说明了张謇能顺应时代潮流,树立开放意识,重视并采取切实举措开展城市营销。

三、结　论

城市是人类赖以生存的重要场所,城市化是现代化的共生物。晚清以来,随着现代化的推进,我国城市化进程明显加快,城市的地位日渐重要,逐步成为政治、经济、文化中心。城市形象是人们对城市的主观印象,是通过大众传媒、个人经历、人际传播、记忆以及环境等因素的共同作用而形成的。③城市形象是城市核心竞争力的重要组成部分,是增强城市吸引力、影响力和综合实力的重要战略资源。④城市形象不仅是一种极其重要的无形资产,也是构成城市

① 《中国的现代化城市》,南通市档案局(馆)编:《西方人眼中的民国南通》,第49页。

② 《中国的现代化城市》,第47页。

③ 〔美〕刘易斯·芒福德著,宋俊岭、倪文彦译:《城市发展史——起源、演变和前景》,中国建筑工业出版社2005年版,第100页。

④ 张露:《我国城市形象的整合营销传播研究》,中南大学2013年硕士学位论文,第1页。

核心竞争力的重要元素。良好的城市形象增强城市的影响力和竞争力,可以提高城市的知名度、美誉度,使城市在竞争中占据主动,促进城市目标和城市利益的实现,另一方面也可以提高市民对城市的归属感、自豪感,增强城市的凝聚力和向心力。城市形象营销是指基于公众评价的市场营销活动,就是城市在市场竞争中,为实现城市的目标,通过与现实已经发生和潜在可能发生利益关系的公众群体进行传播和沟通,使其对城市营销形成较高的认知和认同,从而建立城市营销良好的形象基础,形成城市营销宽松的社会环境的管理活动过程。①

城市营销理论诞生于20世纪30年代的美国,以麦克唐纳德(McDonald)的著作《如何促进社区及工业发展》(How to promote Community and Industrial Development, 1938)为代表。②在我国古代,关于城市形象的设计早已存在,营销技巧也达到一定的水准,不过,关于城市营销的理论发展均尚处于萌芽阶段。张謇当时自然也不可能有高深的城市形象营销理论,但却能根据自己对人生、对社会的理解,在不依赖外来力量埋头苦干的同时,在经营乡里、推进南通早期现代化事业的实践中,敏锐地意识到城市形象的巨大功能和开展公关活动、进行城市形象营销的重要性和必要性,比较熟练地运用沟通传播的技巧,开展对内、对外宣传,进行了城市形象营销的可贵探索,对在国内外树立全国"模范县"的品牌,传播南通发达、时尚的城市形象殚精竭虑,奔走操劳,建树良多,居功至伟,则是不争的事实,也用实践说明了自己不是一个大言欺世的弄虚作假者,更不是一个热衷于"包装"的作秀者。

① 戴书龙、李明生:《关于城市形象营销的几点认识》,《长沙铁道学院学报》(社会科学版)2007年第6期。

② 陶维兵:《城市形象传播研究》,武汉出版社2012年版,第4页。

城市形象营销具有学科交叉性、边缘性的特点，学术界对其研究尚不丰富。①挖掘张謇城市形象营销思想，不仅有利于拓展张謇研究的领域，推进城市形象问题的研究，纠正把西方经验绝对化的倾向和简单照搬、套用西方营销理论的做法，而且对深化城市形象营销问题的研究，提高城市竞争力，促进地方经济社会发展具有十分重要的现实意义。

（原刊于《档案与建设》2016 年第 12 期）

① 郭国庆、刘彦：《城市营销理论研究的最新进展及其启示》，《当代经济管理》2006 年第 2 期。

后　记

自上世纪90年代涉足张謇研究以来，倏忽三十载，笔者在从事教学和管理工作之余，撰写了数十篇以张謇为主题的学术论文。本书所选31篇即系从当时公开或在内部刊物中发表以及参加历次张謇学术研讨会提交的论文中选编而成。

在多年从事张謇研究的过程中，我得到了张氏后人的长期关心和热心鼓励。张謇先生的嫡孙女、南通市政协原副主席张柔武先生曾惠赠其所著《往事琐记》；张謇先生的嫡孙、全国工商联原常务副主席张绪武先生曾惠赠章开沅先生所著《张謇传》及许纪霖、宋宏编的《史华慈论中国》；张謇先生的曾孙张慎欣先生也经常与我交流研究动态，听取我对深化张謇研究的意见。他们为人温厚谦和，使人如沐春风，备感亲切。他们对学者们开展独立研究、探求历史真相表现出相当的尊重和宽容。在此，向他们表示衷心的感谢！

本书的出版得到(南通)张謇研究中心的资助。(南通)张謇研究中心成立于1984年，为全国成立最早、影响最大的张謇研究机构。他们热心学术研究，不计名利得失，奖掖末学后进，令人感佩！衷心感谢研究中心李明勋、尤世玮、张小平等诸位领导和穆煊、张廷栖、戴致君、陈炅、赵鹏等专家前辈对我的关心、指导和帮助。上海书店出版社邹烨编辑为本书的出版付出了大量的心血，在此一并表示感谢！

由于原文发表时间跨度较大，当时的出版要求、各个书刊的规范不一，注释、参考文献的要求存在很大的差异。为尊重历史，此次汇集出版总体上一如其旧,保持原貌,仅对注释方式予以统一,个别注释的文献出处予以更正和完善。由于个人学识所限,加之当时承担课题结题时间及每年单位科研考核要求的影响,因此有的文章还等不及精雕细琢,就匆忙投稿并发表,其中差错在所难免,还请专家同仁指正!

蒋国宏

2020 年 12 月于南通

图书在版编目(CIP)数据

审视与比较:张謇的思想与实践研究/蒋国宏著
.—上海:上海书店出版社,2021.3
(张謇研究中心·张謇研究文集系列)
ISBN 978-7-5458-2010-2

Ⅰ.①审… Ⅱ.①蒋… Ⅲ.①张謇(1853-1926)-人物研究 Ⅳ.①K825.38

中国版本图书馆CIP数据核字(2021)第029565号

责任编辑 邹 烨
封面设计 郦书径

审视与比较
——张謇的思想与实践研究
蒋国宏 著

出　　版 上海书店出版社
(200001 上海福建中路193号)
发　　行 上海人民出版社发行中心
印　　刷 上海商务联西印刷有限公司
开　　本 710×1000 1/16
印　　张 27.75
字　　数 350,000
版　　次 2021年3月第1版
印　　次 2021年3月第1次印刷
ISBN 978-7-5458-2010-2/K.395
定　　价 88.00元